中共北京市委党校、北京行政学院学术文库系列丛书

中国特大城市行政执法类公务员管理机制研究

周美雷 著

中国社会科学出版社

图书在版编目（CIP）数据

中国特大城市行政执法类公务员管理机制研究／周美雷著．—北京：
中国社会科学出版社，2017.6
（中共北京市委党校、北京行政学院学术文库系列丛书）
ISBN 978 - 7 - 5161 - 8777 - 7

Ⅰ．①中…　Ⅱ．①周…　Ⅲ．①行政执法—公务员—公务员制度—
研究—中国　Ⅳ．①D630.3

中国版本图书馆 CIP 数据核字（2016）第 196879 号

出 版 人	赵剑英
责任编辑	孔继萍
责任校对	闫 萃
责任印制	李寡寡

出　　版	中国社会科学出版社
社　　址	北京鼓楼西大街甲 158 号
邮　　编	100720
网　　址	http://www.csspw.cn
发 行 部	010 - 84083685
门 市 部	010 - 84029450
经　　销	新华书店及其他书店

印刷装订	北京市兴怀印刷厂
版　　次	2017 年 6 月第 1 版
印　　次	2017 年 6 月第 1 次印刷

开　　本	710 × 1000　1/16
印　　张	25.25
插　　页	2
字　　数	415 千字
定　　价	99.00 元

凡购买中国社会科学出版社图书，如有质量问题请与本社营销中心联系调换
电话:010 - 84083683
版权所有　侵权必究

目　　录

第 一 章

行政执法类公务员的定义、分布、试点情况及课题理论设计

一 行政执法类公务员的定义及其研究意义

（一）定义

行政执法类公务员、执法类公务员、执法公务员在本研究课题中是三个既相似又需适度区分的概念。行政执法类公务员是指按照《公务员法》的规定，与政府机关中综合管理类和专业技术类并行设置的同时具有行政监管和执法处罚职能的公务员类别。目前，这类公务员的范围划分和身份确定在各级行政机关中尚未真正执行和落实。因此，行政执法类公务员概念在范畴上尚需在实践中予以准确的甄别和界定，并需在编制管理上予以确认和法定化。执法类公务员在本课题中是专指省级以下政府行政管理机关中主要从事行政管理与行政执法、处罚工作的公务员。这类公务员目前在编制管理中的身份并未做综合管理类与行政执法类、专业技术类的准确区分，尚需在下一步行政执法类公务员的分类管理中予以甄别、确认和界定。但是这类公务员所属的机关职能虽然也有政府行政管理的属性，但是该机关的主要职能应该是行政监管与行政执法，其主要任务是维护社会主义市场经济秩序和社会秩序，服务于企业和基层群众。执法类公务员的边界划分依据在本课题中假设为行政机关，不是机关内设机构如处室和机关具体的公务员岗位。行政机关下属和直属机构中主要职能是从事行政监管和行政执法工作的单位其公务员也假设为本课题的执法类公务员。行政机关下属和直属的机构其主要职能是综合服务或科研、鉴定等非行政监管和

执法性质的不属于本课题中的执法类公务员。执法公务员是本课题执法类公务员的个体称呼，其职位是具体的行政监管、执法和处罚的岗位，是与机关中综合类个体公务员岗位和技术类个体公务员岗位区分的职位。

按照现行《公务员法》的规定，行政执法类公务员是指政府行政机关中直接履行行政监管、行政处罚、行政稽查等一线行政执法职责的岗位。一线监管、现场执法和行政处罚是行政执法类公务员岗位的最本质特征。与政府行政机关中的综合管理类、专业技术类职位相比，行政执法类职位具有下列特点，一是纯粹的执行性。只有对法律法规的执行权，而无解释权，出现纠纷时不具备裁定权。这一点与综合管理类职位的区别尤为明显。二是现场强制性。依照法律、法规现场直接对具体的管理对象进行监管、处罚、强制和稽查。① 行政执法类职位主要集中在公安、海关、税务、工商、质检、药监、城管、环保等政府部门，且只存在于这些政府部门中的基层单位。我国公务员管理制度完善的下一步重点即在于行政执法类公务员管理制度。从数量来看，行政执法公务员是我国公务员队伍的主体；从责任来看，行政执法类公务员承担了维护社会主义市场经济秩序和保障社会稳定与和谐的重任；从制度层面来看，行政执法类公务员属于新的管理类别，与综合管理类相比较，制度经验少，存在的管理问题多，完善管理制度的压力大、时间紧。此外，我国现有的执法类公务员大部分以前不是按公务员条例进行管理，没有进行严格的公务员考试、考核和培训，以至于素质参差不齐。《公务员法》将其单列，是在全面建设服务型政府的背景下，构建与社会主义市场经济体制协调一致的市场监管与行政执法体系的重大举措，也是规范执法类公务员队伍素质，全面提高广大基层执法类公务员依法行政能力的制度安排。如何有效规范执法类公务员的素质，提高执法类公务员依法行政的能力，建立起有效的岗位资格准入与岗位考核培训体系是我国行政执法类公务员队伍建设即将面临的一个重要课题。

（二）研究意义

行政执法类公务员管理制度的完善，重点在于城市尤其是大城市和特

---

① 宋世明、许丹：《关于中国公务员职位分类的研究报告》，《北京电子科技学院学报》2004 年第 1 期。

大城市行政执法类公务员的管理体系。因为大城市特别是特大城市集中了我国最主要的经济资源，是各类市场交易的中心，也是经济和市场问题的源头和重心。市场监管和行政执法的任务重、难点多、责任大。尤其是如北京、天津、上海、广州等类型的特大型现代城市，作为各区域的中心城市，不仅城市自身的行政管理与行政执法具有典型的范式特征，而且其政府治理的政治影响力和公共管理示范性均远高于一般性的大城市或中心城市。公务员群体是城市公共管理的主体，而其中行政执法类公务员队伍无论是数量、质量还是形象影响力均代表了特大城市公务员队伍的形象。因此，行政执法类公务员特别是基层行政执法类公务员的素质状况和依法行政的能力与质量直接关乎政府形象和大都市形象。同时，行政执法类公务员队伍组建的时间也相对不长，存在的问题特别是基层执法类公务员队伍存在的问题比较集中和突出。表现在行政执法类公务员队伍的整体素质状况与其他类公务员相比较较低，执法类公务员队伍结构不理想、不合理，有些执法公务员存在违法行政、行政不作为或行政乱作为现象，社会负面形象较多。与其他类公务员的管理未完全区分清晰，行政执法类公务员管理体制与机制尚未形成、尚不顺畅，执法公务员整体士气较低落，存在消极怠工、职业倦怠、前途迷茫、心理焦虑、职业困惑等消极现象。行政执法类公务员职业通道缺乏设计、存在工作压力大、行政责任大、权责不匹配不对等现象。从人力资源管理理论的角度来看，行政执法类公务员管理的问题主要体现在公务员管理的新陈代谢机制、激励机制、管理监督机制、人才开发机制、管理文化机制这五个管理机制的不健全、不完善和不科学上。因此，加强行政执法类公务员管理体制与机制的理论研究，特别是结合地方政府公务员队伍建设的现状开展实证研究，将不同地区的执法公务员的管理经验进行比较研究，并对我国特大城市行政执法类公务员的管理现状、存在的问题以及原因进行剖析和解释，对于探索创建具有中国特色的行政执法类公务员的管理类别，完善行政执法类公务员的管理制度与管理政策，促进素养优良、结构合理、依法行政、执法水平较高、士气高昂的行政执法类公务员队伍建设具有重要的现实意义。从我国行政执法类公务员管理的分类实践来看，目前我国行政执法类公务员分类管理工作尚处在试点和积累经验阶段，正需要学术理论界深入关注，并与政府部门一起进行创新、实践和经验总结，在理论上予以概括和提炼，以为下一步全面实施行政执法公务员分类管理提供理论上和制度设计上的指导，进而促使分类管理的三类公务员既突出各自特色，又能适度地平衡和合理地衔接。因此，本课题的研究可以在理论上填补我国公务员制度研究的一个空白，在实践上可以为我国即将全面实施的执法类公务员分类管理提供理论指导和制度支持，也可以为我国特大城市探索具有大都市特色的公务员管理机制，促进我国大都市的国际化进程起到积极的作用。

二　行政执法类公务员的分布情况

行政管理与行政执法均是我国政府行政机构的重要职能，其中，行政执法职能既广泛分布于我国政府各个组成部门中，也集中存在于各级地方政府的直属机构中。

（一）行政执法职能的纵向分布

我国地方政府的行政执法职能在纵向上主要设置在省、市、县、乡四级政府机构中，其中可以分为三种类型，一是完全垂直管理的行政执法机构，即从国务院部门、机构一直垂直管理到地方、基层的行政管理与行政执法部门，如海关、国家税务局等；二是部分垂直管理的行政执法机构，即从省级政府以下垂直管理或从地市级政府向下垂直管理的行政执法机构如公安、地税、工商、质监、国土等部门；三是分属于各级地方政府管理的行政执法机构，如文化、交通、安监、环保、城管、水务、食药品、旅游、住房与城乡建设、城乡规划等。我国特大城市的行政执法机构也呈现出上述三种类型，即完全垂直管理的行政执法机构、部分垂直管理的行政执法机构和属地管理的行政执法机构。在纵向上，部分垂直管理的行政执法机构又可以分为两种类型，一是市级行政执法部门，区级行政执法机构，基层行政执法机构，如市质量监督检验检疫局、区级的质量监督检验检疫分局、基层的质量监督所、检验所；二是市级行政执法部门，跨区域的行政执法机构，基层行政执法机构，如市级的交通执法总队、跨行政区域的交通执法大队、基层的交通执法分队。属地管理的行政执法机构一般按三级政府架构分部门设置，即市级政府综合管理部门、区级政府的行政部门和机构、街道和乡政府一线行政执法机构，如市城市管理综合行政执法局、区政府城市管理行政执法大队、街道或乡政府层面的城管执法分队。总之，特大城市地方政府的行政执法职能的纵向配置上呈现两个并存的重要特征，即垂直管理的行政执法体制与属地管理的行政执法体制并存，按行政区划纵向设置的行政执法体制与跨行政区划纵向设置的行政执法机构并存。

（二）行政执法职能的横向分布

我国地方政府的综合管理职能主要设置在政府的组成部门中，而行政执法职能则主要设置在政府的直属机构中。由于我国各个特大城市政府职能分布与机构设置基本一致，差异较小，为了清晰地描述政府的行政执法职能分布状况，现以 2013 年北京市的政府职能分布与机构设置为分析示例。北京市人民政府设置工作部门 45 个。其中，组成部门 27 个，直属特设机构 1 个，直属机构 17 个（见表 1—1）。

表 1—1　　　　　　　　　北京市市政府机构设置表

组成部门	
1. 国家发展和改革委员会	15. 规划委员会
2. 教育委员会	16. 住房和城乡建设委员会
3. 科学技术委员会	17. 市政市容管理委员会
4. 经济和信息化委员会	18. 交通委员会
5. 民族事务委员会	19. 农村工作委员会
6. 公安局	20. 水务局
7. 国家安全局	21. 商务委员会
8. 监察局	22. 旅游发展委员会
9. 民政局	23. 文化局
10. 司法局	24. 卫生与人口计划生育委员会
11. 财政局	25. 审计局
12. 人力资源和社会保障局	26. 外事办公室
13. 国土资源局	27. 社会建设工作办公室
14. 环境保护局	

续表

<table>
<tr><td colspan="2" align="center">特设机构国有资产监督管理委员会</td></tr>
<tr><td colspan="2" align="center">直属机构</td></tr>
<tr><td>1. 地方税务局</td><td>10. 园林绿化局</td></tr>
<tr><td>2. 工商行政管理局</td><td>11. 金融工作局</td></tr>
<tr><td>3. 质量技术监督局</td><td>12. 知识产权局</td></tr>
<tr><td>4. 安全生产监督管理局</td><td>13. 民防局</td></tr>
<tr><td>5. 广播电影电视局</td><td>14. 侨务办公室</td></tr>
<tr><td>6. 新闻出版局</td><td>15. 法制办公室</td></tr>
<tr><td>7. 文物局</td><td>16. 信访办公室</td></tr>
<tr><td>8. 体育局</td><td>17. 研究室</td></tr>
<tr><td>9. 统计局</td><td></td></tr>
</table>

通过对以上部门和机构的三定方案分析，北京市行政执法职能虽然广泛分布于市政府组成部门中，但是主要体现在市政府直属机构中。政府组成部门主要职能是行政管理，虽然有行政执法职能，但相对于政府综合管理职能而言，直接实施行政执法的职能较少，主要是针对重、特大案件的直接查处执法、跨地区重大案件的协调执法、行政执法的执法监督管理方面。政府直属机构主要职能是就某一方面公共事物具体进行行政监督和行政执法。因此，就行政执法类公务员而言，主要分布在政府直属机构里面。在政府直属执法机构中，大多数机构属于政府"直管"部门。"直管"部门又称垂直管理部门，是指驻在本行政区域，但由其上级机关垂直领导，决定人事任免、经费拨付的单位和部门，如工商、质监、烟草、药监、征稽等部门和行业。这些单位和部门都在其业务范围内担负着法律、法规规定的专业行政执法职责，并代表国家行使某一方面的行政管理和行业监督权，其工作事关国计民生和本行政区域内的经济、社会发展。由于这些工作业务和人事任免、经费来源是由其上级机关领导、决定，具有垄断性，行业色彩比较浓厚，一旦执法中出现问题，则会出现只对上级部门负责的情况，地方政府对之感到无能为力，从而出现对这些部门行政执法监督的断档。

总之，根据对行政执法类公务员的定义，在我国公务员的构成中，能够直接行使行政监管、行政稽查、行政处罚等一线执法职能的公务员才能列为行政执法类公务员。因此，行政执法类公务员主要分布在各级地方政府的直属机构中，如工商行政管理局、税务局、质量检验检疫局、城市行政管理综合执法局、安全生产监督管理局等，以及部分政府组成部门的直属机构中，如市文化局的文化行政执法总队、市环保局的环境执法大队、市卫生与人口计划生育委员会的卫生监督所、市住房和城乡建设委员会的建设工程和房屋管理监察执法大队、市交通委员会的交通行政执法总队等。

三　我国行政执法类公务员的改革试点情况

从公务员管理的实践层面来看，根据《公务员法》的实施要求，我国全体公务员队伍将按照综合管理类、专业技术类、行政执法类等类别进行分类管理，其中行政执法类公务员主要是指我国地、市以下基层部门行政执法人员。目前，公安人民警察分类管理改革已迈出实质性步伐，工商行政管理系统行政执法类公务员试点工作正在全国部分省市实施，税务、海关系统行政执法类公务员试点也已经逐步启动。从地方行政执法类公务员的试点情况来看，2010 年 1 月深圳市出台《深圳市行政机关公务员分类管理改革实施方案》，标志着深圳市行政执法类公务员的改革已经迈出了实质性的步伐。其他地方也围绕行政执法管理体制与行政执法队伍建设进行了一定程度的行政执法公务员人事改革探索。

（一）工商、质检、税务系统执法公务员改革试点情况

1. 工商系统行政执法类公务员改革试点

工商系统执法公务员改革试点是从上海市企业注册官①制度的试点开始的。

2004 年 3 月，上海市工商局初步拟订了企业注册官制度试点方案，

_____

① 企业注册官是指具备专业资格，经过考评和聘任，在工商行政管理机关企业登记注册岗位依法行使注册核准权的行政执法类公务员。

在很短的时间内形成了包括《上海市工商局实施企业注册官制度暂行办法》《上海市工商行政管理局企业注册官任职资格考试试行办法》《上海市工商行政管理局企业注册官竞聘上岗试行办法》《上海市工商行政管理企业注册官监督管理试行办法》《上海市工商行政管理局企业注册官工作规范》。① 2004 年 7 月 19 日，原国家人事部、国家工商总局联合下发了《关于在上海市工商局进行企业注册官制度试点的通知》，上海市工商局作为唯一试点单位正式启动试点工作。2004 年 11 月 4 日，首批 280 名企业注册官正式宣誓上岗，标志着上海企业注册官制度试点工作进入实质性操作阶段。② 2006 年，试点工作由企业登记岗位向个体工商户登记岗位延伸，全市 200 多个基层工商所中，有 466 名从事个体工商户登记的公务员被聘为注册官。为了完善企业注册官"责、权、利"相统一的激励机制，2007 年 5 月，在所属企业注册官队伍中开展了等级晋升工作，共有 27 名企业注册官晋升了等级。③ 上海工商行政部门的企业注册官制度④为确定工商行政部门综合管理类以外其他职位类别公务员的职务系列提供了可资借鉴的经验和模式。上海工商行政部门试行企业注册官制度后，国内各省市高度关注，积极仿效上海的做法。浙江省、福建省及沈阳市、大连市、济南市、青岛市等地先后试行了企业注册官制度，更多的省市也正在准备开展这方面的试点工作。⑤ 2008 年 12 月，国家工商行政管理总局会同国家公务员局就进一步在全国开展工商行政管理系统执法公务员改革的试点

---

① 刘安伟：《上海市工商局企业注册官制度试点记事》，《工商行政管理》2004 年第 24 期。

② 《上海将向全国推广企业注册官制度》，《东方早报》2007 年 1 月 24 日。

③ 上海市工商局企业注册处：《稳步推进企业注册官制度试点工作打造专业化的企业注册队伍》，《工商行政管理》2008 年第 20 期。

④ 上海市企业注册官制度主要内容有：考聘结合的准入机制，即企业注册官必须通过专门的考试取得任职资格，任职资格有效期为 3 年。分级管理的组织机制。企业注册官共分为 7 级，由高到低依次为一级企业注册官至七级企业注册官，并根据工作需要确定各级企业注册官的职责。责任到人的运行机制。主要是确立了上下级企业注册官的权限关系，并由登记部门负责人代表登记机关明确每个企业注册官的事权。明确企业注册官对署名的法律文书承担相应的法律责任。权责统一的制约机制。制定了《企业注册官守则》《企业注册官监督管理办法》《撤销行政许可暂行办法》和《企业注册官工作考核试行意见》等配套管理制度。能上能下的激励机制。即企业注册官不实行终身制。参见上海市工商局企业注册处《稳步推进企业注册官制度试点工作打造专业化的企业注册队伍》，《工商行政管理》2008 年第 20 期。

⑤ 曹娟：《上海工商行政管理部门公务员职位分类研究》，硕士学位论文，华东师范大学，2009 年。

工作进行部署，并联合下发了《关于在上海等六省（市）工商行政管理系统部分单位开展行政执法类公务员管理试点工作的通知》。时任国家工商总局局长周伯华在 2008 年全国工商行政管理工作会议的报告中充分肯定工商系统行政执法公务员改革的试点成绩，认为取得了明显效果，对拓展基层执法人员职业发展空间，建设高素质、专业化的公务员队伍具有重要意义。①

全国工商系统行政执法类公务员改革试点主要内容有：

试点范围。地市级以下工商行政管理机关内设机构及直属和派出机构中直接从事行政执法的职位。职位职责是依照法律法规直接对行政执法相对人进行许可、监管、处罚、强制等。

职务名称与序列。行政执法类公务员的职务为非领导职务，职务名称由高至低分为六个职务层次，即督办执法员、副督办执法员、主办执法员、副主办执法员、执法员和助理执法员。

职务与级别对应关系。行政执法类公务员的级别由高至低依次为十三级至二十七级。

督办执法员为十九级至十三级；副督办执法员为二十一级至十五级；主办执法员为二十三级至十七级；副主办执法员为二十五级至十八级；执法员为二十六级至十九级；助理执法员为二十七级至二十级。

职务设置。地市级工商行政管理机关内设机构及直属和派出机构中直接从事行政执法的职位可以设置督办执法员、副督办执法员、主办执法员、副主办执法员、执法员和助理执法员；县（区、市）级工商行政管理机关内设机构及直属和派出机构中直接从事行政执法的职位可以设置主办执法员、副主办执法员、执法员和助理执法员。

职数比例。各试点单位行政执法类公务员职数比例以本单位行政执法类职位的行政编制数为基数确定。各试点单位行政执法类公务员各职务层次的职数比例大体一致，与综合管理类公务员相应职务层次职数比例保持平衡。

职务晋升。行政执法类公务员在规定的职务序列和职数限额内晋升；

① 周伯华：《深入学习实践科学发展观　推动科学发展　促进社会和谐　充分发挥工商行政管理职能作用》，http://www.ccn.com.cn/news/yaowen/2008/1224/245690.html。

行政执法类公务员符合规定的任职年限且年度考核结果均为称职以上等次的，按有关规定晋升一个职务层次。

交流。符合规定资格条件的行政执法类公务员可以通过竞争上岗、考试考核等方式交流到相应的综合执法类职位，分别任乡科级正职或主任科员、乡科级副职或副主任科员。符合行政执法类公务员任职条件的综合管理类公务员可以通过考试考核等方式交流到相应的行政执法类职位。

录用。主办执法员以下行政执法类公务员应实行考试录用。录用工作应严格按照《公务员法》和《公务员录用规定（试行）》的规定进行。考试内容根据行政执法类公务员应当具备的能力素质设置，重点测查报考者相关法律法规和政策知识，以及运用法律法规政策处理实际问题的能力。

考核。对行政执法类公务员的考核按照干部管理权限进行，全面考核其德、能、绩、廉，重点考核行政执法职权、履行执法义务、完成执法工作情况。对行政执法类公务员的考核要重视听取行政执法相对人的意见，落实行政执法责任追究制度。

奖惩。对行政执法类公务员的奖惩，按照公务员法的有关规定执行。对出现违纪行为的，视情节轻重分别进行批评教育、离岗培训、调离行政执法岗位等处理或处分，构成犯罪的依法追究刑事责任。

培训。国家制定行政执法类公务员专门业务培训大纲。专门业务培训考试、考核不合格的行政执法类公务员，不得从事执法工作。①

2. 质监系统行政执法类公务员改革试点

2005 年 9 月，人事部、国家质量监督检验检疫总局颁发《关于在内蒙古、黑龙江、江苏、福建、云南等五省（自治区）质检机构开展行政执法类公务员管理试点工作的通知》，国家质量技术监督检验检疫总局在江苏等五省（自治区）的质检系统推行质量技术监督官和检验检疫官制度。涉及 13000 多名在职公务员。9 月 20 日，人事部解释，五省试行"两官"制，是国家行政执法类公务员改革的"试验田"。按照文件设计，

---

① 《工商行政管理系统行政执法类公务员管理试点方案》，方惠萍：《上海市工商行政管理局企业注册官制度试点工作文件汇编》，《内部资料》2005 年 10 月。参见曹媚《上海工商行政管理部门公务员职位分类研究》，华东师范大学出版社 2009 年版。

改革完成后，五省区的质量技术监督系统中从事法规、标准化、计量、质量管理、质量监督、特种设备安全监察、合格评定、执法稽查等业务工作的公务员，将被聘为一级至七级质量技术监督官。[①] 同样，检验检疫系统内从事与执法相关工作的公务员，也将被评为一级至七级检验检疫官。按照设计，七级官承担"基础性、辅助性"质监业务工作，六级官承担"基本"质监业务工作，五级官"一般性质"，四级官"较复杂"，三级官"复杂"，二级官"重要、疑难"，一级官具有全面的本专业领域质监业务的技术管理权，承担重要、疑难质监业务工作和对下级质量技术监督官的业务指导工作。[②]

质监系统行政执法公务员改革试点的主要内容有：

具体范围。在试点省质量技术监督系统各级行政机关中设置，人员为从事法规、标准化、计量、质量管理、质量监督、特种设备安全监察、合格评定、执法稽查等业务工作的公务员。综合部门公务员不列入试点，基层局一岗多职公务员，严格按照主要岗位和职责进行确定。

质量技术监督官职位设置原则和要求。一是根据质监业务工作性质、职责权限和执法需要设置。二是科学、合理、适用并兼顾发展。三是在职位调查与分析评价的基础上，适当考虑现有在职人员情况。四是明确职位的职责任务、工作权限、工作程序、工作标准与所需资格条件，制定质量技术监督官职位说明书，作为聘任、考核、培训、奖惩等管理的依据。[③]

资格考试。质量技术监督官任职资格考试为质监系统行政执法类公务员职位任职资格考试，分为甲类、乙类。副处级及以上公务员报甲类考试，副科级及以下公务员报乙类考试；正科级公务员符合竞聘三级官条件的可同时报甲类和乙类考试，不符合竞聘三级官条件的报乙类考试；年满50周岁、工龄满25年，且从事质监业务工作满5年，符合任职资格考试申报条件者，经省人事厅、省质量技术监督局行政执法类公务员试点领导

---

① 《江苏等五省试点行政执法类公务员改革》，《金陵晚报》2005年9月23日。

② 同上。

③ 参见《关于印发黑龙江省质量技术监督系统行政执法类公务员管理试点工作实施方案的通知》（黑人发〔2005〕77号），http://www.hlj.gov.cn/gkml/system/2008/05/08/010049232.shtml。

小组批准，可免予任职资格考试。

确认资格，颁发证书。通过质量技术监督官甲类职位任职资格考试的，取得一级、二级、三级职位任职资格；通过质量技术监督官乙类职位任职资格考试的，取得四级、五级、六级、七级职位任职资格。对通过任职资格考试的人员，颁发国家质检总局统一印制的质量技术监督官任职资格考试合格证书，确认资格。考试合格者，先直接转任到相对应的行政执法类公务员。

竞聘上岗。根据《质检系统行政执法类公务员职位竞聘上岗暂行办法》的有关规定，结合质量技术监督官职位设置情况，按规定要求的程序，组织竞聘上岗。转任到行政执法类公务员，符合条件者可竞聘上一级职位。七级官竞聘条件是：通过质检乙类职位任职资格考试；工作时间一年以上（含见习期）；具备独立处理基础性、辅助性质检业务工作的能力。六级官竞聘条件是：担任七级官三年以上；通过质检乙类职位任职资格考试；担任七级官期间年度考核等次为称职以上；具备独立处理基本质检业务工作的能力。大专以上应届毕业生、见习期满、通过乙类职位任职资格考试者，可直接竞聘本级官。五级官竞聘条件是：担任六级官三年以上；通过质检乙类职位任职资格考试；担任六级官期间年度考核等次为称职以上；具备独立处理一般性质检业务工作的能力。获硕士学位应届毕业生、见习期满、通过乙类职位任职资格考试者，可直接竞聘本级官。四级官竞聘条件是：担任五级官三年以上；通过质检乙类职位任职资格考试；担任五级官期间年度考核等次为称职以上；具备独立处理较复杂的质检业务工作的能力。获博士学位应届毕业生、见习期满、通过乙类职位任职资格考试者，可直接竞聘本级官。三级官竞聘条件是：担任四级官四年以上；通过质检甲类职位任职资格考试；具有大专以上文化程度；担任四级官期间年度考核等次为称职以上；具备独立处理较复杂的质检业务工作的能力。二级官竞聘条件是：担任三级官四年以上；通过质检甲类职位任职资格考试；具有大专以上文化程度；担任三级官期间年度考核等次为称职以上；能独立承担较重要、疑难质检业务事项。一级官竞聘条件是：担任二级官五年以上；通过质检甲类职位任职资格考试；具有大专以上文化程度；担任二级官期间年度考核等次为称职以上；全面系统地掌握相关质检业务基础理论知识和专业知识，对质检业务有较深入的研究，具有较高的业务水平；具有丰富工作经验，能独立承担或主持重要、疑难质检业务工作。①

完成聘任。根据质量技术监督官职位职数结构比例设置情况，由各单位自行组织竞聘上岗，按程序要求报批。各级官的竞聘全部完成后，应聘任的行政执法类公务员统一办理聘任手续。

3. 税务系统行政执法类公务员改革试点

为提高税务人员的执法水平，保证税收执法队伍的基本素质，调动税收执法人员的工作积极性，促进税务机关依法行政，全面推进依法治税，国家税务总局在 2001 年制定了《税务人员执法资格与执法能级认证暂行办法（试行）》，并以国税发［2001］130 号的通知要求税务系统认真贯彻执行，对已经实行执法资格认证的地区，要按照本办法的要求，注意总结经验，继续做好执法资格认证工作。尚未实行执法资格认证的地区，要结合当地实际情况和本办法的规定，从 2002 年起试行。执法能级认证的具体实施时间由各地自行确定。根据总局的文件精神，全国税务系统的许多省、自治区、计划单列市，以及地市、县（市、区）局结合本地实际情况，以解决干部队伍人力资源配置不尽合理、激励机制不够活等问题为重点，在基层税务人员中推行以能定级、以岗定责、岗能匹配、绩酬挂钩、动态管理的能级管理制度，初步建立起充满竞争和激励并重的干部管理新机制。②

2009 年，国家税务总局决定在国税系统九省市的 44 个基层单位开展行政执法类公务员管理试点工作，研究探索行政执法类公务员管理的具体制度。2011 年 4 月，国家公务员局和国家税务总局联合下发《关于税务系统行政执法类公务员管理试点工作的通知》，在税务系统内部探索建立行政执法类公务员管理制度，具体划分为 7 个职务序列和对应的薪级，属于非领导职务，各职务序列间不存在上下级隶属关系。试点主要选取个别能级管理搞得比较早、取得一定经验的地市级以下国税局开展，如江苏省

①　参见《关于印发黑龙江省质量技术监督系统行政执法类公务员管理试点工作实施方案的通知》，http://www.hlj.gov.cn/gkml/system/2008/05/08/010049232.shtml。

②　黄建方：《税务系统公务员行政执法职务与能级管理衔接问题研究》，《扬州大学税务学院学报》2009 年第 3 期。

南京市雨花区国税局、广东省广州市增城区国税局、天津市静海县国税局等44个基层单位。试点范围为局机关内设机构及直属和派出机构中直接从事行政执法的职位。部门领导及相应非领导职务人员仍按照综合管理类公务员管理，办公室、人事、教育、收入核算、财务、监察、党务、离退休办等综合部门，因主要负责综合管理和机关内部管理职能，也不纳入试点范围。即一个单位内会出现综合管理类和行政执法类公务员两种管理制度。试点取得一定经验，但由于配套实施细则没有及时出台，尚未形成统一规范的管理制度。2011年10月，国家公务员局、国家税务总局《关于扩大在部分省（区、市）开展税务系统行政执法类公务员管理试点工作的通知》决定自2011年10月21日至2012年1月15日在全国10个省（区、市）国税局和8个省（区、市）地税局93个基层单位启动新一轮行政执法类公务员管理试点工作，为研究制定税务系统行政执法类公务员管理制度及其在税务系统全面推行做准备。

税务系统行政执法类公务员改革试点的主要内容有：

试点范围。地市级税务机关内设机构、直属机构和派出机构中除办公室、人事、教育、财务、纪检监察、党务等部门外，其他部门中副科级以上领导职务外的职务。县（市、区）级税务机关内设机构、直属机构和派出机构中除副科级以上领导职务外的所有职位。

行政执法类公务员的职务与级别对应关系。一级税务官对应十八级至十二级；二级税务官对应二十级至十四级；三级税务官对应二十二级至十六级；四级税务官对应二十三级至十七级；一级税务员对应二十四级至十八级；二级税务员对应二十六级至十八级；三级税务员对应二十七级至十九级。

职务设置。行政执法类公务员的职务根据规定的机构规格、编制限额、职位等设置。职务序列从高到低分别为一级税务官、二级税务官、三级税务官、四级税务官、一级税务员、二级税务员、三级税务员。地市级国税机关内设机构、直属机构和派出机构中直接从事行政执法的职位可以设置一级税务官、二级税务官、三级税务官、四级税务官、一级税务员、二级税务员、三级税务员。县（区、市）级国税机关内设机构、直属机构和派出机构中直接从事行政执法的职位可以设置三级税务官、四级税务官、一级税务员、二级税务员、三级税务员。

职务晋升的任职年限。一级税务官为任职二级税务官四年以上；二级税务官为任职三级税务官四年以上；三级税务官为任职四级税务官一年以上；四级税务官为任职一级税务员两年以上；一级税务员为任职二级税务员三年以上；二级税务员为任职三级税务员三年以上。

职务套改。一是套改条件为，调研员套改为一级税务官；副调研员套改为二级税务官；主任科员套改为三级税务官；副主任科员根据工作年限和任职年限及近三年年度考核情况，可分别套改为三级税务官、四级税务官、一级税务员；科员根据工作年限和任职年限及近三年考核情况，可分别套改为一级税务员、二级税务员；办事员根据工作年限和任职年限及近三年考核情况，可分别套改为二级税务员、三级税务员。

（二）深圳市行政执法类公务员改革的试点

1. 改革的探索阶段

2006 年 8 月，深圳市委正式启动公安系统公务员专业化试点改革，将警察划分为警官、警员、警务技术三个职组，开始试行分类管理。公安系统经过两年实践，2008 年 8 月，国家公务员局批复同意深圳市开展公务员分类管理改革试点工作。2009 年 5 月，公布的《深圳综合配套改革总体方案》提出，深圳将创新公务员管理制度，实施公务员职位分类管理，探索实行公务员能进能出、能上能下的管理体制。2009 年 12 月，国家公务员局批复同意《深圳市行政机关公务员分类管理改革方案》。①

2. 改革的全面启动阶段

2010 年 1 月，深圳市政府常务会和市委常委会先后通过《深圳市行政机关公务员分类管理改革实施方案》及有关配套文件。2010 年 2 月，深圳市政府正式颁布《深圳市行政机关公务员分类管理改革实施方案》及行政执法类公务员、专业技术类公务员和聘任制公务员管理办法。同时，深圳市启动行政机关公务员分类管理改革后首次大规模招聘聘任制公务员，主要面向取得国家承认学历的大专毕业及以上人员，公开招聘行政执法类聘任制公务员（含参照公务员法管理单位工作人员）350 名。② 深

---

① 张苹：《敬业爱岗方能捧稳"瓷饭碗"》，《深圳特区报》2010 年 3 月 26 日。
② 同上。

圳市执法公务员分类改革方案的全面实施标志着深圳市执法公务员改革进入一个全新的阶段。根据深圳市行政执法公务员分类改革实施方案的要求，深圳市将全市政府机关的公务员划分为综合管理类公务员、行政执法类公务员和专业技术类公务员三大类，重点是将行政执法类公务员与综合管理类公务员区分开来。为此，深圳市确定了规划国土、环保、交通、文化、劳动监察、社保、地税、市场监管、药品监管、卫生监督、动物卫生监督、城市管理、监狱劳教等部门中的整建制执法单位为行政执法类试点单位，其中的非领导职务公务员统一套转为行政执法类公务员。截至2014 年 1 月底，加上已经先行改革的公安系统警员，深圳市行政机关共有近 24000 名行政执法类公务员。①

3. 深圳市行政机关行政执法类公务员管理的主要内容

深圳市行政执法类公务员管理的主要内容体现在《深圳市行政机关行政执法类公务员管理办法（试行）》中，该办法共九章五十六条，明确规定了行政执法公务员的内涵、外延、职务设置原则与设置方法以及具体的行政执法公务员录用、管理、保障及退出方法等。比如法规第二条规定行政执法公务员的定义、类型："本试行办法所称行政执法类公务员，是指在本市各级行政机关所属执法单位中主要履行监管、处罚、稽查等执法职责的职位上工作的非领导职务公务员。行政执法类公务员包括委任制公务员和聘任制公务员。"② 该法规第六条规定了行政执法公务员的职务设置办法，"行政执法类公务员职务统称为执法员，根据任职条件、年功和工作业绩要求，划分为 7 个职级，由高至低为：一级执法员、二级执法员、三级执法员、四级执法员、五级执法员、六级执法员、七级执法员。根据工作实际及对公务员学历、能力等的要求，市政府公务员主管部门可在行政执法类部分职组、职系的七级执法员之下增设助理执法员、见习执法员"③。

---

① 王红茹：《深圳公务员分类改革：退休人员大比例享受"副处"待遇》，《中国经济周刊》2014 年第 11 期。

② 百度文库：《深圳市行政机关行政执法类公务员管理办法》（试行），http://wenku.baidu.com/view/7a1f4cfa910ef12d2a9e7a7.html。

③ 同上。

4. 深圳行政执法公务员改革的深化阶段

2012 年 6 月 20 日，深圳市委常委会议原则通过了市人力资源和社会保障局的《关于进一步深化公务员分类管理改革的方案》，健全公务员职位体系，研究探索综合管理类的"共通性职位"管理机制等措施被提上日程。深圳的公务员分类管理，正是要求公务员对自己的职业发展目标和技能要求有明确定位，鼓励每个人都走专业化的道路。将公务员分成三类之后，深圳市有关部门发现这是非常粗略的，要达到精细化管理和科学管理还不够，所以还要细化。这一思路在《关于进一步深化公务员分类管理改革的意见》中得到了进一步体现：深圳将研究探索综合管理类共通性职位管理机制，并增设行政执法类专业执法职系与专业技术类职系。一方面，综合管理类公务员中的财务、人事、行政后勤、电子政务等职位将被纳入"共通性职位"，统一进行招聘、培训、管理和考核。简言之，"共通性职位"就是各个单位都有的职位，他们的工作和参照的政策基本一样，本该放在一起管，但现状是散落在各个单位中，其视野和立场受限于本部门，给部门本位、以权谋私等行为带来隐患。而"共通性职位"人员的理想状态是"职业发展和职业约束不依附于单位，有独立的薪酬待遇晋升通道"，比如一个财务人员，一直做财务也能得到晋升，而无须与其他业务处室的科员竞争同样的岗位，使本职位蒙受人才流失。另一方面，行政执法类职位和专业技术类职位将更为细化。一是在行政执法类职位中单列出"行政执法类专业执法职系"，把市场监管、药品监管、卫生监督等执法队伍中专业要求较高的职位纳入其中，包括食品执法、特种设备执法、药品执法、医疗执法等。二是将审计部门中财务审计、工程审计等职位设置为专业技术类职系，进入这一职系的公务员，将在规划、统计等部门中发挥作用。深圳市下一步公务员分类改革的方向，是用三年时间建立相对完整的职位体系，完善分类管理制度的配套制度。

四　课题调研的理论模型建构及调研设计

（一）建构理论模型

本课题遵循问题中心而非学科中心的研究思路，围绕我国特大城市执法类公务员队伍的五个管理机制展开，试图使研究在理论上既全面深入系统，在政策层面上又具有一定的操作性。在研究过程中主要选择北京、天津、广州、上海（浦东新区）这四个特大城市为样本，因为这个四个城市体现了我国从北到南不同的地域特征和公务员管理的文化特征，通过收集和分析比较这四个特大城市的执法类公务员的管理制度和管理经验，再以公务员管理的五大机制为维度进行矩阵分析，就能总结和提炼出我国特大城市的基层执法类公务员管理面临的问题及问题的成因，从而有针对性地提出完善我国行政执法类公务员管理机制的对策建议。

课题建构的理论模型如图1—1所示。五个纵轴代表五个管理机制作为课题分析的维度，四个横轴代表四个城市作为课题分析的经度。坐标轴数值代表在不同的分析维度上各个城市间的差异。课题研究的目的即是分析和总结它们的不同及其管理背景和文化背景，从而提炼和概括出具有一般规律的我国特大城市执法类公务员管理机制和政策建议。

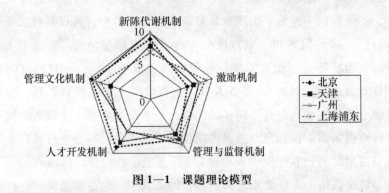

图1—1　课题理论模型

通过以上理论模型的建构，课题可以实现三个创新。一是使用实证研究和比较研究相结合的方法，对四个特大城市执法类公务员管理实践进行实证研究和比较研究。这在研究方法是创新性的。二是在国内首次对我国城市特别是特大城市执法类公务员管理实践进行应用研究，从研究对象来看，填补了国内行政执法类公务员制度研究的空白。三是在研究工具上，首次使用人力资源管理的五个机制作为分析工具，人力资源管理的五大机制尚无人应用于公务员制度研究，从研究工具来看，本课题也具有一定的创新性。

（二）调研设计

从人力资源的管理机制角度，公务员的管理机制大致可以分为五个方面，即新陈代谢机制、激励机制、管理与监督机制、人才开发机制和管理文化机制。公务员管理的五个机制也是我们进一步对我国特大城市行政执法类公务员的管理状态进行分析的理论维度。如果再加以对北京、天津、广州和上海浦东的行政执法类公务员的问卷调研、访谈和文献资料研究，运用公务员管理的五个机制分析，可以更加清晰地发现行政执法类公务员管理实践中问题的现状及背后深层次的原因。

为此，从尽可能多地了解四个特大城市执法类公务员的管理状况实际情况出发，结合我国行政执法类公务员的试点探索，课题对调研进行了三个阶段的设计。

第一阶段，重点是对北京市人力资源和社会保障局职位管理处、市政府具有行政管理和行政执法职能的个别委、局人事处、具有典型行政执法职能的市政府直属机构人事处进行访谈，通过访谈了解行政执法类公务员的分类管理情况、执法类公务员的分布情况以及各单位人事部门对执法类公务员管理的看法和主要做法。

第二阶段，重点是对具有典型行政执法职能的市政府直属机构人事部门进行问卷一的预调研，针对北京市城市管理综合行政执法局及其区县执法大队和市局直属大队、稽查大队进行问卷二的预调研。根据调研的信息反馈对问卷二进行了修订和补充。

第三阶段，对北京市、天津市、上海市浦东新区和广州市具有典型行政执法职能的执法机构进行了全面的问卷二的调研。调研基本上覆盖了市局处室、区县分局、街道乡镇层面一线所、站、分队、队。其中上海市的综合执法公务员的改革试点主要在浦东新区，因此问卷二的调研仅限于浦东新区执法部门。在调研对象的选择上，执法机构及其层级和执法人员及其层级均事先进行了均衡的规划和分配，以保障调研对象的全面性和典型性。

（三）问卷设计、统计与评价

1. 执法公务员管理情况的基本信息采集。对问卷基本信息的采集、问卷项封闭性问题和开放性问题，采用了 SPSS 18.0 软件进行统计和处理。

2. 封闭性的问题设计与评价。针对执法公务员对公务员管理机制中制度与政策评价，采用里克特五分量表的评价方法。里克特量表是一种心理反应量表，是目前调查研究中使用最广泛的量表。当受测者回答此类问卷的项目时，他们具体地指出自己对该项陈述的认同程度。在本课题中，5 分和 4 分的评价视为执法公务员对该项制度和政策的肯定性、积极性或正面性的态度，3 分视为对该项制度或政策的一般性态度，2 分和 1 分视为对该项政策的否定性、消极性或负面性的态度。

3. 开放性问题的设计与评价。为获取执法公务员对现行公务员管理机制中某些开放性问题的认知与看法，问卷某些题项进行了开放性的设计。在对所有的答项进行汇总后，需要对分散和凌乱的问题进行二次编码和统计分析。课题报告数据分析部分的开放性问题即是经对原始问题答项进行过二次编码，并基于二次编码的数据进行统计分析的结果。

第 二 章

北京市执法类公务员管理机制
调研数据及统计分析

一 调研范围及访谈、问卷情况

（一）调研范围

调研采取了访谈与问卷并重的方式进行。针对具有综合行政管理职能的政府组成部门采取了访谈的方式了解执法类公务员管理情况，访谈的部门有市人力资源和社会保障局、市环保局、市住房和城乡建设委员会、市市政市容管理委员会、市卫生局；直属机构中有市工商局、市地税局、市城市管理综合行政执法局。问卷调研部分，在政府直属机构中主要选取了四个具有典型行政执法职能和特征的机构，即北京市地方税务局、北京市工商行政管理局、北京市质量技术监督局和北京市城市行政管理执法局；在政府组成部门中，基于建设执法目前是社会比较关注的一个热点问题，其执法队伍相对专业和独立，选取了北京市住房和城乡建设委员会直属的北京市建设工程和房屋管理监察执法大队。问卷调研部分，我们设计了两份问卷，问卷一主要是针对具有典型行政执法职能机构的人事管理处室，通过直接了解该系统执法公务员管理的情况和作为管理部门其对执法公务员管理的感受与思考。发放对象主要为北京市工商系统和北京市地方税务系统人事管理部门、北京市建筑工程质量监督总站。问卷二主要是针对执法类公务员本人，包括领导干部和普通公务员。发放对象为北京市具有典型市场监管与行政执法职能的政府部门公务员。具体如下：从政府行政管理部门来看，本次问卷涉及北京市工商行政管理部门、北京市地方税务管理部门、北京市建设执法管理部门、北京市质量监督管理部门、北京市城市管理行政执法部门。从政府行政执法的层级来看，问卷对象涵盖了市局机关及其直属执法机构、区县局机关、街道和乡镇执法部门、基层行政执法单位如工商所、质监所、税务所等。

（二）问卷基本情况

问卷一共发放 34 份，有效回收 34 份。因为问卷一主要是面对各单位人事处室进行的调研，目的是了解各单位执法类公务员管理的统计信息，同时在其他城市未同步进行发放调研，不能进行比较分析，因此不纳入本项问卷基本情况的统计。问卷二共发放 620 份，有效回收 556 份，问卷回收率为 89.7%。在回收的有效问卷中，问卷的回答选项中存在无效答案和空白答案的情况，因此，问卷分析部分均采用有效百分比来说明问卷的情况。相比较绝对百分比和累积百分比，有效百分比更能反映问卷所获取信息的科学性和真实性。

1. 答卷人的基本信息

表 2—1   问卷发放具体情况统计

项目	频率		有效百分比%
	男	381	68.8
性别	女	173	31.2
	缺失	2	
	35 岁以下	203	36.8
年龄	36—50 岁	294	53.3
	51 岁以上	55	10
	缺失	4	
	中共党员	456	82.9
政治面貌	民主党派	17	3.1
	其他	77	14
	缺失	6	

续表

项目	频率	有效百分比%	
军转情况	军转干部	113	21.3
	非军转干部	418	78.7
	缺失	25	

2. 答卷人的工作单位及其工作性质情况

工作部门涉及 95 个部门，基本涵盖了问卷发放对象的所有执法部门；答卷人职务主要有机关执法处长、副处长；调研员、副调研员；科长、副科长；主任科员、副主任科员、科员；大队长、副大队长、队长、副队长、分队长、副分队长、所长、副所长、教导员、指导员、法制员、内勤、外勤、平台登记员、网格责任人、巡查组长等 51 类。从答卷人部门与职务情况看，从事一线执法工作的公务员占到 63%，从事执法管理工作的公务员占到 27%，党务、后勤和其他占到 10%。此问卷具有广泛的代表性。

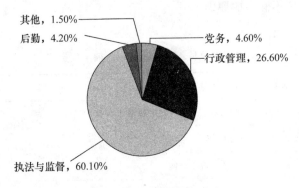

图 2—1　工作性质情况分布

二　调研数据及统计

经过对调研问卷的统计分析，北京市执法类公务员管理情况可以分为 12 个部分。针对问卷中开放性的问题，因为答案内容庞杂，为便于进一步分析，根据答卷内容的相似程度进行了进一步的问题编码，并据此重新编码进行答卷的统计分析。经过统计整理，结果如下。

（一）对单位管理状况的整体评价

1. 对所在单位满意度评价

表 2—2　　　　　　　　　　B40 "您对您所在单位满意吗？"

		频率	百分比	有效百分比	累积百分比
有效	很满意	92	16.5	17.1	17.1
	满意	380	68.3	70.6	87.7
	不满意	53	9.5	9.9	97.6
	很不满意	13	2.3	2.4	100.0
	合计	538	96.8	100.0	
缺失	系统	18	3.2		
合计		556	100.0		

2. 对单位不满意的原因

表 2—3　　　　　　　B401 "对单位不满意的原因，前十位是？"

1	休息没有保障、没有休假、倒休
2	工作繁重、压力大、收入低、工作付出与待遇不对称
3	工资太低，跟不上物价上涨
4	不公平、待遇不公、没落实按劳分配
5	没有激励机制；缺乏晋升途径、年轻人没有机会
6	得不到肯定，不自信，也没有动力
7	人际关系冷漠
8	领导私心太重、职责不分、用人不当
9	社会地位低，无职业成就感、自豪感
10	有限权利承担无限责任；上级单位抓权力，却由基层单位承担责任

3. 对所在单位的公务员管理情况的评价

表 2—4　　　　　　B1 "请您评价您所在单位的公务员管理情况"

		频率	百分比	有效百分比	累积百分比
有效	5 分	237	42.6	43.9	43.9
	4 分	199	35.8	36.9	80.7
	3 分	73	13.1	13.5	94.3
	2 分	14	2.5	2.6	96.9
	1 分	17	3.1	3.1	100.0
	合计	540	97.1	100.0	
缺失	系统	16	2.9		
合计		556	100.0		

4. B37 "你认为单位做得最好三项管理措施是?"

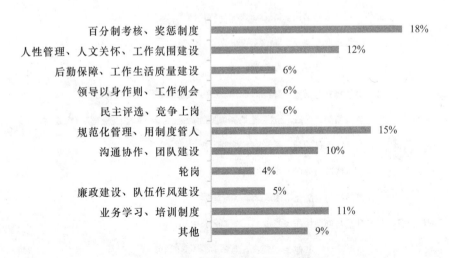

图 2—2　单位做得最好的三项管理措施

5. B38 "从管理机制看,您认为您单位最需要改进的三项举措是?"

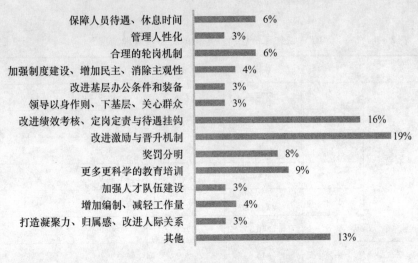

图2—3 单位最需要改进的三项举措

6. C1 "您认为,目前单位人事管理中存在的问题是?"

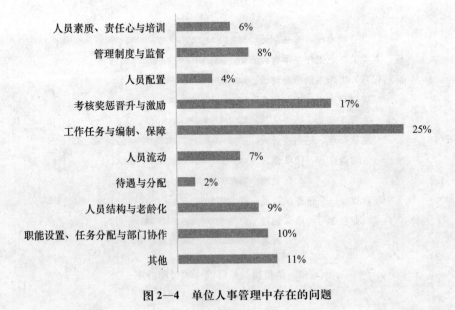

图2—4 单位人事管理中存在的问题

(二) 工作环境、工作条件与工作任务量

1. 对所在单位工作环境与工作条件的评价

表 2—5　　　B2 "请您评价您所在单位的工作环境和工作条件"

		频率	百分比	有效百分比	累积百分比
有效	5 分	98	17.6	35.8	35.8
	4 分	81	14.6	29.6	65.3
	3 分	49	8.8	17.9	83.2
	2 分	29	5.2	10.6	93.8
	1 分	17	3.1	6.2	100.0
	合计	274	49.3	100.0	
缺失	系统	282	50.7		
合计		556	100.0		

2. 对所在单位全体公务员工作任务量的评价

表 2—6　　　B3 "请您就单位全体公务员能否完成所承担的工作任务作出评价"

		频率	百分比	有效百分比	累积百分比
有效	顺利完成	64	11.5	23.4	23.4
	能够完成	136	24.5	49.8	73.3
	勉强能完成	59	10.6	21.6	94.9
	难以完成	14	2.5	5.1	100.0
	合计	273	49.1	100.0	
缺失	系统	283	50.9		
合计		556	100.0		

3. B4 "您认为，目前单位工作任务配置中存在的最主要问题是什么？"

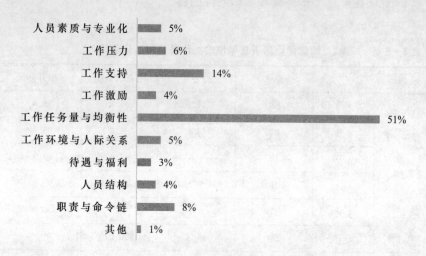

图 2—5 工作任务配置中存在的问题

（三）职务升降

1. 最近一次升职的距今时间

表 2—7   B6 "您最近一次升职或升级距今时间为"

		频率	百分比	有效百分比	累积百分比
有效	2 年以下	132	23.7	26.0	26.0
	3—6 年	174	31.3	34.3	60.4
	7 年以上	201	36.2	39.6	100.0
	合计	507	91.2	100.0	
缺失	系统	49	8.8		
合计		556	100.0		

2. 近 5 年内的晋职次数

表 2—8　　　　　　　　B7 "近 5 年内您的晋职或晋级次数"

		频率	百分比	有效百分比	累积百分比
有效	0 次	244	43.9	56.5	56.5
	1 次	151	27.2	35.0	91.4
	2 次	30	5.4	6.9	98.4
	2 次以上	7	1.3	1.6	100.0
	合计	432	77.7	100.0	
缺失	系统	124	22.3		
合计		556	100.0		

3. 近三年所在单位公务员的降职情况

表 2—9　　　　　　　　B8 "过去三年中，您有无降职情况"

		频率	百分比	有效百分比
有效	有	2	0.4	0.4
	没有	542	97.5	99.6
	合计	544	97.8	100.0
缺失	系统	12	2.2	
合计		556	100.0	

表 2—10　　　　　　　　B9 "过去三年中，您单位公务员有无降职情况"

		频率	百分比	有效百分比
有效	有	23	4.1	4.3
	没有	515	92.6	95.7
	合计	538	96.8	100.0
缺失	系统	18	3.2	
合计		556	100.0	

4. B10 "您认为,在您的单位个人职务晋升中起最主要作用的要素是什么?"

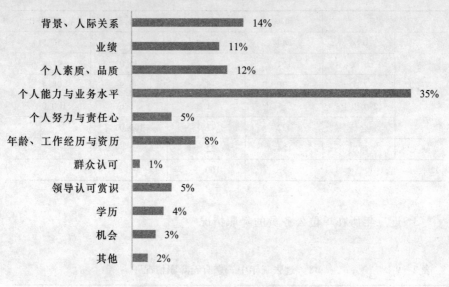

图 2—6 个人晋升中的主要作用因素

（四）考核

1. B11 "过去三年中您年度考核的等次为"

表 2—11 近三年的考核情况

B11—1—2—3		2010	2011	2012
有效	优秀	25.8	26.0	29.0
	称职	73.6	73.4	70.4
	基本称职	0.6	0.6	0.6
	合计	100.0	100.0	100.0
缺失	系统	59	49	25
合计		556	556	556

2. B12 "年度考核中存在的主要问题有哪些?"

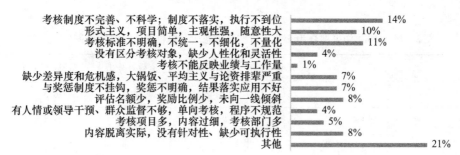

图 2—7 年度考核中存在的主要问题

（五）奖励与惩戒

1. 公务员个人过去三年的获奖次数及种类

表 2—12   B16 "过去三年中您获得的奖励次数为"

		频率	百分比	有效百分比	累积百分比
有效	0 次	76	13.7	43.9	43.9
	1 次	68	12.2	39.3	83.2
	2 次及以上	29	5.2	16.7	100.0
	合计	173	31.1	100.0	
缺失	系统	383	68.9		
合计		556	100.0		

表 2—13   B16—1 "您的获奖种类为"

获奖种类	2010	2011	2012
嘉奖	77.2	73.2	70.0
记三等功	18.4	22.7	25.7
记二等功	0.7	0	0
授予荣誉称号	2.9	4.1	2.9
其他	0.8	0	1.4
有效百分比	100	100	100

2. 对所在单位的奖励制度的评价

表2—14 B18 "如果满分为5分，请您评价您所在单位的人员奖励机制"

		频率	百分比	有效百分比	累积百分比
有效	5分	81	14.6	16.3	16.3
	4分	153	27.5	30.8	47.1
	3分	148	26.6	29.8	76.9
	2分	57	10.3	11.5	88.3
	1分	58	10.4	11.7	100.0
	合计	497	89.4	100.0	
缺失	系统	59	10.6		
合计		556	100.0		

3. B19 "你认为单位奖励制度中存在的主要问题有?"

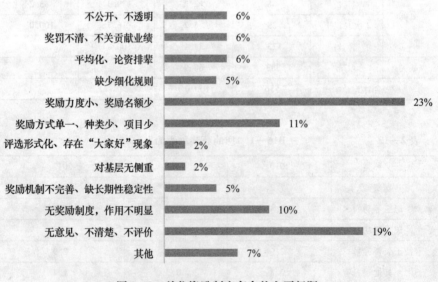

图2—8　单位资励制度存在的主要问题

4. B20 "你认为单位目前的惩戒制度中存在的主要问题是什么？"

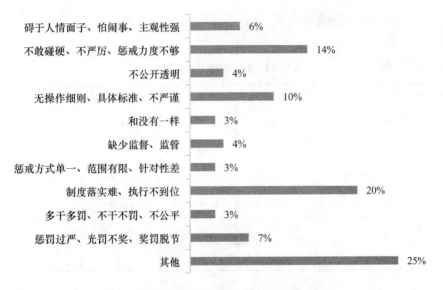

图2—9　单位目前的惩戒制度存在的主要问题

5. B2 "您所了解到公务员被惩戒后的申诉渠道有哪些？"

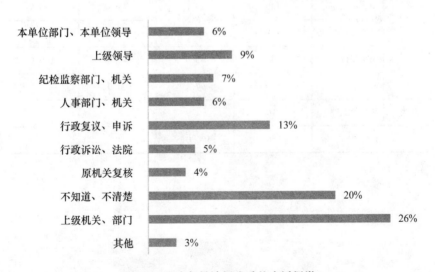

图2—10　公务员被惩戒后的申诉渠道

（六）交流

1. 工作年限及任职时间

表 2—15　　　　　　　　　A1—2 本单位工作年限

		频率	百分比	有效百分比	累积百分比
有效	3 年以下	78	14.0	14.3	14.3
	4—10 年	169	30.4	31.0	45.2
	10 年以上	299	53.8	54.8	100.0
	合计	546	98.2	100.0	
缺失	系统	10	1.8		
合计		556	100.0		

表 2—16　　　　　　　　　A1—3 您任现职工作的时间

		频率	百分比	有效百分比	累积百分比
有效	2 年以下	129	23.2	23.9	23.9
	2—5 年	169	30.4	31.3	55.2
	5 年以上	242	43.5	44.8	100.0
	合计	540	97.1	100.0	
缺失	系统	16	2.9		
合计		556	100.0		

2. 最后一次调动情况

表 2—17　　　　　　　A4 "您最后一次调动的具体情况是"

		频率	百分比	有效百分比	累积百分比
有效	本系统内相同业务部门间调动	235	42.3	46.3	46.3
	本系统内不同业务部门间调动	202	36.3	39.8	86.0
	跨行业间调动	64	11.5	12.6	98.6
	跨地区间调动	7	1.3	1.4	100.0
	合计	508	91.4	100.0	
缺失	系统	48	8.6		
合计		556	100.0		

3. 近三年交流次数及交流形式

表 2—18　　　　　　　B8 "过去五年中，您的工作交流次数为"

		频率	百分比	有效百分比	累积百分比
有效	0 次	266	47.8	57.8	57.8
	1 次	135	24.3	29.3	87.1
	2 次	32	5.8	7.0	94.1
	3 以上	27	4.9	5.9	100.0
	合计	460	82.7	100.0	
缺失	系统	96	17.3		
合计		556	100.0		

其中，各种交流形式有效百分比汇总表

三种交流形式有效百分比汇总

项目	1 次	2 次及以上	合计
调任	18.3%	3.8%	22.1%
转任轮换	28.3%	6.8%	35.1%
挂职锻炼	5.6%	0.2%	5.8%

（七）工资福利

1. 薪酬满意度

表 2—19　　　　　　　　B13 "您觉得目前的待遇如何？"

		频率	百分率	有效百分比	累积百分比
有效	很满意	21	3.8	3.9	3.9
	满意	207	37.2	38.7	42.6
	不满意	248	44.6	46.4	89.0
	很不满意	59	10.6	11.0	100.0
	合计	535	96.2	100.0	
缺失	系统	21	3.8		
合计		556	100.0		

2. 过去一年中公务员的薪酬总额及薪酬构成情况

表 2—20　　　　　　　　B14 "过去一年中您的薪酬大约是"

	万元	频率	百分比	有效百分比
有效	3 以下	7	0.8	2
	3—5	196	35.5	51.2
	6—7	144	26.1	37.7
	8—10	27	4.9	7.1
	10 以上	9	1.7	2.3
	合计	383	68.9	100
缺失	系统	173	31.1	
合计		556	100	

表 2—21　过去一年中公务员工资、奖金、津贴补贴与薪酬总额的单因素方差分析

ANOVA					
B14 过去一年中您的薪酬大约是工资					
	Sum of Squares	df	Mean Square	F	Sig.
Between Groups	307.312	44	6.984	5.594	0.000
Within Groups	233.484	187	1.249		
Total	540.797	231			

ANOVA					
B14 过去一年中您的薪酬大约是奖金					
	Sum of Squares	df	Mean Square	F	Sig.
Between Groups	94.600	23	4.113	1.829	0.015
Within Groups	434.073	193	2.249		
Total	528.673	216			

ANOVA					
B14 过去一年中您的薪酬大约是津贴补贴					
	Sum of Squares	df	Mean Square	F	Sig.
Between Groups	211.916	30	7.064	3.917	0.000
Within Groups	261.520	145	1.804		
Total	473.436	175			

3. B15 "您认为单位目前薪酬管理中存在的主要问题是什么？"

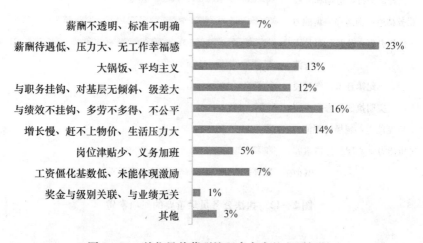

薪酬不透明、标准不明确　7%
薪酬待遇低、压力大、无工作幸福感　23%
大锅饭、平均主义　13%
与职务挂钩、对基层无倾斜、级差大　12%
与绩效不挂钩、多劳不多得、不公平　16%
增长慢、赶不上物价、生活压力大　14%
岗位津贴少、义务加班　5%
工资僵化基数低、未能体现激励　7%
奖金与级别关联、与业绩无关　1%
其他　3%

图 2—11　单位目前薪酬管理中存在的主要问题

4. 对公务员休假制度的评价

表 2—22　　　　B30 "请您评价您所在单位的休假制度实行情况"

		频率	百分比	有效百分比	累积百分比
有效	5 分	95	17.1	34.9	34.9
	4 分	77	13.8	28.3	63.2
	3 分	43	7.7	15.8	79.0
	2 分	26	4.7	9.6	88.6
	1 分	31	5.6	11.4	100.0
	合计	272	48.9	100.0	
缺失	系统	284	51.1		
合计		556	100.0		

（八）队伍建设

1. B22 "你认为执法公务员的最重要的三项素质是什么？"

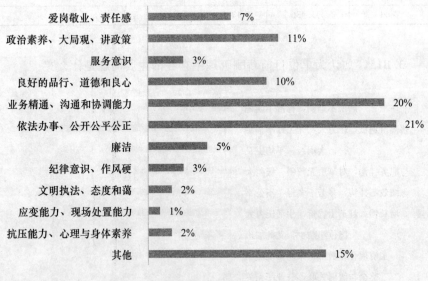

图 2—12　执法公务员最重要的三项素质

2. 对单位执法公务员素质的评价

表2—23　B23 "请您评价您所在单位的执法公务员队伍的整体素质"

		频率	百分比	有效百分比	累积百分比
有效	5分	148	26.6	28.1	28.1
	4分	248	44.6	47.1	75.1
	3分	106	19.1	20.1	95.3
	2分	19	3.4	3.6	98.9
	1分	6	1.1	1.1	100.0
	合计	527	94.8	100.0	
缺失	系统	29	5.2		
合计		556	100.0		

3. 对单位公务员队伍建设的评价

表2—24　　C2 "您给予单位执法公务员队伍建设总体评价"

		频率	百分比	有效百分比	累积百分比
有效	优	40	7.2	28.8	28.8
	良	74	13.3	53.2	82.0
	中	20	3.6	14.4	96.4
	差	5	0.9	3.6	100.0
	合计	139	25.0	100.0	
缺失	系统	417	75.0		
合计		556	100.0		

4. C3 "您单位执法公务员队伍建设存在的问题有？"

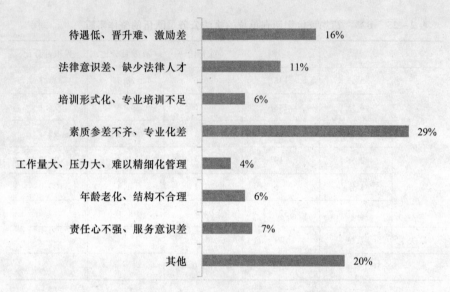

图 2—13　单位执法公务员队伍建设存在的问题

5. C4 "您认为单位执法公务员队伍建设有效措施有？"

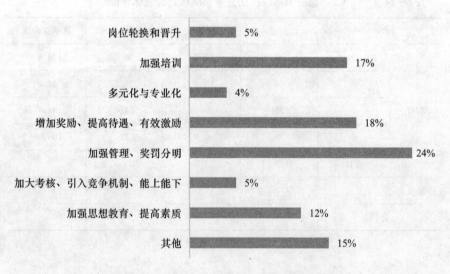

图 2—14　单位执法公务员队伍建设有效措施

5. 对单位辅助执法公务员情况及评价

表2—25　　B24 "您的单位聘任辅助执法人员约占单位职工总数的比例"

		频率	百分比	有效百分比	累积百分比
有效	10%以下	214	38.5	69.7	69.7
	10%—30%	47	8.5	15.3	85.0
	30%以上	46	8.3	15.0	100.0
	合计	307	55.2	100.0	
缺失	系统	249	44.8		
合计		556	100.0		

表2—26　　　　B26 "请您评价您所在单位的无编制聘用人员状况"

		频率	百分比	有效百分比	累积百分比
有效	5分	84	15.1	26.8	26.8
	4分	115	20.7	36.7	63.6
	3分	71	12.8	22.7	86.3
	2分	27	4.9	8.6	94.9
	1分	16	2.9	5.1	100.0
	合计	313	56.3	100.0	
缺失	系统	243	43.7		
合计		556	100.0		

（九）培训

1. 对单位执法公务员培训的整体评价情况

表2—27　　　　B27 "请您评价您单位的公务员培训状况"

		频率	百分比	有效百分比	累积百分比
有效	5分	151	27.2	28.9	28.9
	4分	198	35.6	37.9	66.9
	3分	134	24.1	25.7	92.5
	2分	30	5.4	5.7	98.3

		频率	百分比	有效百分比	累积百分比
有效	1 分	9	1.6	1.7	100.0
	合计	522	93.9	100.0	
合计		556	100.0		

2. 执法公务员的具体培训类别情况

表 2—28 B28 "过去的一年中,您参加过几次组织安排的培训与进修?"

	类别	政治培训	任职培训	业务培训	知识培训
有效	0 次	8.4	39.0	4.7	10.6
	1 次	26.2	28.9	25.1	28.4
	2 次及以上	65.4	32.1	70.2	61.1
	合计	100.0	100.0	100.0	100.0

3. 对单位公务员培训中存在的主要问题的认识

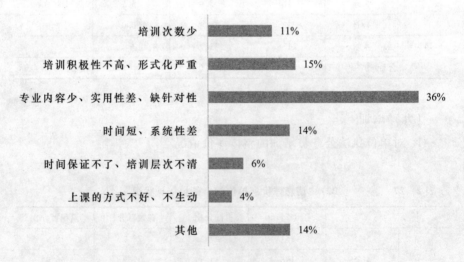

图 2—15 单位公务员培训存在的主要问题

（十）职业生涯规划

1. 个人职业生涯规划的评价

表 2—29　　　　　　B34"您是否有个人的职业生涯规划?"

		频率	百分比	有效百分比	累积百分比
有效	有，很清晰	59	10.6	23.0	23.0
	想过，不很清晰	117	21.0	45.7	68.8
	很迷茫	53	9.5	20.7	89.5
	从没想过	27	4.9	10.6	100.0
	合计	256	46.0	100.0	
缺失	系统	300	54.0		
合计		556	100.0		

2. 公务员个人职业成就感

表 2—30　　　　　　B36"请您评价您的个人的职业成就感"

		频率	百分比	有效百分比	累积百分比
有效	1 分	42	7.6	16.5	16.5
	2 分	74	13.3	29.1	45.7
	3 分	76	13.7	29.9	75.6
	4 分	36	6.5	14.2	89.8
	5 分	26	4.7	10.2	100.0
	合计	254	45.7	100.0	
缺失	系统	302	54.3		
合计		556	100.0		

3. B37 "您认为您职业发展中最为困惑的地方是什么?"

图 2—16 执法公务员职业发展中最为困惑的地方

4. 公务员的职业公平感

表 2—31　　　B39 "请您评价您在单位所能感受到的公平感为"

		频率	百分比	有效百分比	累积百分比
有效	很不公平	19	3.4	3.5	3.5
	不公平	50	9.0	9.3	12.9
	比较公平	398	71.6	74.3	87.1
	非常公平	69	12.4	12.9	100.0
	合计	536	96.4	100.0	
缺失	系统	20	3.6		
合计		556	100.0		

（十一）公务员的管理文化建设

1. 对单位人际关系状况的评价

表2—32 B31 "如果满分为5分，请您评价您所在单位的人际关系状况"

		频率	百分比	有效百分比	累积百分比
有效	5 分	186	33.5	34.6	34.6
	4 分	245	44.1	45.5	80.1
	3 分	85	15.3	15.8	95.9
	2 分	16	2.9	3.0	98.9
	1 分	6	1.1	1.1	100.0
	合计	538	96.8	100.0	
缺失	系统	18	3.2		
合计		556	100.0		

2. 对单位部门协作与合作情况的评价

表2—33 B32 "请您评价您所在单位的部门（执法组）合作情况"

		频率	百分比	有效百分比	累积百分比
有效	5 分	206	37.1	38.1	38.1
	4 分	214	38.5	39.6	77.6
	3 分	90	16.2	16.6	94.3
	2 分	20	3.6	3.7	98.0
	1 分	11	2.0	2.0	100.0
	合计	541	97.3	100.0	
缺失	系统	15	2.7		
合计		556	100.0		

3. B33 "当您在工作中遇到困难时，您能够得到的帮助是？"

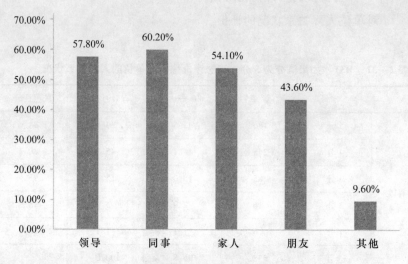

图 2—17 工作中遇到困难能够得到的帮助的对象

三 数据分析与解释

（一）执法公务员管理的总体评价尚好

1. 执法公务员的总体满意度较高

执法公务员对单位管理的总体满意度是判断目前公务员管理机制是否良性运行的重要指标。可以通过执法公务员对所在单位的满意度和对单位管理的满意度两项指标来衡量。调研发现，无论是单位满意度还是单位管理满意度，调研所涉及的各层次执法公务员均给出了较高的评价分值。单位满意度评价中，有17%的答卷人认为很满意，有68%的认为满意，二者相加满意率为85%，不满意率仅为12%。应该说绝大多数执法公务员对自己所任职的单位还是满意的，这实际上也意味着对自己工作的满意度。此点超出了我们的预期，和社会上对执法公务员的看法也相左。在对单位的执法公务员管理情况的满意度评价中，给予5分和4分积极性评价的高达81%，给予一般性评价的14%，给予否定性评价的5%。说明绝大多数执法公务员对于单位的公务员管理状况是满意的。两项指标的结论基本一致，能够相互印证，说明总体来看，当前特大城市的公务员管理机制运行状态是良好的，是值得信任和坚持的。

2. 管理因素是决定执法公务员总体满意度较高的主要因素

在执法公务员制度建设的硬件与软件中，进一步分析是什么导致执法公务员对单位及其管理状态满意度较高，调研发现是管理因素。就单位具体的管理措施中，得到执法公务员认可的因素分别为百分制考核、奖惩制度，占比为18%；规范化管理、用制度管人，占比为15%；人性管理、人文关怀、工作氛围建设，占比为12%；业务学习、培训制度，占比为11%；沟通协作、团队建设，占比为10%；后勤保障、工作生活质量建设；领导以身作则、工作例会；民主评选、竞争上岗，三项均占比为6%；廉政建设、队伍作风建设，占比为5%；轮岗，占比为4%。这说明，经过多年的公务员管理的制度建设，各公务员管理单位中考核制度建设是相对最好的，排在满意度的第一位。规范化管理和人事制度完善也还得到基层执法公务员的认同，排在第二位。但是从有效百分比的数值来看，作为公务员制度建设的核心内容考核与规范化二者相加仅仅得到33%的认同，说明整体来看公务员制度建设的认同率相对不足。在基层执法公务员的相对恶劣的舆论场中，人性管理、人文关怀、工作氛围建设、加强培训、沟通和团队建设，加强后勤保障，领导以身作则起带头作用等入选公务员的认同率，说明基层公务员管理者在现有的制度框架中为执法公务员创造更好的工作环境和制度环境做出了较大的努力，也得到了执法公务员的认可。在工作环境与工作条件的评价中，有66%的公务员给予4分以上的积极性评价，给予一般性评价的有18%，给予否定性评价的有16%，说明经过多年的投入和基层执法装备条件建设，基层执法单位的工作环境与工作条件已大为改善，大多数执法公务员还是对自己工作的环境与条件表示满意。但也需要注意的是，尚有16%认为差和极差，说明也有相当一些执法公务员对工作环境和工作条件不满意。《公务员法》将工作条件列为公务员权利的第一条，而对此感觉一般和不满意、很不满意度的执法公务员有34%，说明公务员权利保障方面存在一定的问题。

3. 在导致公务员不满意的因素中，体制性因素是第一位的，管理性因素是第二位的，组织环境因素是第三位

进一步对不满意的原因进行分析，发现不满意的原因中既有体制性的因素，也有管理机制因素，还有组织环境因素。其中，体制性因素有工作

繁重、压力大、工作付出与待遇不对称；工资太低，跟不上物质上涨；不公平、待遇不公、没落实按劳分配原则；缺乏晋升途径、年轻人没有机会；管理机制性因素有休息没有保障、没有休假、倒休；没有激励机制；得不到肯定，不自信，没有动力；领导私心太重、职责不分、用人不当；有限权利承担无限责任；上级单位抓权力，却由基层单位承担责任。组织环境因素有人际关系冷漠；社会地位低，无职业成就感、自豪感。值得注意的是，在上述三类因素中，显然体制性因素是最主要因素，其次是管理机制因素，最后才是组织环境因素。这说明，如果不进行体制性的根本改革，无论具体工作部门如何改进管理措施也不可能根本性地改变目前公务员制度效率低下的局面。如排在第一位的公务员的休息日得不到保障，排在第二位的工作繁重、压力大、收入低、工作付出与待遇不对称因素，表面看是管理因素，其实质则是体制性因素。随着政府职能的转变，政府不仅要承担直接的市场监管的职能，还广泛承担了公共服务的职能，又由于政府机构及人员编制限额因素，决定了基层一线公务员工作任务繁重，国家法定节假日和《公务员法》规定的休假很难在实践中得到保障。又如排在第三位的工资太低、跟不上物价上涨，排在第四位的不公平、待遇不公、没有落实按劳分配等因素其实也反映了整个公务员管理体制的因素，作为基层公务员部门无论是管理的主体还是管理的客体于此都是无能为力，体现了公务员体制性的传统弊端。

4. 从管理因素的总体来看，当前急需改进的是公务员的人事管理机制

调研发现公务员管理机制中存在的问题有点多面广的特点，几乎涉及组织管理、任务管理、行政管理、编制管理、人事管理、管理文化等各个方面。其中，在科学的教育培训，奖罚分明，合理的轮岗机制，保障人员的待遇、休息时间，加强制度建设、增加民主、消除主观性，领导以身作则、下基层、关心群众，改进基层的办公条件和装备，打造凝聚力、归属感、改进人际关系，增加编制、减轻工作量，加强人才队伍建设，管理人性化等方面，是公务员对单位管理中存在问题的不同程度的看法的主要方面。但是，从公务员管理机制中，当前急需改进的管理措施还是人事管理机制，特别是公务员的激励与评价机制。这从两个选项的调研中都得到了证实。一是从管理机制来看，单位急需改进的三项管理措施中，最为突出

的是改进激励与晋升机制、改进绩效考核、定岗定责与待遇挂钩。二者相加高达35%，说明大多数公务员认为公务员的激励与晋升机制存在问题，存在岗位责任与待遇脱离的普遍现象。二是在目前单位人事管理中存在的问题中，考核奖惩晋升与激励排在第二位，有效百分比为17%。此外，人员结构与老龄化，管理制度规范与监督，人员流动、人员素质、责任心与培训等也不同程度存在问题。其中人员结构与老龄化高达9%，在基层执法公务员队伍中应该说比较突出。

5. 管理人性化欠缺

人性化管理是现代公务员管理的重要内容和重要发展趋势。人性化管理与制度化管理并不矛盾，是相互补充相互支持的。在执法机关的公务员管理中出现的一个显著倾向就是过于强调管理的制度化，忽视管理的人性化。调研中发现管理人性化的欠缺是基层行政执法机关普遍存在的现象。在问卷所列出的最需要改进的三项管理措施中，管理人性化是较为突出的一个重要问题。

（二）执法公务员的任务管理与人员配置问题突出

工作任务管理是判断执法公务员管理状态的一个关键性指标。调研发现执法公务员的任务管理与人员配置问题比较突出。

1. 基层执法工作任务量较大

就单位全体公务员能否顺利完成所承担的工作任务评价中，能顺利完成的为23%，能够完成的为50%，说明大多数公务员还是能够完成自己所承担的工作任务的，但是有22%的属于勉强完成，还有5%的属于难以完成。调研项目中从单位人事管理的角度来看存在的问题，表现最为突出的也是工作任务与编制、保障，比例占答卷人的25%，说明基层执法公务员普遍感觉工作任务重，人手不足的问题非常突出。

2. 工作任务管理方面存在的最为突出的问题是工作任务量及其均衡性不好

工作任务量与均衡性包括工作中的任务量大小、任务的复杂程度以及人力配置的均衡性。在目前单位人事管理存在的突出问题项目中，职能设置与任务配置、部门协作是10%，排在调研认知的第四位，表明基层执法工作中，与工作任务配置不合理密切相关执法机关职能与机构设置存在不科学不合理的问题，表现为工作任务配置和任务执行中的部门协作不好。如何更为科学地配置机构、职能，合理地安排人力资源，科学地计划配置工作任务是目前基层执法公务员管理中的突出问题。

3. 任务管理与人员配置中的工作支持也是一个较为明显的问题

工作支持包括工作环境与工作条件、工作中的人际关系、工作中的业务支持如政策支持、法律支持、协作支持以及群众支持、领导支持等。在评价所在单位的工作环境与工作条件项目中，给予 5 分的占到 35.8%，给予 4 分的占到 29.6%，给予 3 分的占到 17.9%，给予 2 分和 1 分的为 16.8%。也即是说，给予此项积极评价占答卷人的 65.3%，给予一般性评价占到 17.9%，给予差和很差评价的是 16.8%。即有相当大一部分执法公务员对所处的工作环境和工作条件不满意。而在单位管理急需改进的三项管理措施的开放性问题的答卷中，改进基层的办公条件和装备也是答卷人普遍列入的一个重要选项。这都说明基层执法公务员的工作环境与工作条件尚有很大的改善空间。从工作中人际关系的支持来看，在目前单位工作任务配置中存在的最主要问题中，工作环境与人际关系占比为 5%，排在十大突出问题的第五位。在"你认为你职业发展中最为困惑的地方"问卷选项中，工作氛围欠缺、人际关系差占 6%，位于第六位。说明执法机关中工作环境、氛围和人际关系这些工作支持因素尚有令人不满意的改进空间。

4. 任务管理中的职责不清，命令链不清晰也是突出问题

在"目前单位工作任务配置中存在的最主要问题"中，排在第三位的是职责与命令链，有 8% 的公务员认为职责与命令链存在问题，说明权责不清，命令路径不清晰，导致执法公务员在接受和执行工作任务过程中无所适从的现象存在。另外，工作压力、人员素质与专业化程度、工作激励、工作环境与人际关系、人员结构、福利与待遇等也都是工作任务中突出的问题。

（三）执法公务员队伍的流动性不好

公务员新陈代谢机制的本质是保持公务员队伍的活力，增强公务员队伍的流动性，主要体现在公务员队伍的能进能出、能上能下、能左能右。在制度层面来看，主要表现在公务员的录用、晋升选拔与降职、交流、退

出制度上。公务员考试录用制度经过多年的运行，已经逐渐规范，社会评价较好。因此，课题调研主要是面向各层次现职执法类公务员的升降与交流机制上，在调研项目设计中执法公务员的考录制度未具体涉及。

　　1. 执法公务员的能上能下的问题

　　就职务晋升机制来观察执法公务员的流动性，可从两个方面予以分析，一是执法公务员本人任现职时间情况；二是执法公务员的职务晋升情况，包括本人职务晋升情况与单位其他公务员的职务晋升状况。执法公务员的个人职务晋升情况又可从职务晋升时间与晋升次数两项指标考察。其中，你最后一次晋职时间反映的是公务员管理中的纵向流动情况。在您最近一次的升职或升级距今时间中，发现有 26% 的答卷人显示在 2 年以内，34.3% 的处在 3—6 年，有高达 39.6% 的公务员其职务最近一次变动时间在 7 年以上。这足以说明在执法公务员系统内部晋升速度缓慢，纵向流动不足。而近 5 年内的您的晋职晋级次数反映的是公务员纵向流动的频率。从调研数据来看，有高达 56.5% 的公务员近 5 年内职务或级别没有晋升，基本上接近最近一次晋职时间在 7 年以上的 40%，佐证了公务员内部晋升不畅的假设。在 5 年内晋职或晋级一次的仅有 35%，说明有 1/3 的公务员能够按照公务员设定的定期晋升的原则实现职务职级的纵向流动。值得注意的是在 5 年晋升 3 次及以上的有 1.6%，说明行政执法机构内部存在极少数公务员快速晋升的现象。在执法公务员的纵向流动中，降职降级也是重要的一方面。在过去 3 年中有降职情况的人仅占调研人数的 0.4%，没有的高达 99.6%，说明绝大多数执法公务员在过去的 3 年没有被降过职，从被调研的公务员所在单位情况来看，在过去 3 年中有过降职情况发生的单位仅有 4.3%，没有的高达 95.7%，这也说明绝大多数单位没有使用过降职这一人事管理的纵向流动手段。在有过降职的单位里，降职的原因中，包括不作为、到年龄了退居二线、渎职、工作出错、没有做好本职工作、年龄过大、脱岗、刑拘等，这其中渎职、脱岗、刑拘都是明显的违纪违法行为，说明非违纪违法原因做出的降职更少，降职作为公务员的纵向流动机制发挥作用不好，或者说根本没有发挥作用。

　　在公务员职务晋升中起作用的主要因素问题上，大多数公务员还是肯定个人能力与业务水平是决定职务晋升的最为关键的要素。排在第二位的是背景与人际关系。说明有相当一部分公务员认为决定公务员职务晋升的关键是背景与人际关系，这与当前的风气不好，舆论环境和部分公务员的心理预期有关。认为起作用的主要因素是个人素质与品质、工作业绩，排在第三位，也是得到相当多公务员的认可与肯定。从积极因素来看，个人能力与业务水平占比为35%，个人素质、品质占比为12%，工作业绩占比为11%，个人努力与责任心占比为5%，加起来共有53%的执法公务员在个人晋升问题上持积极的看法；从消极因素来看，背景与人际关系占比为14%，年龄、工作经历与资历占比为8%，学历占比为4%，机会占比为3%，领导认可与赏识占比为5%，说不清楚的其他原因占比为2%，共有37%的执法公务员在个人职务晋升问题上持有消极看法。值得注意的是，在个人晋升问题上，认为群众认可起作用的因素，仅仅占答卷人的1%，这与我们大多数人的常规看法显然不同，说明群众认可在执法公务员的个人晋升中作用并不大。

2. 执法公务员能左能右的问题

公务员交流是公务员的横向流动机制，属于公务员内在激励机制，通过调任、转任和挂职锻炼的人事管理，一方面可以增长执法公务员的阅历与才干，另一方面也可以避免执法公务员长期在一个单位与岗位工作产生的职业疲惫感与厌倦感。执法公务员的横向流动机制可以从执法公务员的工作年限、任现职时间、最后一次调动情况以及近5年交流次数等方面予以判断。调研中发现，有55%的执法公务员在本单位工作时间超过10年，有31%的执法公务员在本单位工作时间在4—10年，二者相加共有高达86%的执法公务员在本单位工作时间处在4年以上，这说明绝大多数执法公务员长时间基本不在单位之间进行横向流动，执法公务员的水平流动性较差。从执法公务员近5年交流的次数来看，高达57.8%的公务员没有交流过，交流1次的有29.3%，交流2次的有7%，交流3次及以上的有5.9%。说明大多数执法公务员5年时间内没有机会横向流动，不到1/3的公务员有过一次横向流动，这也说明了执法公务员的横向流动不畅。从有过横向流动机会的交流形式来看，转任形式占比为56%，调任形式占比为35%，挂职锻炼形式占比为9%，说明原本作为执法公务员交流的最主要形式转任在实践中未能实现当初制度设计的目的。其在交流形式的占比中仅有一半多点，而调任这种形式占比较大。因为调任仅适用于领导职务，因此，执法公务员的横向流动实际上主要体现在领导职的公务员身上，普通执法公务员的横向流动机会较少。从执法公务员的职务变动情况来看，最后一次的职务变动有46%的执法公务员是在本系统相同业务部门之间调动，有40%的执法公务员是在本系统不同业务部门之间调动，二者相加共有高达86%的执法公务员职务调动是发生在公务员的任职系统内。这说明有限的公务员职务流动也是在其任职的行政执法系统内部进行的，显示执法公务员的跨系统职务交流不畅。根据现代人力资源管理的理论，一个人长期在一个岗位工作会产生疲倦、枯燥的感觉，工作会失去挑战性，个人也会失去工作热情与动力，长此以往其心情会走向郁闷和压抑。

（四）执法公务员的考核评价机制作用不明显，问题较多，考核结果平台现象突出

1. 考核的激励效果不好

关于执法公务员的考核情况，调研了2010年、2011年和2012年连续三年的执法公务员的个人考核等级，发现考核等级为优秀的占比分别是25.8%、26%和29%，基本上处在1/4与1/3之间。考核等级优秀的占比远高于公务员法设定的优秀比例设置在15%左右的范围。考核等级为基本称职的三年占比分别为0.6%、0.6%和0.6%，考核等级为不称职的占比为零，这说明在现行的执法公务员的考核制度中基本称职频率极低，而不称职的等级则基本不使用。足以证明现行的执法公务员的考核制度的激励作用显然发挥不好。这倒也大致符合目前大多数执法公务员对考核制度报以诟病的现象。

2. 考核存在的主要问题范围较广泛

在对年度考核中存在的主要问题的认知中，除了排在第一位的是"其他"，说明大多数执法公务员对公务员的现行评价制度存在的问题认知差异较明显，观点较为分散，问题涉及面广泛。但是，在对年度考核存在问题的列举中，执法公务员列举的相对突出的问题大致可以分为三个层面。一是表现在制度层面的，如考核制度不完善、不科学；制度不落实，执行不到位；考核标准不明确、不统一、不细化、不量化；考核项目多，内容过细，考核部门多；与奖惩不挂钩，奖惩不明确，结果落实应用不好。二是表现在考核的技术层面的，如形式主义，项目简单，主观性强，随意性大；内容脱离实际，没有针对性，缺少可执行性；评优名额少，奖励比例少，未向一线倾斜；缺少差异度和危机感，大锅饭、平均主义与论资排辈严重；没有区分考核对象，缺少人性化和灵活性；考核不能反映业绩与工作量等。三是表现在人为政治层面的，如有人情或领导干预、群众监督不够、程序不规范等。总之，执法公务员年度考核中所反映出来的问题基本上比较分散，没有特别明显的集中度。这说明目前执法公务员的考核制度存在问题是大多数执法公务员们的共识，但具体到问题是什么，则各执法单位和执法公务员的个人看法差异较大，缺少明显的问题区分度。

（五）执法公务员的现行奖励机制效果较差

公务员激励机制是关于公务员激励的一系列制度性设计与管理安排。公务员激励的本质是调动公务员工作的积极性，以实现行政目标、提高行政效率。公务员激励包含了公务员工作动机、欲望、满意等，分为内在激励与外在激励、正激励与负激励等。内在激励源于工作及岗位本身的吸引力。如果工作难度太大，环境复杂，合作困难，任务管理混乱，人岗配置不当，都会导致严重的工作负绩效，内在激励性差。外在激励则是因工作（任务）的结果相关联的奖励与利益回报上，从制度层面来看，体现在公务员的奖励制度、工资福利制度、职务升降制度以及公务员的交流制度上。其中，公务员的奖励制度与工资报酬制度是主要的激励内容。需要说明的是，职务晋升和降职虽然具有职务正负激励的强大功能和效果，但是职务升降的性质属人事行政管理的一种手段和措施，公务员职务的能升能降是公务员职务纵向流动的基本要求，也是我国干部人事管理制度改革的主要目标，其本身并不能作为人事管理的激励手段来使用，因此职务晋升与降职不属于公务员的激励机制范畴。

1. 执法公务员的奖励效果有限

首先，执法公务员对奖励制度的评价。从执法公务员对公务员的奖励制度的整体评价调研结果来看，有 16.3% 的答卷人给予了 5 分，有 30.8% 的答卷人给予了 4 分，有 29.8% 的答卷人给予了 3 分，有 11.5% 的答卷人给予了 2 分，有 11.7% 的答卷人给予了 1 分。总的来看，给予肯定性的评价占到 47.1%，给予否定性的评价占到 23.2%。也就是说，多数公务员尽管认为目前的公务员奖励制度还存在各种问题，但在评价时还是给予了肯定性的打分。其次，执法公务员过去三年所获的奖励频次。在对过去三年中你获得的奖励次数上，有43.9%的答卷人为0次，即接近一半的公务员在过去三年中一次奖励也未获得，有39.3%的答卷人为1次，说明绝大多数公务员三年中仅能获得一次奖励或根本得不到奖励。执法公务员的奖励名额少，其所能发挥的激励效果显然也不够好。再次，执法公务员所获奖励的种类。从近三年获得奖励的公务员获奖种类来看，2010年度中嘉奖占比为77.2%，三等功占比为18.4%，二等功占比为0.7%，一等功占比为0，荣誉称号占比为2.9%；2011年度中嘉奖占比为73.2%；三等功占比为22.8%；二等功占比为0；一等功占比为0；荣誉称号占比为4.1%；2012年度中嘉奖占比为70%；三等功占比为25.7%；二等功占比为0；一等功占比为0；荣誉称号占比为2.9%。说明在执法公务员所能获得的奖励种类中，当前绝大多数执法公务员能得到的仅是最低档的嘉奖，少数公务员能得到三等功，而能获得二等功奖励的概率极低，获得一等功的奖励则几乎没有。这说明奖励制度实施的效果符合公务员奖励等级的金字塔结构，但执法公务员所能获得的高等级的奖励少，也在一定程度上说明奖励制度设计的效率未能发挥出来。值得注意的是，尽管理论上讲荣誉称号奖励等级高于一等功，但在实际的调研中，发现三年中还是每年有不到5%的执法公务员获得荣誉称号。公务员奖励制度中真正的荣誉称号是"人民满意的公务员"称号，其在实践中的概率应该低于一等功的得奖概率。但是，之所以在本次调研中出现获得荣誉称号的概率还高于一等功的概率，可能与基层执法公务员个体对这一概念的理解力有关系。在答卷时他们可能把单位授予的其他荣誉称号也算进来了。因此，大大地增加了荣誉称号的外延，导致调研的结果与理论假设出现一定的偏差。

2. 奖励制度存在的问题

在单位奖励制度存在的问题中，执法公务员列出的问题按占比权重分别为奖励力度小、奖励名额少占比为23%；无意见、不清楚、不评价占比为19%；奖励方式单一、种类少、项目少占比为11%；无奖励制度，作用不明显占比为10%；不公开、不透明占比为6%；奖罚不清、不关贡献业绩占比为6%；平均化、论资排辈占比为6%；缺少细化规则占比为5%；奖励机制不完善、缺长期性稳定性占比为5%；评选形式化、存在

"大家好"现象占比为 2%；对基层无侧重占比为 2%。可见，在执法公务员的奖励制度中目前存在的主要问题首先表现在能够使用的公务员奖励种类太少，获奖名额少，奖励的力度小，方式单一，奖励制度未能发挥公务员管理应有的激励作用，执法公务员普遍感觉不到奖励的激励效率。其次表现在奖罚不清，不与业绩挂钩，平均主义严重，论资排辈现象突出上。最后表现在缺少可操作性的细则，奖励的评选形式化，存在大家好现象，奖励名额对基层无侧重等等。

3. 执法公务员惩戒制度的问题

首先，从公务员惩戒制度存在的问题来看，排在第一位是其他项，说明有相当一部分执法公务员感觉到公务员惩戒制度有问题。但是具体到问题在哪，则看法有很大的不同。相对集中的看法有，制度落实难、执行不到位；不敢碰硬、不严厉、惩戒力度不够；无操作细则和具体执行标准、不严谨。此外，碍于人情面子、怕闹事、主观性强；惩戒过程不公开透明；惩戒制度缺少监督、监管；惩罚过严、光罚不奖、奖罚脱节；惩戒方式单一、范围有限、针对性差；多干多罚、不干不罚、不公平等也是问卷反映出来的较普遍的问题。

其次，执法公务员的权利救济意识较好，但对救济权的运行与使用尚不熟悉。公务员申诉是公务员的一项重要权利，对于保障公务员的权益，纠正错误的人事管理行为具有重要意义。申诉权是公务员救济权利的最重要内容。公务员对这项权利重视与否，清楚与否直接关系到执法公务员的管理救济机制的效率。从调研情况看，大多数执法公务员对这项权利并不清楚。当自己合法权益受到侵害后，在向哪个部门申诉的问题上，选择向上级机关、部门的有 26%；选择向上级领导有 9%；选择向本单位部门、本单位领导的 6%；不知道、不清楚则有 20%；共计有 61% 的执法公务员实际上不清楚或是对此项权利有模糊的认识。选择行政复议、申诉有13%；选择向纪检监察部门、机关申诉的有 7%；选择向人事部门、机关申诉的有 6%；选择原机关复核的有 4%；共计有 30% 的答卷人能够正确理解公务员的申诉权和申诉对象。即在现行的执法类公务员中能够了解并能运用这项权利的执法公务员不足 1/3，基层执法公务员中的多半人不能够了解公务员的权利救济机制。值得注意的是还有 5% 的答卷人选择行政诉讼、法院，有 3% 的答卷人选择其他，说明有一部分执法公务员对此项权利还有着错误的看法和认识。可见加强公务员申诉权的教育和制度设计很急迫。

（六）执法公务员待遇偏低，薪酬满意度较差

1. 执法公务员的薪酬满意度较差

公务员整体薪酬满意度是公务员激励机制的重要部分。调研发现，关于公务员的待遇情况，很满意的占比为3.9%，满意的占比为38.7%，满意率仅有42.6%，不满意的有46.4%，很不满意的有11%。执法公务员的薪酬待遇不满意率和很不满意率共有57.4%，显然超过42.6%的薪酬待遇满意率。这说明大多数基层执法公务员对自己的薪酬待遇状况是不满意的，也说明基层执法公务员的待遇低已经是公务员普遍认可的一个事实。

2. 执法公务员的薪酬水平与薪酬构成

在对过去一年中的薪酬总额调研中，选择3万以下的有2%，选择3万—5万的有51.2%，选择6万—7万有37.7%，选择8万—10万有7.1%，选择10万以上有2.3%。执法公务员的年度薪酬总额呈现出明显的正态分布，整体来看符合公务员的薪酬分布规律。其中绝大多数公务员的年度薪酬总额在5万左右。通过对薪酬总额中工资与奖金、津贴和补贴的单因素方差分析，工资、奖金、津贴与薪酬的Sig分别为0.000、0.015、0.000，说明工资、津贴均与薪酬总额有显著相关关系，奖金与薪酬总额无显著相关关系。显示当前基层执法类公务员的薪酬构成中主要还是由工资包括职务工资与级别工资、津贴构成。其中，工资、补贴津贴西格玛系数 ≤ 0.01，奖金西格玛系数 ≤ 0.05 但是 ≥ 0.01，说明工资、津贴补贴对工资总额影响明显，奖金有影响但不显著。奖金及其他因素对基层执法类公务员的工资总额影响起到的作用较小。这一结果可能与北京市2006年开始的规范公务员工资改革的结果有关。

3. 执法公务员的薪酬存在的问题

关于执法机关公务员的薪酬管理中存在的问题中，首先突出表现在公务员的整体薪酬水平低，增加缓慢，跟不上物价增长上。在执法公务员列出的主要问题中，薪酬待遇低、压力大、无工作幸福感排在第一，占比为23%；增长慢、赶不上物价、生活压力大排在第三位，占比为16%。说

明当前基层执法类公务员薪酬水平整体过低是一个普遍的现象。尤其是在当今物价过快增长的环境下，基层执法公务员的薪酬未能实现定期增长或随物价的增长，致使公务员的工资收入越来越难以保障基层执法公务员的基本生活和家庭生活。其次，公务员薪酬的激励效率差。在执法公务员列出的主要问题中，与绩效不挂钩、多劳不多得、不公平占比为16%；岗位津贴少、义务加班占比为5%；大锅饭、平均主义占比为13%；与职务挂钩、对基层无倾斜、级差大占比为12%；奖金与级别关联，与业绩无关占比为1%，这些问题加起来占比共有47%，也就是说有接近一半的执法公务员认为目前的公务员薪酬制度激励效率差。另外，公务员休假制度是公务员薪酬福利制度的重要内容，是政府为保障公务员身心健康和政府行政管理的效率所做的一项重要的人事制度安排。但公务员休假制度执行不好也一直广为基层公务员诟病。调研发现，有34.9%的执法公务员对休假制度的执行给予5分的评价，有28.3%的执法公务员给予4分的评价，也就是说共有63.2%的执法公务员认为休假制度执行得还不错。但也有11.4%的执法公务员仅给予1分的评价，说明还是存在少数执法公务员休假制度执行不好的现象。

（七）执法公务员的整体素质状态尚可

1. 执法公务员的核心素质构成

公务员对执法队伍的必备素质的看法对于执法公务员的队伍建设极为重要。在执法公务员对执法公务员必备核心素质的列举中，排在前三位的分别为依法办事、公开公平公正占比为21%；业务精通、沟通与协调能力占比为20%；政治素养、大局观、讲政策占比为11%；这说明对于行政执法专业队伍来说，依法办事，业务沟通能力好，政治素养好是最重要的核心素质。此外，其他相对集中的看法还有良好的品行、道德和良心占比为10%；爱岗敬业、责任感占比为7%；廉洁占比为5%；服务意识占比为3%；纪律意识、作风硬占比为3%；文明执法、态度和蔼占比为2%；抗压能力、心理与身体素养占比为2%；应变能力、现场处置能力占比为1%；其他占比为15%。说明在执法公务员的素质认知中，除上述三项核心素质外，执法公务员如要胜任工作还需要具备多方面的能力、意识、品质和素质。

2. 执法公务员素质状态与队伍建设的评价尚可

执法公务员的整体素质状态涉及对执法公务员的素质状况的评价和执法公务员队伍建设状况的评价。在对单位执法公务员队伍素质的整体评价中平均评价分为 3.97 分。选择满分 5 分的有 28.1%；选择 4 分的有47.1%；二者相加对单位执法公务员的素质持有肯定性看法的高达75.2%，而对此持否定性看法的仅占 4.7%，说明大多数执法公务员自己所在单位的公务员素养的看法是比较肯定和积极的。当然这是执法公务员的自我评价，虽然不能完全反映全面的情况，但在一定程度上还是可以代表现今基层执法公务员的素质状态，尽管这可能与社会上对同样问题的看法有较大的出入。在对单位公务员队伍建设的整体评价中平均分为 4.07分，有 28.8% 给予 5 分，53.2% 给予了 4 分，二者相加持肯定看法的高达82%；而持否定看法的仅有 3.6%；说明绝大多数公务员对公务员队伍建设状况满意度高。这一方面说明，近年来各执法单位加强公务员队伍建设取得了积极的效果，另一方面也可能与公务员自我评价美誉度有关。在对单位执法公务员队伍建设中存在问题的认知中，答卷人列出的问题排在前三位的问题有素质参差不齐、专业化差占比为 29%，待遇低晋升难，激励差占比为 16%，法律意识差、缺乏法律人才占比为 11%。此外，责任心不强、服务意识差占比为 7%，年龄老化、结构不合理占比为 6%，培训形式化、专业培训差占比为 6%，工作量大、压力大、难以精细化管理占比 4%，也都是较为突出的问题。在改进队伍建设的措施方面，认为主要的改进措施有加强管理、赏罚分明占比为 24%；增加奖励、提高待遇、有效激励占比为 18%；加强培训占比为 17%；加强思想教育、提高素质占比为 12%；加大考核、引入竞争机制、能上能下占比为 5%；岗位轮换和晋升占比为 5%；多元化与专业培训占比为 4%；另外值得注意的是，还有 15% 的答卷人选择其他，说明这部分人对于如何改善公务员的素质状态，并无清晰的看法。

3. 聘用制的辅助执法人员的评价

执法系统聘用了大量的辅助执法人员，这些人无正式执法编制，无公务员身份，无执法资质，但是在行政执法领域承担了大量执法检查甚至行政处罚的工作。对这一部分人如何管理目前并无明确的法律法规依据，可以说这是一些游离于公务员管理法规之外，但又是具体承担公务员工作任务，类似于准公务员的人。学界对此的研究也是极为薄弱。我们在调研中设置了两个项目予以了解。在"你单位聘任的辅助执法人员约占单位职工总数的比例"中，有 69.7% 的人认为在 10% 以下；有 15.3% 的人认为约占 10%—30%；有 15% 的人认为约占 30% 以上。说明绝大多数单位辅助执法人员对机关全体公务员的占比不到总数的 10%，但也有部分执法单位辅助执法人员比例较大。在对机关现有的辅助执法人员的素质评价中，平均分为 3.72 分。其中，有 26.8% 给予了 5 分评价，有 36.7 的人给予了 4 分评价，二者相加高达有 63.5% 的执法公务员对本单位临时聘用的执法人员素质给予了肯定性的评价，有 22.7% 给予中性的评价，给予否定性的评价仅有 13.7%。说明行政执法机关的绝大多数执法公务员对本机关辅助执法人员的素质还是认可的，这一说明从整体来看辅助执法人员的素质还是不错的。

（八）执法公务员培训率较高，培训结构化问题突出

1. 培训满意度评价较好

在执法公务员培训状态的满意度的评价中，有 28.9% 的答卷人给予了 5 分，有 37.9% 的答卷人给予了 4 分，二者相加共有 66.8% 的执法公务员给予了肯定性评价，有 25.8% 给予了一般性的评价，有 7.4% 的执法公务员给予了否定性评价。这说明大多数执法公务员还是基本认可目前执法公务员的培训绩效的。在课题调研中，执法公务员培训的参训率调研是按培训项目分开进行的。从培训项目的类别来看，在过去的一年中参加过的政治理论培训有 91.6%；任职培训有 61%；业务培训有 95.3%；知识性的培训有 89.4%。说明目前北京市执法类公务员的整体参训率较高。其中，最高的是业务培训，其次是政治理论培训，最低的则是任职培训。原因在于任职培训这一培训形式目前主要是用于领导干部的晋升培训。大多数公务员在过去一年中并无晋升，所以，任职培训率较低。

2. 执法公务员培训制度存在的问题较集中

从培训中存在的问题的分析中，发现列在问题第一位是培训的专业内容少、实用性差、缺乏针对性占比为 36%；原因在于目前基层执法公务员的培训大多数并未系统的规划和严格的需求调研，培训内容是领导意志和人事部门少数专业人士的意见的体现，所以针对性较差。第二位是培训

积极性不高，形式化严重占比为15%；这一问题实际与第一个问题密切相关，因为培训实用性和针对性较差，加上公务员培训的手段单一，所以客观上导致公务员培训的积极性不高，形式化严重。第三位是时间短，系统性差占比为14%；基层执法公务员培训目前主要采用专题化讲座培训的方式，课程内容是专题性碎片化的，所以系统性较差。其他突出的问题还有，培训次数少11%，时间保证不了、培训层次区分不清6%，上课方式不好、不生动4%，等等。应该说，基本上还是能够反映当前基层行政执法类公务员培训系统中的突出问题的。

（九）公务员的职业生涯规划与设计不理想

公务员的职业生涯设计与规划是公务员管理机制需要研究的重要内容。这从三个方面予以分析，一是公务员的个人职业生涯规划，二是公务员的个人职业成就感，三是公务员的职业发展困惑。

首先，职业生涯的规划。关于执法公务员对其个人职业生涯规划的评价，给予肯定性的评价占比仅有23%，给予否定性评价的占比有31.3%，另有45.7%的执法公务员虽然想过职业生涯规划，但并无清晰的计划和行动，说明绝大多数基层执法类公务员根本没有职业生涯规划，或不能做出清晰的规划。这也充分说明了在政府工作的大多数基层执法公务员对自己的职业前途感觉迷茫和困惑。其次，职业成就感。在公务员的个人职业成就感的评价中，给予肯定性评价的有24.4%，给予否定性评价的有45.6%，说明没有职业成就感或职业成就感很差的执法公务员远多于有职业成就感的公务员。职业成就感是执法公务员激励机制的重要内容，接近半数的执法公务员缺乏职业成就感说明现行的基层执法类公务员管理机制缺乏激励性。再次，执法公务员的职业困惑。在职业发展的困惑中，排在第一位的是编制少、晋升困难、交流难占比为24%，第二位的是个人努力目标不明确、前途迷茫占比为16%，第三位的是成就感很差占比为12%，说明在执法类公务员的职业困惑中，公务员职业发展结构性的矛盾占主因。因为行政组织本身的金字塔结构，决定了越是处于行政基层的公务员其职务晋升越困难。而行政执法类公务员大多数都是在基层一线工作，缺少职务晋升的空间和途径，现行公务员制度并无其他职业晋升的路径设计，客观上造成了无论多么优秀都难以晋升和有职业发展。除此之外，造成职业发展困惑的因素还有，工作压力大、待遇低占比为11%，单位发展无方向、无归属感占比为6%，执法环境差、不被社会理解与认可占比为5%，潜规则多、人才不能善用占比为3%，激励机制很差占比为4%，工作氛围欠缺、人际关系差占比为2%，部队到地方的角色转换困难占比为2%，工作重复性太强、职业倦怠占比为1%等。值得注意的是，还有高达14%的答卷人选择了其他。说明还有相当一部分执法公务员对于自己的职业困惑原因思考得不清晰，或者没有去认真思考和深入思考。

（十）执法机关的组织文化尚需加强

行政机关及执法单位的组织文化是执法公务员管理机制的重要部分。这可从公平感、人际关系状态、部门协作与合作状态、工作困难的支持状态等方面予以观察。公平感是公务员管理机制中的重要价值诉求。调研中，在对在单位所感受到的公平感的评价中，持积极肯定性评价的占比有87.2%，另有12.8%的答卷人选择不公平或很不公平，说明在基层行政执法机构中还有相当部分的执法公务员的公平感知较差。在人际关系状态的评价中，给予肯定性评价的占比有80.1%，给予否定性评价的占比有4.1%，说明大多数执法公务员对单位人际关系状态是满意的。在部门合作状态的评价中，有77.7%的答卷人给予了肯定性的评价，有5.7%的答卷人给予了否定性评价。"当工作中遇到困难情况时，如何选择你的求助对象"的问卷选项中，答卷人选择求助领导的占比为57.8%，同事的占比为60.2%，家人的占比为54.1%，朋友的占比为43.6%，选择其他的占比为9.6%。这说明，当在工作中遇到困难时，大多数基层执法公务员还是在工作单位中寻求帮助，其中首先选择的是同事，其次才是领导。可见加强机关的组织文化建设也是行政执法机关效能假设的重要一环。

第 三 章

天津市执法类公务员管理
机制调研数据及统计分析

一 问卷调查的基本情况

为了了解天津市执法类公务员的管理现状，经过协商市城管执法局、市地税局、市工商局和市质量技术监督局人事部门，面向四系统部分执法机关和执法单位共发放问卷 240 份，每个系统按照市局机关、区局和街道层面的所、队、站三个层级发放，答卷人在科室分布上既有机关职能科室也有业务科室，职务分布上既有领导职务也有非领导职务，问卷填写方式均采用手工填写。问卷实际有效回收 204 份，问卷回收率为 85%。在回收的有效问卷中，问卷的回答选项中存在无效答案和空白答案的情况，因此，问卷分析部分均采用有效百分比来说明问卷的情况。相比较绝对百分比和累积百分比，有效百分比更能反映问卷所获取信息的科学性和真实性。

（一）答卷人的基本信息

表 3—1　　　　　　　　问卷发放具体情况统计表

项目		频率	有效百分比
性别	男	150	73.5
	女	54	26.5
	缺失	0	

续表

项目		频率	有效百分比
年龄	35 岁以下	93	45.8
	36—50 岁	89	43.8
	51 岁以上	21	10.3
	缺失	1	
政治面貌	中共党员	154	75.9
	其他	49	24.1
	缺失	1	
军转情况	军转干部	26	13.1
	非军转干部	173	86.9
	缺失	5	

（二）答卷人的工作单位及其工作性质情况

工作部门涉及市城管执法局、执法局直属大队、三大队、学府大队、体育中心大队、监察大队、数字化指挥中心、南开区执法局；市地税局、河东地税分局、基层征收所；市工商局、工商河北分局、工商西青分局、工商西直分局、李七庄工商所、基层管理所；市质量技术监督局、基层技监所。答卷人职务主要有局长、副局长、处长、副处长、调研员、副调研员、科长、副科长、主任科员、副主任科员、科员；主任、副主任、所长、副所长、质检组长、纪检组长、资产管理员、内勤职员；大队长、副大队长、队长、副队长、分队长、副分队长、指导员、法制员、内勤、外勤、巡查组长等类。从答卷人部门与职务情况看，此问卷具有广泛的代表性。

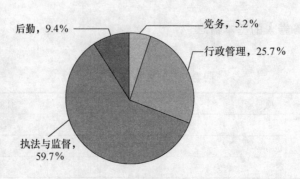

图 3—1　工作性质情况分布

二　调研数据及统计

（一）对执法公务员管理状况的整体评价

1. 对单位满意度的评价

表 3—2　　　　　　　　　B40 "您对您所在单位满意吗?"

		频率	百分比	有效百分比	累积百分比
有效	很满意	42	20.6	21.5	21.5
	满意	142	69.6	72.8	94.4
	不满意	10	4.9	5.1	990.5
	很不满意	1	0.5	0.5	100.0
	合计	195	95.6	100.0	
缺失	系统	9	4.4		
合计		204	100.0		

2. 对所在单位的公务员管理情况的评价

表 3—3　　　　　　　B1 "请您评价您所所在单位的公务员管理情况"

		频率	百分比	有效百分比	累积百分比
有效	5	94	46.1	47.7	47.7
	4	52	25.5	26.4	74.1
	3	46	22.5	23.4	97.5
	2	3	1.5	1.5	99.0
	1	2	1.0	1.0	100.0
	合计	197	96.6	100.0	
缺失	系统	7	3.4		
合计		204	100.0		

3. B37/A38 "你认为单位做得最好三项管理措施是?"

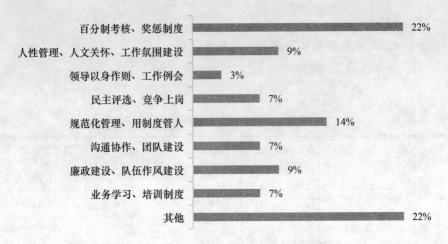

图 3—2　单位做得最好三项管理措施

4. B38/A39 "从管理机制看,您认为您单位最需要改进的三项举措是?"

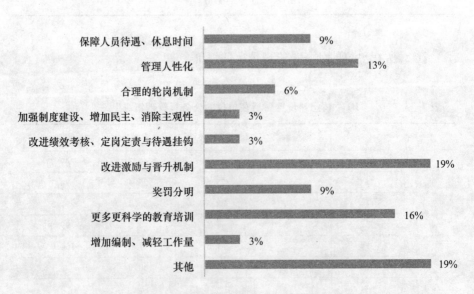

图 3—3　单位最需要改进的三项管理措施

5. C1/A6 "您认为，目前单位人事管理中存在的问题是？"

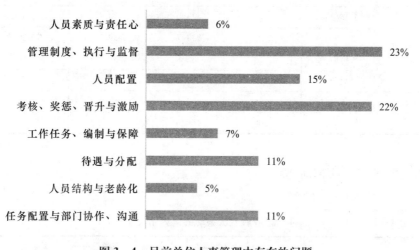

图3—4　目前单位人事管理中存在的问题

（二）交流

1. 工作年限及任职时间

表3—4　　　　　　　　　　A1—2 本单位工作年限

		频率	百分比	有效百分比	累积百分比
有效	3 年以下	35	17.2	17.2	17.2
	4—10 年	68	33.3	33.5	50.7
	10 年以上	100	49.0	49.3	100.0
	合计	203	99.5	100.0	
缺失	系统	1	0.5		
合计		204	100.0		

表 3—5   A1—3 "您任现职工作的时间"

		频率	百分比	有效百分比	累积百分比
有效	2 年以下	47	23.0	23.6	23.6
	2—5 年	79	38.7	39.7	63.3
	5 年以上	73	35.8	36.7	100.0
	合计	199	97.5	100.0	
缺失	系统	5	2.5		
合计		204	100.0		

2. 最后一次调动情况

表 3—6   A4 "您最后一次调动的具体情况是?"

		频率	百分比	有效百分比	累积百分比
有效	本系统内相同业务部门间调动	51	25.0	30.0	30.0
	本系统内不同业务部门间调动	101	49.5	59.4	89.4
	跨行业间调动	16	7.8	9.4	98.8
	跨地区间调动	2	1.0	1.2	100.0
	合计	170	83.3	100.0	
缺失	系统	34	16.7		
合计		204	100.0		

3. 近三年交流次数

表 3—7   A10 "过去三年中,您的工作交流次数为"

		频率	百分比	有效百分比	累积百分比
有效	0	68	33.3	48.2	48.2
	1	46	22.5	32.6	80.9
	2 次以上	27	13.3	19.2	100.0
	合计	141	69.1	100.0	
缺失	系统	63	30.9		
合计		204	100.0		

4. 各种交流形式的有效百分比重

表 3—8　　　　　　　各种交流形式的有效百分比重

项目	1 次	2 次及以上	合计	百分比
调任	34.8	7.0	41.8	36.8
转任轮换	40.5	10.7	51.2	45.1
挂职锻炼	13.4	7.2	20.6	18.1

（三）职务晋升、降职

1. 最近一次职务晋升时间

表 3—9　　　　　　　A8 "您最近一次升职距今时间为"

		频率	百分比	有效百分比	累积百分比
有效	2 年以下	63	30.9	40.6	40.6
	3—6 年	47	23.0	30.3	71.0
	7 年以上	45	22.1	29.0	100.0
	合计	155	76.0	100.0	
缺失	系统	49	24.0		
合计		204	100.0		

2. 近 5 年的晋职次数

表 3—10　A9 "如您在本单位工作时间超过 5 年，近 5 年内您的晋职次数是"

		频率	百分比	有效百分比	累积百分比
有效	0 次	73	35.8	53.7	53.7
	1 次	57	27.9	41.9	95.6
	2 次以上	6	3.0	4.1	100.0
	合计	136	66.7	100.0	
缺失	系统	68	33.3		
合计		204	100.0		

3. 近三年公务员的降职情况，包括本人与单位其他人的降职情况

表 3—11　　　　A11 "过去三年中，您有无降职、降级情况？"

		频率	百分比	有效百分比	累积百分比
有效	有	0	0	0	0
	无	202	99.0	100.0	100.0
缺失	系统	2	1.0		
合计		204	100.0		

表 3—12　　　　A12 "过去三年中，您单位公务员有无降职情况"

		频率	百分比	有效百分比	累积百分比
有效	有	38	18.6	19.9	19.9
	无	153	75.0	80.1	100.0
	合计	191	93.6	100.0	
缺失	系统	13	6.4		
合计		204	100.0		

4. 公务员晋升的影响因子

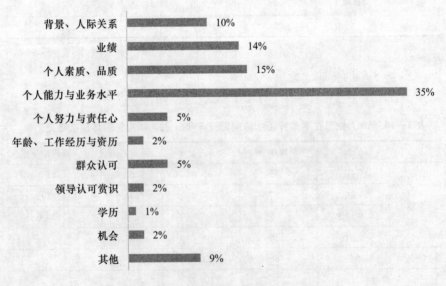

图 3—5　B5/A7 个人职务晋升的主要决定因素

(四) 考核

1. 近三年的考核情况

表 3—13　　　　　　　　　　　　近三年的考核情况

		B11—1—2—3		
		2010	2011	2012
有效	优秀	19.4	18.7	20.1
	称职	80.0	80.8	78.9
	基本称职	0.6	0.5	1.0
	合计	100.0	100.0	100.0
缺失	系统	29	22	10
合计		204	204	204

2. B12/A14 公务员考核中存在的主要问题

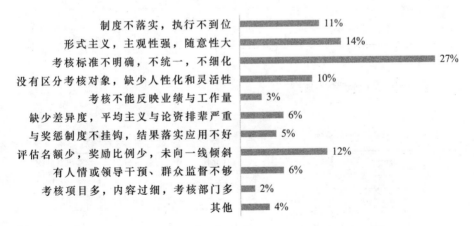

图 3—6　公务员考核中存在的主要问题

（五）公务员的奖惩

1. 过去三年的获奖次数及种类

表 3—14　　　　　　　　A18 "过去三年中您获得的奖励次数为"

		频率	百分比	有效百分比	累积百分比
有效	0	110	53.9	57.0	57.0
	1	71	34.8	36.8	93.8
	2 次以上	12	5.9	6.2	100.0
	合计	193	94.6	100.0	
缺失	系统	11	5.4		
合计		204	100.0		

表 3—15　　　　　　　　B16—1—2—3 "您的获奖种类为"

		2010	2011	2012
有效	嘉奖	47.6	65.4	53.8
	记三等功	38.1	7.7	11.5
	其他	14.3	26.9	34.6
	合计	100.0	100.0	100.0
缺失	系统	13	18	18
合计		204	204	204

2. 评价单位的奖励制度

表 3—16　A20 "如果满分为 5 分，请您评价您所在单位的人员奖励机制"

		频率	百分比	有效百分比	累积百分比
有效	5 分	56	27.5	30.1	30.1
	4 分	61	29.9	32.8	62.9
	3 分	43	21.1	23.1	86.0
	2 分	17	8.3	9.1	95.2
	1 分	9	4.4	4.8	100.0
	合计	186	91.2	100.0	
缺失	系统	18	8.8		
合计		204	100.0		

3. B17/A19 "你认为单位奖励制度中存在的主要问题?"

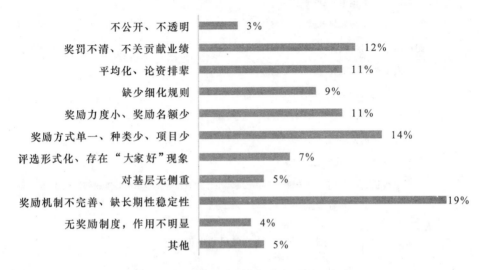

图 3—7　单位奖励制度中存在的主要问题

4. B20/A22 "您认为单位目前的惩戒制度中存在的主要问题?"

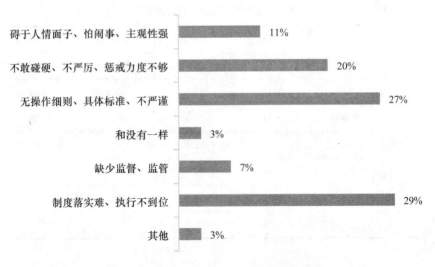

图 3—8　单位惩戒制度中存在的主要问题

5. B21/A23 "您所了解到公务员被惩戒后的申诉渠道?"

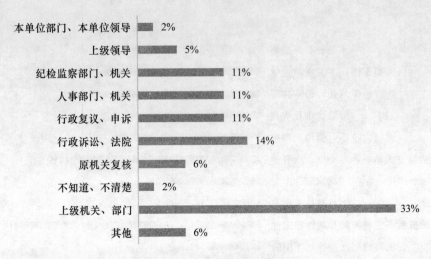

图3—9 执法公务员的申诉渠道

(六) 公务员的薪酬待遇

1. 公务员待遇满意度

表3—17　　　　　　　　　A15 "您觉得目前的待遇如何?"

		频率	百分比	有效百分比	累积百分比
有效	很满意	25	12.3	12.8	12.8
	满意	118	57.8	60.2	73.0
	不满意	41	20.1	20.9	93.9
	很不满意	12	5.9	6.1	100.0
	合计	196	96.1	100.0	
缺失	系统	8	3.9		
合计		204	100.0		

2. B15/A17 "单位薪酬管理中存在的主要问题是?"

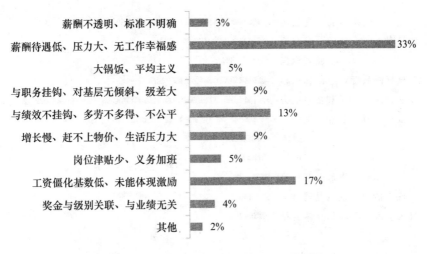

图 3—10　单位薪酬管理中存在的主要问题

(七) 执法公务员的队伍建设

1. 对单位执法公务员素质的评价

表 3—18　A25 "请您评价您所在单位的执法公务员队伍的整体素质"

		频率	百分比	有效百分比	累积百分比
有效	5 分	62	30.4	31.8	31.8
	4 分	74	36.3	37.9	69.7
	3 分	53	26.0	27.2	96.9
	2 分	5	2.5	2.6	99.5
	1 分	1	0.5	0.5	100.0
	合计	195	95.6	100.0	
缺失	系统	9	4.4		
合计		204	100.0		

2. B22/A24 "你认为最重要的三项素质是什么?"

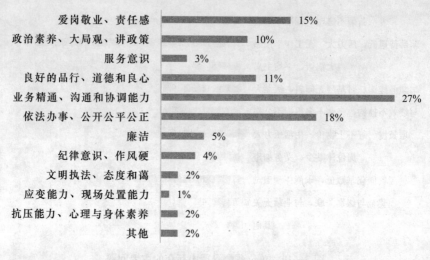

图 3—11 执法公务员最重要的三项素质

3. 单位辅助执法公务员情况及评价

表 3—19   A25—1 "您的单位聘任辅助执法人员约占单位
职工总数的比例为"

		频率	百分比	有效百分比	累积百分比
有效	10% 以下	99	48.5	63.1	63.1
	10% —30%	21	10.3	13.4	76.4
	30% 以上	37	18.1	23.6	100.0
	合计	157	77.0	100.0	
缺失	系统	47	23.0		
合计		204	100.0		

表 3—20　　A27 "请您评价您所在单位的无编制聘用人员素质状况"

		频率	百分比	有效百分比	累积百分比
有效	5 分	57	27.9	35.0	35.0
	4 分	49	24.0	30.1	65.0
	3 分	42	20.6	25.8	90.8
	2 分	10	4.9	6.1	96.9
	1 分	5	2.5	3.1	100.0
	合计	163	79.9	100.0	
缺失	系统	41	20.1		
合计		204	100.0		

4. 对单位执法公务员培训的整体评价情况

表 3—21　　　　A28 "请您评价您所在单位的公务员培训状况"

		频率	百分比	有效百分比	累积百分比
有效	5 分	66	32.4	36.7	36.7
	4 分	49	24.0	27.2	63.9
	3 分	36	17.6	20.0	83.9
	2 分	24	11.8	13.3	97.2
	1 分	5	2.5	2.8	100.0
	合计	180	88.2	100.0	
缺失	系统	24	11.8		
合计		204	100.0		

5. 执法公务员的培训次数及类别

表 3—22   A29 "过去的一年中，您参加组织安排的培训和进修"

		频率	百分比	有效百分比	累积百分比
有效	0	2	1.0	13.3	13.3
	1	4	2.0	26.7	40.0
	2	2	1.0	13.3	53.3
	2 次以上	7	3.5	46.7	100.0
	合计	15	7.4	100.0	
缺失	系统	189	92.6		
合计		204	100.0		

表 3—23   B28—1—2—3—4 "过去一年培训类别有效百分比"

		政治理论培训	任职培训	业务培训	知识培训
有效	0 次	1.7	3.4	2.3	0
	1 次	14.4	35.9	10.9	16.5
	2 次以上	83.9	60.7	86.8	83.5
	合计	100.0	100.0	100.0	100.0
缺失	系统	30	19	26	22
合计		204	204	204	204

6. B29/A30 "关于培训中存在的主要问题是？"

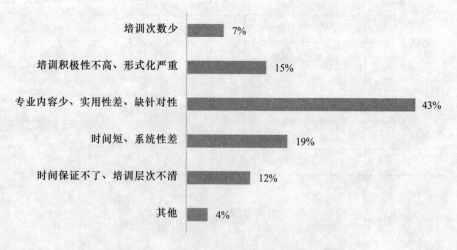

图 3—12   执法公务员培训中存在的主要问题

7. B35/A36 "你认为你职业发展中最为困惑的地方?"

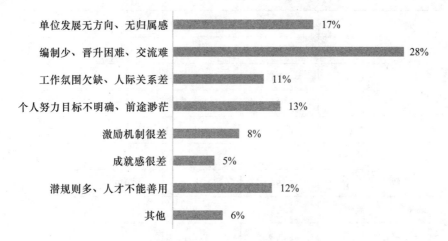

图 3—13　执法公务员职业发展中最为困惑的地方

(八) 执法机关的管理文化建设

1. 公务员的职业公平感

表 3—24　　A40 "请您评价你在单位所能感受到的公平感为"

		频率	百分比	有效百分比	累积百分比
有效	很不公平	2	1.0	1.0	1.0
	不公平	10	4.9	5.2	6.2
	比较公平	147	72.1	76.2	82.4
	非常公平	34	16.7	17.6	100.0
	合计	193	94.6	100.0	
缺失	系统	11	5.4		
合计		204	100.0		

2. 对单位人际关系状况的评价

表 3—25　　　　　A32 "请您评价您所在单位的人际关系状况"

		频率	百分比	有效百分比	累积百分比
有效	5 分	66	32.4	33.7	33.7
	4 分	71	34.8	36.2	69.9
	3 分	44	21.6	22.4	92.3
	2 分	14	6.9	7.1	99.5
	1 分	1	0.5	0.5	100.0
	合计	196	96.1	100.0	
缺失	系统	8	3.9		
合计		204	100.0		

3. 对单位部门协作与合作情况的评价

表 3—26　　A33 "请您评价您所在单位的部门(执法组)合作情况"

		频率	百分比	有效百分比	累积百分比
有效	很好	77	37.7	39.5	39.5
	好	73	35.8	37.4	76.9
	一般	39	19.1	20.0	96.9
	差	6	2.9	3.1	100.0
	合计	195	95.6	100.0	
缺失	系统	9	4.4		
合计		204	100.0		

4. 个人工作协作与帮助情况

表 3—27　　b33 "在工作中遇到困难时，您是否能够得到帮助?"

		频率	百分比	有效百分比	累积百分比
有效	是	190	93.1	98.4	98.4
	无	3	1.5	1.6	100.0
	合计	193	94.6	100.0	
缺失	系统	11	5.4		
合计		204	100.0		

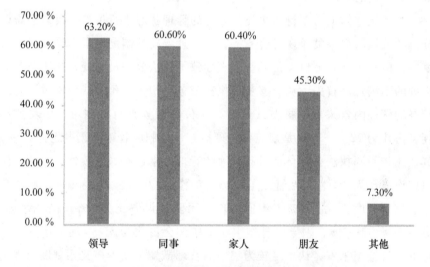

图 3—14　工作中遇到困难能够得到帮助的对象

三　数据分析与解释

（一）执法公务员管理的整体评价

1. 执法机关公务员管理的整体评价满意度较高

执法机关的公务员管理现状的整体评价涉及我们对行政执法类公务员管理制度及其运行效果的整体认识。这可从执法公务员对所属单位的满意度评价和对机关人事管理质量的评价中做出判断。从对单位的满意度调研来看，很满意的有 21.5%，满意的有 72.8%，不满意的有 5.1%，应该说绝大多数公务员对单位的公务员管理持满意态度，其中有部分公务员持很满意的态度，不满意的仅是少数。从对单位公务员管理质量的评价分值来看，有47.7%的答卷人给予了5分，有26.4%的答卷人给予了4分，有23.4%的答卷人给予了3分。也就是说给予正面积极评价的为74.1%，给予一般评价的为23.4%，给予差评的仅为2.5%。这说明大多数执法公务员对于执法机关的公务员管理质量是持积极认可评价的。以上两个维度的评价证明了执法机关公务员管理的整体满意度较高，现行执法公务员管理的主要制度和运行效果能够得到广大基层执法公务员的认可。

2. 执法公务员管理措施中得到较高满意度的是管理制度化与人性化，最需要改进的管理措施是执法公务员的考核评价与激励机制

为了从整体上对现行执法类公务员的管理状态进行评价，我们还需要分析导致执法公务员对现行公务员管理满意度高的制度因素和管理因素有哪些，同样也需要分析又是哪些因素导致了执法公务员对现行执法公务员管理的不满意。首先，从能够获得执法公务员积极评价并认为单位做得比较好的管理因素来看，排在认可度第一位的因素是百分制考核、奖惩制度，占比为22%；其次是规范化管理措施、用制度管理人，占比为14%。其他比较受到执法公务员认可和好评的管理因素还有如廉政建设、队伍作风建设占比为9%，人性管理与关怀、工作氛围建设占比为9%，业务学习、培训制度占比为7%，沟通协作、团队建设占比为7%，民主评选、竞争上岗占比为7%，领导以身作则、工作例会占比为3%。从上述受到认可的管理措施来看，认可度较为集中的管理措施是在考核奖惩制度和规范化管理制度上，但是集中度也仅在22%和14%上。一方面说明考核奖惩制度作为人力资源管理的核心制度因其直接关系到公务员的切身利益，因此最受执法公务员关注，如制度设计和执行较好，也最容易赢得好评。而管理规范化和用制度管人是与管理中的人治相对应的管理政策，受到较高关注说明执法公务员对行政管理中的人治的担心和制度化的向往。另一方面认可集中较高的这两个措施认可率并不高，也说明了考核奖惩制度和规范化管理、用制度管理人在基层执法单位整体来看也尚有很大的改进空间。除考核奖惩制度和规范化管理、用制度管理这两项认可度相对集中的管理措施，其他被执法公务员列出的措施均较为分散，涉及行政管理、组织管理和人事管理多个方面，既有制度层面的，也有执行层面的，还有队

伍建设层面的，这说明各单位在赢得执法公务员认可的管理措施是各有特点、各有好招。值得注意的是，答卷中还有22%的执法公务员列举了其他方面的很多因素，说明有相当部分执法公务员在对执法机关和单位做得好的管理因素认知比较分散，这也佐证了各机关和执法单位在不同的方面对改善执法公务员管理效率的努力。其次，执法公务员从管理机制的角度对执法机关和执法单位最需要改进的三项举措的列举来看，排在第一位的改进激励与晋升机制，占比为19%，这说明职务晋升和人力资源的激励是执法公务员最为关心的管理措施。职务晋升其实也是一种职务的激励，相较于其他激励措施在时间上更加具有持续性和长久性。又因为公务员职务的晋升不仅包含了对其工作绩效的认可、成就动机的满足和职业发展的预期，同时职务晋升往往也包含了公务员待遇、福利和社会地位、社会名望的提升，因此在激励强度上更加具有复合性和绩效性。此外，执法公务员列举的需要改进的管理措施还有：更多更科学的教育培训，占比为16%；管理人性化，占比为13%；奖罚分明，占比为9%；保障人员待遇、休息时间，占比为9%；合理的轮岗机制，占比为6%；加强制度建设、增加民主、消除主观性，占比为3%；改进绩效考核、定岗定责与待遇挂钩，占比为3%；增加编制、减轻工作量，占比为3%。还有占比为19%的执法公务员列举了其他类型的改进措施。显然，与执法公务员列出的认可度较高的管理措施比较分散一样，在最需改进的管理措施方面，各单位执法公务员的认知度也是十分分散，需要改进的管理政策分布执法机关和执法单位的组织与管理的多个方面。再次，从对目前单位人事管理存在问题的看法中，主要集中在管理制度、执行与监督有23%，考核、奖惩、晋升、激励机制有22%，人员配置有15%，任务配置与部门协作、沟通有11%，待遇与分配有11%，工作任务、编制与保障有7%，人员素质与责任心有6%，人员结构与老龄化有5%。上述需要改进的人事管理措施中有些与单位管理的需改进措施相近，证明管理问题改进的认知集中度；有些则是人事行政管理领域的特有问题，需要在人事政策与人事管理层面予以改进。

（二）执法公务员的流动机制不顺畅、人力资源的流动效率较低

公务员的交流与职务晋升、降职是公务员管理机制的重要内容，反映的是公务员在公务员系统内的人力资源流动状况，是保障政府人力资源活力的主要机制。执法公务员的交流反映的政府人力资源系统的横向流动机制，执法公务员的职务升降反映的是政府人力资源的纵向流动机制。人力资源的横向流动和纵向流动是否顺畅直接关系到政府人力资源管理的效率，也体现了公务员管理制度的绩效。

1. 作为政府人力资源横向流动机制主要内容的公务员交流机制运转不顺畅、效率不高

首先表现在执法公务员在本单位工作年限和任现职时间普遍较长、执法公务员的横向流动不足，终生任职现象突出。从执法公务员的本单位的任职年限来看，任职在 3 年以下的有 17.2%，任职在 4—10 年的有 33.5%，任职在 10 年以上的有 49.3%。有近半受调执法公务员在一个单位任职时间超过 10 年，还有三成多受调执法公务员在本单位任职超过 4 年，这说明执法公务员跨执法单位的横向流动很少。从执法公务员的任现职时间来看，任职在 2 年以下的有 23.6%，任职在 2—5 年的有 39.7%，任职在 5 年以上的则有 36.7%。这说明有相当一部分执法公务员不仅在本单位任职时间过长，而且其在本单位内部的职务也长期没有变动。这种变动不仅表现在纵向层面的职务职务升降，也表现在横向层面的职务交流上。执法公务员横向流动不足的现象还可以从过去三年的执法公务员的流动次数得到佐证。从过去三年的工作交流次数问卷项来看，没有交流过的执法公务员占比为 48.2%，交流过一次的占比为 32.6%，交流过二次及以上的占比为 19.2%。可见，受调执法公务员中接近半数在过去的三年中没有任何横向流动，执法公务员的横向流动率较低。其次，有过横向流动经历的执法公务员，其职务的交流范围主要是在本行政执法系统内进行，并且是以系统内不同业务部门之间的职务交流为主，相同部门的职务交流为辅。从最后一次职务调动情况来看，本行政执法系统内相同业务部门间的职务调动占比为 30%，本行政执法系统不同业务部门的职务调动占比为 59.4%，跨行政部门行业的职务调动占比为 9.4%，跨地区的职务调动占比为 1.2%。再次，从执法公务员的职务交流形式来看，主要是转任和调任，挂职锻炼仅是补充形式。调研发现，有 45.1% 的受调者交流形式为转任含轮换，有 36.8% 的受调者交流形式为调任，有 18.1% 的受调者交流形式为挂职锻炼。反映出在执法类公务员的交流中，科以上领导

职务调任交流次数略低于非领导职务公务员的转任交流。

2. 作为政府人力资源纵向流动机制的执法公务员职务升降机制不顺畅

既表现在执法公务员的职务晋升周期较长，晋升困难突出；也表现在执法公务员的降职机制乏力，能上能下制度失灵。从最近一次升职距今时间来看，升职距今 2 年以下的占比为 40.6%，升职距今 3—6 年的占比为 30.3%，升职距今 7 年以上的占比为 29%。受调者中近 1/3 最近一次职务的晋升距今时间超过 7 年以上，说明相当一部分执法公务员的职务晋升困难。另从近 5 年的执法公务员的晋职次数来看，有 53.7% 的受调者没有晋职，有 41.9% 的受调者晋职一次，有 4.1% 的受调者晋职 2 次及以上。说明大多数执法公务员在 5 年的任职周期后未能实现职务的晋升，基层执法类公务员的职务晋升比例较低。从执法公务员的降职机制来看，在过去的三年中，受调者本人有过降职经历的人数为零。从受调者所在单位的降职情况来看，存在有降职情况的单位占比为 19.9%，没有降职情况的单位占比为 80.1%。也就是说，从受调的执法公务员个人角度，尚未发现在过去三年中有被降职的情况，从受调的执法公务员所在单位来看，绝大多数执法单位在过去三年中也为出现公务员的降职事例。这说明目前执法公务员的降职政策效率低，能上能下的用人机制尚未真正建立起来。

3. 执法公务员的职务晋升影响因素中个人因素作用突出、人情干扰因素存在，功绩晋升原则未能建立

从公务员个人晋升的主要影响因素来看，排在前几位的分别是个人能力与业务水平占比为 35%，个人素质、品质占比为 15%，业绩占比为 14%，背景、人际关系占比为 10%，群众认可和个人努力、业务水平占比为 5%，年龄、工作经历与资历和领导认可赏识、机会占比都是 2%，学历占比 1%，另有 9% 的公务员选择了其他类的因素。说明大多数执法公务员还是认可个人素质、品质、能力和努力因素在个人职务晋升中的能动作用的，但也有相当数量的执法公务员认为社会背景、人际关系、机遇、领导赏识是个人职务晋升的主要影响因素。值得注意的是工作业绩和群众认可虽然也是部分执法公务员列举的职务晋升的影响因素，但显然这些因素的认可集中度都并不高，说明在基层行政执法机关里功绩晋升的原

则尚未真正落到实处。

（三）执法公务员考核的制度评价作用开始显现，但是奖惩机制的激励作用尚不明显

1. 执法公务员考核制度的评价作用逐渐显现，但是执法公务员考核制度设计问题突出

考核是公务员管理评价系统的最主要手段，公务员考核一般包含平时考核和年度考核，其中年度考核集中体现了公务员管理的评价作用。从近三年的执法公务员的考核情况来看，优秀占比分别是 2010 年为 19.4%，2011 年为 18.7%，2012 年为 20.1%；称职占比分别是 2010 年为 80.0%，2011 年为 80.8%，2012 年为 78.9%；基本称职占比分别是 2010 年为 0.6%，2011 年为 0.5%，2012 年为 1.0%。上述近三年的考核结果表明，绝大多数执法机关或执法单位对执法公务员的考核结果等次基本上集中在优秀和称职这两档上。其中优秀的比例保持在 20% 左右。在单位的实际考核结果中，基本称职的等次比例极低，基本上都不到 1%，而不称职的考核等次则在受调单位未能出现。说明公务员法设定的四个考核等次在实际考核结果并未得到真正的落实。考核的制度评价作用基本上集中在一般与优秀的区分上，虽有一定的评价作用，但评价结果的平台现象尚未根本改变。从受调者对考核中存在的主要问题的列举来看，考核标准不明确、不统一、不细化占比为 27%，形式主义、主观性强、随意性大占比为 14%，评优名额少、奖励比例少、未向一线倾斜占比为 12%，制度不落实、执行不到位占比为 11%，没有区分考核对象、缺少人性化和灵活性占比为 10%，有人情或领导干预、监督不够、缺少差异度、平均主义和论资排辈严重为占比为 6%，与奖惩不挂钩、结果落实应用不好占比为 5%，考核不能反映业绩与工作量占比为 3%，考核项目多、内容过细、考核部门多占比为 2%，其他占比为 4%。上述反映出来的有关公务员考核中的问题，既有考核制度设计层面的问题，也有考核制度执行层面的问题，还有考核流程和程序设计方面的问题，呈现出多方面多样化的特点。说明在基层行政执法的公务员考核实践中，执法公务员的考核制度尚有很大的改进空间。

2. 执法公务员对公务员奖励制度的评价积极，但奖励机制激励作用

不明显

首先，多数执法公务员对现行公务员的奖励制度看法积极。从对所在单位的人员奖励机制的评价来看，给予 5 分的有 30.1%，给予 4 分的有 32.8%，给予 3 分的有 23.1%，给予 2 分的有 9.1%，给予 1 分的 4.8%。也就是说，执法公务员对奖励制度给予正面积极评价的有 62.9%，给予一般性评价的为 23.1%，给予负面评价的为 13.9%。这说明多数公务员还是对奖励机制持积极肯定的看法。其次，执法公务员奖励面不宽，奖励平台现象明显。从执法公务员的奖励次数来看，在过去三年执法公务员的获奖次数中，没有获奖的占比为 57%，获奖 1 次的占比为 36.8%，获奖 2 次以上的占比为 6.2%。说明多数执法公务员在过去三年时间中并无获奖的经历，有过获奖经历的公务员能够获得多次奖励的机会很低。从近三年得奖公务员的获奖种类来看，获得嘉奖的 2010 年占比为 47.6%，2011 年占比为 65.4%，2012 年占比为 53.8%；获得记三等功奖的 2010 年占比为 38.1%，2011 年占比为 7.7%，2012 年占比为 11.5%；获得其他类型奖励的为 2010 年占比为 14.3%，2011 年占比为 26.9%，2012 年占比为 34.6%。这说明绝大多数执法公务员即使能够获奖，获奖的奖励种类也集中在嘉奖和三等功这两个奖励等级上。公务员法设定了五档奖励等级，在奖励的实践中实际奖励等次并未区分开来，奖励等级的平台现象突出。再次，执法公务员的奖励制度设计与执行问题同样突出。从奖励机制存在的主要问题来看，最为突出的三个问题分别是奖励机制不完善、缺乏长期性与稳定性占比为 19%，奖励方式单一、种类少、项目少占比为 14%，奖罚不清、不关业绩贡献占比为 12%，奖励力度小、奖励名额少占比为 11%，奖励平均化、论资排辈占比为 11%，其他比较突出的问题还有奖励制度缺少细化的规则占比为 9%，评选形式化、存在"大家好"的现象占比为 7%，对基层无侧重占比为 5%，奖励评选不公开透明占比为 3%。此外，还有 5% 的公务员列出其他一些问题，还有 4% 的公务员认为奖励制度作用不明显、和没有一样。

3. 执法公务员的惩戒制度作用有限、效率很低，但执法公务员对受惩戒后的救济权还是比较了解

从执法公务员对现行公务员惩戒制度所存在的问题列举来看，比较突出的有制度落实难、执行不到位占比为 29%，惩戒无操作细则、具体标

准、不严谨占比为27%，不敢碰硬、不严厉、惩戒力度不够占比为20%，碍于人情面子、怕闹事、主观性强占比为11%，缺少监督、监管占比为7%，此外，还有3%的公务员列出了其他类的一些问题，还有3%的公务员认为惩戒机制和没有一样。这一方面说明执法公务员对目前公务员惩戒制度作用看法消极，另一方面也反映公务员惩戒制度本身存在的问题多，影响惩戒制度发挥作用的制约因素也多，导致公务员惩戒制度效率低，作用有限。执法公务员对惩戒后权利救济的认知也是公务员惩戒制度完善的重要一环。从执法公务员对被惩戒后的申诉渠道认知来看，认为是上级机关、部门的占比有33%，认为是行政诉讼、法院的占比有14%，认为是行政复议、申诉和人事部门、人事机关、纪检监察部门的占比有11%，认为是原机关复核的占比有6%，认为是上级领导的占比有5%，认为是本单位部门、本单位领导的占比有2%。此外，还有8%列出了其他的一些渠道或表示不知道不清楚。说明多数执法公务员对公务员受惩戒后的救济权还是比较了解，知道能够通过一些合法的救济渠道对公务员的惩戒后果进行救济。但上述调研的结果也表明执法公务员对救济渠道的具体认知也存在模糊不清的现象。

（四）执法公务员的工资待遇满意度和工资制度的激励效率均显一般，功绩工资的原则未能实现

公务员的工资兼有公务员的经济保障和人力资源激励的双重作用。公务员的工资保障功能和人力资源激励功能都可从公务员的待遇满意度中得到一定的反映。从执法公务员待遇的满意度来看，很满意的占比为12.8%，满意的占比为60.2%，不满意的占比为20.9%，很不满意的占比为6.1%。鉴于此项公务员薪酬待遇满意度的调研是基于执法公务员的自我评价，可能会有个人自尊心理的作用，很满意才能表示执法公务员的个人真实满意度。而满意度仅代表执法公务员对待遇满意度评价的一般性。从此项评价结果来看，对薪酬待遇满意度的评价一般性占到受调者的六成，不满意的评价占到二成，足以说明基层执法公务员的待遇满意度评价不高，反映目前基层执法公务员的工资制度保障功能和激励效率均显一般、功绩工资原则在公务员的管理实践中未能实现。从执法公务员对目前薪酬管理中存在的主要问题列举来看，薪酬待遇低、压力大、无工作幸福

感占比为 33%，工资僵化基数低、未能体现激励占比为 17%，与绩效不挂钩、多劳不多得、不公平占比为 13%，增长慢、赶不上物价、生活压力大和与职务挂钩、对基层无倾斜、级差大为占比为 9%，岗位津贴少、义务加班和大锅饭、平均主义占比为 5%，奖金与级别关联、与业绩无关占比为 4%，薪酬不透明、标准不明确占比为 3%，其他为 2%。上述问题中排列在前三位的分别是工资待遇低、工资僵化未能体现人力资源的激励功能以及工资未能与绩效挂钩，功绩工资原则未能建立，工资不公平感强烈。这也说明了基层执法公务员对目前工资待遇基本不满意的现状，同时也说明了目前执法公务员的工资保障功能和激励功能均存在一定的问题。

（五）执法公务员队伍整体素质状况较好

1. 执法公务员的素质整体较高，素质要求较全面

从受调者对单位执法公务员的整体素质评价来看，给予 5 分评价的有 31.8%，给予 4 分评价的有 37.9，给予 3 分评价的有 27.2%，给予 2 分评价的有 2.6%，给予 1 分评价的有 0.5%。里克特量表 5 分的评价区间基本可分为肯定性评价、一般性评价和否定性评价。上述评价结果表明肯定性评价为 69.7% 远高于否定性评价为 3.1%，说明大多数执法公务员对所在单位的公务员整体素质评价尚可。从执法公务员对履职中最重要的三项素质的认知来看，业务精通、沟通与协调能力占比为 27%，依法办事、公开公平公正占比为 18%，爱岗敬业、责任感占比为 15%，良好的品行、道德与良心为占比为 11%，政治素养、大局观、讲政策占比为 10%、廉洁占比为 5%，纪律意识、作风硬占比为 4%，服务意识占比为 3%，文明执法、态度和蔼占比为 2%，抗压能力、心理与身体素养占比为 2%，应变能力、现场处置能力占比为 1%，其他占比为 2%。这一方面说明行政执法工作对公务员的素质与能力要求较高，另一方面也说明目前基层执法类公务员的素质建设道路还较长。

2. 基层执法机关聘任制辅助执法人员职工占比较大、在各机关和执法单位分布不均衡、整体素质较好

首先，从辅助执法公务员占执法单位职工总数的比例来看，职工占比到 10% 以下的有 63.1%，职工占比到 10%—30% 的有 13.4%，职工占比

到30%以上的23.6%。说明多数基层执法单位均不同程度地存在聘用制辅助执法人员的现象，职工占比多在10%以下。同时也存在各基层执法单位聘用的辅助执法人员数额差异较大，有相当一部分基层执法单位因为执法任务繁重、行政编制限额导致执法工作人员人数严重不足，聘用的辅助执法人员数量较多，以致职工占比超过30%。基层执法单位普遍聘用辅助执法人员，甚至部分执法单位辅助执法人员职工占比过高对现行执法公务员的管理体制和管理机制均造成一定的影响，需要从法律法规和政策层面予以重视和解决。其次，各基层执法单位聘用的辅助执法人员素质尚好。从执法公务员对各执法单位聘用的辅助执法人员的素质评价来看，给予5分的有35%，给予4分的有30.1%，给予3分的25.8%，给予2分的有6.1%，给予1分的有3.1%。也就是说，执法公务员对本单位聘用的辅助执法人员的肯定性评价为65.1%，给予否定性评价的为9.2%，整体来看辅助执法人员的素质评价尚可。说明各基层执法机关近年来对辅助执法人员的招聘录用和管理考核培训工作均有一定程度的加强和提高。

3. 执法公务员的培训率高，培训工作满意度好

执法公务员的培训是执法公务员队伍建设的重要方面，是衡量执法公务员管理机制成效的重要指标。各公务员管理机关和基层执法单位一直以来均比较重视执法公务员的培训工作，取得了较好的培训绩效。具体表现在以下三个方面。第一，执法公务员的培训满意度较高。从执法公务员对各单位公务员的培训评价来看，给予5分评价的占比为36.7%，给予4分评价的占比为27.2%，给予3分的评价的占比为20%，给予2分评价的占比为13.3%，给予1分评价的占比为2.8%。可见，大多数执法公务员对目前单位的公务员培训工作给予了肯定性的评价。第二，执法公务员培训的类别较均衡，培训参训率较高。从过去一年参加的培训情况来看，有13.3%的受调者没有培训过，有26.7%的受调者参加过一次培训，有60%的受调者参加过2次或2次以上的执法公务员培训。在过去一年中没有培训过的执法公务员比例较低。从各单位执法公务员受训的培训类别来看，执法公务员参训率最高的是知识培训，参训率为100%；其次是政治理论培训，参训率为98.3%；再次是业务培训，参训率为97.7%；最后是任职培训，参训率为96.6%。从执法公务员的培训频率来看，一年中2次以上的培训频率排在第一位的是业务培训，频率为86.8%；排在第二

位的是政治理论培训，频率为 83.9%；排在第三位的是业务培训，频率为 86.8%；最后是任职培训，频率为 60.7%。第三，执法公务员的培训内容针对性和实用性尚待加强。从执法公务员对培训中存在的主要问题认知来看，专业内容少、实用性差、缺乏针对性占比为 43%，时间短、系统性差占比为 19%，培训积极性不高、形式化严重占比为 15%，时间保证不了、培训层次不清占比为 12%，培训次数少占比为 7%，其他问题占比为 4%。

（六）执法公务员的管理文化尚需执法机关和执法单位领导层予以重视和加强

执法公务员的管理文化体现了执法机关和执法单位的公务员管理了的价值取向和道德诉求。执法公务员作为政府公共部门的人才资源重要组织部分，拥有较高的社会地位和公共行政的权力，其本身应该具有较高政府价值诉求和公共职业道德标准。执法机关和执法单位的公务员管理应该能够回应这一诉求，并能够在具体的人事政策和管理制度上予以体现和实践。因此，执法公务员的管理文化建设必然是执法公务员管理机制的重要构成。执法机关和执法单位的管理文化建设状况可从执法公务员的职业感受和组织中人际关系与协助状态进行观察和判断。首先，调研中发现执法公务员的个体管理公平感感知一般。从执法公务员在单位所能感知到的职业公平感来看，感到非常公平的，占比为 17.6%；比较公平的，占比为 76.2%；不公平的，占比为 5.2%；很不公平的，占比为 1%。可见，绝大多数执法公务员对所属单位管理的公平感感知一般，考虑到公务员自我评价时的自尊心理，管理公平感的感知质量可能更低些。其次，执法公务员普遍存在一定程度的职业困惑。从执法公务员对职业发展中的困惑列举来看，编制少、晋升困难、交流难排在第一位，占比为 28%；其次分别为单位发展无方向、无归属感，占比为 17%；个人努力目标不明确、前途迷茫，占比为 13%；潜规则多、人才不能用，占比为 12%；工作氛围欠缺、人际关系差，占比为 11%；激励机制很差，占比为 8%；个人成就感很差，占比为 5%；其他问题，占比为 6%。从上述职业困惑的地方来看，绝大多数困惑是执法公务员个人努力因素所无法决定和左右的，这一方面展示在公务员管理的体制和机制上作为公务员个体的无助感，另一方面也说明加强执法机关公务员管理的体制与机制创新的紧迫性和重要性。最后，执法公务员工作中的人际关系状态与部门协作较好，工作中的支持主要来自单位领导与同事。从执法公务员对单位人际关系的状况评价来看，给予 5 分评价的有 33.7%，给予 4 分评价的有 36.2%，给予 3 分评价的有 22.4%，给予 2 分评价的有 7.1%，给予 1 分评价的有 0.5%。即有 69.9% 的执法公务员对单位工作中的人际关系状态持有肯定性的看法，这远高于持有否定性看法的执法公务员比例。从执法公务员对单位部门协作与合作情况的评价来看，认为很好的有 39.5%，认为好的有 37.4%，认为一般的有 20%，认为差 3.1%。说明大多数执法公务员对单位内部的部门协作和合作情况评价较高，反映了执法机关和执法单位内部的部门沟通、合作和协作机制较为顺畅。从执法公务员对在工作中遇到困难时能否得到帮助来看，有 98.4% 的执法公务员能够得到帮助，仅有 1.6% 的公务员不能得到帮助。这也佐证了执法机关和执法单位内部人际关系和部门沟通、合作、协作状态较好。从工作中遇到困难能够获得帮助的来源看，其排序分别为，源于领导的，占比为 63.2%；源于同事的，占比为 60.6%；源于家人的，占比为 60.4%；源于朋友的，占比为 45.3%；源于其他的，占比为 7.3%。说明执法公务员工作支持的主要来源是工作中的人际关系，而非家庭和社会关系。

第 四 章

广州市执法类公务员管理
机制调研数据及统计分析

一 问卷调查的基本情况

为了了解广州市执法公务员的管理状态，课题组面向广州市公安局、天河区、黄埔区、越秀区、海珠区、增城市相关执法单位共发放问卷 340 份，有效回收 301 份，回收率为 88.5%。在回收的有效问卷中，问卷的回答选项中存在无效答案和空白答案的情况，因此，问卷分析部分均采用有效百分比来说明问卷的情况。相比较绝对百分比和累积百分比，有效百分比更能反映问卷所获取信息的科学性和真实性。

（一）答卷人的基本信息

表 4—1   问卷发放具体情况统计表

项目		频率	有效百分比
性别	男	177	59
	女	123	41
	缺失	1	
年龄	35 岁以下	146	48.8
	36—50 岁	134	44.8
	51 岁以上	19	6.4
	缺失	2	

续表

项目		频率	有效百分比
政治面貌	中共党员	239	80.5
	其他	58	19.5
	缺失	14	
军转情况	军转干部	57	19.7
	非军转干部	232	80.3
	缺失	12	

（二）答卷人的工作单位及其工作性质

答卷人工作部门涉及城管、公安、国土、房管、环保局、统计局、计生委、民政局、建设局、交通局、区建设水务局、区农林局、区人社局、区司法局、区卫生局、区政府办、区食药监管局、区检验检疫局、科技园管委会、街道办事处 20 个部门。基本涵盖了问卷发放对象的所有执法部门；答卷人职务主要有主任、科员、科长、副科长、副书记、副中队长、副主任科员、监督员、执法中队长、司法行政、侦查等。从答卷人部门与职务分布情况看，执法与监督的为 37.6%，行政管理的为 42.6%，党务的为 6%，机关后勤的为 9.6%，其他的为 4.3%。此问卷具有广泛的代表性。

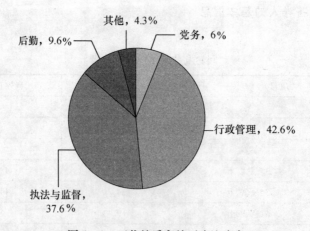

图 4—1　工作性质有效百分比分布

二　调研数据及统计

（一）对执法公务员管理状况的整体评价

1. 对单位满意度的评价

表 4—2　　　　　　　　　　B40 "您对您所在单位满意吗?"

		频率	百分比	有效百分比	累积百分比
有效	很满意	45	15.0	16.3	16.3
	满意	196	65.1	71.0	87.3
	不满意	31	10.3	11.2	98.6
	很不满意	4	1.3	1.4	100.0
	合计	276	91.7	100.0	
缺失	系统	25	8.3		
合计		301	100.0		

2. 对所在单位的公务员管理的评价

表 4—3　　　　　　　　　A5 "请您评价所在单位的公务员管理情况"

		频率	百分比	有效百分比	累积百分比
有效	5 分	106	35.2	36.7	36.7
	4 分	111	36.9	38.4	75.1
	3 分	59	19.6	20.4	95.5
	2 分	10	3.3	3.5	99.0
	1 分	3	1.0	1.0	100.0
	合计	289	96.0	100.0	
缺失	系统	12	4.0		
合计		301	100.0		

3. B37/A38 "从管理机制看，您认为您单位做得最好的三项举措是？"

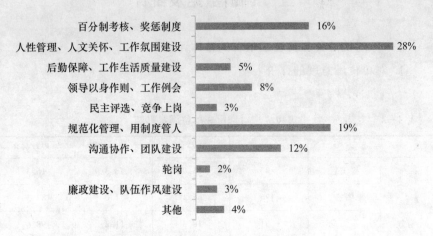

图4—2 单位做得最好的三项管理措施

4. B38/A39 "从管理机制看，您认为您单位最需要改进的三项举措是？"

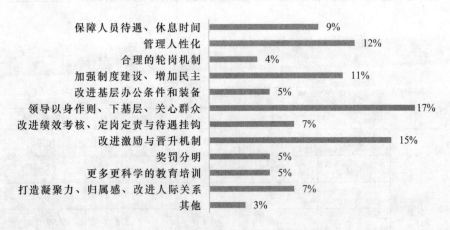

图4—3 单位最需要改进的三项管理措施

5. C1/A6 "您认为，目前单位人事管理中存在的问题是?"

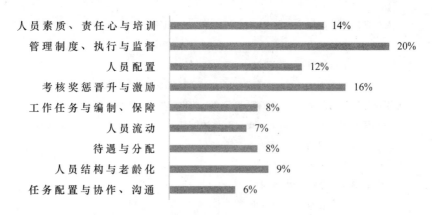

图4—4 单位人事管理中存在的主要问题

6. B401/A411 "对单位不满意的原因，前十位是?"

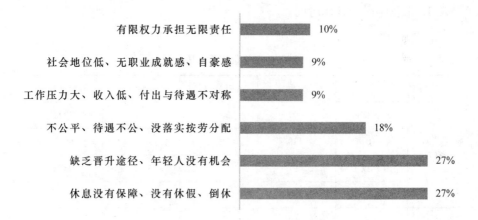

图4—5 对单位不满的原因

7. B4/A61 "您认为,目前单位工作任务配置中存在的最主要问题是什么?"

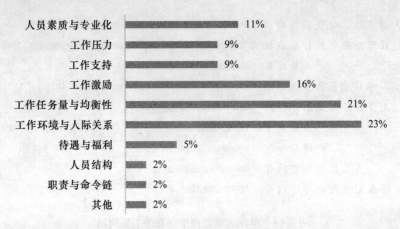

图4—6 目前单位工作任务配置中存在的最主要问题

(二)交流

1. 工作年限及任职时间

表4—4 A1—2 本单位工作年限

		频率	百分比	有效百分比	累积百分比
有效	3 年以下	97	32.2	32.6	32.6
	4—10 年	110	36.5	36.9	69.5
	10 年以上	91	30.2	30.5	100.0
	合计	298	99.0	100.0	
缺失	系统	3	1.0		
合计		301	100.0		

表 4—5   **A1—3 "您任现职工作的时间是?"**

		频率	百分比	有效百分比	累积百分比
有效	2 年以下	103	34.2	35.2	35.2
	2—5 年	82	27.2	28.0	63.1
	5 年以上	107	35.5	36.5	99.7
	合计	293	97.3	100.0	
	系统	8	2.7		
缺失	301	100.0			
合计		301	100		

2. 最后一次调动情况

表 4—6   **A4 "您最后一次调动的具体情况是?"**

		频率	百分比	有效百分比	累积百分比
有效	本系统内相同业务部门间调动	80	26.6	30.4	30.4
	本系统内不同业务部门间调动	126	41.9	47.9	78.3
	跨行业间调动	46	15.3	17.5	95.8
	跨地区间调动	11	3.7	4.2	100.0
	合计	263	87.4	100.0	
缺失	系统	38	12.6		
合计		301	100.0		

3. 近三年交流次数及交流形式

表 4—7   **A10 "过去三年中,您的工作交流次数为"**

		频率	百分比	有效百分比	累积百分比
有效	0	104	34.6	52.3	52.3
	1	56	18.6	28.1	80.4
	2 次以上	39	12.9	19.6	100.0
	合计	199	66.1	100.0	
缺失	系统	102	33.9		
合计		301	100.0		

表 4—8 各种交流形式有效百分比重

项目	1 次	2 次及以上	合计	百分比
调任	23.5	3.8	27.3	35
转任轮换	29.1	7.9	37	56
挂职锻炼	13	2.9	15.9	9

(三) 晋升与降职

1. 最近一次职务晋升时间

表 4—9 B6 "您最近一次升职距今时间为"

		频率	百分比	有效百分比	累积百分比
有效	2 年以下	85	28.2	35.7	35.7
	3—6 年	93	30.9	39.1	74.8
	7 年以上	60	19.9	25.2	100.0
	合计	238	79.1	100.0	
缺失	系统	63	20.9		
合计		301	100.0		

2. 近 5 年的晋职次数

表 4—10 B7 "近 5 年内您的晋职次数是?"

		频率	百分比	有效百分比	累积百分比
有效	0 次	93	30.9	49.2	49.2
	1 次	77	25.6	40.7	89.9
	2 次	16	5.3	8.5	98.4
	2 次以上	3	1.0	1.6	100.0
	合计	189	62.8	100.0	
缺失	系统	112	37.2		
合计		301	100.0		

3. 近三年的降职情况，包括本人与单位其他人的降职情况

表4—11　　　　B9 "过去三年中，您有无降职、降级情况？"

		频率	百分比	有效百分比	累积百分比
有效	有	2	0.7	0.7	1.4
	没有	286	95	99.3	100.0
	合计	288	95.7	100.0	
缺失	系统	13	4.3		
	合计	301	100.0		

表4—12　　　　B10 "过去三年中，您单位公务员有无降职情况？"

		频率	百分比	有效百分比	累积百分比
有效	有	11	3.7	3.8	3.8
	没有	276	91.7	96.2	100.0
	合计	287	95.3	0	
缺失	系统	14	4.7		
	合计	301	100.0		

4. B5/A7 "决定个人职务晋升的主要因素是"

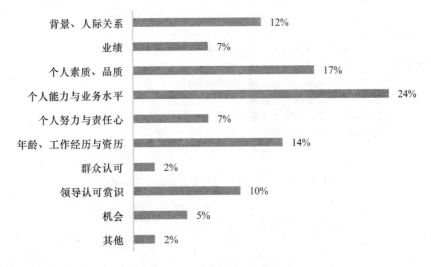

图4—7　个人职务晋升的主要决定因素

（四）考核

1. 近三年执法公务员的考核情况

表4—13　　　　　　　　近三年执法公务员的考核情况

| | | B11—1—2—3 | | |
		2010	2011	2012
有效	优秀	20.6	16.5	17.4
	称职	76.2	80.6	79.5
	基本称职	3.1	3.0	3.1
	合计	100.0	100.0	100.0
缺失	系统	28	24	23
合计		301	301	301

2. B12/A14 "关于考核中存在的主要问题是"

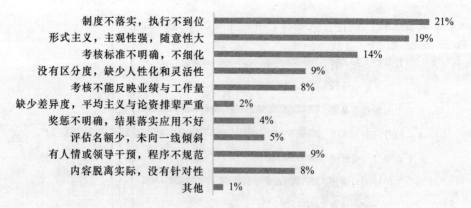

图4—8　执法公务员考核中存在的主要问题

（五）奖励与惩戒

1. 过去三年的获奖次数及种类

表 4—14　　　　　A18 "过去三年中您获得的奖励次数为"

		频率	百分比	有效百分比	累积百分比
有效	0 次	162	53.8	63.5	63.5
	1 次	57	18.9	22.4	85.9
	2 次以上	36	12.0	14.1	100.0
	合计	255	84.7	100.0	
缺失	系统	46	15.3		
合计		301	100.0		

表 4—15　　　　　B16—1—2—3 "您的获奖种类为"

		2010	2011	2012
有效	嘉奖	61.4	44.3	47.2
	记三等功	17.5	29.5	24.5
	记二等功	10.5	11.5	15.1
	其他	10.6	14.7	13.2
	合计	100.0	100.0	100.0
缺失	系统	24	24	23
合计		301	301	301

2. 评价单位的奖励制度及其存在的问题

表 4—16　　　　　A20 "请您评价您所在单位的人员奖励机制"

		频率	百分比	有效百分比	累积百分比
有效	5 分	51	16.9	18.6	18.6
	4 分	82	27.2	29.9	48.5
	3 分	79	26.2	28.8	77.4
	2 分	36	12.0	13.1	90.5

续表

		频率	百分比	有效百分比	累积百分比
有效	1分	26	8.6	9.5	100.0
	合计	274	91.0	100.0	
缺失	系统	27	9.0		

3. B17/A19 "目前的奖励制度中存在的主要问题是？"

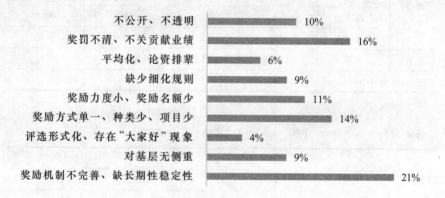

图4—9　目前单位奖励制度存在的主要问题

4. B20/A22 "您认为单位目前的惩戒制度中存在的主要问题是？"

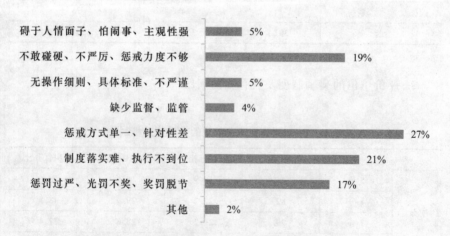

图4—10　目前单位的惩戒制主度存在的主要问题

5. B21/A23 "您所了解到的公务员被惩戒后的申诉渠道有哪些?"

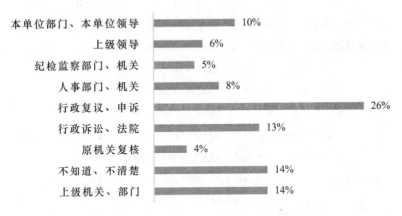

图 4—11　执法公务员被惩戒后的申诉渠道

(六)　薪酬待遇

1. 执法公务员的待遇满意度

表 4—17　　　　　　　　　A15 "您觉得目前的待遇如何?"

		频率	百分比	有效百分比	累积百分比
有效	很满意	28	9.3	9.9	9.9
	满意	154	51.2	54.6	64.5
	不满意	85	28.2	30.1	94.7
	很不满意	15	5.0	5.3	100.0
	合计	282	93.7	100.0	
缺失	系统	19	6.3		
合计		301	100.0		

2. B15/A17 "目前薪酬管理中存在的主要问题有?"

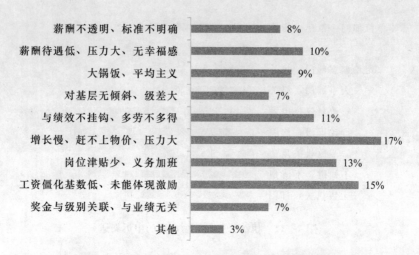

图4—12 执法公务员薪酬管理存在的主要问题

(七) 公务员的队伍建设

1. 对单位执法公务员素质的评价

表4—18 B23 "请您评价您所在单位的执法公务员队伍的整体素质"

		频率	百分比	有效百分比	累积百分比
有效	5分	67	22.3	24.4	24.4
	4分	142	47.2	51.6	76.0
	3分	56	18.6	20.4	96.4
	2分	8	2.7	2.9	99.3
	1分	2	0.7	0.7	100.0
	合计	275	91.4	100.0	
缺失	系统	26	8.6		
合计		301	100.0		

2. B22/A24 "你认为最重要的三项素质是什么？"

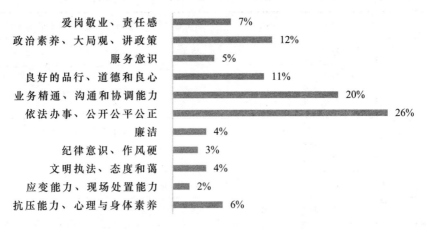

图 4—13　执法公务员最重要的三项素质

3. 单位辅助执法公务员状况及评价

表 4—19　　　A25—1 "您的单位聘任辅助执法人员约占单位
职工总数的比例"

		频率	百分比	有效百分比	累积百分比
有效	10%以下	78	25.9	30.8	30.8
	10%—30%	74	24.6	29.2	60.1
	30%以上	101	33.6	39.9	100.0
	合计	253	84.1	100.0	
缺失	系统	48	15.9		
合计		301	100.0		

表 4—20   A27 "请您评价您所在单位的无编制聘用人员状况"

		频率	百分比	有效百分比	累积百分比
有效	5 分	77	25.6	29.5	29.5
	4 分	125	41.5	47.9	77.4
	3 分	42	14.0	16.1	93.5
	2 分	7	2.3	2.7	96.2
	1 分	10	3.3	3.8	100.0
	合计	261	86.7	100.0	
缺失	系统	40	13.3		
合计		301	100.0		

4. 对单位执法公务员培训的整体评价

表 4—21   A28 "请您评价您单位的公务员培训状况"

		频率	百分比	有效百分比	累积百分比
有效	5 分	47	15.6	17.0	17.0
	4 分	136	45.2	49.1	66.1
	3 分	72	23.9	26.0	92.1
	2 分	13	4.3	4.7	96.8
	1 分	9	3.0	3.2	100.0
	合计	277	92.0	100.0	
缺失	系统	24	8.0		
合计		301	100.0		

5. 执法公务员的培训类别

表4—22 A29 "过去的一年中，您参加组织安排的培训和进修次数是？"

		频率	百分比	有效百分比	累积百分比
有效	0	22	7.3	8.2	8.2
	1	24	8.0	9.0	17.2
	2	45	14.9	16.9	34.1
	3 次及以上	176	58.5	65.9	100.0
	合计	267	88.7	100.0	
缺失	系统	34	11.3		
合计		301	100.0		

6. B29/A30 "关于培训中存在的主要问题有？"

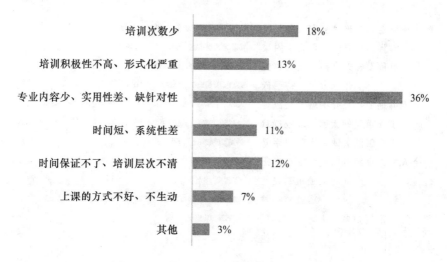

图4—14　执法公务员培训存在的主要问题

（八）执法机关的管理文化建设

1. 执法公务员的职业公平感

表4—23　　　A40 "请您评价你在单位所能感受到的公平感"

		频率	百分比	有效百分比	累积百分比
有效	很不公平	12	4.0	4.3	4.3
	不公平	48	15.9	17.4	21.7
	比较公平	175	58.1	63.4	85.1
	非常公平	41	13.6	14.9	100.0
	合计	276	91.7	100.0	
缺失	系统	25	8.3		
合计		301	100.0		

2. B35/A36 "您认为您在职业发展中最困惑的地方有？"

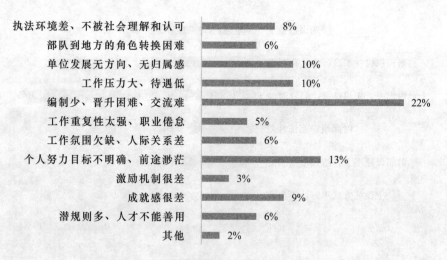

图4—15　执法公务员职业发展中最为困惑的地方

3. 对单位人际关系状况的评价

表 4—24　　　　A32 "请您评价您所在单位的人际关系状况"

		频率	百分比	有效百分比	累积百分比
有效	5 分	68	22.6	24.0	24.0
	4 分	145	48.2	51.2	75.3
	3 分	56	18.6	19.8	95.1
	2 分	11	3.7	3.9	98.9
	1 分	3	1.0	1.1	100.0
	合计	283	94.0	100.0	
缺失	系统	18	6.0		
合计		301	100.0		

4. 对单位部门协作与合作情况的评价

表 4—25　　A33 "请您评价您所在单位的部门（执法组）合作情况"

		频率	百分比	有效百分比	累积百分比
有效	5 分	52	17.3	18.4	18.4
	4 分	146	48.5	51.8	70.2
	3 分	63	20.9	22.3	92.6
	2 分	17	5.6	6.0	98.6
	1 分	4	1.3	1.4	100.0
	合计	282	93.7	100.0	
缺失	系统	19	6.3		
合计		301	100.0		

5. 个人工作协作与帮助情况

表 4—26   A34 "当您在工作中遇到困难时，是否能够得到帮助？"

		频率	百分比	有效百分比	累积百分比
有效	是	269	89.4	96.8	96.8
	无	9	3.0	3.2	100.0
	合计	278	92.4	100.0	
缺失	系统	23	7.6		
合计		301	100.0		

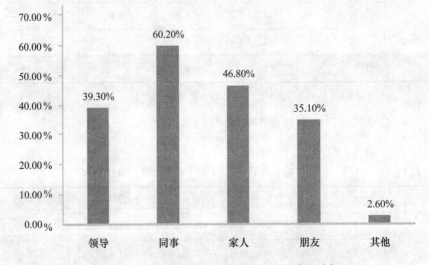

图 4—16   工作中遇到困难能够得到帮助的对象

三   数据分析与解释

（一）对执法机关公务员管理状况的整体评价

1. 执法公务员对所属单位满意度和管理满意度的评价都较高，导致满意度评价较高的因素主要是领导力因素和管理制度因素

执法机关公务员管理状况的整体评价可从两个维度观察。一是执法公务员对所属单位的职业满意度，二是执法公务员对单位管理的满意度。首先，从执法公务员对所属单位的职业满意度评价来看，很满意的占比为

16.3%，满意的占比为 71%，不满意的占比 11.2%，很不满意的占比为 1.4%。整体来看，执法公务员对所属单位的职业满意率为 87.3%，说明绝大多数执法公务员对所任职的执法单位还是有较高的满意度。其次，从执法公务员对所在单位的公务员管理满意度的评价来看，给予 5 分评价的占比为 36.7%，给予 4 分评价的占比为 38.4%，给予 3 分评价的占比为 20.4%，给予 2 分评价的占比为 3.5%，给予 1 分评价的占比为 1%。在里克特评价量表中，给予 5 分和 4 分的为肯定性倾向评价，给予 3 分为一般性倾向评价，给予 2 分和 1 分为否定性倾向评价。可见，在执法公务员对所在单位管理满意度评价中，给予肯定性评价的占比为 75.1% 要明显高于否定性评价 4.6% 的占比，这说明绝大多数执法公务员对所在单位的管理满意度持有积极肯定性的评价。但需要注意的是，与执法公务员对所属单位职业满意度的评价值要明显高于管理满意度评价值，这也反映了单位管理满意度尚有很大的改进空间。对执法机关公务员管理状况的整体评价，尚需进一步了解是哪些因素决定了执法公务员职业满意度和管理满意度的倾向性。调研发现，从执法公务员对单位最好的三项管理措施的认知来看，以下八个因素与职业满意度和管理满意度的肯定性倾向评价相关性较高，分别为人性管理、人文关怀、工作氛围建设，占比为 28%；规范化管理、用制度管人，占比为 19%；百分制考核、奖惩制度，占比为 16%；沟通协作、团队建设，占比为 12%；领导以身作则、工作例会，占比为 8%；后勤保障、工作生活质量建设，占比为 5%；廉政建设、队伍作风建设和民主评选、竞争上岗，占比为 3%；轮岗，占比为 2%。这些因素中人性管理、人文关怀、工作氛围建设、沟通协作、团队建设、领导以身作则属于领导力因素；规范化管理、用制度管人、百分制考核、奖惩制度、工作例会、民主评选、竞争上岗、轮岗属于制度因素；后勤保障、工作生活质量建设、廉政建设、队伍建设属于保障因素。显然，决定执法公务员对单位职业满意度和管理满意度评价较高的因素主要是领导力因素和管理制度因素。

2. 在对执法机关满意度的评价中，执法公务员对单位不满意的原因看法与对单位管理不足之处的看法和对单位人事管理中存在问题的看法基本一致，突出表现为公务员的职务晋升通道不畅、人力资源的激励机制欠缺、执法公务员的职业成就感较差首先，从执法公务员对单位不满意的原因前几位来看，缺乏晋升途径、年轻人没有机会，占比为27%；休息没有保障、没有休假、倒休，占比为27%；不公平、待遇不公、待遇差别大、没落实按劳分配，占比为18%；有限权利承担无限责任，占比为10%；社会地位低、无职业成就感、自豪感，占比为9%；工作压力大、收入低、付出与待遇不对称，占比为9%。其他的还有如管理缺乏人性化，人文关怀；晋升机会少、成长进步空间小、个人价值难以体现；工作烦琐，业务分工细，工作机制混乱；领导不重视，人员无活力，领导与群众脱离等。上述问题可以说比较集中地反映了执法公务员对当前公务员职业发展通道的不畅，缺乏职业发展机会和职业公平，个人职业价值欠缺与职业成就感差的困惑和焦虑。其次，从执法单位最需要改进的三项举措来看，领导以身作则、下基层、关心群众，占比为17%；改进激励与晋升机制，占比为15%；管理人性化，占比为12%；加强制度建设、增加民主，占比为11%；保障人员待遇、休息时间，占比为9%；打造凝聚力归属感、改进人际关系，占比为7%；改进绩效考核、定岗定责与待遇挂钩，占比为7%；更多更科学的教育培训和奖罚分明、改进基层办公条件和装备，占比为5%；合理的轮岗机制，占比为4%；其他问题占比为3%。在这些措施中，最为突出的领导干部的带头作用、深入基层、关心群众，说明现在领导干部带头作用不明显，脱离基层和群众严重。再次，从管理机制角度来看，最为突出的是激励与晋升机制，说明执法公务员在现行制度中缺乏激励机制与职业发展机制，需要加强机制的设计和激励制度的创新。从管理文化来看，加强人性化的关怀、增加人性化的管理措施、保障人员的待遇、休息时间、打造凝聚力、归属感、改进人际关系也是公务员极为关心的重要问题。最后，执法公务员对目前单位人事管理中存在的问题的看法中，管理制度、执行与监督，占比为20%；考核、奖惩、晋升与激励，占比为16%；人员素质与责任心，占比为14%；人员配置，占比为12%；人员结构与老龄化，占比为9%；待遇与分配、工作任务、编制与保障，占比为8%；人员流动，占比为7%；任务配置与协作、沟通，占比为6%。在这些问题中，最为突出的是人事管理制度的设计、制度执行与制度监督。而在执法机关的具体人事管理制度中，最为突出的是人事考核制度、奖惩制度、职务晋升制度等激励机制的设计、执行与监督。此外，人员结构问题、任务配置与编制保障问题、待遇分配问题、人员素质与责任心问题也都是较为突出的重要问题。

3. 在单位的工作任务管理中，最为突出的问题是执法环境不好、执法工作任务量大

从执法公务员对目前单位工作任务配置中存在的最主要问题的认知来看，工作环境与人际关系排在第一位，占比为23%；工作任务量与均衡性不好排在第二位，占比为21%；工作激励差排在第三位，占比为16%。其他比较突出的问题还有如人员素质与专业化不高，工作支持不足、工作压力大，待遇与福利低，人员结构不合理、职责与命令链不明晰，等等。显然，就工作任务管理来看，目前基层行政执法类公务员面临的最为突出问题是执法环境不好，人际关系不好；其次，工作任务量大且分配不均衡问题；再次，工作激励不够、工作支持欠缺、工作压力过大的问题。

（二）执法公务员的交流机制运行不畅，交流比例较少，交流周期过长，交流形式单一，特别是一线执法公务员的交流制度尚需改进和完善

执法公务员的交流反映的政府人力资源系统的横向流动，是政府人力资源与工作岗位相互调适与有效匹配的一种职务调整形式。建立制度化和有效率的执法公务员职务交流机制，一方面可以将有限的政府人力资源匹配到合适的工作岗位上去，体现人事相宜、人岗适配的公务员任用原则，保障政府行政管理职能的实现和行政执法效率的改善；另一方面，通过有计划的职务交流锻炼执法公务员，培养执法公务员的多岗位工作能力，增长执法公务员的领导才干。同时，针对执法岗位和某些特殊工作岗位的定期的职务交流和轮换，还可以有效避免执法公务员的腐败风险，保护执法公务员因为长期任职于一个执法岗位或特殊工作岗位可能导致其陷入人情和利益的纠葛。执法公务员交流机制的效率和质量可从执法公务员的任职年限、任职时间、交流频次和交流形式等方面予以体现。

1. 执法公务员的本单位工作年限和任现职时间均较长

从本单位的工作年限来看，有32.6%的公务员本单位工作年限在3年以下，有36.9%的公务员本单位工作年限在4—10年，有30.5%的公务员本单位工作年限在10年以上，说明整体上执法公务员本单位工作年限过长。从执法公务员的任现职时间来看，有35.2%的公务员任现职时

间为 2 年以下，有 28% 的公务员任现职时间为 2—5 年，有 36.5% 的公务员任现职时间为 5 年以上。显然，不仅执法公务员本单位工作年限时间较长，而且有将近四成的公务员现职任职时间都超过 5 年，基层执法公务员现职任期过长的问题也同样较为突出。

2. 执法公务员的交流比例较低，交流周期较长，交流形式单一，交流范围主要是本行政执法系统

从执法公务员在近三年的交流次数来看，没有交流过的有 52.3%，交流次数为 1 次为 28.1%，交流 2 次及以上的有 19.6%。多数基层执法公务员在近三年内没有交流过，即使在有过交流经历的执法公务员中，交流 1 次的比例要明显高于交流 2 次及以上的比例。说明基层执法公务员的不仅交流比例较低，而且年度交流频次很少，具体到执法公务员的个人职务交流的轮换周期较长。从执法公务员的交流形式的比重来看，公务员交流的三种形式中，转任与轮换最高，比重为 56%，因为轮换是特殊形式的转任，属于转任的一种，说明执法公务员交流的最主要形式是转任。其次是调任，比重为 35%。调任是具有领导职务的执法公务员职务交流的特定形式，仅适用于科级以上领导职务的公务员，说明领导职务公务员的交流也是执法公务员交流的重要对象。最后是挂职锻炼，比重为 9%。可见挂职锻炼作为执法公务员的交流形式，仅仅是执法公务员交流的一种补充形式，因此需要进一步提高挂职锻炼的比例。从执法公务员最后一次的调动情况来看，执法公务员最后一次调动发生在本系统相同业务部门之间的占比为 30.4%，最后一次调动发生在本系统不同业务部门之间的占比为 47.9%，最后一次调动发生在跨行业行政部门之间的占比为 17.5%，最后一次调动发生在跨地区之间的占比为 4.2%。这说明绝大多数执法公务员的交流是发生在执法公务员所属行政系统内部的，在本行政系统内部的交流上，不同业务部门的职务交流超过了相同业务部门的交流。从执法公务员交流的范围来看，跨行业部门的职务交流和跨地区的职务交流仅是执法公务员职务交流的补充形式。

（三）执法公务员的职务晋升困难，晋职周期较长；影响职务晋升的主要因素是执法公务员的个人素质、能力、资历等主观能动因素和背景、人际关系、领导认可赏识等环境被动因素。同时，执法公务员的降职机制

尚未发挥作用

　　执法公务员的职务升降机制反映的是政府人力资源系统的纵向流动，是公务员制度活力的重要体现。首先，从执法公务员近5年的晋职次数来看，没有升过职的占比为49.2%，升职过1次的占比为40.7%，升职过2次的占比为8.5%，升职过2次以上的占比为1.6%。可见几近半数的执法公务员在5年的任职周期中没有晋升过，有过晋升经历的执法公务员中，绝大多数也仅有一次职务的晋升，在近5年的时间中有过2次或以上的晋升经历的执法公务员比例极低。这说明执法公务员普遍存在任职周期过长的现象。这一现象还可以从执法公务员的最近一次升职距今时间来佐证。从最近一次升职时间问卷调研项来看，有35.7%的执法公务员近期升职时间在2年以内，有39.1%的执法公务员近期升职时间在3—6年，有25.2%的执法公务员近期升职在7年以上，说明相当一部分执法公务员的职务晋升周期相对较长。其次，影响执法公务员职务晋升的主要因素既有执法公务员的个人主观因素也有组织环境和政治生态因素。从执法公务员对影响公务员职务晋升的主要因素列举来看，比较突出的因素有个人能力与业务水平，占比为24%；个人素质与品质，占比为17%；年龄、工作经历与资历，占比为14%；背景、人际关系，占比为12%；领导认可赏识，占比为10%；个人努力与责任心，占比为7%；业绩，占比为7%；机会，占比为5%；群众认可，占比为2%；其他问题占比为2%。这说明大多数执法公务员还是认可在个人职务晋升的因素中，最为重要的是公务员个人的能力与业务水平、个人的素质与品质。同时，公务员的个人年龄、工作经历与资历、领导认可赏识与否、机会显然也是执法公务员个人心目中的重要影响因素。值得注意的是，业绩和群众认可在执法公务员对职务晋升影响因素的认知中认可度较低，这一方面公务员的功绩晋升原则在实践中没有体现，另一方面也必将深深影响到执法公务员的职务心理认知和职务政治行为。再次，执法公务员系统的降职机制效果不明显。从过去三年中的执法公务员本人降职情况来看，有过降职经历的仅占0.7%，没有此经历的高达99.3%。这一降职比例如果按年度进行折算，显然受调者有降职经历的比例可以忽略不计。再从各受调单位有无公务员降职情况来看，有过的仅占3.8%，没有的为96.2%。这充分说明绝大多数执法公务员和执法机关或单位都没有公务员降职的情况存在，可以说执法公务员的降职机制未能发挥作用，公务员法关于公务员能上能下的制度设计目标未能实现。

（四）执法公务员的考核平台现象突出，差异化较小

调研发现，执法公务员的考核其制度设计与制度的执行均存在一定的问题改进空间。从对基层执法公务员近三年的考核情况来看，优秀的比例分别为 2010 年为 20.6%、2011 年为 16.5%、2012 年为 17.4%；称职的比例分别为 2010 年为 76.2%、2011 年为 80.6%、2012 年为 79.5%，基本称职的比例分别为 2010 年为 3.1%，2011 年为 3%，2012 年为 3.1%。显示近三年的考核结果比例基本一致，执法公务员的年度考核称职比例过高，基本称职比例过小，不称职的比例为零，说明绝大多数执法公务员的年度考核结果高度一致，缺少相互的区分度和差异性，执法公务员的考核平台现象明显，作为人力资源激励的重要手段的考核激励机制作用不明显。从各单位执法公务员对年度考核中存在的问题的认知来看，制度不落实、执行不到位，占比为 21%；形式主义、主观性强、随意性大，占比为 19%；考核标准不明确、不细化，占比为 14%；没有区分度，缺乏人性化和灵活性，占比为 9%；有人情或领导干预、程序不规范，占比为 9%；考核不能反映业绩与工作量，占比为 8%；内容脱离实际、没有针对性，占比为 8%；评优名额少、未向一线倾斜，占比为 5%；奖惩不明确、结果落实应用不好，占比为 4%；缺少差异度、平均主义与论资排辈严重，占比为 2%；其他问题 2%。从上述结果可见，执法公务员考核存在的问题中，主要表现在考核制度的执行层面，如执行不到位、形式主义、主观性强、随意性大、考核标准不明确不细化，考核结果没有区分度，考核过程中有人情和领导干预，等等；其次表现在考核制度的设计层面上，如年度考核的内容脱离实际、缺少针对性，考核不能体现业绩和工作量，考核结果应用不好等。

（五）执法公务员对现行公务员奖惩制度的评价不高，奖惩机制的激励作用不明显

1. 执法公务员对现行公务员的奖励制度评价不高，在实践中执法公务员的奖励存在奖励面不宽，奖励种类单一，奖励机制不完善，缺乏长期

性和稳定性等问题

公务员的奖励制度是公务员激励机制的重要内容。从执法公务员对现行公务员奖励制度的评价来看，给予 5 分评价的占比为 18.6%，给予 4 分评价的占比为 29.9%，给予 3 分评价的占比为 28.8%，给予 2 分评价的占比为 13.1%，给予 1 分评价的占比为 9.5%。也就是说给予肯定性评价的占比仅有 48.5%，不到半数，而给予否定性评价的占比有 22.6%，给予一般性的评价的占比有 28.8%，说明多数执法公务员对现行公务员的奖励制度是给予一般性和负面性的评价。从执法公务员所获得奖励的实际结果来看，根据对过去三年执法公务员个人获得的奖励次数的统计，有 63.5% 的执法公务员没有获得过奖励，有 22.4% 的执法公务员获得过 1 次奖励，有 14.1% 的执法公务员获得过 2 次及以上奖励。也即共有 36.5% 的执法公务员在过去的三年中曾获得过奖励。显然，执法公务员年度获奖的奖励面不宽。再从执法公务员的获奖种类来看，三年获奖的种类分别是 2010 年获嘉奖占比为 61.4%，获记三等功的占比为 17.5%，获记二等功的占比为 10.5%，获其他类的占比为 10.6%；2011 年获嘉奖的占比为 44.3%，获记三等功的占比为 29.5%，获记二等功的占比为 11.5%，获其他类的占比为 11.5%；2012 年获嘉奖的占比为 47.2%，获记三等功的占比为 24.5%，获记二等功的占比为 15.1%，获其他类的占比为 13.2%。显然，执法公务员在过去三年所获奖励的种类是以嘉奖为主，记三等功次之，再次为记二等功，获其他类的奖励辅之。现行公务员奖励制度设计中的一等功和荣誉称号的奖励种类在调研中均未能出现，也就是说在公务员管理的实践中，执法公务员能够获得此种奖励的概率极低，奖励的激励作用机制不明显。从执法公务员对目前公务员奖励制度中存在的问题来看，奖励机制不完善、缺乏长期性稳定性占比为 21%；奖罚不清、奖励不关业绩与贡献，占比为 16%；奖励方式单一、种类少、项目少占比为 14%；奖励力度小、奖励名额少占比为 11%；奖励不公开、不透明占比为 10%；奖励缺少细化规则占比为 9%；奖励名额对基层无侧重 9%；奖励平均化、论资排辈 6%；评选形式化、存在大家好的现象占比为 4%。上述问题中，公务员奖励存在的问题中主要表现为奖励的制度设计不科学不合理，有瑕疵。如奖励与绩效关联度不够，奖励的名额对基层无侧重，奖励的方式单一、种类少名额少等。其次表现为公务员建立的程序性瑕疵上。如奖励不公开透明，奖励评选的形式主义和存在论资排辈、大家好现象等。

2. 执法公务员的惩戒机制既存在制度设计层面的问题，也存在执行层面的问题，但执法公务员对惩戒救济权的认知较好

公务员的惩戒制度在公务员激励机制中起到的是负激励作用。通过对执法公务员的违法、违纪和不作为等不当行为的惩罚和训诫，促使执法公务员反躬自省、纠正错误，改变态度和作风，更好地为公共利益服务。公务员惩戒制度作用不好，将会导致执法公务员的制约机制削弱，会影响到执法公务员队伍的职业化和专业化建设。从执法公务员对目前公务员惩戒制度存在问题的认知来看，惩戒方式单一、针对性差，占比为 27%；制度落实难、执行不到位，占比为 21%；不敢碰硬、不严厉、惩戒力度不够，占比为 19%；惩罚过严、光罚不奖、奖罚脱节，占比为 17%；碍于人情面子、怕闹事、主观性强，占比为 5%；无操作细则、无具体标准、不严谨，占比为 5%；缺少监督、监管，占比为 4%；其他问题占比为 2%。上述所反映的公务员惩戒方面的问题主要表现在两个方面，即惩戒制度设计层面的问题和惩戒制度执行层面的问题。公务员被惩戒后如何从制度层面进行权利的救济也是公务员惩戒制度的重要一环。从执法公务员对被惩戒后的申诉渠道的认知来看，行政复议、申诉占比为 26%；上级机关或部门占比为 14%；行政诉讼、法院占比为 13%；本单位部门、本单位领导占比为 10%；人事部门或人事管理机关占比为 8%；上级领导占比为 6%；纪检监察机关占比为 5%，原机关复核占比为 4%。说明大多数执法公务员比较熟悉公务员的惩戒权利救济渠道，知道和能够运用现有的公务员权利救济的制度设计进行惩戒救济。但需注意的是，也存在少数公务员把惩戒救济理解为找上级机关和上级领导。

（六）执法公务员的薪酬满意度不高，薪酬管理中的不满意因素分布较广泛

公务员的薪酬水平和质量不仅是公务员个人和家庭生活的保障，而且还是政府人力资源激励的重要工具，并能在一定程度上体现公务员激励的水平和质量。从执法公务员对目前薪酬待遇的满意度来看，很满意的占比为 9.9%，满意的占比为 54.6%，不满意的占比为 30.1%，很不满意的占

比为5.3%。执法公务员的薪酬满意率有64.5%，不满意率有35.4%。考虑到执法公务员在进行自我评价时的评价自尊心理因素，执法公务员对薪酬待遇的不满意率还是相当高的，说明目前执法公务员队伍特别是基层一线执法公务员对工资待遇存在相当范围的不满意状态。从执法公务员对薪酬管理中存在的主要问题的认知来看，排列在前位的有增长慢、赶不上物价、压力大占比为17%，工资僵化、基数低、未体现激励占比为15%，岗位津贴少、义务加班占比为13%，与绩效不挂钩、多劳不多得占比为11%，薪酬待遇低、压力大、无幸福感占比为10%，大锅饭、平均主义占比为9%，薪酬不透明、标准不明确占比为8%，对基层无倾斜、级差大占比为7%，奖金与级别关联、与业绩无关占比为7%，其他问题占比为3%。在上述执法公务员所列的导致薪酬不满意的因素分布较为广泛，其中最为突出的是工资待遇水平低，工资制度结构僵化、不能体现公务员的工作绩效和劳动付出。说明改善公务员的工资制度，提升公务员的工资水平，增加公务员工资的激励效率，是当前完善执法公务员管理机制的重要内容。

（七）执法公务员队伍的素质状况较好，但是执法公务员的培训机制尚需完善

1. 执法公务员的整体素质状况自我评价较高。依法办事、公开公平公正，业务精通、沟通协调能力强，政治素养高、有大局观、讲政策是执法公务员最为重要的三项素质

执法公务员的整体素质状态，如何不仅会影响到法治型政府和服务型政府效能和质量，也直接关系到职业化和专业化的执法公务员的队伍建设，是构建良好执法公务员管理工作的重要基础，也是改善和提升执法公务员机制的着力点和努力方向。从执法公务员对执法公务员队伍整体素质评价来看，给予5分评价的占比为24.4%，给予4分评价的占比为51.6%，给予3分评价的占比为20.4%，给予2分评价的占比为2.9%，给予1分评价的占比为0.7%。上述评价占比的结果中，执法公务员对目前执法队伍素质整体评价肯定性正面评价率为76%，要明显高于否定性的负面评价率3.6%。虽然可能存在自我评价的自尊心理影响，但一定程度上也反映了大多数执法公务员的素质状况较好。从执法公务员对执法公

务员最重要的三项素质的认知来看，排列前位的分别为依法办事、公开公平公正，占比为26%；业务精通、沟通与协调能力，占比为20%；政治素养、大局观、讲政策，占比为12%；良好的品行、道德和良心，占比为11%；爱岗敬业、责任感，占比为7%；抗压能力、心理与身体素质，占比为6%；服务意识，占比为5%；廉洁和文明执法、态度和蔼，占比均为4%，纪律意识、作风硬，占比为3%；应变能力、现场处置能力，占比为2%。可见行政执法工作对执法公务员的个人素质要求不仅较高，而且较为广泛。但是依法办事、公开公平公正，业务精通、沟通协调能力强，政治素养高、有大局观、讲政策显然是执法公务员必须具备的最为重要的三项核心素质。

2. 基层行政执法机构或执法单位[①]聘用辅助执法人员的现象比较普遍。辅助执法人员的聘用比例在各基层执法机构或单位分布的职工占比不均，但有近四成的基层执法机构或单位聘用比例占在编执法公务员人数的比例超过30%

从各基层执法机构或执法单位聘任的辅助执法人员占单位正式在编职工总数的比例来看，有30.8%的机构或单位职工占比在10%以下，有29.2%的机构或单位职工占比为10%—30%，有39.9%的机构或单位职工占比为30%以上。这说明基层行政执法机构或单位聘用辅助执法人员参与行政执法工作较为普遍。其原因可能与目前基层行政执法机构或执法单位市场监管和行政执法的任务量过多过大，又因为基层行政执法机构的编制限制致其无法通过正常的公务员考录渠道补充人员，从而只能通过大

---

① 执法机关、执法机构和执法单位是三个不同的概念。执法机关一般是指有行政管理和行政执法职能的机关，执法机关不仅拥有行政执法权而且拥有行政处罚权。在一定的情况下，执法机关可将行政执法和行政处罚权委托让渡给专门的行政执法机构。比如市交通委将交通执法权委托给市交通执法总队，作为专门行政执法机构的市交通执法总队受行政机关的委托开展独立的行政执法和行政处罚工作。执法机关的组织形式一般为委、办、局或分局。执法机构是指受国家行政机关的委托，并接受国家行政机关依法让渡的行政执法权开展专门领域和行业领域的行政执法和行政处罚工作的专门机构。执法机构本身并不具有行政执法权，其行政执法权和行政处罚权源于行政机关的让渡和委托。在具体的行政执法和处罚工作执法机构是以行政机关的名义来行使行政执法和行政处罚权。执法机构的组织形式可以是总队、大队。执法单位是指在一线具体开展行政执法和行政处罚工作的单位。执法单位可以是行政机关、执法机关或执法单位的下属单位、直属单位，也可以是行政机关、执法机关或执法机构的派出单位。其行政管理权、行政执法权和行政处罚权均源于上级机关和机构的授权。执法单位的组织形式可以是所、站、队等。

量聘用临时性的辅助执法人员参与执法工作来缓解执法人力资源不足的矛盾。大量聘用制的辅助执法人员参与行政执法工作一方面暂时缓解了当前各基层执法机构或单位人员短缺的局面，但另一方面也带来一系列的政府公共管理和人事管理的问题，并在一定程度引起了较多的社会争议，其中聘用制辅助执法人员的素质状态即是较为社会关注的一个重要方面。从执法人员对各机构或单位的聘用制辅助执法人员的素质评价来看，给予 5 分评价的占比为 29.5%，给予 4 分评价的占比为 47.9%，给予 3 分评价的占比为 16.1%，给予 2 分评价的占比为 2.7%，给予 1 分评价的占比为 3.8%。即在执法公务员对本单位聘用制的辅助执法人员的素质评价中，正面评价率为 77.4% 要明显高于负面评价率为 6.5%，说明大多数执法公务员对单位聘用的辅助执法人员的素质状态持积极肯定性态度。这可能与近年来各基层执法单位对辅助执法人员的选聘与使用加强制度化和规范化的管理有很大关系。

3. 执法公务员的培训参训率高，培训满意度好，但培训机制中存在的问题也较为集中

公务员培训是政府人力资源开发机制的最主要内容。公务员培训的状况和培训质量关系到政府人力资源能否适应政府自身的发展和公共管理、公共服务职能的实现。从过去一年中执法公务员个体参加的组织安排的培训和进修频次来看，没有参加过占比为 8.2%，参加过 1 次的占比为 9%，参加过 2 次的占比为 16.9%，参加过 3 次及以上的占比为 65.9%。总的来看，执法公务员培训参训率达到了 91.8%，而且多数执法公务员一年中能够多次参训。说明执法公务员培训工作的正常化规范化机制基本建立起来了。从执法公务员对单位公务员培训的满意度整体评价来看，给予 5 分评价的占比为 17%，给予 4 分评价的占比为 49.1%，给予 3 分评价的占比为 26%，给予 2 分的占比为 4.7%，给予 1 分的占比为 3.2%。执法公务员培训满意度的正面评价率 66.1% 要明显高于负面评价率 7.9%。说明大多数执法公务员对当前执法公务员的培训工作基本满意。从执法公务员对公务员培训中存在的主要问题的认知来看，排列前位的有专业内容少、实用性差、缺针对性，占比为 36%；培训次数少，占比为 18%；培训积极性不高、形式化严重，占比为 13%；时间保证不了、培训层次不清，占比为 12%；培训时间短、系统性差，占比为 11%；上课方式不好、

不生动，占比为 7%；其他问题占比为 3%。上述执法公务员所列举的培训问题，最为突出的是目前公务员培训的针对性实用性不强、形式化严重、效果一般，这一方面反映了当前执法公务员培训问题的集中度和典型性，另一方面也说基层执法公务员的培训机制尚有很大的改进空间。

（八）执法公务员的职业生涯管理较不足，执法机关的管理文化建设尚需加强

1. 执法公务员的职业生涯设计不足，职业困惑较普遍

公务员的职业生涯设计与管理是完善公务员管理机制的重要内容。目前执法公务员的职业通道不畅，职业发展方式单一，职业生涯缺少制度化的顶层设计和安排已成为执法公务员队伍建设的一大难题。从执法公务员对个人职业发展中最困惑的地方认知来看，排列前位的有编制少、晋升困难、交流难，占比为 22%；个人努力目标不明确、前途迷茫，占比为 13%；工作压力大、待遇低，占比为 10%；单位发展无方向、无归属感，占比为 10%；成就感很差，占比为 9%；执法环境差、不被社会理解与认可，占比为 8%；潜规则多、人才不能善用，占比为 6%；工作氛围欠缺、人际关系差，占比为 6%；部队到地方的角色转换困难，占比为 6%；工作重复性太强、职业倦怠，占比为 5%；激励机制很差，占比为 3%；其他问题，占比为 2%。

2. 执法机关，特别是基层行政执法机构管理文化建设整体来看较好，但执法公务员的职业公平感尚需加强

管理文化建设可以从公务员的职业公平感、人际关系评价、部门协作与合作情况以及执法公务员的工作支持四个维度来观察。首先，从执法公务员在单位所感受的职业公平感来看，非常公平的占比为 14.9%，比较公平的占比为 63.4%，不公平的占比为 17.4，很不公平的占比为 4.3%。职业公平感的负面评价率为 21.7%，显然比较高。其次，从执法公务员对单位人际关系的状况评价来看，给予 5 分评价的有 24%，给予 4 分评价的有 51.2%，给予 3 分评价的 19.8%，给予 2 分评价的有 3.9%，给予 1 分的评价有 1.1%。人际关系的负面评价率为 5%。再次，从执法公务员对单位部门协作与合作情况的评价来看，给予 5 分评价的有 18.4%，给予 4 分评价的有 51.8%，给予 3 分评价的有 22.3%，给予 2 分评价的

有 6% ，给予 1 分评价的有 1.4% 。部门协作与合作的负面评价率为 7.4% 。最后，从执法公务员在工作中遇到困难来看，有 96.8% 的公务员能够得到帮助，有 3.2% 的公务员不能得到帮助。从获得帮助的来源来看，来源于同事的有 60.2% ，家人的有 46.8% ，领导的有 39.3% ，朋友的有 35.1% ，其他的有 2.6% 。工作支持率达到了 96.8% ，说明绝大多数执法公务员在工作中能够获取帮助和支持。

第 五 章

上海市浦东新区执法类公务员管理机制调研数据及统计分析

一 问卷调查的基本情况

为掌握执法类公务员管理的基本情况，发现公务员管理制度可能存在的问题，探索如何创新举措激励广大公务员更好地勤政、廉政和优政，本课题运用抽样的方法在浦东新区行政执法局执法大队及其支队进行问卷发放。调查共发放问卷 190 份，回收有效问卷 159 份，占发出总问卷的83.7%。在回收的有效问卷中，问卷的回答选项中存在无效答案和空白答案的情况，因此，问卷分析部分均采用有效百分比来说明问卷的情况。相比较绝对百分比和累积百分比，有效百分比更能反映问卷所获取信息的科学性和真实性。

（一）答卷人的基本信息

表 5—1 问卷发放具体情况统计表

项目		频率	有效百分比
性别	男	125	85.6
	女	21	14.4
	缺失	13	
年龄	35 岁以下	40	27.2
	36—50 岁	84	57.1
	51 岁以上	23	15.6
	缺失	12	

续表

项目		频率	有效百分比
政治面貌	中共党员	96	70.1
	其他	41	29.9
	缺失	22	
军转情况	军转干部	28	20.7
	非军转干部	107	79.3
	缺失	24	

（二）答卷人的工作单位及其工作性质情况

答卷人工作单位涵盖新区城管支队；综保委执法大队、保税区执法大队、稽查大队、公路大队、交通大队、世博大队、水务大队；北蔡分队、北京分队、城管南码头分队、城管新场分队、川沙分队、高东分队、沪东分队、圹桥分队、陆家嘴分队、金杨分队、明珠分队、浦兴分队、青浦分队、全杨分队、洋泾分队、水务二分队、三大队机动分队、塘桥分队、新场分队、张江分队、祝桥分队；基层拆违小队等，基本涵盖了问卷发放对象的所有执法部门；答卷人职务主要有机关局长、副局长、处长、副处长、科长、主任科员、副主任科员、科员；副大队长、分队长、副分队长、小队长、副小队长、队员、干事、内勤、内助、市容组（辅助队员）、主审理员等类。从答卷人部门与职务情况看，此问卷具有广泛的代表性。

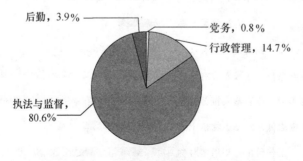

图5—1 工作性质有效百分比分布

二 调研数据及统计

（一）对执法机构公务员管理的整体评价

1. 对单位满意度的评价

表 5—2　　　　　　　　　　　B40 "您对您所在单位满意吗？"

		频率	百分比	有效百分比	累积百分比
有效	很满意	14	8.8	12.6	12.6
	满意	83	52.2	74.8	87.4
	不满意	13	8.2	11.7	99.1
	很不满意	1	0.6	0.9	100.0
	合计	111	69.8	100.0	
缺失	系统	48	30.2		
合计		159	100.0		

2. B401/A411 "对单位不满意的原因，前十位是？"

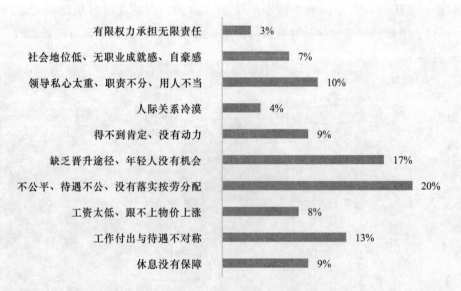

图 5—2　执法公务员对单位不满意的原因

3. 对所在单位的公务员管理情况的评价

表5—3　　　　B1"请您评价您所所在单位的公务员管理情况"

		频率	百分比	有效百分比	累积百分比
有效	5 分	48	30.2	36.4	36.4
	4 分	48	30.2	36.4	72.7
	3 分	27	17.0	20.5	93.2
	2 分	6	3.8	4.5	97.7
	1 分	3	1.9	2.3	100.0
	合计	132	83.0	100.0	
缺失	系统	27	17.0		
合计		159	100.0		

4. B37"从管理机制看，您认为您单位做得最好的三项举措是?"

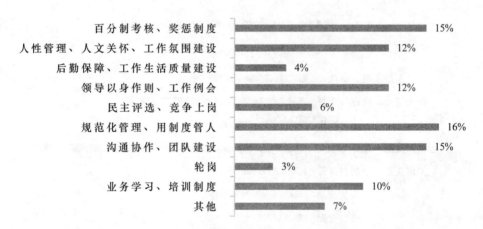

百分制考核、奖惩制度　15%
人性管理、人文关怀、工作氛围建设　12%
后勤保障、工作生活质量建设　4%
领导以身作则、工作例会　12%
民主评选、竞争上岗　6%
规范化管理、用制度管人　16%
沟通协作、团队建设　15%
轮岗　3%
业务学习、培训制度　10%
其他　7%

图5—3　单位做得最好的三项管理措施

5. B38/A39 "从管理机制看，您认为您单位最需要改进的三项举措是?"

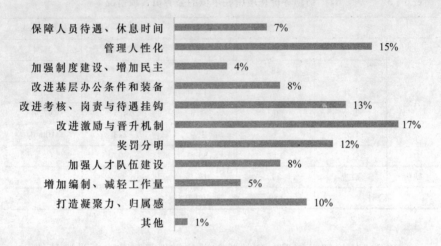

图5—4 单位最需要改进的三项管理措施

6. C1 "您认为，目前单位人事管理中存在的问题有?"

图5—5 目前单位人员管理存在的主要问题

（二）公务员的交流

1. 工作年限及任职时间

表 5—4　　　　　　　　　A1—2 本单位工作年限

		频率	百分比	有效百分比	累积百分比
有效	3 年以下	12	7.5	8.5	8.5
	4—10 年	42	26.4	29.8	38.3
	10 年以上	87	54.7	61.7	100.0
	合计	141	88.7	100.0	
缺失	系统	18	11.3		
合计		159	100.0		

表 5—5　　　　　　　　A1—3 "您任现职工作的时间"

		频率	百分比	有效百分比	累积百分比
有效	2 年以下	15	9.4	11.5	11.5
	2—5 年	36	22.6	27.4	38.9
	5 年以上	80	50.3	61.1	100.0
	合计	131	82.4	100.0	
缺失	系统	28	17.6		
合计		159	100.0		

2. 最后一次调动情况

表 5—6　　　　　　　　A4 "您最后一次调动的具体情况是?"

		频率	百分比	有效百分比	累积百分比
有效	本系统内相同业务部门间调动	61	38.4	55.5	55.5
	本系统内不同业务部门间调动	27	17.0	24.5	80.0
	跨行业间调动	19	11.9	17.3	97.3
	跨地区间调动	3	1.9	2.7	100.0
	合计	110	69.2	100.0	
缺失	系统	49	30.8		
合计		159	100.0		

3. 近三年交流次数及交流形式

表5—7 B8"过去三年中，您的工作交流次数为"

		频率	百分比	有效百分比	累积百分比
有效	0 次	48	30.2	64.0	64.0
	1 次	19	11.9	25.3	89.3
	2 次以上	8	4.9	10.6	100.0
	合计	75	47.2	100.0	
缺失	系统	84	52.8		
合计		159	100.0		

表5—8 各种交流形式有效百分比重

项目	1 次	2 次及以上	合计	百分比
调任	25.0	7.4	32.4	40.2
转任轮换	27.9	9.8	37.7	46.8
挂职锻炼	10.5	0	10.5	13

（三）晋升与降职
1. 最近一次职务晋升时间

表5—9 B6"您最近一次升职距今时间为"

		频率	百分比	有效百分比	累积百分比
有效	2 年以下	20	12.6	23.3	23.3
	3—6 年	21	13.2	24.4	47.7
	7 年以上	45	28.3	52.3	100.0
	合计	86	54.1	100.0	
缺失	系统	73	45.9		
合计		159	100.0		

2. 近 5 年的晋职次数

表 5—10 　　　　　　　B7 "近 5 年内您的晋职次数是?"

		频率	百分比	有效百分比	累积百分比
有效	0 次	75	47.2	72.1	72.1
	1 次	20	12.6	19.2	91.3
	2 次	6	3.8	5.8	97.1
	2 次以上	3	1.9	2.9	100.0
	合计	104	65.4	100.0	
缺失	系统	55	34.6		
合计		159	100.0		

3. 近三年的降职情况，包括本人与单位其他人的降职情况

表 5—11 　　　　　　B9 "过去三年中，您有无降职、降级情况"

		频率	百分比	有效百分比	累积百分比
有效	有	1	0.6	0.8	0.8
	没有	131	82.4	99.2	100.0
	合计	132	83.0	100.0	
缺失	系统	27	17.0		
合计		159	100.0		

表 5—12 　　　　　　B10 "过去三年中，您单位公务员有无降职情况"

		频率	百分比	有效百分比	累积百分比
有效	有	2	1.3	1.6	1.6
	没有	120	75.5	98.4	100.0
	合计	122	76.7	100.0	
缺失	系统	37	23.3		
合计		159	100.0		

4. B5/A7 "决定个人职务晋升的主要因素是"

图 5—6 个人职务晋升的主要决定因素

(四) 考核与奖惩

1. 近三年执法公务员考核情况

表 5—13   近三年的考核情况

| | | B11—1—2—3 | | |
		2010	2011	2012
有效	优秀	21.3	25.6	20.0
	称职	74.8	70.4	76.0
	基本称职	3.9	4.0	4.0
	合计	100.0	100.0	100.0
缺失	系统	32	34	34
合计		159	159	159

2. B12/A14 "考核中存在的主要问题是？"

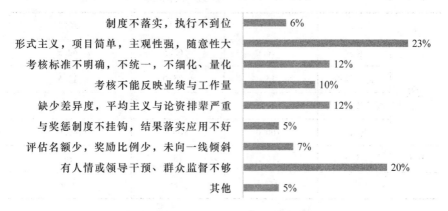

制度不落实，执行不到位　6%
形式主义，项目简单，主观性强，随意性大　23%
考核标准不明确，不统一，不细化、量化　12%
考核不能反映业绩与工作量　10%
缺少差异度，平均主义与论资排辈严重　12%
与奖惩制度不挂钩，结果落实应用不好　5%
评估名额少，奖励比例少，未向一线倾斜　7%
有人情或领导干预、群众监督不够　20%
其他　5%

图5—7　执法公务员考核中存在的主要问题

（五）奖励与惩戒

1. 过去三年的获奖次数及种类

表5—14　　　　　B16 "过去三年中，您获得的奖励次数为"

		频率	百分比	有效百分比	累积百分比
有效	0 次	61	38.4	51.3	51.3
	1 次	47	29.6	39.5	90.8
	2 次以上	11	6.9	9.2	100.0
	合计	119	74.9	100.0	
缺失	系统	40	25.1		
合计		159	100.0		

表 5—15   B16—1—2—3 "您的获奖种类为"

		2010	2011	2012
有效	嘉奖	76.9	62.5	62.5
	记三等功	15.4	25.0	12.5
	授予荣誉称号	7.7	12.5	25.0
	合计	100.0	100.0	100.0
缺失	系统	16	15	16
合计		159	159	159

2. 评价单位的奖励制度

表 5—16   B18 "请您评价您所在单位的人员奖励机制"

		频率	百分比	有效百分比	累积百分比
有效	5 分	11	6.9	9.6	9.6
	4 分	38	23.9	33.3	43.0
	3 分	37	23.3	32.5	75.4
	2 分	14	8.8	12.3	87.7
	1 分	14	8.8	12.3	100.0
	合计	114	71.7	100.0	
缺失	系统	45	28.3		
合计		159	100.0		

3. B17/A19 "你认为单位奖励制度中存在的主要问题"

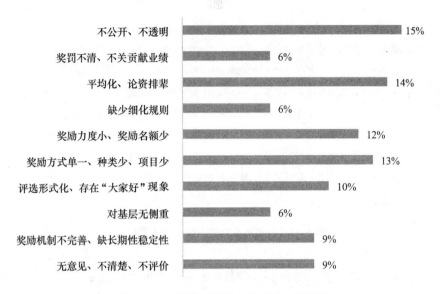

不公开、不透明　　　　　　　15%
奖罚不清、不关贡献业绩　　　6%
平均化、论资排辈　　　　　　14%
缺少细化规则　　　　　　　　6%
奖励力度小、奖励名额少　　　12%
奖励方式单一、种类少、项目少　13%
评选形式化、存在"大家好"现象　10%
对基层无侧重　　　　　　　　6%
奖励机制不完善、缺长期性稳定性　9%
无意见、不清楚、不评价　　　9%

图 5—8　单位奖励制度中存在的主要问题

4. 惩戒频次

表 5—17　　　　　　B19 "过去三年中，您获得的惩罚次数为"

		频率	百分比	有效百分比	累积百分比
有效	1 次	2	1.3	1.4	1.4
	0 次	146	91.8	98.6	100.0
缺失	系统	11	6.9	100.0	
合计		159	100.0		

5. B20/A22 "您认为单位目前的惩戒制度中存在的主要问题?"

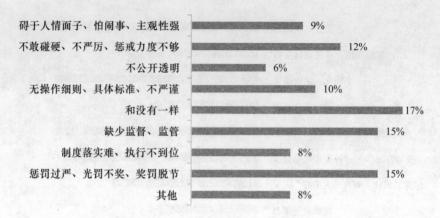

图 5—9   单位惩戒制度中存在的主要问题

6. B21/A23 "您所了解到公务员被惩戒后的申诉渠道是?"

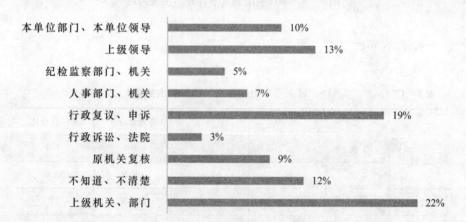

图 5—10   执法公务员的申诉渠道

（六）薪酬

1. 待遇满意度

表 5—18　　　　　　　　　　B13 "您觉得目前的待遇如何？"

		频率	百分比	有效百分比	累积百分比
有效	很满意	6	3.8	4.5	4.5
	满意	95	59.7	70.9	75.4
	不满意	32	20.1	23.9	99.3
	很不满意	1	0.6	0.7	100.0
	合计	134	84.3	100.0	
缺失	系统	25	15.7		
合计		159	100.0		

2. B15/A17 "薪酬管理中存在的主要问题是？"

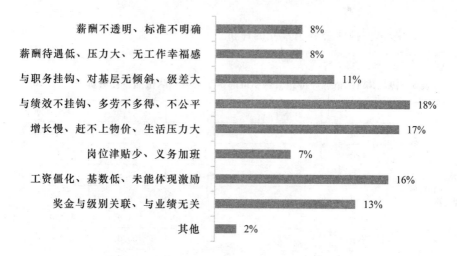

图 5—11　执法公务员薪酬管理中存在的主要问题

（七）执法公务员的队伍建设

1. B22 "您认为执法公务员最重要的三项基本素质是？"

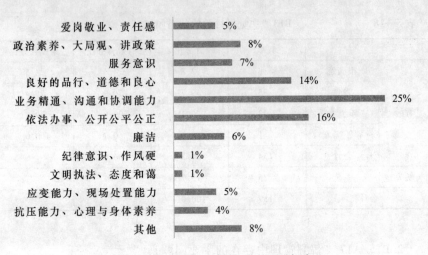

图5—12 执法公务员最重的三项素质

2. 对单位执法公务员素质的评价

表5—19 B23 "请您评价您所在单位的执法公务员队伍的整体素质"

		频率	百分比	有效百分比	累积百分比
有效	5 分	21	13.2	18.6	18.6
	4 分	55	34.6	48.7	67.3
	3 分	28	17.6	24.8	92.0
	2 分	7	4.4	6.2	98.2
	1 分	2	1.3	1.8	100.0
	合计	113	71.1	100.0	
缺失	系统	46	28.9		
合计		159	100.0		

3. 对单位辅助执法公务员情况及评价

表5—20　B24 "您的单位聘任辅助执法人员约占单位职工总数的比例为"

		频率	百分比	有效百分比	累积百分比
有效	10%以下	32	20.1	39.0	39.0
	10%—30%	17	10.7	20.7	59.8
	30%以上	33	20.8	40.2	100.0
	合计	82	51.6	100.0	
缺失	系统	77	48.4		
合计		159	100.0		

表5—21　　B26 "请您评价所在单位的无编制聘用人员素质状况"

		频率	百分比	有效百分比	累积百分比
有效	5分	13	8.2	14.6	14.6
	4分	37	23.3	41.6	56.2
	3分	27	17.0	30.3	86.5
	2分	8	5.0	9.0	95.5
	1分	4	2.5	4.5	100.0
	合计	89	56.0	100.0	
缺失	系统	70	44.0		
合计		159	100.0		

4. 对单位执法公务员培训的整体评价

表5—22　　B27 "如果满分为5分，请您评价您单位的公务员培训状况"

		频率	百分比	有效百分比	累积百分比
有效	5分	39	24.5	36.8	36.8
	4分	42	26.4	39.6	76.4
	3分	16	10.1	15.1	91.5
	2分	6	3.8	5.7	97.2
	1分	3	1.9	2.8	100.0
	合计	106	66.7	100.0	
缺失	系统	53	33.3		
合计		159	100.0		

5. 执法公务员的培训类别及培训次数

表 5—23   B28—1—2—3—4 过去一年培训类别有效百分比

		政治理论培训	任职培训	业务培训	知识培训
有效	0 次	7.7	25.0	5.6	7.9
	1 次	44.0	42.2	39.8	39.3
	2 次	18.7	9.4	23.1	19.1
	3 次及以上	29.7	23.4	31.5	33.7
	合计	100.0	100.0	100.0	100.0
缺失	系统	18	18	16	23
合计		159	159	159	159

6. B29/A30 "执法公务员培训中存在的主要问题是?"

图 5—13 执法公务员培训存在的主要问题

（八）执法机关的管理文化建设

1. B35/A36 "你认为你职业发展中最为困惑的地方是?"

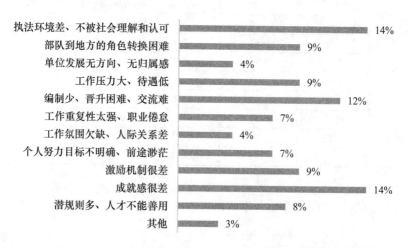

图5—14 执法公务员职业发展中最为困惑的地方

2. 公务员的职业公平感

表5—24 B39 "请您评价你在单位所能感受到的公平感为"

		频率	百分比	有效百分比	累积百分比
有效	很不公平	7	4.4	6.4	6.4
	不公平	13	8.2	11.9	18.3
	比较公平	81	50.9	74.3	92.7
	非常公平	8	5.0	7.3	100.0
	合计	109	68.6	100.0	
缺失	系统	50	31.4		
合计		159	100.0		

3. 对单位人际关系状况的评价

表 5—25　　　　B31 "请您评价您所在单位的人际关系状况"

		频率	百分比	有效百分比	累积百分比
有效	5 分	26	16.4	21.7	21.7
	4 分	59	37.1	49.2	70.8
	3 分	31	19.5	25.8	96.7
	2 分	3	1.9	2.5	99.2
	1 分	1	0.6	0.8	100.0
	合计	120	75.5	100.0	
缺失	系统	39	24.5		
合计		159	100.0		

4. 对单位部门协作与合作的评价

表 5—26　　　　B32 "请您评价您所在单位的部门（执法组）合作情况"

		频率	百分比	有效百分比	累积百分比
有效	很好	24	15.1	20.2	20.2
	好	59	37.1	49.6	69.7
	一般	28	17.6	23.5	93.3
	差	8	5.0	6.7	100.0
	合计	119	74.8	100.0	
缺失	系统	40	25.2		
合计		159	100.0		

5. 个人工作中的协作与帮助

表 5—27　　　　B33 "当您在工作中遇到困难时，您能否得到帮助？"

		频率	百分比	有效百分比	累积百分比
有效	是	96	60.4	73.8	73.8
	无	34	21.4	26.2	100.0
	合计	130	81.8	100.0	
缺失	系统	29	18.2		
合计		159	100.0		

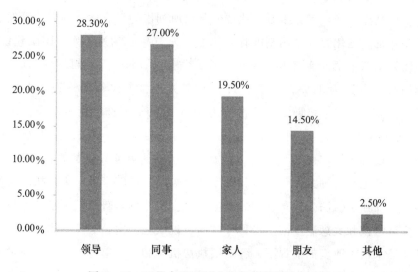

图 5—15 工作中遇到困难能够得到帮助的对象

三 数据分析与解释

（一）对执法机关公务员管理的整体评价

1. 执法公务员的职业满意度和对单位管理状态的满意度评价整体较高

对执法机关管理状态的整体评价，分为单位满意度即职业满意度评价和单位管理状态评价两个部分。执法公务员的职业满意度在一定程度上反映了执法公务员对自己所任职单位和所选择职业的态度。职业满意度与执法公务员的内在工作动机息息相关，它可以直接影响到公务员的工作本身的激励性。在职业满意度评价中，选择很满意占比为 12.6%，满意的占比为 74.8%，不满意的占比为 11.7%，很不满意的占比为 0.9%。大多数执法公务员对现任职单位是满意的，很满意率和不满意率相当，执法公务员的职业满意度整体上呈现正太曲线分布。在执法公务员对单位管理状态评价中，以 5 分为评价量度，平均得分为 4 分。给予 5 分和 4 分评价的占比为 72.8%，给予 3 分评价的占比为 20.5%，给予 2 分和 1 分评价的占比为 6.8%。即大多数执法公务员对单位管理状态的满意度是持有积极肯定性看法的，持有一般看法的是少数，持有极差看法的则是极少数。

2. 得到较高满意度的管理措施是管理制度化与人性化

从具体的管理措施来看，执法公务员所列出的满意度高的十项管理措施分别是规范化管理、用制度管人，占比为16%；沟通协作、团队建设，占比为15%；百分制考核、奖惩制度，占比为15%；领导以身作则、工作例会，占比为12%；人性管理、人文关怀、工作氛围建设，占比为12%；业务学习、培训制度，占比为10%；民主评选、竞争上岗，占比为6%；后勤保障、工作生活质量建设，占比为4%；轮岗，占比为3%；廉政建设、队伍作风建设，占比为0。在这些认可度较高的管理措施中，管理制度化和管理人性化认可集中度相对较高，说明了近年来各执法单位一方面加强了执法公务员管理的制度化建设，特别是普遍推行了公务员的百分制考核和奖惩制度落实；另一方面也说明在国家公务员整体制度和管理环境未根本改变的前提下，各基层执法机关和执法单位也都努力通过加强人性化的管理等柔性管理措施来增进公务员管理的激励性，并以此带动执法公务员队伍的建设。

3. 最需要改进的管理措施是公务员评价与激励机制

从执法公务员对单位整体上需要改进的管理措施的认知中，认知集中度较高的看法分别有改进激励与晋升机制，占比为17%；管理人性化，占比为15%；改进考核、定岗定责与待遇挂钩，占比为13%；奖罚分明，占比为12%；打造凝聚力、归属感，占比为10%；加强人才队伍建设和改进基层办公条件和装备，占比均为8%；保障人员待遇、休息时间，占比为7%；增加编制、减轻工作量，占比为5%，加强制度建设、增加民主，占比为4%。在上述急需改进的措施中，执法公务员显然对晋升与激励机制、人性化管理与绩效考核制度最为关注。从人事管理角度来看单位需要改进的管理措施中，比较集中的有考核、奖惩、晋升与激励机制，占比为23%；管理制度、执行与监督，占比为14%；人员结构与老龄化，占比为12%；人员素质与责任心，占比为11%；人员配置，占比为9%；人员流动与任务配置与部门协作、沟通，占比均为7%；工作任务、编制与保障，占比为6%；待遇与分配，占比为5%。上述措施中，排在第一位的是激励、评价和晋升机制，这佐证了职务晋升、激励、绩效评价是执法公务员管理中最为突出的问题和当前急需解决的普遍问题。其次，科学地定岗定责、改进任务管理的方法、提高任务管理的效率也是当前执法公务员管理工作中需要认真对待的重要问题。此外，改进待遇、保障公务员的休息时间、增加分配的公平性也是当前执法机关做好公务员管理工作需要认真考虑的重要问题。

（二）执法公务员的交流与晋升、降职

1. 执法公务员交流机制不顺畅、效率不高

公务员交流情况可从公务员的工作年限及任现职时间、最后一次职务调动及近三年交流次数方面予以分析。

首先，执法公务员本单位工作年限和任现职时间普遍较长、终生任职现象突出。从受调的执法公务员的工作年限来看，有 61.7% 的执法公务员在本单位工作年限超过了 10 年，工作年限在 4—10 年的有 29.8%，工作年限在 3 年以下的仅占 8.5%，这说明大多数执法公务员没有过跨单位任职交流，执法公务员的本单位终生任职现象突出，这客观上会导致执法公务员队伍老化和人员结构不合理现象。从近 5 年的职务交流次数来看，有过交流经历的受调执法公务员中，有 10.6% 的执法公务员交流次数在 2 次或以上，有 25.3% 的执法公务员交流次数是 1 次，有 64% 的执法公务员没有过交流经历。这也说明大多数执法公务员没有过职务交流的任职经历。从受调执法公务员的任现职时间来看，有 61.1% 的执法公务员任现职时间超过 5 年以上，有 27.4% 的执法公务员任现职时间在 2—5 年，有 11.5% 的执法公务员任现职时间在 2 年以内。这进一步说明执法公务员即使在执法单位或执法系统内部的职务交流频次也很少，超过半数的执法公务员在 5 年的任职周期过去后没有能实现机关或系统内部的轮岗交流。

其次，执法公务员的交流范围主要是在行政执法系统内部交流，并以相同业务部门交流为主，跨部门交流为辅。从受调执法公务员的最后一次调动情况来看，有 55.5% 的执法公务员在系统内相同业务部门进行了交流，有 24.5% 的执法公务员是在系统内的不同业务部门进行了交流，有 17.3% 的执法公务员进行了跨行业的交流，有 2.7% 的执法公务员进行了跨地区的交流。说明在有过职务交流经历的执法公务员中，绝大多数执法公务员也是在行政执法系统内部进行交流的，行政执法系统内的交流路径中又以行政执法系统内相同业务部门的交流为主，跨部门业务的交流为辅。跨行业的职务交流和跨地区的职务交流是执法公务员职务交流的补充

形式。

最后，执法公务员的交流形式主要是调任与转任，其中非领导职务公务员的转任交流要多于科以上领导职务的调任交流。从三种交流形式的比重来看，调任占到40.2%，转任轮换占到46.8%，挂职锻炼占到13%，说明调任与转任是执法公务员交流的主要形式，其中，调任不适用于科级以下公务员的交流，说明在执法公务员的交流形式中，科级以下非领导职务的执法公务员要多于科级以上领导职务的执法公务员交流。

2. 执法公务员的职务晋升机制不顺畅，晋升周期较长，晋升困难突出

从受调执法公务员的最近一次升职或升级时间来看，有52.3%的执法公务员近期升职时间距今长达7年以上，有24.4%的执法公务员近期升职时间距今为3—6年，有23.3%的执法公务员近期升职时间距今为2年以内。这说明大多数执法公务员在5年职务任期期满后难以获得职务的晋升，半数以上的执法公务员其升职周期长于7年，可见基层执法公务员的职务晋升存在相当程度的职务发展瓶颈现象。从受调执法公务员的近5年的晋职次数来看，有72.1%的执法公务员近5年没有晋升过，有19.2%的执法公务员晋职次数为1次，有5.8%的执法公务员的晋职次数为2次，有2.9%的执法公务员的晋职次数为2次以上。这说明尽管存在大多数执法公务员在任职周期类难以顺利晋升的现象，但也存在极少数执法公务员在任职周期内能够快速晋升或多次晋升的现象。

3. 执法公务员职务晋升因素中个人因素作用突出、人情干扰因素存在，功绩晋升原则未能建立

从影响公务员职务晋升的主要因素来看，个人能力与业务水平排在第一位，背景、人际关系排在第二位，个人努力与责任心排在第三位，说明大多数公务员还是认可个人能力与业务水平、个人努力程度和责任心是影响公务员职务升迁的主要因素，但是也必须看到有相当一部分公务员认为个人背景与人际关系是个人职务晋升的主要因素，这应该与当前的社会风气与人事潜规则的流行有一定关系。此外，机会因素、学历因素、领导认可因素、群众认可因素、年龄经历与资历因素、个人素质与品质因素、业绩因素也在公务员职务晋升的主要因素中认可度较高。值得注意的是，在这些筛选出的认可度比较高的主要因素中，领导认可与赏识因素（8%）、

机会因素（7%），甚至于年龄、工作经历与资历因素（6%）都高于群众认可因素（3%），说明在现行的人事管理体制下，职务晋升中的群众认可作用并不很大。另外，业绩因素（8%）仅和领导认可与赏识因素（8%）同列在第四位，说明功绩晋升的原则在我国执法公务员的管理机制中尚未建立。

4. 执法公务员的降职效率低，公务员系统的能上能下机制尚未建立

从过去三年受调执法公务员的有无降职或降级情况来看，有过降职情况的仅占 0.8%，没有的高达 99.2%。再从过去三年中受调执法公务员的单位里有无降职情况来看，有降职情况的仅占 1.6%，没有的高达 98.4%。这说明无论是从执法公务员的个体指标还是从执法机关或执法单位的指标来看，公务员降职与降级情况都极为少见。考虑到降级属于公务员的处分种类，降职才是正常的公务员人事管理措施，是建立公务员系统能上能下机制的重要手段，如果从中再剔去因为执法公务员的某种过错所导致其受到降级处分的因素，那么作为人事管理重要手段的降职人数及比例微乎其微，可以忽略不计。这充分说明了目前执法公务员管理系统中公务员职务能上不能下的局面尚未改变。

（三）执法公务员的考核与奖惩

1. 执法公务员考核制度的评价作用开始逐渐显现

从 2010 年、2011 年和 2012 年近三年的受调执法公务员的年度考核情况来看，优秀等次比例分别是 21.3%、25.6%、20%，称职等次比例分别为 74.8%、70.4%、76%，基本称职等次比例分别是 3.9%、4.0%、4.0%，不称职等次没有出现。整体来看，执法公务员的年度考核比例分布呈现偏正太曲线，但是三年的曲线分布基本一致，误差极小。这说明执法公务员的考核制度年度变化较小，考核制度特别是年度考核制度比较定型。其中，大多数执法公务员年度考核的等次都是称职，优秀等次的比例人数基本都在 20%—25%，略高于公务员考核政策事先确定的优秀等次的比例。值得注意的是，连续三年在受调执法公务员的单位中都有 4% 左右的执法公务员被考核为基本称职。因为公务员考核结果中的不称职一般是由连续两年的基本称职构成，在实际的年度考核中很少有直接考核为不称职的现象。因此，基本称职实际上起到了执法公务员考核的负面评价和

负激励的作用。在公务员的年度考核中，相较于过去很少有负面评价的结果，调研中出现连续三年均有负面考核的结果说明基层执法公务员考核的实际结果正在发生变化，公务员考核的评价与激励作用机制开始显现出来。

2. 考核制度设计问题突出

从执法公务员对年度考核中存在的主要问题的认知来看，排在前五位的分别是形式主义、项目简单、主观性强、随意性大，占比为 23%；有人情或领导干预、群众监督不够，占比为 20%；考核标准不明确、不统一、没有细化和量化，占比为 12%；缺少差异度，平均主义与论资排辈严重，占比为 12%；考核不能反映业绩和工作量，占比为 10%。此外，评优名额少、奖励比例少、未向一线倾斜，考核制度不落实、执行不到位，考核与奖惩不挂钩、考核结果落实应用不好等也都是受调执法公务员认知集中度较高的问题。进一步分析上述考核中存在的突出问题，首先是表现在考核制度层面，如考核标准不明确不细化不量化、考核项目简单、主观性强、随意性大等，其次表现在考核程序设计层面上如有考核过程中存在人情或领导干预、形式主义和平均主义严重、群众监督不够、考核制度执行不到位、考核制度落实难等，由于考核程序设计的瑕疵，导致考核过程出现一系列问题。再次是表现在考核结果层面上的，如考核结果缺少差异度、评优名额少、奖励比例少、未向一线基层倾斜、考核结果未能体现执法公务员的工作业绩、贡献和工作量等。

3. 执法公务员的奖励面较宽，奖励平台现象明显

从过去三年受调执法公务员个体的获奖次数来看，有 51.3% 的执法公务员未获过任何奖励，有 39.5% 的执法公务员获得过 1 次奖励，有 9.2 的执法公务员获得过 2 次或以上的奖励。这说明执法公务员奖励的受众面基本上能接近一半，公务员的奖励面整体来看还是比较广泛的。从近三年受调执法公务员所获奖励的种类来看，获嘉奖奖励的分别为 76.9%、62.5%、62.5%；获三等功奖励的分别为 15.4%、25%、12.5%；获二等功或一等功奖励的没有；获荣誉称号奖励的分别为 7.7%，12.5%，25%。这说明大多数执法公务员所能获得的奖励种类处于公务员奖励等级中的最低档，约有 20% 的执法公务员能获得中档奖励类型中的最低档。中档以上的公务员奖励基本上都难以获得。值得注意的是，在公务员的奖

励制度中荣誉称号是比一等功还要高的奖励类型。但是调研中有 10% 左右的执法公务员选择有曾获得过荣誉称号的奖励。经过对原始问卷的查看与分析，大多数执法公务员实际是将优秀工作者、优秀党员等荣誉称号当成公务员奖励类型中的荣誉称号了。这是受调者基于对公务员奖励概念的不清晰造成的曲解。也就是说，公务员奖励类型中的最高奖励"人民满意的公务员"荣誉称号在调研中连续三年是没有人获得过的。

　　4. 执法公务员对奖励制度评价不高，激励作用不明显

　　首先，多数执法公务员对现行公务员的奖励制度看法消极。从受调执法公务员对公务员奖励制度的评价来看，有 9.6% 的执法公务员给予了 5 分的评价，有 33.3% 的执法公务员给予了 4 分的评价，有 32.5% 的执法公务员给予了 3 分的评价，有 12.3% 的执法公务员给予了 2 分的评价，有 12.3% 的执法公务员给予了 1 分的评价。即执法公务员对现行公务员的奖励制度给予积极肯定性评价的占比为 42.9%，给予消极否定性评价的占比为 24.6%，给予一般性的中性评价的占比为 32.5%。这说明，目前执法公务员对公务员奖励制度的认可度不是很高，多数执法公务员对现行公务员的奖励制度持消极看法。

　　其次，奖励制度设计与制度执行的问题同样突出。从执法公务员对所在单位奖励制度存在的主要问题认知来看，排在前 5 位的问题分别是奖励不公开、不透明，平均化奖励、论资排辈现行严重，奖励方式单一、种类少、项目少，奖励力度小、奖励名额少，评选形式化、存在大家好的现象。可见公务员奖励目前存在的突出问题既有奖励工作执行过程中的问题也有奖励的制度设计本身造成的问题。此外，公务员奖励机制的不完善、缺乏长期性和稳定性，奖励名额对基层单位和基层公务员无侧重，奖励缺少可操作性的细化规则，奖罚不清、奖励与公务员的贡献业绩联系不紧密，也都是受调执法公务员认为比较突出的问题。综上，调研发现执法公务员的奖励制度存在的问题基本上可以分为三种类型，一是奖励结果层面，如奖励名额少种类少，未能向基层倾斜，奖励结果未能体现业绩贡献；二是奖励操作层面的，如存在形式主义和人情干扰，搞平均主义，论资排辈现象严重，评奖过程不够公开透明等；三是制度层面的，如奖励机制不完善，缺乏长期性稳定性，奖励制度缺少细化的实施规则等。

　　5. 执法公务员惩戒制度作用有限，效率很低

　　从过去三年受调执法公务员受惩戒的频次调研来看，未受过惩戒的占到 98.6%，受过 1 次惩戒的占到 1.4%，受过 1 次以上惩戒的则没有。这说明在执法公务员管理的实践中，执法公务员受惩戒的概率和频次均极低。从受调执法公务员对目前惩戒制度中存在的主要问题的认知来看，比较突出的主要问题有缺少监督、监管，占比为 15%；惩罚过严、光罚不奖、奖罚脱节，占比为 15%；不敢碰硬、不严厉、惩戒力度不够，占比为 12%；无操作细则、具体标准、不严谨，占比为 10%；碍于人情面子、怕闹事、主观性强，占比为 9%；制度落实难、执行不到位，占比为 8%；惩戒过程不够公开透明，占比为 6% 等。这些反映出来的惩戒问题基本上可分为两类，一是惩戒制度设计方面的问题，主要是惩戒制度缺少操作实施细节，无具体执行标准，不够严谨；二是惩戒制度执行层面的问题，相较于制度设计方面的问题，执行层面的问题更为突出和明显，几乎表现在惩戒制度执行过程的各个层面，如制度落实难、执行不到位，制度缺少监督监管，经常受到人情、面子因素的干扰，以及怕闹事、不敢碰硬等主观心理因素的影响等。另外，还有 17% 的执法公务员认为目前惩戒制度效率很低、几乎和没有一样，反映出相当一部分执法公务员对目前公务员惩戒制度持有消极失望的看法，这种看法可能既有对公务员惩戒制度本身的失望，也可能有对惩戒制度执行方面的失望等。

　　6. 执法公务员对受惩戒后的救济权比较了解

　　从受调执法公务员对被惩戒后的申诉渠道的认知来看，排在前几位的分别是上级机关、部门，占比为 22%；行政复议、申诉，占比为 19%；上级领导，占比为 13%；本单位部门、领导，占比为 10%；原机关复核，占比为 9%；人事部门，占比为 5%；纪检监察机关，占比为 5%；行政诉讼、法院，占比为 3% 等。公务员惩戒后的申诉是公务员权利救济制度的重要内容，在受调执法公务员列出的这些救济渠道中，行政复议、复核、申诉属于公务员的救济制度，上级机关、部门，本单位机关、部门，人事部门和纪检监察机关都是公务员申诉的对象，说明多数执法公务员对公务员的权利救济制度还是比较了解和熟悉的。但需要注意的是，也有相当一部分执法公务员对受惩戒后的权利救济制度不了解，如不知道、不清楚的为 12%，又如认为可以借助行政诉讼和法院进行惩戒后的权利救济占比也有 3%。此外，在被惩戒后的公务员权利救济渠道中选择找上级领导的占比有 13%，排在第三位，这还反映了相当一部分执法公务员存在一遇到问题就找领导而不是借助权利保障的制度性设计这一普遍现象。

（四）执法公务员的薪酬待遇满意度较好，但是工资制度激励效率一般、功绩工资原则未能实现

从执法公务员的薪酬待遇满意度调研来看，很满意的占比有 4.5%，满意的占比有 70.9%，不满意的占比有 23.9%，很不满意的占比有 0.7%，说明大多数执法公务员对自己的薪酬待遇还是满意的，但是很满意的比例较低，而且还有相当一部分受调执法公务员对目前的薪酬待遇是不满意的。从受调执法公务员对薪酬管理中存在问题的认知来看，排在前列的有与绩效不挂钩、多劳不多得、公平感差，占比为 21%；工作增长慢、赶不上物价、生活压力大，占比为 17%；工资僵化、基数低、未能体现激励原则，占比为 16%；工资与职务挂钩、对基层无倾斜、级差大，占比为 11%；奖金与级别关联、与业绩无关，占比为 13%；薪酬不透明、标准不明确，占比为 8%；薪酬待遇低、压力大、无工作幸福感，占比为 8%；岗位津贴少、义务加班，占比为 7% 等。从这些反映出的问题中，明显体现了目前执法公务员薪酬制度激励效果差这一现实问题。公务员薪酬的这种激励效果差，既表现在薪酬公平感差这种价值目标上，也表现在工资制度僵化，公务员工资过多地与职务级别挂钩，未能体现公务员特别是一线执法公务员的实际工作的绩效与贡献上。可见功绩工资的原则在执法机关公务员管理的实践中并没有得到实现。

（五）执法公务员的培训状况良好

1. 培训满意度较高

从受调执法公务员对目前公务员培训的整体评价来看，有 36.6% 给予了 5 分的评价，有 39.6% 给予了 4 分的评价，有 15.1% 给予了 3 分的评价，有 5.7% 给予了 2 分的评价，有 2.8% 给予了 1 分的评价。受调执法公务员对公务员培训状态的正面的评价率为 76.6%，明显高于 8.5% 的负面平均率和 15.1% 的中性评价率，说明执法机关和执法单位近些年针对执法公务员的培训工作开展都很好，得到了广大基层执法公务员的认可。

2. 培训类别较均衡，培训频次较高

从过去一年受调执法公务员所受培训的类别来看，各类别公务员的培训率分别是业务培训为 94.4%，政治理论培训为 92.3%，知识培训为 92.1%，任职培训为 75%，这说明执法公务员日常所接受的培训类型中最主要的是业务培训、政治理论培训和知识性培训，任职培训最低。这可能与目前公务员的任职培训定位有关，任职培训主要适用于担任领导职务的公务员在担任新职前或后所接受的拟任培训。但从任职培训的本来含义来看，应该将任职培训扩大到所有执法公务员岗位上去，将其变成结合执法公务员岗位任职的资格与经验进行的一种职业能力培训。从执法公务员各类别培训的频次来看，在一年中两次以上培训率中，业务培训为 54.6%，知识培训为 52.8%，政治理论培训 48.4%，任职培训为 32.8%，说明大多数执法公务员在业务培训和知识培训上一年中受到过两次以上培训。

3. 公务员培训内容的针对性和实用性尚待加强

从执法公务员对培训中存在的主要问题的认知来看，比较突出的有培训专业内容少、实用性和针对性差，占比为 27%；培训积极性不高、形式化严重，占比为 21%；培训时间短、系统性差，占比为 16%；时间保证不了、培训层级区分不清，占比为 13%；培训次数少，占比为 11%；上课的方式不好、不生动，占比为 8% 等。这些问题中显然既有培训制度设计层面的如培训没有按照专业对象进行层级区分，也有培训内容设计方面的如培训内容的针对性、实用性、系统性不够好，还有培训教学组织方面的如上课方式不好、教学形式单一、不够生动等。

（六）执法机关的公务员管理文化建设

1. 执法公务员素质整体较高，执法公务员岗位的素质要求较全面

从受调执法公务员对本单位执法公务员素质状态的评价来看，给予 5 分评价的有 18.6%，给予 4 分评价的有 48.7%，给予 3 分评价的有 24.8%，给予 2 分评价的有 6.2%，给予 1 分评价的有 1.8%。正面评价率为 67.3%，负面评价率为 8%，可见多数执法公务员对本单位执法公务员的素质状况给予了积极的评价。值得注意的是，虽然负面评价率不高，考虑到公务员自我评价时存在有自尊的心理需要，一般不会对自己单位的

同事做出过多的负面评价，再结合并不很高的正面评价率，这些负面评价就很值得管理机关予以特别关注了。从对执法公务员对执法岗位最重要的三项基本素质的认知来看，排在前列的有业务精通、沟通与协调能力强，占比为25%；依法办事、公开公平公正，占比为16%；良好的品行、道德和良心，占比为14%；政治素养、大局观、讲政策，占比为8%；服务意识，占比为7%；廉洁，占比为6%；爱岗敬业、责任感和应变能力、现场处置能力，占比均为5%，抗压能力、心理与身体素质，占比为4%；文明执法、态度和蔼和纪律意识、作风硬，占比均为1%等。这说明大多数执法公务员对执法岗位的基本素质的认知差异性较大。但是，相对来看，执法公务员的业务能力特别是沟通与协调能力、公开公平公正的依法行政的意识以及良好的品行、道德、良心是最为重要的三项核心素质。

2. 各执法单位聘用制辅助执法人员的职工占比较大、分布不均衡、整体素质较好

在基层执法单位聘用的辅助执法人员占单位职工总数的比例上，有39%的受调执法公务员认为比例在10%以下，有20.7%的受调执法公务员认为在10%—30%，有40.2%的受调执法公务员认为在30%以上。这说明聘用制的辅助执法人员在各基层行政执法单位分布不均衡，聘用比例较高与聘用比例较低的单位比例差不多，聘用比例一般的则居中。这一方面反映了目前各行政执法单位的临时聘用的辅助执法人员缺乏统一的管理办法；另一方面也反映了各执法单位因为所处情况不同，单位职能与执法任务量呈现出一定的差异，单位的聘用需求和实际聘用人数有较大不同。但需要注意的是，虽然各单位临时聘用的辅助执法人员职工占比分布不均衡，但基层行政执法机构普遍聘用辅助执法人员参与各执法单位的行政执法工作是普遍的事实。从受调执法公务员对各单位聘用的辅助执法人员的素质评价来看，给予了5分评价占比为14.6%，给予了4分评价的占比为41.6%，给予了3分评价的占比为30.3%，给予了2分评价的占比为9%，给予1分评价的占比为4.5%。即给予正面评价的有56.2%，给予负面评价的有13.5%，给予一般性评价的有30.3%。说明多数执法公务员还是认可本单位所聘用的辅助执法人员的素质状况的。

3. 执法公务员普遍存在一定程度的职业困惑，公务员个体的管理公

平感感知一般

首先，执法公务员普遍存在一定程度的职业困惑。从执法公务员对职业发展中的最为困惑的问题认知来看，成就感很差，占比为14%；执法环境差、不被社会理解与认可，占比为14%；编制少、晋升困难、交流难，占比为12%；激励机制很差，占比为9%；工作压力大、待遇低，占比为9%；部队到地方角色转换困难，占比为9%；潜规则多、人才不能善用，占比为8%；个人努力目标不明确、前途迷茫，占比为7%；工作重复性太强、职业倦怠，占比为7%；单位无发展方向、无归属感，占比4%；工作氛围欠缺、人际关系差，占比为4%等。上述反映的问题中成就感很差、编制少晋升困难、个人努力目标不明确、前途迷茫等都属于执法公务员职业通道不畅方面的问题，这些问题的解决需要行政执法类公务员制度的顶层设计。激励机制很差、工作重复性太强、职业倦怠、单位发展无方向感、无归属感、工作氛围欠缺、人际关系差、工作压力大、待遇低等是属于单位公务员管理机制方面的问题，值得各执法机关人事管理部门重视。执法环境差、不被社会理解和认可则是执法单位所处的社会环境方面的问题。综上，执法公务员职业发展困惑的问题中，执法机关公务员管理机制的问题是其中的主要问题，执法公务员管理的制度设计与社会环境方面的问题也是执法公务员职业发展中的突出问题。其次，执法公务员个体的管理公平感感知一般。从执法公务员对单位管理的公平感的个体感知来看，非常公平，占比为7.3%；比较公平，占比为74.3%；不公平，占比为11.9%；很不公平，占比为6.4%。执法公务员的个体管理公平感正面评价率81.6%，负面评价率为18.3%，这说明绝大多数执法公务员还是认为执法机关在公务员的管理方面是比较公平的，当然这可能含有部分受调公务员不愿意对本单位的公务员管理进行过低评价的自尊心理因素存在。

4. 执法单位的人际关系与部门协作均较好，执法公务员的工作支持主要来自领导与同事

从执法公务员对单位的人际关系的评价来看，给予5分评价的有21.7%，给予4分评价的有49.2%，给予3分评价的有25.8%，给予2分评价的有2.5%，给予1分评价的0.8%。总的来看，给予正面评价的有70.9%，给予负面评价的为3.3%，正面评价率远远高于负面评价率。

说明大多数执法公务员是认可单位内部的人际关系状况的。从执法单位的部门协作与合作情况的评价来看，给予 5 分的有 20.2%，给予 4 分的有 49.6%，给予 3 分的有 23.5%，给予 2 分的有 6.7%，给予 1 分的为 0。执法单位的部门协作正面评价率为 69.8%，负面评价率为 6.7%，执法公务员对单位部门协作的正面评价也是远远高于负面评价，说明部门协作与合作情况较好。从执法公务员对个人在工作中遇到困难所能获得的帮助来看，有 73.8% 的执法公务员在工作中个人遇到困难可以得到及时的帮助，但有 26.2% 的执法公务员则没有获得帮助。从获得帮助的对象的有效百分比来看，源自领导的是 28.3%，源自同事的是 27%，源自自己家人的是 19.5%，源自朋友的是 14.5%，源自其他的是 2.5%，这说明执法公务员在工作中所能获得的支持主要源于单位的领导和同事，来自家人和朋友的支持是补充形式。

第 六 章

北京市、天津市、广州市和上海市 （浦东新区）四城市执法类公务员 管理机制调研整体数据及比较分析

一 四城市问卷调研的整体情况

北京、天津、广州和上海（浦东）四城市共发放问卷 1390 份，共回收有效问卷 1220 份，问卷回收率为 87.77%。在回收的有效问卷中，问卷的回答选项中存在无效答案和空白答案的情况，因此，问卷分析部分均采用有效百分比来说明问卷的情况。相比较绝对百分比和累积百分比，有效百分比更能反映问卷所获取信息的科学性和真实性。

（一）基本信息

表6—1 答卷人的基本信息

项目		频率	有效百分比
性别	男	833	69.2
	女	371	30.8
	缺失	16	
年龄	35 岁以下	482	40.1
	36—50 岁	601	50.1
	51 岁以上	118	9.8
	缺失	19	

续表

项目		频率	有效百分比
政治面貌	中共党员	945	79.6
	民主党派	28	2.4
	其他	214	18
	缺失	33	
军转情况	军转干部	227	19.7
	非军转干部	927	80.3
	缺失	66	

（二）答卷人的工作单位及其工作性质情况

工作部门涉及工商、国税、地税、城管、质检、公安、检验检疫、交通、安监、计生、建设、环保、文化、国土、税务、农林、人力社保、司法、卫生、市容、食品药品监督、动物防疫监督等执法机关与部门，从行政层级来看，涵盖了市局机关职能处室；区县局机关职能处室；直属大队、督查大队；执法大队、中队、分队；一线执法类所；街道等。答卷人职务主要有机关副局长、副书记；执法处长、副处长；调研员、副调研员；科长、副科长；主任科员、副主任科员、科员；大队长、副大队长、队长、副队长、分队长、副分队长、所长、副所长、教导员、指导员、纪检组长、法制员、内勤、外勤、平台登记员、网格责任人、巡查组长等51类。从答卷人部门与职务情况看，此问卷具有广泛的代表性。

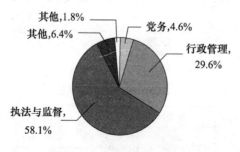

图6—1　工作性质分布情况

二 整体数据及比较数据

(一) 执法机关公务员管理状况的整体评价

1. 对所在单位满意度的评价

表 6—2   **B40 单位满意度**

		频率	百分比	有效百分比	累积百分比
有效	很满意	193	15.8	17.2	17.2
	满意	801	65.7	71.5	88.8
	不满意	107	8.8	9.6	98.3
	很不满意	19	1.6	1.7	100.0
	合计	1120	91.8	100.0	
缺失	系统	100	8.2		
合计		1220	100.0		

表 6—3   **四城市单位满意度比较**

	北京	天津	广州	上海
很满意	17.1	21.5	16.3	12.6
满意	70.6	72.8	71.0	74.8
不满意	9.9	5.1	11.2	11.7
很不满意	2.4	0.5	1.4	0.9

2. 对所在单位的公务员管理的评价

表 6—4   **B1 公务员管理满意度评价**

		频率	百分比	有效百分比	累积百分比
有效	5 分	485	39.8	41.9	41.9
	4 分	410	33.6	35.4	77.3
	3 分	205	16.8	17.7	95.0

续表

		频率	百分比	有效百分比	累积百分比
有效	2 分	33	2.7	2.8	97.8
	1 分	25	2.0	2.2	100.0
	合计	1158	94.9	100.0	
缺失	系统	62	5.1		
合计		1220	100.0		

表 6—5　　　　　　　四城市公务员管理满意度比较

	北京	天津	广州	上海
5 分	43.9	47.7	36.7	36.4
4 分	36.9	26.4	38.4	36.4
3 分	13.5	23.4	20.4	20.5
2 分	2.6	1.5	3.5	4.5
1 分	3.1	1	1	2.3

3. 对单位做得最好三项管理措施的看法

表 6—6　　　　　　　B37 单位做得最好的三项管理措施

代码	定义	北京	天津	广州	上海
1	百分制考核、奖惩制度	18%	22%	16%	15%
2	人性管理、人文关怀、工作氛围建设	12%	9%	28%	12%
3	后勤保障、工作生活质量建设	6%	0	5%	4%
4	领导以身作则、工作例会	6%	3%	8%	12%
5	民主评选、竞争上岗	6%	7%	3%	6%
6	规范化管理、用制度管人	15%	14%	19%	16%
7	沟通协作、团队建设	10%	7%	12%	15%
8	轮岗	4%	0	2%	3%
9	廉政建设、队伍作风建设	5%	9%	3%	0
10	业务学习、培训制度	11%	7%	0	10%
11	其他	9%	22%	4%	7%

4. 对单位管理不足之处的看法

表 6—7   B38/A39 单位最需要改进的三项管理措施

代码	定义	北京	天津	广州	上海
1	保障人员待遇、休息时间	6%	9%	9%	7%
2	管理人性化	3%	13%	12%	15%
3	合理的轮岗机制	6%	6%	4%	0
4	加强制度建设、增加民主、消除主观性	4%	3%	11%	4%
5	改进基层办公条件和装备	3%	0	5%	8%
6	领导以身作则、下基层、关心群众	3%	0	17%	0
7	改进绩效考核、定岗定责与待遇挂钩	16%	3%	7%	13%
8	改进激励与晋升机制	19%	19%	15%	17%
9	奖罚分明	8%	9%	5%	12%
10	更多更科学的教育培训	9%	16%	5%	0
11	加强人才队伍建设	3%	0	0	8%
12	增加编制、减轻工作量	4%	3%		5%
13	打造凝聚力、归属感、改进人际关系	3%	0	7%	10%
14	其他	13%	19%	3%	1%

5. 对目前单位人事管理中存在的问题的看法

表 6—8   C1 四城市单位人事管理中存在的问题比较

代码	定义	北京	天津	广州	上海
1	人员素质与责任心	6%	6%	14%	11%
2	管理制度、执行与监督	8%	23%	20%	14%
3	人员配置	4%	15%	12%	9%
4	考核、奖惩、晋升与激励	17%	22%	16%	23%
5	工作任务、编制与保障	25%	7%	8%	6%
6	人员流动	7%	0	7%	7%
7	待遇与分配	2%	11%	8%	5%
8	人员结构与老龄化	9%	5%	9%	12%
9	任务配置与部门协作、沟通	10%	11%	6%	7%
10	其他	11%	0	0	6%

（二）交流

1. 工作年限及任职时间

表6—9　　　　　　　　　　A1—2 本单位工作年限

		频率	百分比	有效百分比	累积百分比
有效	3 年以下	222	18.2	18.7	18.7
	4—10 年	389	31.9	32.7	51.4
	10 年以上	577	47.3	48.6	100.0
	合计	1188	97.4	100.0	
缺失	系统	32	2.6		
合计		1220	100.0		

表6—10　　　　　　　　　　A1—3 任现职工作时间

		频率	百分比	有效百分比	累积百分比
有效	2 年以下	294	24.1	25.3	25.3
	2—5 年	366	30.0	31.5	56.7
	5 年以上	503	41.2	43.3	100.0
	合计	1163	95.3	100.0	
缺失	系统	57	4.7		
合计		1220	100.0		

表6—11　　　　　　　　四城市工作年限和任现职时间比较

		北京	天津	广州	上海
本单位工作年限	3 年以下	14.3	17.2	32.6	8.5
	4—10 年	31	33.5	36.9	29.8
	10 年以上	54.8	49.3	30.5	61.7
任现职时间	2 年以下	23.9	23.6	35.2	11.5
	2—5 年	31.3	39.7	28	27.5
	5 年以上	44.8	36.7	36.5	61.1

2. 最后一次调动情况

表 6—12   A4 最后一次调动情况

		频率	百分比	有效百分比	累积百分比
有效	本系统内相同业务部门间调动	427	35.0	40.6	40.6
	本系统内不同业务部门间调动	456	37.4	43.4	84.0
	跨行业间调动	145	11.9	13.8	97.8
	跨地区间调动	23	1.9	2.2	100.0
	合计	1051	86.2	100.0	
缺失	系统	169	13.8		
合计		1220	100.0		

表 6—13   四城市最后一次调动情况比较

	北京	天津	广州	上海
本系统内相同业务部门间调动	46.3	30	30.4	55.5
本系统内不同业务部门间调动	39.8	59.4	47.9	24.5
跨行业间调动	12.6	9.4	17.5	17.3
跨地区间调动	1.4	1.2	4.2	2.7

3. 近 5 年交流次数及交流形式

表 6—14   B8 过去五年的工作交流次数

		频率	百分比	有效百分比	累积百分比
有效	0 次	486	39.8	55.5	55.5
	1 次	256	21.0	29.3	84.8
	2 次以上	133	10.9	15.1	100
	合计	875	71.7	100	
缺失	系统	345	28.3		
合计		1220	100		

表 6—15　　　　　　　各种交流形式有效百分比重

项目	1 次	2 次及以上	合计	百分比
调任	22.5	4.6	27.1	35.7
转任轮换	30.4	7.9	38.3	50.5
挂职锻炼	8.8	1.7	10.5	13.8

（三）职务晋升与降职

1. 最近一次职务晋升时间

表 6—16　　　　　　　B6 最近一次升职距今时间

		频率	百分比	有效百分比	累积百分比
有效	2 年以下	300	24.6	30.4	30.4
	3—6 年	335	27.5	34.0	64.4
	7 年以上	351	28.7	35.6	100.0
	合计	986	80.8	100.0	
缺失	系统	234	19.2		
合计		1220	100.0		

表 6—17　　　　　　四城市最近一次升职距今时间比较

	北京	天津	广州	上海
2 年以下	26	40.6	35.7	23.3
3—6 年	34.3	30.3	39.1	24.4
7 年以上	39.6	29	25.2	52.3

2. 近五年的晋职次数

表 6—18　　　　　　　B7 近五年内的晋职次数

		频率	百分比	有效百分比	累积百分比
有效	0 次	485	39.7	56.3	56.3
	1 次	305	25.0	35.4	91.8
	2 次及以上	71	5.9	8.2	100.0
	合计	861	70.6	100.0	
缺失	系统	359	29.4		
合计		1220	100.0		

表6—19　　　　　　　　四城市近五年内的晋职次数比较

	北京	天津	广州	上海
0 次	56.5	53.7	49.2	72.1
1 次	35	41.9	40.7	19.2
2 次及以上	8.5	4.4	10.1	8.7

3. 近三年公务员的降职情况，包括本人与单位其他人的降职情况

表6—20　　　　　　　　B9 过去三年中的降职、降级情况

		频率	百分比	有效百分比	累积百分比
有效	有	8	0.7	0.7	0.7
	没有	1158	94.9	99.3	100.0
	合计	1166	95.6	100.0	
缺失	系统	54	4.4		
合计		1220	100.0		

表6—21　　　　　　　　B10 过去三年中的单位公务员降职情况

		频率	百分比	有效百分比	累积百分比
有效	有	74	6.1	6.5	6.5
	没有	1064	87.2	93.5	100.0
	合计	1138	93.3	100.0	
缺失	系统	82	6.7		
合计		1220	100.0		

表6—22　　　　　　　　四城市过去三年中的单位公务员降职情况比较

	北京	天津	广州	上海
有	4.3	19.9	3.8	1.6
没有	95.7	80.1	96.2	98.4

4. 职务晋升的影响因子

表 6—23   **四城市职务晋升的影响因子比较**

代码	定义	北京	天津	广州	上海
1	背景、人际关系	14%	10%	12%	16%
2	业绩	11%	14%	7%	8%
3	个人素质、品质	12%	15%	17%	7%
4	个人能力与业务水平	35%	35%	24%	29%
5	个人努力与责任心	5%	5%	7%	12%
6	年龄、工作经历与资历	8%	2%	14%	6%
7	群众认可	1%	5%	2%	3%
8	领导认可赏识	5%	2%	10%	8%
9	学历	4%	1%	0	1%
10	机会	3%	2%	5%	7%
11	其他	2%	9%	2%	3%

（四）考核

1. 近三年执法公务员的考核情况

表 6—24   **近三年的考核情况**

		B11—1—2—3		
		2010	2011	2012
有效	优秀	23.0	22.5	23.7
	称职	75.4	75.9	74.6
	基本称职	1.6	1.5	1.6
	合计	100.0	100.0	100.0
缺失	系统	198	169	112
合计		1220	1220	1220

表 6—25   四城市近三年考核结果比较

		北京	天津	广州	上海
2010 年	优秀	25.8	19.4	20.6	21.3
	称职	73.6	80	76.2	74.8
	基本称职	0.6	0.6	3.1	3.9
2011 年	优秀	26	18.7	16.5	25.6
	称职	73.4	80.8	80.6	70.4
	基本称职	0.6	0.5	3	4
2012 年	优秀	29	20.1	17.4	20
	称职	70.4	78.9	79.5	76
	基本称职	0.6	1	3.1	4

2. 考核中存在的主要问题

表 6—26   B12/A14 四城市考核中存在的主要问题比较

代码	定义	北京	天津	广州	上海
1	考核制度不完善、不科学；制度不落实，执行不到位	14%	11%	21%	6%
2	形式主义，项目简单，主观性强，随意性大	10%	14%	19%	23%
3	考核标准不明确、不统一、不细化、不量化	11%	27%	14%	12%
4	没有区分考核对象，缺少人性化和灵活性	4%	10%	9%	0
5	考核不能反映业绩与工作量	1%	3%	8%	10%
6	缺少差异度和危机感，大锅饭，平均主义与论资排辈严重	7%	6%	2%	12%
7	与奖惩不挂钩，奖惩不明确，结果落实应用不好	7%	5%	4%	5%
8	评优名额少，奖励比例少，未向一线倾斜	8%	12%	5%	7%
9	有人情或领导干预，群众监督不够，程序不规范	4%	6%	9%	20%

续表

代码	定义	北京	天津	广州	上海
10	考核项目多，内容过细，考核部门多	5%	2%	0	0
11	内容脱离实际，没有针对性，缺少可执行性	8%	0	8%	0
12	其他	21%	4%	1%	5%

（五）奖励

1. 过去三年的获奖次数

表 6—27　　　　　　　　　　**B16 过去三年中的奖励次数**

		频率	百分比	有效百分比	累积百分比
有效	0 次	409	33.5	55.3	55.3
	1 次	243	19.9	32.8	88.1
	2 次及以上	88	7.2	11.9	100.0
	合计	740	60.7	100.0	
缺失	系统	480	39.3		
合计		1220	100.0		

2. 评价单位的奖励制度

表 6—28　　　　　　　　　　**B18 奖励机制评价**

		频率	百分比	有效百分比	累积百分比
有效	5 分	199	16.3	18.6	18.6
	4 分	334	27.4	31.2	49.8
	3 分	307	25.2	28.7	78.4
	2 分	124	10.2	11.6	90.0
	1 分	107	8.7	10.0	100.0
	合计	1071	87.8	100.0	
缺失	系统	149	12.2		
合计		1220	100.0		

表 6—29   四城市奖励机制的评价比较

	北京	天津	广州	上海
5 分	16.3	30.1	18.6	9.6
4 分	30.8	32.8	29.9	33.3
3 分	29.8	23.1	28.8	32.5
2 分	11.5	9.1	13.1	12.3
1 分	11.7	4.8	9.5	12.3

3. 对奖励制度存在问题的认知

表 6—30   B17/A19 四城市奖励制度存在的主要问题比较

代码	定义	北京	天津	广州	上海
1	不公开、不透明	6%	3%	10%	15%
2	奖罚不清、不关贡献业绩	6%	12%	16%	6%
3	平均化、论资排辈	6%	11%	6%	14%
4	缺少细化规则	5%	9%	9%	6%
5	奖励力度小、奖励名额少	23%	11%	11%	12%
6	奖励方式单一、种类少、项目少	11%	14%	14%	13%
7	评选形式化、存在"大家好"现象	2%	7%	4%	10%
8	对基层无侧重	2%	5%	9%	6%
9	奖励机制不完善、缺长期性稳定性	5%	19%	21%	9%
10	无奖励制度,作用不明显	10%	4%	0	0
11	无意见、不清楚、不评价	19%	0	0	9%
12	其他	7%	6%	0	0

4. 对惩戒制度存在问题的认知

表 6—31　　　　　B20/A22 四城市惩戒制度存在的主要问题比较

代码	定义	北京	天津	广州	上海
1	碍于人情面子、怕闹事、主观性强	6%	11%	5%	9%
2	不敢碰硬、不严厉、惩戒力度不够	14%	20%	19%	12%
3	不公开透明	4%	0	0	6%
4	无操作细则、具体标准、不严谨	10%	27%	5%	10%
5	和没有一样	3%	3%	0	17%
6	缺少监督、监管	4%	7%	4%	15%
7	惩戒方式单一、范围有限、针对性差	3%	0	27%	0%
8	制度落实难、执行不到位	20%	29%	21%	8%
9	多干多罚、不干不罚、不公平	3%	0	0	0
10	惩罚过严、光罚不奖、奖罚脱节	7%	0	17%	15%
11	其他	25%	3%	2%	8%

5. 执法公务员受惩戒后的权利救济制度

表 6—32　　　　　B21/A23 四城市惩戒申诉渠道的了解程度比较

代码	定义	北京	天津	广州	上海
1	本单位部门、本单位领导	6%	2%	10%	10%
2	上级领导	9%	5%	6%	13%
3	纪检监察部门、机关	7%	11%	5%	5%
4	人事部门、机关	6%	11%	8%	7%
5	行政复议、申诉	13%	11%	26%	19%
6	行政诉讼、法院	5%	14%	13%	3%
7	原机关复核	4%	6%	4%	9%
8	不知道、不清楚	20%	2%	14%	11%
9	上级机关、部门	26%	33%	14%	22%
10	其他	3%	6%	0	0

（六）工资待遇

1. 执法公务员待遇满意度情况

表6—33　　　　　　　　　　B13 待遇满意度评价

		频率	百分比	有效百分比	累积百分比
有效	很满意	80	6.6	7.0	7.0
	满意	574	47.0	50.0	57.0
	不满意	406	33.3	35.4	92.4
	很不满意	87	7.1	7.6	100.0
	合计	1147	94.0	100.0	
缺失	系统	73	6.0		
合计		1220	100.0		

表6—34　　　　　　　　　四城市待遇满意度比较

	北京	天津	广州	上海
很满意	3.9	12.8	9.9	4.5
满意	38.7	60.2	54.6	70.9
不满意	46.4	20.9	30.1	23.9
很不满意	11	6.1	5.3	0.7

2. 对目前薪酬管理中存在问题的认知

表6—35　　　　B15/A17 四城市薪酬管理中存在的主要问题比较

代码	定义	北京	天津	广州	上海
1	薪酬不透明、标准不明确	7%	3%	8%	8%
2	薪酬待遇低、压力大、无工作幸福感	23%	33%	10%	8%
3	大锅饭、平均主义	13%	5%	9%	0
4	与职务挂钩、对基层无倾斜、级差大	12%	9%	7%	11%
5	与绩效不挂钩、多劳不多得、不公平	16%	13%	11%	21%
6	增长慢、赶不上物价、生活压力大	14%	9%	17%	17%
7	岗位津贴少、义务加班	5%	5%	13%	7%
8	工资僵化、基数低、未能体现激励机制	7%	17%	15%	16%
9	奖金与级别关联、与业绩无关	1%	4%	7%	10%
10	其他	3%	2%	3%	2%

（七）执法公务员的素质状况

1. 对执法公务员最重要的三项素质的认知

表6—36　　B22/A24 四城市执法公务员最重要的三项素质认知比较

代码	定义	北京	天津	广州	上海
1	爱岗敬业、责任感	7%	15%	7%	5%
2	政治素养、大局观、讲政策	11%	10%	12%	8%
3	服务意识	3%	3%	5%	7%
4	良好的品行、道德和良心	10%	11%	11%	14%
5	业务精通、沟通与协调能力	20%	27%	20%	25%
6	依法办事、公开公平公正	21%	18%	26%	16%
7	廉洁	5%	5%	4%	6%
8	纪律意识、作风硬	3%	4%	3%	1%
9	文明执法、态度和蔼	2%	2%	4%	1%
10	应变能力、现场处置能力	1%	1%	2%	5%
11	抗压能力、心理与身体素养	2%	2%	6%	4%
12	其他	15%	2%	0	8%

2. 对单位执法公务员素质的评价

表6—37　　　　　　B23 执法公务员队伍的整体素质评价

		频率	百分比	有效百分比	累积百分比
有效	5 分	298	24.4	26.8	26.8
	4 分	519	42.5	46.8	73.6
	3 分	243	19.9	21.9	95.5
	3 分	39	3.2	3.5	99.0
	1 分	11	0.9	1.0	100.0
	合计	1110	90.9	100.0	
缺失	系统	110	9.1		
合计		1220	100.0		

表 6—38　　　　　　　　　　　四城市执法公务员队伍的素质评价比较

	北京	天津	广州	上海
5 分	28.1	31.8	24.4	18.6
4 分	47.1	37.9	51.6	48.7
3 分	20.1	27.2	20.4	24.8
3 分	3.6	2.6	2.9	6.2
1 分	1.1	0.5	0.7	1.8

3. 单位辅助执法公务员状况及评价

表 6—39　　　　　　　　　　B24 辅助执法人员的职工占比

		频率	百分比	有效百分比	累积百分比
有效	10% 以下	423	34.7	52.9	52.9
	10%—30%	159	13.0	19.9	72.8
	30% 以上	217	17.8	27.2	100.0
	合计	799	65.5	100.0	
缺失	系统	421	34.5		
合计		1220	100.0		

表 6—40　　　　　　　　　　B26 辅助执法人员的素质评价

		频率	百分比	有效百分比	累积百分比
有效	5 分	231	18.9	28.0	28.0
	4 分	326	26.7	39.5	67.4
	3 分	182	14.9	22.0	89.5
	2 分	52	4.3	6.3	95.8
	1 分	35	2.9	4.2	100.0
	合计	826	67.7	100.0	
缺失	系统	394	32.3		
合计		1220	100.0		

表 6—41　　　　　　　　四城市辅助执法人员的职工占比和评价比较

		北京	天津	广州	上海
辅助执法人员占比	10% 以下	69.7	63.1	30.8	39
	10%—30%	15.3	13.4	29.2	20.7
	30% 以上	15	23.6	39.9	40.2
对辅助执法人员评价	5 分	26.8	35	29.5	14.6
	4 分	36.7	30.1	47.9	41.6
	3 分	22.7	25.8	16.1	30.3
	2 分	8.6	6.1	2.7	9
	1 分	5.1	3.1	3.8	4.5

（八）培训

1. 对单位执法公务员培训的整体评价

表 6—42　　　　　　　　　B27 公务员培训状况评价

		频率	百分比	有效百分比	累积百分比
有效	5 分	303	24.8	27.9	27.9
	4 分	425	34.8	39.2	67.1
	3 分	258	21.2	23.8	90.9
	2 分	73	6.0	6.7	97.6
	1 分	26	2.1	2.4	100.0
	合计	1085	88.9	100.0	
缺失	系统	135	11.1		
合计		1220	100.0		

表 6—43　　　　　　　　　　B27 四城市公务员培训状况评价比较

	北京	天津	广州	上海
5 分	28.9	36.7	17	36.8
4 分	37.9	27.2	49.1	39.6
3 分	25.7	20	26	15.1
2 分	5.7	13.3	4.7	5.7
1 分	1.7	2.8	3.2	2.8

2. 对培训中存在问题的认知

表 6—44　　　　　　　B29/A30 四城市公务员培训存在的主要问题比较

代码	内容	北京	天津	广州	上海
1	培训次数少	11%	7%	18%	11%
2	培训积极性不高、形式化严重	15%	15%	13%	21%
3	专业内容少、实用性差、缺针对性	36%	43%	36%	27%
4	时间短、系统性差	14%	19%	11%	16%
5	时间保证不了、培训层次不清	6%	12%	12%	13%
6	上课的方式不好、不生动	4%	0	7%	8%
7	其他	14%	4%	3%	4%

（九）职业生涯规划

1. 职业公平感

表 6—45　　　　　　　　　　B39 职业公平感评价

		频率	百分比	有效百分比	累积百分比
有效	很不公平	40	3.3	3.6	3.6
	不公平	121	9.9	10.9	14.5
	比较公平	801	65.5	71.9	86.4
	非常公平	152	12.4	13.6	100.0
	合计	1114	91.1	100.0	
缺失	系统	109	8.9		
合计		1223	100.0		

表 6—46　　　　　　　四城市职业公平感评价比较

	北京	天津	广州	上海
很不公平	3.5	1	4.3	6.4
不公平	9.3	5.2	17.4	11.9
比较公平	74.3	76.2	63.4	74.3
非常公平	12.9	17.6	14.9	7.3

2. 你认为你职业发展中最为困惑的地方是什么？

表 6—47　　　　　　B35/A36 四城市公务员职业困惑比较

代码	内容	北京	天津	广州	上海
1	执法环境差、不被社会理解与认可	5%	0	8%	14%
2	部队到地方的角色转换困难	2%	0	6%	9%
3	单位发展无方向、无归属感	6%	17%	10%	4%
4	工作压力大、待遇低	11%	0	10%	9%
5	编制少、晋升困难、交流难	24%	28%	22%	12%
6	工作重复性太强、职业倦怠	1%	0	5%	7%
7	工作氛围欠缺、人际关系差	2%	11%	6%	4%
8	个人努力目标不明确、前途迷茫	16%	13%	13%	7%
9	激励机制很差	4%	8%	3%	9%
10*	成就感很差	12%	5%	9%	14%
11	潜规则多、人才不能善用	3%	12%	6%	8%
12	其他	14%	6%	2%	3%

（十）执法机关的管理文化建设

1. 对单位人际关系状况的评价

表 6—48　　　　　　　　　**B31 公务员人际关系状况评价**

		频率	百分比	有效百分比	累积百分比
有效	5 分	346	28.4	30.4	30.4
	4 分	520	42.6	45.7	76.2
	3 分	216	17.7	19.0	95.2
	2 分	44	3.6	3.9	99.0
	1 分	11	0.9	1.0	100.0
	合计	1137	93.2	100.0	
缺失	系统	83	6.8		
合计		1220	100.0		

表 6—49　　　　　　　　**四城市公务员人际关系状况评价比较**

	北京	天津	广州	上海
5 分	34.6	33.7	24	21.7
4 分	45.5	36.2	51.2	49.2
3 分	15.8	22.4	19.8	25.8
2 分	3	7.1	3.9	2.5
1 分	1.1	0.5	1.1	0.8

2. 对单位部门协作与合作情况的评价

表 6—50　　　　　　　　**B32 部门（执法组）合作情况评价**

		频率	百分比	有效百分比	累积百分比
有效	5 分	359	29.4	31.6	31.6
	4 分	492	40.3	43.3	74.8
	3 分	220	18.0	19.3	94.2

续表

		频率	百分比	有效百分比	累积百分比
有效	2 分	51	4.2	4.5	98.7
	1 分	15	1.2	1.3	100.0
	合计	1137	93.1	100.0	
缺失	系统	83	6.9		
合计		1220	100.0		

表 6—51　　　　　四城市部门（执法组）合作情况评价比较

	北京	天津	广州	上海
5 分	38.1	39.5	18.4	20.2
4 分	39.6	37.4	51.8	49.6
3 分	16.6	20	22.3	23.5
2 分	3.7	3.1	6	6.7
1 分	2	0	1.4	0

3. 个人工作协作与帮助情况

表 6—52　　　　　　　B33 工作困难协助情况

		频率	百分比	有效百分比	累积百分比
有效	是	1005	82.4	93.2	93.2
	无	73	6.0	6.8	100.0
	合计	1078	88.4	100.0	
缺失	系统	142	11.6		
合计		1220	100.0		

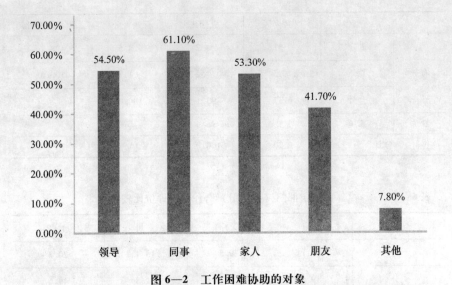

图6—2 工作困难协助的对象

三 数据分析与解释

（一）对执法机关公务员管理的整体评价

1. 四城市单位满意度的评价均高，反映了四城市的执法公务员的职业满意度认知基本一致

从四城市受调的执法公务员对所属单位满意度的整体评价来看，很满意的占比为17.2%，满意的占比为71.5%，不满意的占比为9.6%，很不满意的占比为1.7%。即从特大城市的整体来看，执法公务员对所任职的执法单位是持有满意的态度，满意率达到了87.7%。这在一定程度上也反映了执法公务员对其所从事的公务员职业的较高满意度。从四城市的单位满意率有效百分比的比较来看，四城市的单位满意度均呈正偏态曲线分布，而且曲线线型基本一致，说明四城市执法公务员的单位满意度的认知基本一致。同时正偏太曲线表明了四城市执法公务员对单位的满意度均远高于不满意度。其中，满意度最高的城市是天津，占比为94.3%；其次是北京，占比为87.7%；再次是上海浦东，占比为87.4%，最后为广州，占比为87.3%。从很满意度来看，最高的为天津，占比为21.5%；其次为北京，占比为17.1%；再次为广州，占比为16.3%；最后是上海浦东，

占比为 12.6%。

2. 四城市执法公务员对单位公务员管理状态的满意度评价较高

从执法公务员对所在单位的公务员管理的满意度整体评价来看，给予5分的占比为 41.9%，给予 4 分的占比为 35.4%，给予 3 分的占比为17.7%，给予 2 分的占比为 2.8%，给予 1 分占比为 2.2%。受调的执法公务员对单位公务员管理的整体满意率为 77.3%，说明多数执法公务员对单位的公务员管理情况持积极肯定性的评价。从四城市执法公务员对单位公务员管理满意度的比较来看，四城市的满意度曲线均呈现正偏太分布，峰度值较高，呈尖峰顶，曲线型走向基本一致。其中，单位公务员管理满意度肯定性评价最高的为北京，占比为 80.8%；其次为广州，占比为 75.1%；再次为天津，占比为 74.1%；最低为上海浦东，占比为 72.8%。

3. 执法公务员对单位做得最好三项管理措施的认知度有一致的地方，也有不同的地方

从执法公务员对单位公务员管理机制中做得最好的三项举措的列举来看，四城市受调公务员的认知度基本一致。从有效百分比累计值的前四项来看，公务员管理机制中共同认知度最高的为制度化管理，如百分制考核、奖惩制度，占比合计为 71%；其次为规范化管理、用制度管人，占比合计为 64%；再次为人性化管理如人文关怀、工作氛围建设，占比合计为 61%；最后是沟通协作、团队建设，占比合计为 44%。此外，四城市执法公务员对单位公务员管理中最好三项措施的认知列举中，也存在一些显著的差异。如在后勤保障好、重视工作生活质量建设，领导以身作则、工作例会制度化，民主评选、竞争上岗；轮岗，廉政建设、队伍作风建设，业务学习、培训制度等因素上，四城市执法公务员的认知度并不一致，这说明不同的城市在增进公务员管理满意度的举措上，既有相同的做法，也有各自特殊的地方。

4. 对单位公务员管理不足之处的看法主要体现在工作评价与人力资源激励机制、人性化管理机制、制度化管理机制、工作保障机制、公务员的职业成长机制上

从四城市执法公务员对公务员管理机制中急需改进的三项举措的共同认知度来看，共同认知度最高的为执法公务员的评价与激励机制如改进激

励与晋升机制，占比合计为 70%；改进绩效考核、定岗定责与待遇挂钩，占比合计为 39%；奖罚分明，占比合计为 34%；其次是人性化管理机制，如管理人性化，占比合计为 43%；保障人员待遇、休息时间，占比合计为 31%；再次是执法公务员的职业成长机制，如更多更科学的教育培训，占比合计为 30%。从执法公务员对目前单位人事管理中存在的问题的认知来看，共同认知度最高的也为公务员的评价与激励机制，如考核、奖惩、晋升与激励，占比合计为 78%；其次为制度化管理机制，如管理制度化、加强制度的执行与监督，占比合计为 65%；再次是工作保障机制，如工作任务保障、编制保障，占比合计为 46%；人员配置合理化，占比合计为 40%；最后是人员队伍建设，如人员素质与责任心建设，占比合计为 37%；人员结构不合理与老龄化严重，占比合计为 35%；任务配置不科学与部门协作沟通不畅，占比合计为 34%；待遇与分配不公平，占比合计为 26%。综合以上两个项目的调研结果，可见四城市执法公务员对公务员管理实践中不足之处的看法集中体现在工作评价与人力资源激励机制、人性化管理机制、制度化管理机制、工作保障机制、公务员的职业成长机制上。

（二）执法公务员的交流

1. 四城市执法公务员的工作年限及任职时间均较长

从本单位的工作年限来看，本单位的任职时间在 3 年以下的占比有 18.7%，任职时间在 4—10 年的占比有 32.7%，任职时间在 10 年以上的占比有 48.6%。即有近半数执法公务员在本单位的工作年限在 10 年以上，可见特大城市的执法公务员的队伍流动性较差。从四城市比较情况来看，在本单位工作年限中，按 3 年以下、4—10 年、10 年以上三类区分。10 年以上的有效百分比最高的为上海浦东 61.7%，其次为北京 54.8%，再次为天津 49.3%，最低是广州为 30.5%。本单位工作年限分布差异度最大的是上海浦东（8.5%，29.8%，61.7%）、北京（14.3%，31%，54.8%），次之为天津（17.2%，33.5%，49.3%），分布较均衡的是广州（32.6%，36.9%，30.5%）。说明在执法公务员的任职年限过长及队伍老化的问题上，上海浦东、北京、天津的严重性要明显高于广州。从执法公务员的任现职时间来看，任现职在 2 年以下的占比有 25.3%，任现职在 2—5 年的占比有的 31.5%，任现职在 5 年以上的占比有 43.3%。整体性来看，执法公务员的任现职时间过长的问题比较突出。从四城市的比较来看，5 年以上的任现职有效百分比最高的为上海浦东 61.1%，其次为北京 44.8%，再次为天津 36.7% 和广州 36.5%。其中 5 年以上任现职有效百分比显著高于 5 年以下的城市有北京和上海浦东。这说明在现职任期过长的问题上，北京和上海浦东要比天津和广州要为突出。

2. 四城市的执法公务员的交流频次不高，交流形式主要是转任，次要形式是调任，挂职锻炼仅是辅助形式

从四城市执法公务员在近 5 年的时间里其工作交流的次数整体来看，没有交流过的占比有 55.5%，交流过一次的占比有 29.3%，有过 2 次及以上交流经历的占比有 15.1%。显然，多数执法公务员在 5 年的任职周期内没有经历过职务的交流，有过交流经历的执法公务员中，在 5 年的任职周期中，交流 1 次的比例要高于交流 2 次及以上的比例。这说明四城市的执法公务员的交流频次整体不高。从公务员规定的三种法定交流形式的有效百分比例来看，转任（含轮换）为 50.5%，调任为 35.7%，挂职锻炼为 13.8%。其中交流次数为 1 次的三种形式均显著高于交流 2 次及以上。在过去的 5 年职务任期中有过 1 次交流的有效百分比分别是转任（含轮换）为 30.4%，调任为 22.5%，挂职锻炼为 8.8%；有过 2 次及以上交流的有效百分比分别是转任（含轮换）为 7.9%，调任为 4.6%，挂职锻炼为 1.7%。说明无论是在交流频次为 1 次还是在交流频次为 2 次及以上的类别上，执法公务员的职务交流其主要形式均是转任（含轮换），次要形式是调任，辅助形式是挂职锻炼。

3. 执法公务员的交流范围主要是本系统的业务部门，跨行业与跨地区的交流仅是辅助形式和补充形式

从执法公务员最后一次的调动情况来看，本系统内的相同业务部门间调动占比为 40.6%，本系统不同业务部门间调动占比为 43.4%，跨行业部门的调动占比为 13.8%，跨地区间的调动占比为 2.2%。显然，从整体来看，执法公务员的流动主要是在本业务系统内进行的。其中，相同业务部门与不同业务部门间的流动有效百分比比例相当。跨行业流动为辅助形式，跨地区流动仅是补充形式。从四城市执法公务员的最后一次调动的有

效百分比比较来看，本系统内部的人员流动四城市均显著高于跨行业和跨地区的人员流动。其中，在本系统业务部门之间的人员流动中，相同业务部门内的流动高于不同业务部门流动的是北京和上海浦东，不同业务部门间的流动高于相同业务部门之间的流动的则是天津和广州。

（三）执法公务员的职务升降

1. 执法公务员的职务晋升周期较长，晋升通道不通畅

从四城市执法公务员的最近一次升职时间的整体来看，距今 2 年以下的占比为 30.4%，距今 3—6 年的占比为 34.0%，距今 7 年以上的占比为 35.6%。也就是说，执法公务员的最近一次晋职时间距今 7 年以上的比例要高于距今 3—6 年的区间，而距今 3—6 年的区间比例又高于距今 2 年以下的区间比例，说明多数执法公务员的职务晋升周期较长，晋升通道不通畅。从四城市最近晋职时间的比较来看，最近一次升职距今时间 7 年以上比例显著高于距今时间 7 年以下的有北京和上海浦东，天津、广州则在距今 2 年以下、距今 3—6 年、距今 7 年以上三个区间分布较为均匀。说明北京和上海浦东的执法公务员的职务晋升周期要高于天津和广州。从执法公务员的近 5 年的晋职次数来看，没有晋职过占比有 56.3%，晋职过 1 次的占比有 35.4%，晋职过 2 次及以上的占比有 8.2%。可见，大多数执法公务员在其 5 年的任职周期内没有晋职过。在有过晋职的经历中，晋职 1 次的比例要明显高于晋职 2 次及以上的。这也佐证了执法公务员的职务晋升周期过长、晋升通道不畅的事实。从四个城市的比较来看，没有晋职过的占比最高的是上海浦东 72.1%，其次为北京 56.5% 和天津 53.7%，最低为广州 49.2%。晋职 1 次的占比分别为天津为 41.9%，广州 40.7%，北京 35%，上海浦东 19.2%。晋职 2 次及以上的占比分别为广州为 10.1%，上海浦东为 8.7%，北京为 8.5%，天津为 4.4%。可见，无论是从近 5 年没有晋职的比例还是从近 5 年晋职一次的比例来看，北京和上海浦东的执法公务员职务晋升周期都高于天津和广州。

2. 执法公务员的降职比例过低，降职机制的作用不明显，能升能降的人事纵向流动机制未能形成

课题调研项目中所列的近三年公务员的降职情况，包括受调公务员本人与其单位其他公务员的降职情况两个方面的内容。从过去三年中的执法

公务员的个体降职情况来看，没有降职过的占比为99.3%，有过降职经历的仅为0.7%。从过去三年中的受调公务员单位的执法公务员的降职情况来看，没有降职过单位占比为93.5%，有过降职情况的单位占比仅为6.5%。可见无论是作为调研对象的执法公务员个体的降职情况还是其执法单位里公务员个体的降职情况，都说明绝大多数公务员在过去三年中没有过降职的经历，证明了执法公务员的能上能下纵向人事流动的机制未能形成和发挥作用。从四个城市的比较情况来看，有过降职情况的有效百分比最高的为天津19.9%，其次为北京4.3%，广州3.8%，最低的为上海浦东1.6%。显然，从降职机制的作用效果看，四城市中天津为最好，但北京、上海浦东和广州基本一致，表现较差。

3. 执法公务员的职务晋升的影响因子较为广泛，但主要作用因子是执法公务员的个人素质、能力、品质以及社会背景和人际关系

从四城市执法公务员对职务晋升的影响因子认知度的比较情况来看，受调公务员对影响职务晋升的主要因子的认知范围基本一致，集中体现在背景与人际关系、工作业绩、个人素质与品质、个人能力与业务水平、个人努力与责任心、年龄与工作经历和资历、群众认可、领导认可和赏识、学历、机会十个因素方面。从认知共同度的累计占比来看，最高的为个人能力与业务水平，累计占比为123%；其次是背景、人际关系，累计占比为52%；再次是个人素质、品质，累计占比为51%；其后是业绩，累计占比为40%；年龄、工作经历与资历，累计占比为30%；个人努力与责任心，累计占比为29%；领导认可与赏识，累计占比为25%。这说明在广大的基层执法公务员的心目中，决定个人职务晋升的最主要影响因子还是执法公务员的个人能力和业务水平，此项认知累计占比远高于其他项。此外，决定个人职务晋升的影响因子中个人素质、品质与个人背景、人际关系同列在影响因子的重要性的第二位，而且背景与人际关系的累计占比还略高于个人素质、品质，这说明背景、人际关系是影响执法公务员个人职务晋升的极为重要的因素。值得注意的是，领导认可与赏识、个人年龄与经历和资历等非能力因子也是影响执法公务员个人职务晋升的重要方面，而与之相对照的是绩效，特别是公务员的个人努力和责任心因素在执法公务员的职务晋升中作用并不突出。

（四）执法公务员的考核

1. 执法公务员的考核等次主要集中在称职和优秀等次上，基本称职比例极低，不称职比例未出现，北京、天津、广州、上海浦东四城市考核等次比例分布基本一致

从四城市 2010 年、2011 年、2012 年受调公务员的近三年的考核情况来看，优秀的比例分别为 23.0%、22.5%、23.7%；称职的分别为 75.4%、75.9%、74.6%；基本称职的分别为 1.6%、1.5%、1.6%；不称职未出现。可见，绝大多数执法公务员的年度考核等次均在称职以上，其中优秀的比例基本在 20%—25%。从四城市的比较情况来看，近三年的年度考核中，优秀比例最高的为北京分别为 25.8%、26%、29%，优秀比例最低的为广州，分别为 20.6%、16.5%、17.4%；基本称职比例最高的则是上海浦东分别为 3.9%、4%、4%；基本称职比例最低的为北京分别为 0.6%、0.6%、0.6%。这说明在执法公务员的考核等次上，北京在优秀的等次考核上稍微宽松些，而上海浦东在基本称职的等次考核上则更严格些。

2. 四城市基层执法公务员的考核呈现出问题多面、复杂性高、解决难度大的共同特点

受调公务员对执法公务员考核中存在的问题反映较多，集中表现在考核制度不完善、不科学；考核制度不落实，执行不到位；考核形式主义严重，项目简单，主观性强，随意性大；考核标准不明确、不统一、不细化、不量化；没有科学区分考核对象，考核缺少人性化和灵活性；考核不能反映业绩与工作量；考核结果缺少差异度和危机感，大锅饭，平均主义与论资排辈严重；考核与奖惩不挂钩，奖惩不明确，考核结果落实应用不好；评优名额少，奖励比例少，未向一线倾斜；考核有人情或领导干预的现象，考核过程群众监督不够，考核程序不规范；考核项目多，内容过细，考核部门多；考核内容脱离实际，没有针对性，缺少可执行性 11 个方面。从四城市对年度考核中存在的主要问题的认知共同度来看，四城市认知共同度最高的为考核存在形式主义现象，考核项目简单，主观性强，随意性大，累计占比为 66%；其次是考核标准不明确、不统一、不细化、没有量化，累计占比为 64%；再次为考核制度不完善、不科学；制度不

落实，执行不到位，累计占比为52%；此外，考核存在人情或领导干预，群众监督不够，程序不规范，累计占比为39%；评优名额少，奖励比例少，未向一线倾斜，累计占比为32%，也是执法公务员共同认为是目前公务员考核中较为突出的问题。值得注意的是如考核缺少差异度和危机感，大锅饭，平均主义和论资排辈严重；考核不能正确反映业绩与工作量；考核没有科学区分考核对象，缺少人性化和灵活性；考核与奖惩不挂钩，奖罚不明确，结果落实应用不好等技术性问题也是执法公务员认知共同度较高的问题。这说明目前在特大城市的执法公务员考核存在的问题中，既有考核制度设计层面的问题，也有考核技术操作层面的问题，还有公务员考核所处社会环境层面的问题。总之，目前四城市基层执法公务员的考核呈现出问题多面、复杂性高、解决难度大的共同特点。

（五）执法公务员的奖励与惩戒

1. 执法公务员的获奖比例较低，奖励频次及种类少，奖励未能向基层一线倾斜

从四城市受调公务员的过去三年中的获奖频次来看，没有获奖的比例为55.3%，获过1次奖励的有32.8%，获过2次以上的奖励比例为11.9%。说明多半数执法公务员在过去的三年中未能获得过公务员的奖励，能够连续获得公务员奖励的比例更低。在执法公务员所获的奖励种类分布上，绝大多数执法公务员仅能获得三等功以下的奖励，调研中二等功以上的奖励未能出现。说明基层执法公务员的奖励种类基本分布于低层次的奖励种类上。二等功以上的奖励频次极低，公务员奖励的等次区间激励作用不明显，执法公务员的获奖人员呈现出奖励天花板现象。

2. 执法公务员对奖励制度的评价度不高，四城市执法公务员整体上对公务员奖励制度的评价一致

从受调公务员对所在执法单位的人员奖励机制的评价来看，给予5分评价的占比有18.6%，给予4分评价的占比有31.2%，给予3分评价的占比有28.7%，给予2分评价的占比有11.6%，给予1分评价的占比有10.0%。在里克特评价量表里，5分和4分的评价量度代表了评价者的正面的积极性评价态度，2分和1分的评价量度则属于负面的消极性的评价态度，3分的评价量度属于一般性的中性的评价态度。可见，四城市执法

公务员对公务员奖励机制给予正面评价的占比有 49.8%，给予负面评价的占比有 21.6%，给予一般中性评价的占比有 28.7%。即负面评价和一般性评价占比分值要高于正面性评价。不到半数的正面平价率充分说明了目前执法公务员的奖励机制评价和激励作用均不明显。从四城市执法公务员对公务员奖励制度的评价比较来看，给予正面评价率最高的为天津，占比为 62.9%；其次为广州，占比为 48.5%；再次为北京，占比为 47.1%；最低为上海浦东，占比为 42.9%。给予负面评价最高的上海浦东 24.6%，其次为北京 23.2%，再次广州 22.6%，最低的为天津 13.9%。

3. 四城市执法公务员对执法单位的公务员奖励制度存在问题的认知度一致，反映的问题相对集中

在对执法单位公务员奖励制度存在问题的认知中，受调公务员的认知共同度最高的是公务员奖励力度小、奖励名额少，奖励机制不完善、缺乏长期性稳定性，奖励方式单一、获奖种类少、奖励项目少；其次为对执法公务员的奖罚不清、奖励不关贡献业绩，奖励平均化、论资排辈，奖励过程不公开、不透明；再次为奖励缺少细化规则，奖励评选形式化、存在"大家好"的现象，奖励名额对基层无侧重。可见，目前执法公务员的奖励问题既有表现在公务员奖励的制度设计层面，也有表现在公务员奖励的制度执行和操作层面。

四城市执法公务员对公务员惩戒制度存在的问题认知基本一致，问题分布范围较广泛。执法公务员对公务员受惩戒后的权利救济较为熟悉。

从执法公务员对执法单位目前惩戒制度存在的主要问题的认知来看，认知共同度最高的为制度落实难、执行不到位；其次为不敢碰硬、不严厉、惩戒力度不够；再次为惩戒无操作细则、具体标准不严谨。此外，碍于人情面子、怕闹事、惩戒主观性强，惩戒方式单一、范围有限、针对性差，惩戒制度缺少监督和监管，惩罚过严、光罚不奖、奖罚脱节等也是较为突出的共同问题。这说明在执法公务员的惩戒制度上，制度的执行与落实是当前面临的最为主要的问题。从执法公务员对受惩戒后的申诉渠道的认知度来看，四城市执法公务员的认知共同度最高的为上级机关、上级部门，其次为行政复议、申诉，再次为行政诉讼、法院。此外，上级领导，人事部门，纪检监察部门，本单位领导或部门，原机关复核也是认知度较高的渠道。可见，从四城市的共同认知度来看，大多数受调公务员对公务

员的申诉权和申诉渠道均有着正确的认知。但也有相当部分的执法公务员在申诉渠道上选择行政诉讼和法院以及上级领导，说明有一些执法公务员对公务员的惩戒救济权存在错误的看法，反映出凡事找上级领导，实在不成就找法院解决的惯性思维。值得注意的是受调公务员选择不清楚、不制度的认知共同度也是较高的，反映了还有相当一些执法公务员对公务员的申诉渠道不了解和熟悉。

（六）执法公务员的薪酬待遇

四城市绝大多数执法公务员年薪酬总额在 5 万—8 万之间，薪酬待遇的满意度评价不高，薪酬管理的问题认知度比较集中，问题分布范围基本一致。从过去一年中四城市的执法公务员的薪酬总额来看，5 万以下占比有 17.7%，5 万—8 万占比有 64.2%，8 万以上的占比有 20.2%。这说明绝大多数基层执法公务员的年薪酬总额在 5 万—8 万之间，执法公务员的整体工资水平较低。从执法公务员对目前薪酬待遇的满意度整体评价来看，很满意的占比有 7%，满意的占比有 50%，不满意的占比有 35.4%，很不满意的占比有 7.6%。即执法公务员的薪酬待遇满意度占比 57% 略高于不满意度的占比 43%。说明在执法公务员队伍中有相当多的执法公务员对当前的薪酬待遇持有不满意的态度。从四城市的薪酬待遇满意度比较来看，满意度最高的为上海浦东，占比为 75.4%；其次是天津，占比为 73%；再次是广州，占比为 64.5%；最低的是北京，占比为 42.6%。这一方面说明在四城市的执法公务员的工资水平中上海浦东可能为最高；另一方面也说明从执法公务员的工资负担家庭生活的成本来看，北京执法公务员的压力最大，薪酬待遇满意度最低。从四城市执法公务员对公务员薪酬管理中存在的主要问题的认知共同度来看，最高为薪酬待遇低、压力大、无工作幸福感，其次为薪酬与绩效不挂钩、多劳不多得、不公平，再次为工资增长慢、赶不上物价、生活压力大和工资僵化、基数低、未能体现激励机制。此外，目前公务员的薪酬与职务高挂钩、工资对基层执法公务员无倾斜、工资级差大，岗位津贴少、义务加班，工资大锅饭、平均主义，公务员奖金与级别关联、与业绩无关，薪酬不透明、工资标准不明确也是认知共同度较高的问题。可见，目前执法公务员的薪酬制度问题分布较为广泛，而且问题结构化严重。

（七）执法公务员的素质状况

1. 四城市执法公务员对执法工作最重要的三项素质的认知中，主要因素认知度相对集中，次要因素认知度则较为分散

从四城市执法公务员对胜任执法公务员岗位工作的主要因素认知中，认知共同度最高为业务精通、沟通与协调能力，其次为依法办事、公开公平公正，再次为良好的品行、道德与良心。说明执法公务员的业务能力、依法行政的素质和良好的品行和职业道德是执法公务员岗位最为核心的素质。在次要因素的认知方面，认知共同度则集中在政治素养、大局观、讲政策，爱岗敬业、责任感，廉洁，服务意识，抗压能力、心理与身体素养，纪律意识、作风硬，文明执法、态度和蔼，应变能力、现场处置能力等方面。说明一个合格的执法公务员其素质要求除了需要具备上述三项核心素质外，还需要具备相当广泛的素质和能力。

2. 受调公务员对执法单位执法公务员的素质评价整体较高，四城市的素质比较评价曲线一致。从对执法公务员的素质整体评价来看，给予5分评价的占比有26.8%，给予4分评价的占比有46.8%，给予3分评价的占比有21.9%，给予2分评价的占比有3.5%，给予1分评价的占比有1.0%。也就是说执法公务员对执法单位公务员素质的正面评价率为73.6%，这要远高于4.5%的负面评价率。说明绝大多数执法公务员对于单位执法公务员队伍的素质状态评价较高。从四城市的素质评价比较情况来看，给予正面评价的比例四城市基本接近，分别为北京占比为75.2%，天津占比为69.7%，广州占比为76%，上海浦东占比为67.3%。正面平价率最高为广州，最低为上海浦东。给予负面评价的分别是北京占比4.7%，天津占比3.1%，广州占比为3.6%，上海浦东占比为8%。负面评价率最高为上海浦东，其余三城市基本一致。

3. 执法单位辅助执法人员占执法单位职工总数比例的区间分布呈现两头高、中间低的特点，执法公务员对单位辅助执法人员素质评价整体较好

从执法单位辅助执法人员在单位全部职工的占比来看，职工占比在10%以下的有52.9%，职工占比在10%—30%的有19.9%，职工占比在30%以上的有27.2%。说明有半数多一点的执法单位聘用的辅助执法人

员其职工占比在 10% 以下，另有近三成的执法单位聘用的辅助执法人员其职工占比在 30% 以上。即执法单位聘用的辅助执法人员在各执法单位之间呈现出两头高、中间低的特征。从四城市的辅助执法人员职工占比的比较情况来看，职工占比在 30% 以上的城市比例顺序分别为上海浦东 40.2%，广州为 39.9%，天津为 23.6%，北京为 15%；四城市职工占比在 10% 以下的比例顺序分别为，最高为北京 69.7%，其次为天津 63.1%，再次为上海浦东 39%，最低为广州 30.8%。显然，无论是职工占比在 10% 以下，还是职工占比在 30% 以上，北京和天津执法单位聘用的辅助执法人员均显著不同于广州和上海浦东执法单位聘用情况。从四城市执法公务员对单位聘用的辅助执法人员的素质评价来看，给予 5 分评价的占比有 28.0%，给予 4 分评价的占比 39.5%，给予 3 分评价的占比有 22.0%，给予 2 分评价的占比有 6.3%，给予 1 分评价的占比 4.2%。即辅助执法人员的正面评价率为 67.5%，负面评价率为 10.5%。说明大多数受调公务员对单位聘用的辅助执法人员的素质评价较好。从四城市的辅助执法人员的素质评价比较来看，给予正面评价最高的为广州，占比为 77.4%；其次为天津，占比为 65.1%；再次为北京，占比为 63.5%，最低是上海浦东，占比为 56.2%。给予负面评价最高的为北京，占比为 13.7%；其次为上海浦东，占比为 13.5%；再次为天津，占比 9.2%；最低为广州，占比为 6.5%。某种意义上，这可能也说明北京、上海执法单位对辅助执法人员的素质要求明显要高于天津与广州。

（八）执法公务员的培训

执法公务员对执法单位的公务员培训整体评价较好，对执法公务员培训中存在问题的认知集中度高。从对执法公务员培训的整体评价来看，给予 5 分评价的占比有 27.9%，给予 4 分评价的占比有 39.2%，给予 3 分评价的占比有 23.8%，给予 2 分评价的占比有 6.7%，给予 1 分评价的占比有 2.4%。即执法公务员培训的正面评价率有 67.1%，负面评价率有 9.1%，执法公务员培训的正面评价率要高于负面评价率，说明多数执法公务员还是对执法单位的公务员培训状态持满意态度。从四城市执法公务员培训的满意度评价比较情况来看，给予正面评价最高的为上海浦东，满意率为 76.4%；其次为北京，满意率为 66.8%；再次为广州，满意率为

66.1%；最低为天津，满意率为63.9%。可见四城市在执法公务员培训满意率方面有着较为明显的差距。给予负面评价的顺序分别为北京为7.4%，广州为7.9%，上海浦东为8.5%，天津为16.1%。即执法公务员培训的负面评价率，天津为最高，显著高于北京、广州、浦东。从执法公务员对执法公务员培训中存在问题的认知共同度来看，四城市认知共同度最高的为培训专业内容少、实用性差、缺针对性，其次为培训积极性不高、形式化严重，再次为培训时间短、系统性差。此外培训次数少，培训时间保证不了，培训层次不清，上课方式不好、不生动也是受调公务员对培训问题认知共同度集中的地方。这说明四城市执法公务员培训面临的问题比较集中，而且问题的相似程度高。

（九）执法公务员的职业公平感与职业困惑

执法公务员的职业公平感感知度一般，职业生涯发展中的职业困惑认知度较为分散。从受调公务员的职业公平感的感知评价来看，非常公平的占比为13.6%，比较公平的占比为71.9%，不公平的占比为10.9%，很不公平的占比为3.6%。非常公平可以理解为积极肯定性的评价，比较公平可以理解为一般性的评价，不公平和很不公平可以理解为消极否定性的评价。在执法公务员的职业公平感方面获得的积极肯定性的评价率仅为13.6%，这要低于消极否定性的评价率14.5%，说明绝大多数执法公务员对职业公平感的感知度评价一般。从四城市执法公务员的职业公平感的评价比较情况来看，正面评价率顺序分别为天津为93.8%，北京为87.2%，上海浦东为81.6%，广州为78.3%。即职业公平感的正面评价率最高的城市是天津，最低的是广州。从执法公务员对职业发展中最为困惑的地方的认知度来看，四城市执法公务员的认知共同度最高的职业困惑问题是编制少、职务晋升困难、交流难，其次是个人努力目标不明确、前途迷茫，再次是个人成就感很差。此外，单位发展无方向、无归属感，工作压力大、待遇低，潜规则多、人才不能善用，执法环境差、不被社会理解与认可，激励机制很差，工作氛围欠缺、人际关系差，也是四城市执法公务员共同认为比较突出的职业困惑问题。

（十）执法机关的管理文化建设

1. 执法公务员对单位人际关系状况的评价高

从四城市执法公务员对单位人际关系状况的整体评价来看，给予 5 分评价的占比有 30.4%，给予 4 分评价的占比有 45.7%，给予 3 分评价的占比有 19.0%，给予 2 分评价的占比有 3.9%，给予 1 分评价的占比有 1.0%。即执法单位人际关系的正面评价率为 76.1%，负面评价率为 4.9%，正面评价率显然要远高于负面评价率。从四城市执法公务员对人际关系状态的评价比较来看，正面评价率最高的为北京，占比为 80.1%；其次为广州，占比为 75.2%；再次上海浦东，占比为 70.9%；最低为天津，占比为 69.9%。执法公务员对单位人际关系状况的正面评价率北京要高于其他三城市。

2. 执法公务员对单位部门协作与合作情况的评价高

从四城市执法公务员对执法单位内部门协作与合作情况的整体评价来看，给予 5 分评价的占比有 31.6%，给予 4 分评价的占比有 43.3%，给予 3 分评价的占比有 19.3%，给予 2 分评价的占比有 4.5%，给予 1 分评价的占比有 1.3%。即执法单位内部部门协作与合作状况的正面评价率为 74.9%，负面评价率为 5.8%，正面评价率显著高于负面评价率。从四个城市的部门协作与合作评价比较情况来看，正面评价率最高的为北京，占比为 77.7%；其次是天津，占比为 76.9%；再次是广州，占比为 70.2%；最后是上海浦东，占比为 69.8%。说明从整体来看，四城市执法公务员对单位部门协作与合作情况的正面评价率基本保持一致。

3. 执法公务员在个人工作协作与困难帮助方面的感知度较好，绝大多数执法公务员在工作中遇到困难均能得到各方面的帮助

从四城市执法公务员的个人工作协作与帮助情况来看，当执法公务员在工作中遇到困难时，能够得到帮助的有效百分比为 93.2%，要远高于不能得到帮助的有效百分比 6.8%。这说明四城市大多数执法公务员在工作中遇到困难需要协作时都可以得到帮助和协作。从执法公务员在工作中获取协作与帮助的来源来看，最高的为同事，占比为 61.1%；其次为领导，占比为 54.5%；再次为家人，占比为 53.3%；然后为朋友，占比为 41.7%；最后为其他，占比为 7.8%。显然，四城市绝大多数执法公务员在工作中能够获得协作与帮助的对象是其工作的关系网络，其中同事和领导是帮助与协作的主要来源，比率要高于家人、朋友或其他人。值得注意的是来源于家人的比率接近于领导的比率，说明家人对执法公务员的工作协作与帮助也起到特别的重要作用。

第 七 章

新陈代谢机制存在的问题及对策建议

一 新陈代谢机制内涵及意义

（一）执法公务员新陈代谢机制的含义

新陈代谢机制是指保持公务员队伍活力，维持人力资源持续流动的管理机制。新陈代谢机制的本质是研究如何保持公务员队伍的活力，包含公务员系统的外部活力与内部活力。所谓外部活力是指公务员系统与社会人力资源系统的关系，涉及公务员系统的入口与出口。入口是指各类人才进入公务员系统的关口，包括面向高校及社会的公开招考、面向高校及社会的公开选调、面向企事业单位调任、军转干部招考录用等。即如何选拔录用人才并将选录的人才科学地分配到合适的工作岗位上去，这是行政执法类公务员队伍建设的源头性工作。出口是指公务员系统的人力资源流出机制。包括公务员的主动辞职、被动辞职、公务员的辞退、公务员的退休如强制退休、提前退休、因病退休、伤残退休，公务员的调出任职等。所谓内部活力是指公务员系统内部的人力资源活力机制，涉及行政执法类公务员的交流机制如公务员的转任、调任、挂职锻炼以及职务的任期机制等。

（二）完善执法公务员新陈代谢机制的重要意义

行政执法类公务员新陈代谢机制的不健全，对内造成了行政执法类公务员系统的人力资源结构僵化。能上不能下，任职容易免职难，形成论资排辈、坐守年功的僵化心理，不利于人力资源的整体开发与合理配置，年轻优秀的人才不容易脱颖而出。对外则形成了公务员系统能进不能出、进入难退出更难的现象，客观上加剧了行政执法类公务员队伍的自我封闭性，不能与社会人力资源系统进行良性的互动交流。因此，只有建立起正常的行政执法类公务员的人才流动更新和新陈代谢机制，行政执法类公务员系统才能始终保持生机与活力，行政执法类公务员队伍的素质、能力与品质要求才能做到与时俱进，适应社会对法治政府及依法行政的要求。

二 新陈代谢机制存在的问题

（一）行政执法类公务员队伍的结构不合理

行政执法类公务员队伍的结构不合理表现在年龄结构不合理、学历结构不合理、知识结构不合理。

1. 年龄普遍偏大，断层现象明显

从课题问卷调研项目中的执法公务员年龄分布区间和本单位的工作年限分布区间结合起来看，可以一定程度上说明年龄结构不合理的问题。北京市执法公务员 35 岁以下的占比为 36.8%，36—50 岁的占比为 53.3%，51 岁以上的占比为 10%；天津市执法公务员 35 岁以下的占比为 45.8%，36—50 岁的占比为 43.8%，51 岁以上的占比为 10.3%；广州市执法公务员 35 岁以下的占比为 48.8%，36—50 岁的占比为 44.8%，51 岁以上的占比为 8.8%；上海市浦东新区执法公务员 35 岁以下的占比为 27.2%，36—50 岁的占比为 57.1%，51 岁以上的占比为 15.6%；四城市整体上问卷调研对象的年龄分布区间为 35 岁以下的占比为 40.1%，36—50 岁的占比为 50.1%，51 岁以上占比为 9.8%，说明问卷调研对象的年龄分布均匀，区间结构合理。问卷项目本单位工作年限区间分为 3 年以下，4—10 年，10 年以上三类，北京市的 3 年以下占比为 14.3%，4—10 年占比为 31%，10 年以上占比为 54.8%；天津市的 3 年以下占比为 17.2%，4—10 年占比为 33.5%，10 年以上占比为 49.3%；广州市的 3 年以下占比为 32.6%，4—10 年占比为 36.9%，10 年以上占比为 30.5%；上海浦东的 3 年以下占比为 8.5%，4—10 年占比为 29.8%，10 年以上占比为 61.7%；四城市整体上 3 年以下的占比有 18.7%，4—10 年的占比有 32.7%，10 年以上的占比有 48.6%。四城市中除天津市外，北京市、广州市、上海浦东本单位工作年限 10 年以上的人数均接近和超过半数，在整体上本单位工作年限则接近半数，这些都充分说明行政执法类公务员大多数在单位任职年限过长，年龄结构不合理，队伍老化现象较严重。

2. 学历结构不合理，在职继续教育比例过大，全日制学历教育比例过小

根据 2012 年我们对北京市西城区科级公务员队伍的调研，包含正科级、副科级、科员三个层次的科级公务员文化程度分别为研究生 406 人占 11.3%，大学本科 2502 人占 69.8%，大学专科 601 人占 16.8%，专科以下 75 人，占 2.1%，这其中全日制学历教育文凭 1209 人中，博士 7 人占 0.2%，硕士 234 人占 6.5%，学士 968 人占 27%，合计全日制学历教育占学历人数比为 33.7%。也就是说绝大多数基层科级公务员的学历教育是由成人教育、函授教育、自学考试等非全日学历教育获得的。这是因为当初政府机关行政执法类公务员队伍在组建时均通过过渡转入补充人员，使各地公务员队伍学历层次低、全日制学历少成为普遍现象，如何提高基层公务员队伍整体素质水平成为一个共性问题。目前，改善干部队伍结构、提高干部队伍素质、补充全日制学历干部的主要途径是公务员招考。随着公务员招考的开展，科级公务员队伍中全日制学历干部得到了补充，能力素质水平不断提高。但制约公务员招考的一个主要原因是用人单位编制的缺乏，每年大量超编安置军转干部，各单位只能自然消化并在单位编制出现空缺后才能公开招考。加上地方政府机构的改革，很多基层部门还须完成市、区下达的减编任务，这就使通过公务员招考来提高科级公务员队伍的素质能够发挥的作用十分有限。因为基层执法类公务员的年龄结构和学历结构的不合理，导致其理论知识贮备不足，人文精神和人文关怀涵养欠缺，在基层行政管理和行政执法活动中主要依据其长期在一线工作中所形成的经验知识，其本身的理论知识和创新能力均极为薄弱。执法一线队伍中年龄较大的公务员虽然实践经验丰富，但大多抱有求稳怕变、不求有功但求无过的消极心态，习惯于因循守旧、墨守成规，严重阻碍了工作的发展和创新。行政执法类公务员工作在基层行政执法第一线，职业素养要求他们必须去主动与社会接触，发现问题、解决问题，而不是坐在办公室里。因此，具有较高的理论素养和人文精神，创造性对待、处理和处罚行政执法领域的新问题新情况是市场经济对行政执法类公务员的重要素质要求。同时，复杂而繁重的一线执法任务对于行政执法类公务员的身体素质也有着一定的要求，执法人员年龄的总体偏大必然会影响到行政执法活

动的工作效率，反过来频繁而繁重的一线执法任务也会增加基层行政执法
人员的身体压力和心理焦虑感，不利于执法公务员身体健康。

3. 知识结构不合理，表现在教育背景与工作岗位匹配度不好

随着市场监管和行政执法任务的加重，基层执法部门对公务员能力的
需求日益呈现出专业化的特征，急需大量具有专业知识背景、一定政策能
力的专业化执行人才发挥知识特长、服务于一线行政执法工作岗位。但受
历史条件等影响，基层大部分行政执法类公务员缺乏专业化教育背景，特
别是很多在工作期间完成大学阶段继续教育的公务员，所学专业多为一般
通用专业，与所从事的专门执法业务工作契合度不高。表现在面对市场经
济领域出现新违法行为和违法现象缺乏专业的判断和鉴别能力，对一线执
法领域特别是专业领域出现的新问题新现象能力不足、信心不足。

（二）行政执法类公务员的考录机制尚需完善

1. 考试录用是执法公务员的主要入口

目前直辖市区一级政府及其基层执法单位的公务员增加的入口有四
个，即公务员录用、军转安置、交流和其他途径。由于公务员录用仅针对
正科级以下职位进行公务员招考；军转安置除师级干部外，团职以下干部
均高职低任为科级职务；人员交流包括区内交流和区外交流，区内交流不
属于本区辖公务员的入口，区外交流进来的可以看作本区公务员入口；其
他入口主要是事业单位整建制划转公务员单位，但政策性整建制划转属于
短期个别现象。根据我们对北京市西城区科级公务员队伍的调查，2007—
2011 年，西城区机关共考试录用公务员 863 人，占总增加数的 34.4%；
安置各类军转干部 617 人，占总增加数的 24.6%；二者合计共录用 1480
人，占全区公务员新增总人数的 59%。① 因此可以得出结论，区辖科级及
以下基层公务员的入口来源主要为考试录用和军转安置。其中，公务员考
试录用是科级公务员最重要的增加渠道。但是，目前行政执法类公务员的
考录与综合管理类的公务员考录并未分离，无论是考录政策、人力资源规
划和考录技术操作层面均未能单独设计和实行，从而导致科学有效的执法
类公务员的考录机制未能建立和完善。

---

① 《北京市西城区科级公务员队伍的调查与思考》，北京市西城区人力社保局，2012 年。

2. 行政执法类公务员与综合管理类公务员考录未能分开

行政执法类公务员属于行政执行类人才，其素质标准与能力要求与综合管理类和专业技术类的公务员有着显著的不同。行政执法类公务员的素质特征主要是体现在政策理解力、部门协作力、沟通协调力、组织执行力、现场控制力以及个人身体与心理耐受力上。根据我们对北京市城管系统行政执法类公务员的素质特征的调研，其一线行政执法类公务员的素质特征主要是由职业素养特征、综合执行力特征、专业执法能力特征三部分构成，其中职业素养特征重要性排序为政治责任感、服务意识、组织纪律性、敢作敢为、敬业、积极进取、奉献精神、工作成就感、工作认同感、持续学习能力、体能素质；综合执行力又包括三个素质特征，一是自我管理能力内含心理承受力、情绪控制力、心理调节力三个能力，二是分析判断能力内含发现问题能力、分析判断能力两个能力，三是推动执行力内含现场控制力、突发事件处理能力、危机应变能力三个能力，四是沟通交流力内含沟通能力、写作能力，五是团队管理与协助能力内含团队管理、团结合作两个能力；专业执法能力特征排序为国家政策理解力、文书制作能力、法律法规应用能力、电子政务能力。可见，行政执法类公务员特别是基层一线执法人员的素质特征与能力要求主要体现在法律和政策的推动执行和现场执法的强制与处置及相关专业、技能、知识和生理特征上，行政执法类公务员的考试应该围绕以上行政执行能力进行题库的设计和招考录用。现行综合管理的题库设计原则、要求和内容显然与行政执法类的公务员招考要求不一致，因此应该按照分类分级考试的原则，单独实行行政执法类的公务员的公开考试，按照行政执法的岗位要求择优录用。但是，目前执法类的公务员的考试录用尚未单独设计和实施，依然采取同综合管理类、专业技术类与行政执法类混同考录和任用管理的大锅饭模式。

3. 执法公务员的考录题库与内容未能单独设计

各行政执法单位招考录用行政执法类公务员仍然由省一级人事部门组织统一的公务员录用考试，其考试内容主要是行政职业能力测试和申论，行政职业能力测试的主要内容是测查考生从事国家机关工作必须具备的潜能，包括理解事物发展变化过程的能力、综合运用知识的创新意识和能力等。经过多年的实践检验，在录用考试中《行政职业能力测验》科目上取得较好成绩的公务员在应对行政机关日常事务方面，普遍具有较强的思维能力、分析能力、应变能力。申论则是考察公务员对给定材料的分析、概括、提炼、加工，测查应考人员的阅读理解能力、综合分析能力、提出问题和解决问题能力、文字表达能力等，申论考试是具有模拟公务员日常工作性质的能力测试。因此，无论是行政职业能力测试还是申论测试都难以考察基层特别是一线行政执法人员的素质特征和能力要求。在行政执法类公务员的录用实践中，通过课题组对基层执法部门人事干部的访谈，基层用人部门普遍认为通过现行考录体系进入一线执法队伍的公务员虽然整体素质和文化水平上有较大提高，但是这些新录用的公务员在一线执法的胜任能力上尚有较大差距，表现在转变角色困难、难以胜任执法岗位、不愿意在基层执法、怕苦畏难情绪严重、现场控制和危机处理能力欠缺、不善于与执法对象沟通、团队协作能力差等上。因此，需要尽快建立并实行行政执法类公务员的考录体系和机制，特别是行政执法类公务员的考录题库的设计和建设迫在眉睫。

4. 行政执法类公务员的考录考试与上岗资格考试的衔接与区分问题

行政执法类公务员的单独考试与行政执法资格的考试制度衔接也是当前面临的一个问题。行政执法人员上岗必须通过执法资格考试这已经是各地政府对行政执法类公务员的基本要求。十八届四中全会决定明确提出要严格实行行政执法人员持证上岗和资格管理制度，未经执法资格考试合格，不得授予执法资格，不得从事执法活动。但是，行政执法人员的上岗资格考试目前仍然是单独设计并实行的一项职业资格认证性质的考试，而将来必然要独立设计和实行的行政执法类公务员的录用考试其性质本质上也是公务员的一种职业资格认证考试，因此这两种考试的性质雷同。因此，如何在政策层面和技术层面将行政执法人员的资格考试制度与行政执法类的公务员的录用考试有效衔接和有机结合起来是当前完善执法类公务员考录机制的重要内容。

（三）行政执法类公务员任职机制存在的问题

1. 行政执法类公务员职务任用方式单一、手段较落后

目前我国特大城市执法类公务员的职务任用方式主要采用委任制。所谓委任制就是国家行政机关根据机关职能、机构设置和编制的情况，依据机关具体行政管理活动的需要，单方面以行政命令的形式对已取得职业资

格的候任公务员职务进行任命的一种职务任用方式。委任制的优点是手续简便、效率高，体现了行政首长用人权与治事权的统一，但这种方式也造成任职容易免职难现象。公务员的任用除委任制外尚有考任制、选任制和聘任制。考任制主要是针对机关空缺的岗位面向社会的公开招考，并通过一定的程序予以任用。考任制的职务任用方式是适用部分领导职务和个别特殊岗位职务的任用。选任制主要是通过选举的方式对通过选举规则胜出的候选公务员按照一定程序进行的职务任用。选任制主要适用于政治首长类领导职务公务员的职务任用。聘任制是通过公开招聘或招考的形式，按照聘用合同管理的办法，对候任公务员进行的一种职务任用。显然，考任制和选任制均不适用于行政执法类公务员的职务任用。因此，除委任制外，聘任制就是行政执法类公务员的一种重要的职务任用方式。目前，深圳市根据行政执法类公务员改革的试点要求和《深圳市行政机关公务员分类管理改革实施方案》及配套制度如行政执法类公务员的管理办法，从 2010 年开始对行政执法类公务员的职务进行聘任制的任用。深圳市通过合同约定的方式对执法类公务员的职务聘任取得了较好的效果。聘任制公务员的一大特点就是打破了过去的"铁饭碗"，实现了"能进能出"。满足一定条件后，聘任制公务员和用人机关均可解除聘任合同。如聘期内年度考核不称职或有两年为基本称职的，用人机关可以解除聘任合同；聘期内年度考核连续两年被确定为不称职的，用人机关应当解除聘任合同。《方案》还规定，聘任制公务员不可以转为委任制公务员，但委任制公务员可以自愿选择转为聘任制公务员。也就是说，聘任制公务员不像委任制公务员那样实行终身制，随时有被辞退的可能。应该说，深圳市的聘用制公务员的改革为全国执法公务员的聘用制改革创造了经验，值得借鉴和参考。

2. 行政执法类公务员的职务任期制未能建立

行政执法类公务员的职务层次涵盖处级以下岗位，根据《行政执法类公务员管理暂行办法（征求意见稿）》，方案一的行政执法类公务员的职务分为七个职务层次，由高至低依次为：行政执法一级、行政执法二级、行政执法三级、行政执法四级、行政执法五级、行政执法六级、行政执法七级；方案二的行政执法类公务员的职务分为六个职务层次，由高到低依次为行政执法一级、行政执法二级、行政执法三级、行政执法四级、行政执法五级、行政执法六级。其中，方案一和方案二其前三级对应现行公务员级别一样，即行政执法一级对应公务员级别的十八级至十二级；行政执法二级对应公务员级别的二十级至十四级，行政执法三级对应公务员级别的二十二级至十六级。也就是说行政执法职务的一级相当综合管理类的处级职务、行政执法类二级相当于综合管理类的副处级职务，行政执法类三级相当于综合管理类的科级职务。虽然即便综合管理的处级和科级领导职务的任期制目前也未能建立起来，但是行政执法类的公务员职务具有特殊性，特别是街头一线行政执法类公务员具有街头官僚的特性，如果行政执法类公务员的领导职务的任职周期过长，长期在同一个岗位任职，一方面会导致行政执法类公务员的职业疲惫感和职业厌倦感增强；另一方面会增加职务腐败和职务犯罪的道德风险和法律风险。因此，建立执法公务员的职务任期制十分必要。

（四）行政执法类公务员退出与淘汰机制尚未形成

能进能出是行政执法类公务员新陈代谢机制的核心内涵，退出机制的建立与良好运行是新陈代谢机制的重要保障。缺少正常的公务员退出机制，不仅会大大增加政府的人力行政成本，还会造成冗员过多、因人设事、机构膨胀、效率低下的弊端，从而会进一步加剧政府人力资源的结构性矛盾。同时，缺乏合理的人力资源淘汰机制，优秀人才难以顺利进入公务员队伍，不利于公务员队伍的素质改善，进而会影响到整个行政执法类公务员队伍的专业精神、竞争意识、责任意识和执法能力的提高。从我国公务员的退出机制设计来看，主要是由公务员的辞职制度、辞退制度、退休制度及调出制度构成。

1. 基层行政执法类公务员退出机制的主要途径是退休，辞职、辞退及调出机制均作用不明显

首先，从执法公务员的辞职辞退机制来看，作用不明显。据《南方日报》报道，从1996年中国实行公务员辞职辞退制度以来到2003年8年间，全国共有19374名不合格公务员被辞退，平均每年不到2500人。如果按照全国近500万公务员计算，每年辞退的公务员占总数的比例为0.05%左右。加上3万多主动辞去公务员职位的人，粗略估算，公务员的

流动率在 1.25% 左右，而企业人才流动率达 10%。① 再据广州市天河区组织人事部门统计，从 1998—2003 年间，全区共有 100 多名不合格公务员被辞退，平均每年不到 23 人，每年辞退的公务员占总数的比例为 0.03% 左右，而目前企业的平均每年辞退率至少 7.5%。又根据我们对北京市 47 个执法部门和基层执法单位人事处长、科长的问卷调查，各单位 2011—2013 年中处级公务员的辞职人数为 0，科级公务员辞职人数 5 人，科员级辞职人数为 11 人，三年合计共有 16 人，也就是说 47 个执法单位中每个单位年平均辞职人数仅为 0.12 人。辞职的原因主要是出国、上学、经商等。可见辞职机制发挥的作用非常有限。从辞退机制来看，在 47 个执法部门和基层执法单位里，各单位 2011—2013 年三年中处级辞退的人数为 0，科级公务员辞退人数为 3 人，科员级辞退人数为 2 人，三年合计共有 5 人，也就是说 47 个执法单位中每个单位年平均辞退人数为 0.04 人。辞退的原因主要是被判刑。目前，科级公务员主要减少渠道是自然减员，除主动申请辞职的公务员外，近 5 年北京市西城区政府科级公务员中被辞退人数为 0，被开除人员不足 10 人，进入公务员队伍就等于进入了保险箱成为不争的事实。可见，作为能出能进机制的辞退机制基本上没有发挥作用。《公务员辞退规定（试行）》中规定了 5 条公务员辞退情形，但在实际工作中，辞退规定中所列的情形很难做出认定。如第四条第（二）点"不胜任现职工作，又不接受其他安排的"予以辞退，由于目前政府职位职责和人员分工不明确，很难衡量何种程度才算是不胜任现职工作，对胜任力的判断缺乏统一标准。另外，在公务员年度考核方面，对公务员"德能勤绩廉"的五项考核中，除了"绩"较容易量化，其余指标亦无标准。平时无考核，年终考核流于形式，优秀指标靠分配等情况出现，"连续两年年度考核被评为不称职予以辞退"的情况几乎不会出现。考核结果不能如实反映被考核人的真实情况，"干与不干一个样、干多干少一个样、干好干坏一个样"，考核与奖惩机制不健全，严重影响了公务员辞退机制发挥作用。

其次，从公务员的调出机制来看，在北京市的 47 个执法单位中，近三年分别调出人数为 2012 年 201 人，2011 年 149 人，2010 年 75 人，每

---

① 《公务员缘何成为中国大学毕业生最热衷的职业》，《北京周报》2006 年 4 月 6 日。

个执法单位年均调出人数分别为 4.28 人、3.17 人、1.60 人，考虑到调研对象人员中有些可能调到其他行政单位并没有改变公务员身份，因此调往事业单位和企业的人数就更少。可见，对于行政执法类公务员的调出机制也是作用有限。

最后，从公务员的退休机制来看，根据我们对北京市西城区科级公务员队伍的调查与思考，2007—2012 年，近 5 年北京市西城区政府公务员退休 967 人，占总减少数的 52.9%。由于科级公务员占西城区政府公务员总数的 80% 以上，可以得出，科级公务员的主要减少渠道是退休，年龄因素是导致科级公务员减少的主要原因。

所以，可以得出结论，即基层行政执法类公务员退出机制的主要途径是退休，辞职、辞退及调出机制均作用不明显。

2. 执法公务员退出机制不顺畅的原因

首先，虽然《公务员法》规定了若干"退出"途径，但除退休外，还没有一种宽口径的"退出"渠道，最主要的原因，就是缺少硬性规定和相关配套措施。辞职辞退或被开除的公务员数量少，聘用制公务员比例低，导致一些地方政府将"退出"狭隘地理解为"提前退休增加工资档位""自愿辞职创业给予补偿金"或"下海经商给予保护政策"等。①

其次，退出机制不起作用的另一个原因，在于公务员保障制度尚不完善。现行的公务员保障制度基本沿袭了计划经济时代的模式，高度依附于单位或政府，由公共财政一手包办，社会化程度低，没有建立起政府和个人分别负担的积累制的个人养老与失业保险制度，制约了公务员的正常职业流动。此外，管理体制分散，政出多门以致出现多头分散管理的格局。如公务员的社会保险由人事部门负责，公费医疗由卫生部门负责，而部分福利则由各级工会负责，最终导致费用增加，退出机制效率低下。

再次，公务员退出机制还存在来自退出制度执行主体的阻力。其一，执行主体的认知局限。不少执行主体自身素质不高，对退出制度的价值、功能或作用尚缺乏正确的认识，或对退出制度执行的目标、原则、措施或界限缺乏正确的理解，较难形成有效执行退出制度所必备的系统观念、战

---

① 张文风：《试论建立公务员正常退出机制的契机及路径》，《中共四川省委机关党校学报》2008 年第 3 期。

略远见及自觉接受监督的民主意识。其二，执行主体的利益驱使。若执行主体的自身利益、需求受到冲击，有可能影响其对制度的有效执行。

最后，来自公务员退出制度执行对象的阻力。公务员队伍的超稳定状态使许多公务员观念保守，进取精神不足，等靠思想严重，习惯于平淡的固定工作，对内部改革和变换工作岗位反应激烈。作为退出机制的执行对象，退出带来的直接后果不仅包括自身形象和面子的受损，还隐含社会地位与生活待遇的降低。切身利益使他们难以接受退出制度，即使犯了错误，也会想尽办法保住"金饭碗"。造成人才不进取，冗员出不去，能人进不来的官场"灰色地带"。

三　完善新陈代谢机制的对策措施

（一）合理规划公开招考执法公务员的规模和结构

从行政执法资源的纵向配置来看，特大城市行政执法工作任务主要分布在区以下具有行政管理和行政执法职能的机构，具体表现在各种执法大队、中队、队或分局、所等机构组织中。但是在目前的行政执法类公务员的分布结构中，市级、区级行政管理机关、行政执法机关或执法总队人员编制占数较多比重较大，因为行政编制总额的限制，导致基层特别是一线行政执法岗位人员数量不足，整个行政执法队伍在行政层级上呈现梯形机构甚至呈现倒三角形机构，与行政组织的金字塔机构不一致。行政执法工作基层特别是街道、社区、乡镇行政管理事项多、涉及面广、违法违章问题突出、行政执法和行政处罚的任务重、难度大、责任大，对老百姓和群众的影响也大。特别是随着各地经济发展的加速，社会转型压力的加大，街道、社区或乡镇一级政府或部门承担了越来越多的属地责任，很多市、区政府职能部门以各种形式将本部门的职能和任务延伸到街道、社区或乡镇一级，使街道、社区或乡镇一级政府和部门承载了众多的行政管理职能，导致有限的行政编制配置也偏向综合管理岗位上，行政执法岗位力量薄弱分散。从行政执法人力资源的横向配置来看，特大城市的行政执法人力资源基本是按照行业和专业部门进行条条配置的，呈现出典型的条条分割的特点。各条各线只是按照自己的条线职能划定进行行业或专业的条线执法。行政执法力量条线分割、各管一摊，不是自己领域的事情基本不管,使跨行业和跨专业执法协调困难,有些民生突出的违法现象难以得到惩罚和遏制。在条线执法力量的配置上也存在不均衡的现象,传统行业和部门执法编制较多,人员力量较强,如工商、税务、公安等,新行业和新设置的部门或随着经济社会发展出现较多新问题的行业和部门往往执法编制较少,行政执法力量薄弱,如环境执法、文化执法等。因此,完善行政执法公务员新陈代谢机制的基本工作就是重构行政执法人力资源的规模与结构。首先是要根据特大城市经济社会发展的现状、城市管理的职能与任务,结合行政执法领域的各部门的现状及新情况,围绕当前特大城市行政执法中的突出问题,重新评估和界定行政执法的职能、任务和机构编制。其次是在行政执法机构的纵向配置上实现人力资源的中心下移,将主要的行政执法力量配置到基层和一线执法部门或机构中,改变目前人力资源漂浮在各类机关部门中的状态。在行政执法机构的横向配置中,调整和重构行政执法机构的条线人力资源配比,特别是围绕近年出现的突出行政执法问题和新的执法领域进行行政执法机构的条线整合,建立和重构综合执法的领域和部门,以解决行政执法力量的分散和分布不均衡的现状,破解跨部门或跨行业执法的难题。

(二) 建立和完善行政执法类公务员的考录制度

按照公务员法关于行政执法公务员分类管理的总原则,必须从现在开始设计和构建行政执法类公务员的单独考录制度。制度设计可以先行顶层设计,也可以由地方政府在实践中创制实验,经由各地创制的经验上升为全国性的行政执法类公务员考录制度。为此,中央政府在行政执法类公务员的人事制度实验上要敢于放权,并鼓励创新。特大城市综合人事行政管理机关应该勇于创新,率先进行制度设计和先行实验,为全国的行政执法类公务员考试录用制度积累经验。因为行政执法类公务员主要是地方政府行政辖区内市场监管和行政执法处罚工作,很多执法任务具有综合执法和跨部门联动的特性,因此特大城市的行政执法类公务员考录制度创设不宜由专业和行业类的行政管理机关进行具有专业和行业特征的公务员考录试验。特大城市现阶段率先进行行政执法类公务员的考录创制试验,尚需把握好几个关键环节。

1. 科学设置执法类公务员招考条件

科学的招考条件应该源于各行政机关行政执法岗位的职位分析，鼓励和指导各行政机关借助专业咨询机构建立本机关执法类公务员的素质模型，为科学设置行政执法类公务员的招考条件提供理论依据。在招考执法类公务员的条件中必须适度区分于综合管理类和专业技术类公务员的招录条件。在学历上破除唯学历论的陈旧思想和习惯观念，行政执法类公务员学历应以专科和本科学历为主，个别特殊情况兼顾研究生以上学历，在专业上应着重于选拔行政执法特点的专业和近年来市场监管中急需的新型专业，同时应优先选录具有一定的基层工作经验的人员。要做到一定的学历教育为基础，着重于专业执行能力和实践工作经验，提高行政执法类公务员的录用素质与招考职位的素质模型的匹配度。

2. 在执法类公务员的招考范围上，应该坚持两个重点

首先应设置并安排一定比例编制的行政执法类公务员职位定向招收选录军转干部和退役士兵。部队良好的纪律训练、军事素养、过硬的工作作风决定了军转干部和退役士兵与社会人员和应届学生相比，其行政执行能力和纪律、作风更强，更能适应一线行政执法工作的需要。同时，面向军转干部和退役士兵的行政执法类公务员职位的定向招考也有利于军队的建设，缓解地方政府对于当前部队转业干部和退伍士兵的安置工作压力。其次，在面向社会的行政执法类公务员考录工作中，要着重选录在基层事业单位、社区居委会和农村村委会以及私营企业工作过的人员。这些人员熟悉基层情况，对市场监管和一些执法有直接的感悟和经验，更能适应执法类公务员的岗位情况。

3. 行政执法类公务员的录用必须坚持"凡进必考"的原则

执法类公务员的招录考试每年应在规定的时间里定期招考，实现执法公务员的招考定期化、制度化和规范化。不能在有职位空缺需要补充工作人员随时面向社会公开招考。要建立并规范运行、按年度更新行政执法类公务员考试题库，实行考试题库的标准化和科学化。在行政执法公务员的考录面试中要注重创新面试的内容和考试方式，努力实行面试的标准化和规范化；面试的考官应由地方政府人事部门和专业学者组成，改变目前面试内容的随意性和面试考官的官员化局面。

4. 要建立并立即实行行政执法类公务员的录用背景考察制度

在具体的录用工作中不仅要将笔试、面试成绩纳入总分，而且要将背景考核结果量化，并在总分中占合理的比例。要改变目前公务员考试中存在的过于追求考试成绩和高学历，普遍不重视考生的思想品德、工作作风、人文素养和实践能力的现象，避免出现高分低能、公共品质匮乏、人文素养低下、廉政风险较大的人员进入行政执法公务员队伍。行政执法类公务员直接与基层群众打交道，其工作性质与民生息息相关，其个人诚信品质事关党和政府的公信力和民心民意，因此要特别重视候选考生的诚信品质考察。上海市建立的公务员管理信息系统，并将其应用于公务员录用过程中的个人信用调查的做法很值得推广和借鉴。应对行政执法类候选公务员全面进行必要的个人信用调查和品德考察。比如其个人征信记录状况、原单位和学校的群众评价等，一旦在个人信用记录上出现瑕疵，就应该减少和杜绝该考生候选录用概率。

（三）改革任用制度，加大聘任制，增强执法公务员管理的活力

改革和创新行政执法类公务员的职务任用方式。公务员的任职方式主要有四种，即委任制、聘任制、考任制和选任制。

1. 目前行政执法类公务员任职制度存在的主要问题是任职方式单一、手段落后，任用制度难以适应当前基层行政执法工作的形势和任务要求

就地方政府来看，除深圳市建立了行政执法类公务员的分类管理制度，全面实行了执法类公务员任职的聘用制外，我国其他地方政府包括各特大城市政府均未能实现行政执法类公务员的任职方式的改革，基本上还都是采取单一的委任制任职方式。行政执法类公务员普遍采用委任制的任用方式，有其一定的合理性和科学性，比如任用手续简便，行政效率较高，体现了行政管理工作的命令链和用人治事的统一。但是委任制天生具有的过于体现上级首长意志和喜好习惯的特征，一方面极易形成基层行政执法公务员的唯上不唯下，重视领导甚于重视群众的机关官僚作风；另一方面也增加了领导在用人治事过程中的长官意志和个人独裁腐败的道德风险。同时，委任制还客观上导致了任职容易免职难的政府人事管理制度的僵化，在一定程度上加剧了职务终身制的弊端。能进能出、能上能下一直以来均是我国政府人事制度改革的重要目标，但是在缺少科学且有效的任

职考核制度和行政问责制度下，任职容易免职难一直是长期困扰委任制这种任用方式的一个难题。因此，改革行政执法类公务员的任职制度，创新行政执法类公务员的任用方式，是实现行政执法类公务员分类管理的重要保障。

2. 聘任制是执法公务员改革的重大制度创新

首先，我国《公务员法》对此实际上已经进行了顶层制度的设计，其第 95 条明确规定："机关根据工作需要，经省级以上公务员主管部门批准，可以对专业性较强的职位和辅助性职位实行聘任制。"行政执法类公务员属于专业性较强的职位，应该可以具有公务员法原则规定的实行聘任制的任职方式。与传统的委任制不同，聘任制是契约化管理，可以有效避免委任制方式活力不足的弊端，同时，还可以增加委任制公务员的竞争压力。聘任制度设计的初衷，正在于打破僵化的公务员进入与退出机制，改变人才无法吐故纳新、政府部门工作作风改进难等问题。聘任制使公务员选拔得以多样化，更能激励工作积极性，同时，聘任制公开招聘的方式，也使公务员任用过程更透明，更有利于社会监督。

其次，在实践层面来看，我国很多地方政府已经开始对执法公务员进行了聘任制的改革试点。2007 年深圳首推公务员聘任制、2008 年上海，2012 年江西、河南、福建、辽宁、广西、江苏、四川、山西、山东等多个省市开始探索聘任制试点。北京市正在进一步研讨聘任制公务员的试点方案，具体试点部门和待遇等尚未完全确定。从目前聘任制的做法来看，大多使用行政编制，要求有两年以上的工作经验，统一签订固定期限的劳动合同。待遇根据合同协议，以面谈的方式确定工资，是一般科员的1.5—2 倍；而且工资还会还根据考核的结果逐渐递增。按企业推行的标准购买养老保险，可以竞争领导职务。地方政府对行政执法类公务员任用方式的改革试点现在看来效果明显，成就是主要的，特别是深圳市对行政执法类公务员的分类改革的全面试验，在经验层面证明了聘任制这种任用方式可以适应行政执法类公务员的任用需要，较好地解决了目前委任制这种任用方式所存在的一些弊端和不足。

再次，行政执法类公务员全面应用聘任制这种任用方式也还存在一些问题。行政执法类公务员的聘任制度尚缺少顶层设计，地方政府的试验还存在一些漏洞，同时试验中暴露出的一些问题还比较突出。其一，在聘任制公务员的待遇安排上，一些地方在工作内容相同情况下，聘任制公务员工资待遇要比委任制公务员低了近 1/3；其二，在职业发展路径设计上缺少制度性的安排，委任制公务员可以按科员、科长、处长这一领导职务通道和科员、主任科员、调研员、巡视员这一非领导职务通道晋升，但是聘任制公务员的晋升路径尚不清晰。目前，中央人事部门针对综合管理类基层公务员职务晋升难又设计了第三条通道即基层公务员可以按照职级晋级的方式职业发展，但是统观行政执法类聘任制公务员的职业路径尚缺乏清晰且明确的职务晋升通道，有些地方设计聘任制公务员可以从助理晋升到主管再到主任，而且是六年才有一次机会。显然与委任制的公务员相比，聘任制的公务员职业路径尚需认真调研设计安排。其三，目前试点地区也出现了聘任制公务员解聘难问题。人社部 2011 年发布的《聘任制公务员管理试点办法》规定，试用期不符合聘任条件，聘期内年度考核不称职或者有两年为基本称职，都将解聘。但缺少明确标准和程序。聘用考核方式比较虚，绝大多数人都能通过。试点 6 年，深圳 4 万多公务员中聘任制超过了 3200 名，无一人被解聘。2010 年后大批入职的聘任制公务员尚无被辞退者。2007 年以来，只有 20 余位聘任制公务员因自身意愿等原因主动辞职。其四，因为缺少有力的配置政策，聘任制也逐步滋长了委任制的人事制度僵化的弊端，聘任制的人事管理活力机制逐渐消减。其五，聘任制公务员与综合管理类公务员、专业技术类公务员的交流、聘任制执法类公务员的任用范围、在同一个机关和部门聘任制公务员与其他类公务员的管理衔接和协调，乃至聘任制公务员如何顺利解聘及解聘后职业出路等，都是试点过程中暴露出的较为突出的问题。尽管聘任制在行政执法类公务员的试点中出现一些问题，但是总体来看，行政执法类公务员任用方式上全面实行聘任制并在实践中予以逐步完善的改革方向和路径应该都是正确的。

（四）创新和建构行政执法类公务员的交流机制

公务员的交流是指机关根据工作需要或公务员个人愿望，通过调任、转任、挂职锻炼等形式，在机关内部调整公务员的工作职位，或者将非公务员身份的公职人员调入机关担任一定层次公务员职务的管理活动。交流是有效配置干部、有序培养干部、有机循环干部的重要途径。创新和完善的公务员交流机制，可以有效激发行政执法类公务员队伍的生机与活力，体现公务员系统的灵活和开放，形成一池活水，避免"近亲繁殖"。行政执法类公务员也需要设计并安排交流机制。行政执法类公务员处于行政监管、行政执法、行政处罚的一线，其中大多数属于街头官僚，手里掌握着很多种很大量的行政自由裁量权，其执法权的行使与运行透明度不高，存在腐败和利益交换的天然风险。如果职位不能交流的时间越长，其陷入和涉及腐败与利益纠葛的可能性就越大。另外，行政执法类公务员因为其职业发展路径有限，长期在一地从事某项行政执法工作，随着时间的推移极容易产生职业疲惫感，只有适度安排一定比例的岗位交流与轮换才能在一定程度上减轻基层行政执法类公务员的职业倦怠，增强工作的积极性。因此，构建并制度性地安排行政执法类公务员交流也是完善行政执法类公务员任职制度的重要内容。

　　一般来看，基层行政执法类公务员的交流可以分为培养性交流、优化结构性交流、廉政性交流三种形式。培养性交流是针对具有一定培养前途的后备管理干部进行的多岗位锻炼性交流；必须定期从年轻的一线行政执法公务员中考察选拔一定比例的综合素养较好的公务员，列为行政执法后备干部进行有计划的培养性交流。培养性交流时间不能太短，应该保证一定的岗位锻炼时间，过于频繁的岗位调整，并不能增加岗位工作经验，达到岗位锻炼的能力。要避免目前存在的少数某些背景的公务员为了快速晋升而有意安排的蜻蜓点水式的培养性交流。优化结构性交流是针对同一单位工作或同一岗位工作时间过长的公务员进行的预防工作疲倦感的交流；如天津市和平区针对男 52 岁、女 50 岁以下，在同一单位工作 15 年以上，任同一岗位科长或副科长职务 6 年以上的；或是任正副科级领导职务 8 年以上的；或是任正副科级 10 年以上的公务员，即开展了优化结构性的交流。廉政性交流是针对特殊岗位或具有廉政风险点特征岗位的公务员进行的预防腐败性的交流。某些廉政风险较大的部门和岗位必须进行定期的轮岗和交流，其中担任领导职务的行政执法类公务员在每个任期内都应该进行跨岗位轮换交流。行政执法类公务员的职位交流形式一般也可以参照综合管理类公务员的三种形式设计安排。其中调任形式应较综合管理类公务员的交流条件适度降低，因为行政执法类公务员的职务主要在地市级以下机构设置，行政机构层级较低，因此，调任形式应该可以适用于股级及以上领导职务的交流。行政执法类公务员的转任交流形式中应该专设轮换形式，轮换作为行政执法类公务员的一种特别交流形式，属于特殊形式的转任，其制度应单独设计并规定其适用的范围、条件和强制要求。行政执法类公务员交流形式中的挂职锻炼应该主要适用于培养性交流，挂职锻炼的去向可以是基层企事业单位，也可以是上级行政管理机关。挂职锻炼可以有效增加行政执法类公务员对行政管理和公共服务对象的理解，增加执法机关与执法对象的合作，又可以极大地提高基层执法公务员增加对国家政策和法律法规的理解，增加自觉执行的能力。

（五）建立并试行行政执法类科级公务员领导职务任期制

领导职务任期制是公务员任职管理制度的重要内容。选任制公务员的职务任期是由选举法和地方政府组织法予以规定，一般与选举期限一致，连任不超过两届。委任制公务员的任期规定最早是由《党政领导干部选拔任用工作条例》予以规定，公务员法对此则有原则性的规定。2006年，中央组织部下发了《党政领导干部任期的暂行规定》，规定中的第二条关于实行任期制的领导职务范围规定为"县级以上地方党委、政府领导成员，纪委、人民法院、人民检察院的正职领导成员；省（自治区、直辖市）、市（地、州、盟）党委、人大常委会、政府、政协的工作部门和工作机构的正职领导成员"。第十三条规定为"省（自治区、直辖市）党委根据本规定精神，结合各地实际，对乡（科）级党政领导干部实行任期制度作出规定，并报中共中央组织部备案"。显然，行政执法类领导职务因为其层级较低，不能适用党政领导干部任期的规定，需要由省级党委结合当地实际予以专门规定。同样，行政执法类公务员因为其分类管理工作的滞后，目前科级职务的任期尚无制度性设计和规定，需要随着行政执法类公务员分类管理的推进予以及时制定并实施。因为科级领导职务在行政执法类公务员的队伍中不仅数量多，而且处在职务层级的中间层次，其岗位重要，其中绝大多数科级职务又处在行政执法的一线领导地位，行政自由裁量权很大，潜在的腐败陷阱和道德风险均高，因此科级职务群在行政执法类公务员的职务群中地位特殊、责任重大、岗位关键。所以，建立并实行科级领导职务的任期制度不仅对于提升这一关键层次的职位群的效率从而激发整个行政执法公务员队伍的活力至为重要，而且对于保障整个行政执法类公务员队伍的廉政建设也殊为重要。行政执法类科级领导职务任期制可以参考领导干部任期制的做法，比如科级领导职务的任期可以设定为每期 4 年（含一年试用期），在一个任期内原则上不进行交流。除对工作连续性要求较高、专业性较强的职位外，同一层级科级领导职位上，其任职原则上不能超过两个任期，任职期满后自动免职。符合竞争上岗条件的需要重新参加新岗位的竞争上岗或进行交流；未能竞争上岗的改任同级非领导职务；超过年龄的，不再参加竞争上岗，改任科员职务，但可以享受原职级待遇。①

（六）健全行政执法类公务员的退出机制

公务员退出机制是当前公务员管理工作中的一项热点和难点问题。行政执法类公务员从分类管理伊始就应该在制度层面对退出机制进行预先设计和安排。在现有的退出机制中，梳理和畅通出口的渠道设计，系统性地安排好配套机制，切实落实行政执法类公务员的新陈代谢机制，增强行政执法类公务员的人事管理活力。其中主要是做好以下几项制度的设计与安排。

1. 执法公务员的退休制度

首先，实行强制退休制度。行政执法类公务员的强制退休制度应符合并实行国家公务员法关于退休的统一规定，即除国家另有规定外，公务员男年满 60 周岁，女年满 55 周岁，应当按时办理退休手续。

其次，实行提前退休制度。国家公务员法提前退休的制度规定为公务员工作年限满 30 年的，或男年满 55 周岁，女年满 50 周岁，且工作年限满 20 年的，本人提出要求，经任免机关批准，可以提前退休。行政执法类公务员的提前退休制度需要执行现行国家公务员法关于提前退休的制度规定，但是其退休后的待遇及配套人事管理措施如再就业的出路等尚需要制度创新和设计，否则会影响到公务员的提前退休积极性。在待遇方面，提前退休时间距法定退休年龄 1 年以上不满 3 年的，可以增加一档职务工资；3 年以上不满 5 年的，可以增加二档职务工资；5 年以上的，可以增

---

① 参阅百度百科《党政领导干部职务任期暂行规定》，http：//baike.baidu.com/view/5078818.html。

加三档职务工资。在再就业的激励政策上，部分地方政府的创新经验可以借鉴。如安徽省在 2013 年《关于服务民营经济发展的若干意见》第 7 条内容为："对工作年限满 30 年，或距国家规定的退休年龄不足 5 年且工作年限满 20 年的公务员，本人申请提前退休进行创业的，经任免机关批准，可以提前退休进行创业。对有创业项目，符合相关条件并依法辞去公职的公务员，所在机关应当予以批准，不得设置法律规章规定以外的附加条件。"① 总之，从长远看，提前退休制度将是应用较多的一种人才退出机制。对那些不适合工作岗位要求，又没到法定退休年龄的公务员，提前退休制度不但可以为机关工作解决现实的问题，也可以使行政执法类公务员得到应有的补偿。这样的退出较为缓和，有利于组织与个人关系的调整和平衡，从而在"一团和气"中实现正常退出。

再次，创新内部退养制度。内部退养制度实际上是一种暂时退休制度。行政执法类公务员主要设置在地市以下基层行政机关，行政管理与行政执法任务相对繁重、强度较大，对执法公务员的身体和心理素质要求较高，一方面应该执行国家公务员法关于提前退休的制度规定；另一方面也可以在行政执法体制和机构的改革过程中，进行人事体制和退休机制的创新，设计并安排内部退养制度。内部退养制度是针对尚不够法定退休和提前退休的条件，因为本人的身体和心理状态已不能适应行政执法工作的形势和需要，根据执法公务员的本人意愿和基层机关的实际情况，予以内部退养的制度安排。内部退养的本质是对身心素质不佳，缺乏工作激情，已经不胜任本职工作的执法公务员，出台相应政策使其提前退养，让出职数，以补充更多优秀的年轻人，保证行政管理和行政执法工作的质量。内部退养期限应在提前退休制度以下设置，不能与提前退休制度重合。其认定条件可以主要依据距法定退休的年限进行设置，比如设置在提前退休年限下 3—5 年为好，即距法定退休年 5—8 年的执法公务员。内部退养的实施范围必须严格界定在基层一线从事具体行政监管或行政执法工作的公务员。内部退养与现职执法公务员的待遇区别应主要体现在工资层面上，即职务与级别工资、保险、福利保留原待遇，绩效与奖励工资部分应不予保

---

① 《安徽允许符合条件的公务员提前退休进行创业》，《南方周末》，http：//www.infzm.com/content/92291。

留。也可以参考提前退休的相关待遇规定予以安排。申请内部退养的执法公务员到达提前退休年限后，应按照提前退休的制度规定办理提前退休手续。

最后，执行因病或因公致残退休制度。行政执法类公务员因病或因公致残，丧失工作能力，由本人提出申请，所在单位申报，按有关规定进行丧失工作能力鉴定。对符合因病或因公致残退休条件的人员，任免机关为其办理退休手续。其中因公致残提前退休的，享受有关鼓励提前退休的政策待遇。

2. 执法公务员的辞职制度

首先，实行自愿辞职制度。公务员相关法规规定公务员工作已满最低服务年限，其本人申请离开行政执法机关，不再担任公务员职务的，可以向任免机关申请辞去公职。除有规定不得辞职者情形外，任免机关应当予以批准。行政执法类公务员也可以参考执行这一规定，以畅通出口。目前，很多地方政府出台地方人事政策鼓励基层公务员自愿辞去公职领办、创办、租赁企业，或者从事个体经营以及到非公有制企业或非财政拨款单位就业的，办理辞职手续时，一次性发给本人 5—8 年基本工资的辞职补偿金。[1] 公务员辞职时工作年限满 5 年的，按 5 年基本工资计发辞职补偿金；工作年限每增加 1 年，增发 1 年基本工资的辞职补偿金，辞职补偿金最高不超过 8 年基本工资。[2] 例如 2012 年，吉林省发布《关于进一步促进小型微型企业发展的意见》，其中也提到鼓励公务员从事创业活动，并为其保留 2 年职务、级别、编制、人事关系及工资福利待遇。超过 2 年的要办理相关辞职手续。[3] 但是因为目前公务员退休金与企事业单位的养老金尚未并轨，如果一个公务员要离职，其养老金账户等于重新建立，这对于拥有较长工作年限的公务员而言辞职损失很大。因此需要尽快通过制度顶层设计，解决公务员与企业人员的养老金"双轨制"问题，为公务员出口流动提供制度保障。

---

① 《近年多地鼓励公务员辞职应者寥寥》，大河网，http：//newpaper. dahe. cn/hnsb/html/2014－02/14/content_ 1027028. htm？div＝－1。

② 《武汉市鼓励公务员下海自愿辞职可领 5—8 年工资》，《武汉晨报》2004 年 11 月 19 日。

③ 百度文库：《吉林省人民政府关于进一步促进小型微型企业发展的意见》，http：//wenku. baidu. com/view/d0820f48852458fb770b5658. html。

3. 执法公务员的出口保障配套制度

行政执法类公务员的出口畅通需要一系列的政策配套和保障，其中最为主要的是公务员的养老保险和医疗保险改革。我国目前实行的公务员养老、医疗保险等基本上由公共财政大包大揽，公务员个人并无养老金和医疗金的账户积累。因此，首先必须尽快按照统筹社会养老保险和医疗保险的要求，实行公务员与社会养老医疗保险制度和政策的统一，特别是要设计和解决好现职公务员的个人工作年限折算补足公务员的个人养老和医疗保险账户。同时，还需要打破目前社会保险账户的地区分割、不能跨地区统一使用的问题，以满足公务员出口后的跨地区流动和再就业。其次，完善行政执法类公务员的再就业保障制度。各地人事部门的人才服务机构应该专门为正常退出的执法公务员再就业提供专门的咨询、培训和政策服务，以帮助他们能够尽快适应社会的创业或再就业。

（七）建立行政执法类公务员的正常淘汰机制

1. 试用期退出制度

公务员法规定了初任公务员的试用期为一年，试用期培训与考核不合格不予录用。行政执法类初任公务员也实行并落实试用期培训考核等管理制度。行政执法类初任公务员在一年试用期内如培训考核不合格、试用期考核不合格、出现严重违反公务员纪律情况，发现其履历、学历或档案等人事信息弄虚作假的情况，经任用机关或人事管理机关批准，予以取消其录用资格。同时，针对行政执法类新录用公务员，应该容许经过一段时间试用，其本人认为不适合担任执法类公务员职位的工作，可以申请辞职，终止职务任用。为此，需要适当修改目前公务员法规定的初任公务员在未满最低服务年限的不能辞职的规定，以更好地实现执法机构的人事相宜，人岗适配。

2. 内部离岗培训制度

离岗培训可以适用于两种人事管理的情形。一是针对不能胜任行政执法工作的岗位需要，或一年内被两次行政告诫的，或年度考核为基本称职或排名末位的，或受到除开除以外行政处分，且在处分期内的执法公务员，调离原执法岗位，安排进行一定时期的专门培训，根据培训的情况重新上岗的制度。二是针对竞争上岗中落岗的执法公务员，在不能安排提前退休和内部退养的条件下，予以安排一定期限的专门离岗培训，通过离岗培训重新获得岗位竞聘的资格。竞争上岗原本主要是针对领导职务公务员的进行一种内部岗位选拔制度。为增进行政执法公务员的竞争压力，可以在基层执法机关进行执法公务员的全员竞争上岗。未能竞得执法公务员岗位的就可以进入离职培训的制度渠道，培训合格后重新竞岗。离岗培训考核不合格，或重新上岗后在一定时期内依然不能胜任执法岗位工作的或试岗考核不合格，应该及时予以辞退。离岗培训制度作为一种人事淘汰机制一方面可以对不胜任的公务员进行警示，另一方面也可以通过专门的培训，提升其胜任能力。离岗培训制度可以在行政执法机关内部建立一定的竞争激励机制，同时又避免了针对不胜任现职的公务员予以直接辞退所带来的人事震动。行政执法类公务员的离岗培训期限一般应在 3 个月至半年期间为宜。

3. 解聘辞聘制度

针对分类管理后实行聘任制方式任职的行政执法公务员应该建立其解聘辞聘制度。解聘和辞聘本质上是执法公务员与政府提前解除聘用合同的一种方式。公务员关于聘任制公务员的聘任合同解除已有一些原则性的规定，比如聘用单位和聘用人员协商一致的，可以解除聘用合同；聘用人员违反合同规定或聘期内考核不合格的，聘用单位可以单方面解除聘用合同；聘用人员辞聘的，经聘用单位同意，可以解除聘用合同，其中在试用期内辞聘的，聘用人员可以单方面解除聘用合同；聘用期满不再续聘的，自然终止聘用关系。除另有规定外，解除聘用合同或聘用期满不再续聘的，聘用人员的公务员身份自然消失。聘任制对政府人力资源的流动性和竞争性均具有重要意义，目前需要进一步研究的是如何在解聘和辞聘的条件上更加具体化和制度化，以免聘任制公务员也出现解聘难的困境。

4. 辞退和开除制度

公务员的辞退和开除是公务员法设定的重要的公务员出口渠道。辞退是行政机关单方面人事管理的意志和措施，公务员法关于公务员辞退的情形主要规定了以下几种，即公务员年度考核不称职或不胜任现职，又不接受其他安排；因单位调整、撤销、合并，或者缩减编制员额需要调整工作，本人拒绝合理安排的；旷工或者无正当理由逾期不归连续超过 15 天，或者 1 年内累计超过 30 天的；不履行国家公务员义务，不遵守国家公务员纪律，经多次教育仍无转变或者造成恶劣影响，又不宜给予开除处分的；严重损害经济发展软环境或行政不作为、乱作为，按照有关法律、法规及政策规定应予以辞退的。除以上这些通用条件外，行政执法类公务员的辞退情形应该结合公务员的行政问责办法进行进一步的具体规定和细化，以使辞退在行政执法类公务员的出口渠道中真正发挥积极的作用。开除属于公务员的最为严重的行政处分，适用于行政执法类公务员的严重违纪或违法行为，应该也是行政执法类公务员的出口渠道之一。

第 八 章

激励机制存在的问题及其对策建议

一 激励机制的内涵及意义

（一）执法公务员激励机制的含义

行政执法公务员的激励机制是调动执法公务员工作热情和积极性，激发整个执法公务员队伍的活力、竞争意识和进取精神，提升行政执法类公务员行政效率与为人民服务品质的重要机制。公务员激励机制是政府和行政组织的活力之源。拥有良好并有效运行的公务员激励机制，一方面可以让政府富有效率并走向充满朝气、善意、责任和服务意识，另一方面也是行政组织健康发展的保障和可持续发展的动力。建立行政执法公务员的激励机制对于完善行政执法类公务员的管理机制，调动执法公务员的工作热情，保障执法公务员的人事活力，促进行政执法类公务员的职业化队伍建设至关重要。

（二）建立和完善执法公务员激励机制的重要意义

首先，良好和有效的执法公务员激励机制可以保障服务型政府的目标实现。服务型政府是我国政府建设和政府发展的主要目标。服务型政府要求政府把提供良好的公共产品和公共服务作为政府行政的主要职能，这不仅意味着政府需要对传统行政职能进行一次深刻的变革，而且也意味着政府需要对自身的组织运行方式和人力资源的管理模式进行全面的革新。政府及其行政组织在服务型政府的发展目标下必须走向亲民、良善、便捷、高效和负责任，必须放下官僚架子和统治身段，走向民生和服务。服务型政府职能的转变需要政府公务员的意识、行为和行政精神的转变。行政执法类公务员作为基层政府直接面对群众、履行行政监管和行政执法职能的一线公共管理者,其依法行政的意识、公共服务的精神、认真履职的责任心以及市场监管的效率不仅仅关系到服务型政府职能的实现,也会直接影响和塑造着人民群众心目中的政府形象。建立良好和有效运行的执法公务员的激励机制将有利于重塑行政执法公务员的服务意识,重构行政执法公务员的行为模式,调动起行政执法公务员参与服务型政府建设的热情。

其次,良好和有效的执法公务员激励机制有利于调动执法公务员的工作热情,提升执法公务员的服务品质,增强执法公务员依法办事的意识,从而激发执法公务员的行政管理效率。当前基层政府和行政执法公务员队伍中一定程度上存在较严重的官僚习气和特权意识,以及宗旨服务意识薄弱、行政作风散漫、机关效率低下等问题;同时,在基层行政执法公务员队伍中又普遍存在心理焦虑、工作压力大、职业前途困惑的状况。其结果导致了一方面人民群众不满意,另一方面基层执法公务员自身也不满意的双重压力。很多基层行政执法公务员在思想上出现了心态保守、精神萎靡、得过且过、消极怠工甚至故意不作为的现象。执法公务员消极思想、行为的产生与管理机制、公务员自身修养、职业道德,以及公务员职业的低风险性有关,但缺乏有效的管理机制是根本之所在。[①] 因此,要想真正调动起基层特别是一线执法公务员的工作热情,激发他们工作的主动精神和自觉自发意识,纠正他们的街头官僚行为,避免他们陷入以权谋利的陷阱,需要抓紧建构执法公务员的激励机制。

再次,良好和有效运行的执法公务员激励机制是构建高效执法公务员管理制度的必然要求。当前我国公务员制度整体上来看效率不高,人力资源的激励能力不足问题突出。在针对上海市浦东新区的执法公务员的调查数据显示,目前基层执法公务员的人事管理制度存在的主要问题中,14.8%的人认为是缺乏激励机制;考核制度中,18.5%的人认为考核缺乏相应的激励机制,不能使考核发挥应有作用;奖惩机制中有16.7%及20%的人认为所在单位的奖励措施和惩罚措施缺乏激励机制;有18.5%的受调查者职业发展的主要困惑是工作体制缺乏激励机制,可见激励机制

---

① 曲遥:《浅谈税务公务员管理体制改革》,《辽宁税务高等专科学校学报》2007年第6期。

的缺失贯穿于浦东执法类公务员管理制度体系之中。实际上，公务员制度的激励能力不足，特别是基层一线行政执法公务员激励制度的缺失已经成为影响公务员制度效率的主要因素了。公务员激励机制的乏力，加上公务员职业发展通道的不顺畅，使公务员制度日益僵化、缺乏活力，严重影响到公务员制度的变迁和发展。

总之，行政执法公务员的激励机制就是在《公务员法》及配套规定的指导下，依据科学理论和工作实际，通过有效的制度设计，采取一定的方法和艺术，激发公务员内在的动机和需求，有效调动其积极性，不断提升工作绩效，实现行政机关既定目标和任务的过程。设计、建构和完善科学有效的执法公务员激励机制可以促进政府更好地履行公共服务的职能，提升政府机关的行政效率，改善政府和行政执法机关的形象。

二　激励机制存在的问题

（一）执法公务员的职业公平感较差与职业困惑较多

目前基层执法公务员的职业倦怠与职业困惑现象越来越重。首先，职业公平感差。从我们对四城市执法公务员的职业公平感的感知评价来看，非常公平的为13.6%，比较公平的为71.9%，不公平的为10.9%，很不公平的为3.6%。非常公平可以理解为积极肯定性评价，比较公平可以理解为一般性评价，不公平和很不公平可以理解为消极否定性评价，显然职业公平感感知的积极肯定性评价13.6%要略低于消极否定性评价14.5%，说明大多数执法公务员对职业公平性评价率较一般。其次，职业幸福感差、职业倦怠严重。中国科学院心理研究所与智联招聘联合发布的《2012年度中国职场心理健康调研报告》显示，职场个人幸福感排名中，政府机关排名倒数第一，排名倒数第二的是民营企业。[①] 这说明基层政府特别是一线工作的公务员存有严重的职业焦虑或职业无奈的消极心理。2008年，重庆市发布了一组调研数据，不低于50%的公务员时常倦怠；2013年，中国社会科学院的一份调查显示，79.89%的基层公务员存在轻

---

① 李树彬：《公务员幸福感差源于"围城效应"》，中国劳动保障网，http：//www.clssn.com/html/home/report/78790-1.html。

度工作倦怠的现象。① 再次，职业困惑多。从执法公务员对职业发展中最为困惑的地方的认知度来看，四城市共同认知度最高前三位问题是编制少、晋升困难、交流难，个人努力目标不明确、前途迷茫，个人成就感很差。此外，单位发展无方向、无归属感，工作压力大、待遇低，潜规则多、人才不能善用，执法环境差、不被社会理解与认可，激励机制很差，工作氛围欠缺、人际关系差，也是比较突出的共同认知问题。

（二） 职务晋升机制中存在的问题

在执法公务员的激励机制中，职务晋升是所有执法公务员特别是基层执法公务员最为重要的职业期望。这一期望如果能得到响应和实现则会对执法公务员能起到极大的激励作用。

在某种意义上，执法公务员的这种职务上的期望可以化作内心强大工作驱动力，其产生的激励性不仅会显著高于其他类型的激励，而且其激励作用具有渐进性、持续性和长久性。但是，当前执法公务员的职务晋升机制存在较为严重的制度缺陷，一方面基层执法公务员职务晋升难，职业发展空间有限，公务员法规定的职业发展双梯子机制未能建立起来。另一方面，公务员能上不能下的局面未能根本改观，面对职数有限的少数领导职务岗位，一旦升了上去就很难能正常地降下来，下级公务员也就很难获得内部晋升的机会，这对于执法部门公务员职业晋升的期望有十分严重的影响。公务员晋升通道设计上存在的问题实际上也是全部基层公务员普遍面临的共同问题。

1. 制度性的职务晋升通道狭窄，任职年龄普遍较大，职务天花板和地板现象突出

现行公务员的制度性晋升渠道主要是职务晋升和级别晋升两个途径。因为公务员的职务与级别在制度上即存在区间对应的关系，每个职务对应一个级别区间，区间幅度随着职务层级的降低而扩大，允许存在一定的级别交叉幅度。在公务员个人职务一定的前提下，公务员只能在一个级别区间内晋升，晋升到该区间的顶部即达到级别晋升的天花板。只有通过职务

---

① 《金饭碗、铁饭碗、粗瓷大碗公务员的新焦虑症》，《南方周末》，http：//www.infzm.com/content/100842。

的晋升，才能开辟一个新的级别晋升区间。理论上来看，公务员的晋升最终是取决于其职务的晋升。就行政执法公务员的职务晋升而言，因为公务员的领导职务设置规格取决于行政机构的行政层级规格，又因为行政执法类公务员主要在地市以下机关设置，决定了其行政执法机构的层级规格最高为正处级，因此行政执法类公务员的职务设置最高也只能设置到正处级。因此，对基层行政执法类公务员来讲，晋升不仅竞争激烈，而且难度较大，无论是领导职务的晋升还是行政级别的晋升，其晋升天花板现象均非常突出。实际上，在基层大多数行政执法类公务员的职业生涯到 40 岁左右即进入职务的天花板，失去了职务晋升的激励效率，导致其事业心和工作热情均急剧下降。此外，多数行政执法机关实行垂直管理或省以下垂直管理的行政管理休制，这种垂直管理体制在人事管理上实行系统内的行政编制统一控制和分配，决定了基层执法机关和执法机构的领导职务编制十分有限，又因为机构与人事的垂直管理，基层公务员很难横向流动和升任到其他更多的政府部门中，人员只能在本系统内部晋升。与其他横向的政府部门相比较其晋升的空间和机会就更少。据某省国税系统一项调查分析表明，该省国税干部中年龄 45 周岁以下、工龄满 20 年，现仍为科员及以下职级干部有 2222 人，占该部分人员总数的 90% 以上。这些人中的绝大多数是基层单位的业务骨干，但是其职业发展空间很小，横向交流和纵向提拔培养之路都很狭窄。[①] 从我们对北京、天津、广州和上海浦东四城市执法公务员的最近一次升职时间的调研来看，距今 2 年以下的占比为 30.4%，距今 3—6 年的占比为 34%，距今 7 年以上的占比为 35.6%。也就是说，执法公务员最近一次晋职的时间距今 7 年以上的比例要高于距今 3—6 年的区间，而距今 3—6 年的区间比例又高于距今 2 年以下的区间比例，说明多数执法公务员的职务晋升周期较长，晋升通道不通畅。行政执法类公务员的职务天花板现象还直接导致了行政执法类公务员的整体任职年龄过大，队伍老化严重，出现了与天花板现象相对应的地板现象。通过我们对北京市西城区公务员年龄结构的分析得出，机构改革政策性减员后，西城区政府科级公务员整体年龄偏高的情

---

① 黄建方：《税务系统公务员行政执法职务与能级管理衔接问题研究》，《扬州大学税务学院学报》2009 年第 3 期。

况得以缓解，但正副科级任职年龄仍然偏高。根据区委组织部处级干部后备库的数据，副处级现职的平均年龄为 46.7 岁，副处级后备领导干部的平均年龄为 38.7 岁，但西城区正科级公务员的平均年龄已届 45 岁，副科级公务员的平均年龄也高于副处级后备干部的平均年龄，科级公务员超过后备干部年龄后，很难在职务上有所突破。另外，区县行政层级较少，正科级公务员无法晋升，会导致副科级公务员晋升机会渺茫，也间接影响了科员级公务员的晋升，出现了与"天花板"相对的"地板"现象。行政执法类公务员的职务天花板与地板现象严重挫伤了基层执法公务员的工作积极性，导致科级公务员对工作缺乏应有的责任心和责任感，造成工作效率低下、服务意识淡薄等后果，不利于政府行政效能的提高，不利于公共服务型政府建设。

2. 基层行政执法单位的行政级别规格限制，导致基层行政执法类公务员领导与非领导职数较少

地方政府编制法规定，领导职数一般分为部门领导职数和内设机构领导职数。按照机构改革"三定"方案的有关规定，政府部门领导职数一般设 2—4 职，个别任务特别重的部门可适当增加职数。内设机构领导职数配备则 4 人以下的设 1 职，5—7 人的设 1 正 1 副，8 人以上的设 1 正 2 副，人员特别多或工作任务特别重、工作性质特殊可再增加 1 职。地级的市人民政府的工作部门设正职一人、副职一至二人，科设正职一人或正副职各一人。县级人民政府的工作部门设正职一人，副职一至二人。① 公务员晋升职务必须在法定的职数限额内进行，不得随意突破，否则应追究行政责任。领导职数的规定，对定员定编定经费和加强管理都具有重要作用。但领导职数依据行政机构的规格逐级递减的原则，使行政机关行政层级越高，规格越高，所设职务越高，领导职务就越多，公务员获得晋升的机会就越多。反之，越是基层行政执法单位，层次低，机构规格低，领导职务层次就越低，领导职数就越少，使执法公务员所获得的内部晋升机会就越少。同样，因为我国公务员非领导职数是依据领导职数的一定比例来设置，越到基层非领导职数设置比例越低。我国公务员的非领导职务设置

---

① 参见《领导职数管理》，广东省机构编制网，http://www.gdbb.gov.cn/detail.jsp? infoid =6662。

办法第八条规定，直辖市的区、副省级市的区、设区的市、自治州机关的调研员和副调研员职数，不得超过县处级领导职务职数的 1/3，其中调研员不得超过调研员和副调研员职数的 30%；主任科员和副主任科员职数，不得超过乡科级领导职务职数 50%。第九条规定，县、自治县、不设区的市、市辖区机关的主任科员和副主任科员职数，不得超过乡科级领导职务职数的 50%。单位行政级别限制了领导职务，也就限制了非领导职务的职数，进而限制了相关人员的待遇，在这样一个怪圈中，职务激励的作用显然非常有限，待遇差别严重失衡，其结果必然导致优秀人才资源流失，或上岗人员工作积极性不高。[①] 实际对基层行政执法部门的调研结果也证明了这一现象。根据我们对北京市 47 个执法单位人事部门的调研，有效填写数据的为 36 个单位，处级领导职数共有 275 个，单位平均为 7.64 个，处级非领导职数共有 430 个，平均为 12.29 个（有效填写为 35 个单位），科级领导职数共有 2510 个，单位平均为 69.72 个。即使上述处级领导职数和非领导职数全部由本系统本单位人员替补晋升，执法单位里科级领导职务的公务员能够晋升到处级领导职务的可能性仅有 10.96%，晋升到处级非领导职务的可能性也只有 17.63%。也就是说大多数执法类科级公务员是没有机会晋升到处级领导职务或非领导职务的。实际上，很多执法部门单位的处级领导职数空缺往往还由于交流任职的因素，由其他部门或单位人员占据，真正由本单位科级领导职务公务员替补晋升的机会更少。在对北京市 47 个执法单位人事部门近三年职务实际晋升情况调研中，领导职务的实际晋升中，副处长晋升到处长的单位平均仅有 0.55 人，科长晋升副处长单位平均仅有 1.13人，副科长晋升科长单位平均 5.97 人，科员晋升副科长的单位平均 10.26 人。在非领导职务的实际晋升中，副调研员晋升调研员的单位平均为 0.77 人，主任科员晋升副调研员的单位平均为 1.62 人，副主任科员晋升主任科员的 16.09 人。可见，无论是领导职务还是非领导职务的本单位公务员替补晋升到科级基本是一个天花板，基层执法部门公务员能够突破科级天花板的可能性极低。

---

① 李和中、裴铮：《公务员能力素质建设的制度选择——以武汉市公务员能力素质建设为例》，《武汉大学学报》（哲学社会科学版）2007 年第 2 期。

3. 没有把干部人事管理与执法类公务员职业化管理区分，行政执法类公务员的职业化发展受到限制

行政执法公务员是社会行政管理、行政执法与行政监管职能的直接履行者，行政执法工作专业性强，对执法人员综合素质要求高。一项行政执法可能涉及数十部法律、法规和规章、政策，有很严谨的程序性要求和规范性要求，有很强的专业性。行政执法类公务员队伍的建设方向应该是职业化和专业化。行政执法公务员应该具有较高的职业精神，遵守职业准则和职业道德，熟练掌握行政监管和行政执法所需要的专业技能，通过职业资格考试并定期接受一定期限的职业训练和职业培训。显然，行政执法类公务员的管理应该属于人才管理的范畴，按照人才资源的成长规律和原则进行人才资源的开发和管理。干部人事管理则不同，干部最初是指政党从党员中选拔和有意识培养训练出来，负责领导和管理党内或受政党委派负责领导和管理国家和社会公共事务的人才。干部显然具有明显的政治属性和统治属性。干部管理应该更多地侧重于组织人事管理、思想意识管理、党纪法规管理。也就是说干部人事管理的政治属性与人才资源管理的专业属性是不同的。干部管理所广泛使用的民主推荐、组织考察、管理考核、选拔晋升等人事管理措施和职业化公务员队伍的人力资源管理与开发的方法有很大的不同。但是长期以来，我们对公务员的管理实际上是将这两种属性混同起来，简单地以一种统一的方式来进行管理。用党管干部的方法来管理社会人才资源，同样用党管干部的方法来管理专业性行政执法类公务员。这实际上不利于专业性职业化公务员队伍建设，不利于激发行政执法类公务员的积极性。

4. 能上不能下的机制未能建立，不利于建立正确的执法公务员职业发展导向

能上不能下、能进不能出是我国干部人事制度长久以来难以治愈的顽疾，也是我国公务员制度改革的重要目标，是建立公务员制度活力机制的关键所在。特别是公务员职务的能上不能下问题，它不仅仅关系到公务员的个人利益，更是涉及公务员的职业期望、个人名誉与社会地位等所谓面子问题。在长期以来官本位观念的影响，降低职务任用，不管是在公务员本人还是老百姓看来，都是组织不认可，是认为公务员个人犯了错误才降

职的。[1] 作为一项正常的人事管理机制的职务升降制度，因为受到社会习俗及政治传统观念的影响，附着了太多的政治内涵和社会符号，进而导致了公务员职务管理制度中的能上能下机制的失效，无法发挥应有的人力资源激励作用。根据我们对北京市 47 个执法单位人事部门的问卷调研，近三年（2011—2013）单位降职总人数中，有效答卷是 34 份，处级职务降职总人数为 0，副处级职务降职总人数为 0，科级职务降职总人数为 2，单位平均降职人数为 0.059 人。可以说，各单位实际降职人数是微乎其微的。近几年来，随着干部人事制度改革向纵深发展，部分地方政府行政执法部门也在不断探索和实践执法公务员职务能上能下、能进能出的活力机制，但整体来看效果甚微。在缺少真正的能上能下激励机制创新和配套保障机制的建设情况下，一个在从基层执法部门经过 10 年左右的时间职业发展到正科级领导职务的执法公务员，其年龄也已到 40 岁左右了，加上很多行政执法部门的人事管理的垂直特性，导致其既无法向上晋升，又很难横向流动到其他政府部门，也无法退出公务员队伍去企事业单位，只能长期消极被动甚至不作为地占用科级领导职务岗位。而这一局面同时也限制了其他基层执法公务员的向上晋升的渠道和机会。因此，执法公务员的能上能下渠道的不畅客观上也带来了执法公务员职务激励机制的低效。

5. 职务晋升程序上的不规范和瑕疵

首先，执法机关缺乏对领导职务岗位进行规范的职位分析，难以按照岗位的胜任特征选拔匹配公务员。工作分析，是指对组织中的某项职位进行全面系统的调查分析和研究，分析职位本身的各项内容及员工对此职位所应承担的责任和应具备的素质等。工作分析为人才的选拔和任用提供了准则，有利于科学合理地选拔人才。在基层行政执法类公务员领导岗位的选拔过程中，组织人事部门一般缺乏对领导职务岗位的职位分析，其职位说明书要么空缺、要么是很久以前编制的，已经不能适应形势的需要。客观上导致拟选拔岗位的信息简陋，胜任素质与能力要求不够清晰，造成组织人事部门在考察推荐候选干部时过多地依据其过去

---

[1]　朱宏挺：《行政执法类公务员选拔晋升机制研究——以苏州工商行政管理局为例》，同济大学出版社 2007 年版。

的工作经历、工作业绩和群众意见,反而忽视了对拟任领导职务的公务员的素质与能力考核,或者是考核不够。实际上执法公务员职位的晋升不仅意味着其在行政管理系统内部的职权的提升,而且意味着其管理责任的加大,更高的管理权限、更大的管理范围、更多的管理事务必然要求其拥有更高的管理能力,同时还要求其具备一定的领导能力。因此执法机关选拔领导职务公务员不仅需要对候选岗位进行科学的职位分析,还需要对候选公务员进行岗位胜任素质与能力特征的考评,以实现人岗匹配,人事相宜。

其次,在公务员的职务晋升程序上存在领导决定或领导干预等人治人情的现象。根据公务员管理的相关法规,公务员的职务晋升必须遵循严格的法定程序,即民主推荐,确定考察对象;组织考察,研究提出任职建议方案,并根据需要在一定范围内进行酝酿;按照干部管理权限集体讨论决定;按照规定办理任职手续。[①] 但是在公务员管理的实践中,鉴于政治习俗和干部管理的传统,领导用人治的方式插手、干预甚至直接决定下级公务员晋升的现象还是比较普遍。在公务员职务晋升中,群众作用和公务员个人的业绩作用反而不突出,客观上导致部分讨好上级、钻营关系、唯领导之命是从的公务员得到晋升,而埋头干事、不善关系、不会作秀的公务员却长期得不到晋升。从我们北京、天津、广州和上海浦东四城市的执法公务员对职务晋升的影响因子认知度的调研情况来看,执法公务员普遍认为影响公务员个人职务晋升的因子中除个人能力与业务水平,最为重要的就是个人背景和人际关系,认可度累计占比达到52%;同时,还有25%的执法公务员认为领导认可与赏识也是影响公务员个人职务晋升的重要因素。而与之相对照的是绩效因素,特别是公务员的个人努力和责任心因素在执法公务员的职务晋升中作用并不突出。执法公务员职务晋升中的人治色彩显然打击和挫伤了基层公务员通过个人努力和业绩贡献实现其个人职业发展的期望和信心。

再次,在拟任领导职务公务员的考察结果公示上,任前公示制度作用不好。公务员职务晋升的任前公示是干部人事制度的重要成果,

---

① 《公务员职务任免与职务升降规定》(试行),中国政府网,http://www.gov.cn/gzdt/2008 - 12/08/content_ 1171860. html。

是保障干部晋升公开公平公正的重要一环，是干部任用制度中民主原则具体体现。但是，在行政执法类公务员选拔过程中，出现了任前公示变成任前公告的现象，或因为缺乏设置有效便捷的意见反映渠道，或是群众反馈的意见在拟选干部的任用决定上不起作用，或是因为反馈意见的群众个人信息不能得到有效保护，导致群众反映意见心存顾虑，客观上造成了任前公示这一重要措施流于形式，难以发挥民主监督的作用。

6. 执法公务员的竞争上岗机制存在的问题

目前基层行政执法部门在空缺领导职务的晋升选拔工作中大多采用了竞争上岗方式。竞争上岗的晋升方式改变了传统的干部晋升工作由上级机关和上级领导单向选拔的做法，是在领导职务出现空缺的情况采用本机关或本系统公务员自愿报名，通过资格审查、竞争性考试或竞争性选举、组织考察决定的方式来补充空缺的领导职务岗位。竞争上岗作为系统内或机关内部领导晋升的一种方式其最大特点在于晋升过程中公开性、竞争性、民主性。它有利于扩大机关选人用人的视野，晋升结果有利于得到群众的公认，也有利于素质好能力强作风硬的公务员脱颖而出。但这一方式，在基层执法机关的实践中也出现了一些问题。如竞争性考试的方法选拔的干部容易出现学历高、考试能力强但领导工作经验或实际工作经验欠缺的年轻公务员走上执法机关的领导岗位，造成实际领导工作能力与考试成绩不一致的高分低能现象。又如竞争性选举方式容易出现善于演说、长于人际关系交往、人缘好的公务员胜选局面，而那些敢想敢干、具有开拓进取精神、勇于担责的公务员因为竞选得票不高反而难以晋升其职务。鉴于行政执法机关的性质和基层行政执法工作岗位专业性和现场性强的特点，基层行政执法机关或执法单位的竞争上岗的职务晋升方式尚需认真地总结经验、进行制度研究、加以完善。

（三）执法公务员的奖励机制中的问题

公务员的奖励是执法公务员激励机制的重要内容。公务员法颁布实施以来，除公务员法规定的奖励形式和种类外，各行政执法部门和基层执法机关还设计出台了一些具体的奖励管理制度和措施。这些奖励的制度与措施在执法公务员管理的具体实践中起到一定的激励作用，但是在具体制度执行与落实过程中，因为多种因素的作用，其激励效果尚不明显。如我们对北京、天津、广州、上海浦东四城市执法单位公务员奖励机制的评价调研来看，四城市执法公务员对公务员奖励机制给予正面评价的占比有49.8%，给予负面评价的占比有21.6%，给予一般中性评价的占比有28.7%。即负面评价和一般性评价占比分值要高于正面性评价。不到半数的正面平价率充分说明了目前执法公务员的奖励机制评价和激励作用均不明显。具体来看，执法机关公务员奖励机制存在的主要问题有以下几方面。

1. 奖励的种类少，奖励手段单一

公务员奖励的种类由公务员法律法规来规定，奖励的形式和程序都必须依法进行、于法有据。这客观上造成了执法机关和执法单位在实施执法公务员的奖励时，可选择的手段少，奖励形式单一。公务员奖励无法像企业职工的奖励一样，做到形式多样、灵活性强。于是出现了一些基层机关和执法单位奖励平均分配、得奖者轮流坐庄的现象，奖励平均化和论资排辈使公务员的奖励制度从根本上失去了激励效率。

2. 奖励政策的权威性和严肃性不够，滥设奖励和擅自奖励的现象突出

因为公务员法定的奖励种类少，奖励名额有限，部分基层执法机关和执法单位领导滥设奖励种类和形式，擅自奖励和随意奖励的现象突出，从而削弱了公务员奖励的权威性和严肃性。在我们针对基层执法机关的激励机制的调研中，发现了部分执法单位名目繁多的奖金类型，如绩效奖、季度考核奖、全勤奖、评优奖、优质服务奖、节约奖、创新奖、突出贡献奖等。甚至出现一些基层执法机构擅自以上级领导机关名义进行奖励表彰和滥发奖金的现象。这些基层机关和执法单位违反公务员的奖励权限擅自增设公务员奖励种类和违法违规发放奖金实物，严重损害了公务员奖励的权威性和严肃性，反映了部分基层执法单位的法治观念淡薄和胡乱作为。

3. 公务员奖励操作程序不规范，存在形式主义和走过场的现象

执法公务员奖励的形式主义主要表现在奖励制度在具体运行和实施过程中的不够公开透明，存在暗箱操作和长官意志的现象。奖励的形式主义和走过场必然降低公务员奖励的权威性和严肃性，使其激励效率大

大降低，甚至导致奖励制度虚化，打击了优秀公务员的积极性，助长了机关的不良作风。在执法公务员针对执法机关奖励制度存在的问题列举中，奖励缺乏细化规则，执法公务员奖罚不清，奖励不能反映公务员的实际工作业绩和贡献，奖励评选存在形式主义、走过场和大家好现象，奖励过程不够公开透明等都是执法公务员认为目前奖励制度存在的突出问题。

4. 奖励名额少，奖励未能向基层一线倾斜

在对执法单位公务员奖励制度存在问题的调研中，奖励制度存在问题排在第一位的就是公务员奖励力度小、奖励名额少，奖励机制不完善、缺乏长期性、稳定性，公务员奖励名额没有向基层一线倾斜。这深刻反映了目前公务员奖励实践中一个不良的现象，就是奖励名额过多地被上级机关和各单位领导占用，广大的基层一线普通执法公务员在有限的奖励名额中获奖机会很少，导致基层一线执法公务员对公务员奖励制度失去信心，感受不到公务员奖励制度的激励效率，从而客观上造成公务员奖励制度无法发挥应有的激励作用。

5. 物质奖励力度小，精神激励效果有限

随着公务员规范工资的改革，很多工资外的收入均纳入财政监管范围，基层执法机关和执法单位的罚没收入也都实行收支两条线管理，导致多数执法机关和执法单位既不敢也没有自有资金进行物质奖励。公务员的物质奖励，甚至包括奖金也逐渐减少，失去了激励作用。执法机关，特别是基层执法单位可选择的物质奖励手段越来越少，物质奖励基本失去了力度和激励效用。与物质奖励相比较，精神奖励已成为当前执法公务员奖励的最主要手段。精神奖励可以更好地适应公务员对职业荣耀和社会地位的期望，更好地满足公务员对个人价值和理想抱负的追求，从人力资源激励的角度来看，精神激励的效用更好。但是，一方面因为思想认识重视不够，加上市场经济对公务员思想观念的冲击，执法公务员在实践中更加重视的是物质激励，存在轻视精神激励的现象。另一方面，执法机关在公务员的精神奖励方面缺乏长效机制，重视眼前的评选，忽视长效的宣传和示范，往往是奖励表彰时轰轰烈烈，表彰过后冷冷清清，受奖公务员的榜样示范作用无论是影响力度还是模范价值均缺乏长期性和意义性。此外，个别执法机关和基层单位评选出的获奖人物得不到群众认可，甚至是群众反

感的得到当选，导致公务员精神奖励不仅起不到激励作用，反而造成了负激励的逆反效果。

（四）执法公务员的薪酬激励机制的问题

1. 工资满意度低，基层执法公务员工资难以保障公务员的家庭生活

在对北京市执法公务员的薪酬调研中，执法公务员的薪酬待遇满意率为 42.6%，不满意率和很不满意率共有 57.4%，其中很不满意的有 11%。这说明大多数基层执法公务员对自己的薪酬待遇状况是不满意的，说明目前基层执法公务员的待遇增长跟不上物价指数和生活消费水平增长是公务员普遍认可的一个事实。这一不满意的现状在受调查的其他三个城市同样存在。通过我们对北京、天津、广州和上海（浦东）四个城市的整体薪酬水平调研与比较研究，发现四城市绝大多数执法公务员过去一年的薪酬总额在 5 万—8 万元之间。具体分布为，5 万元以下占比有 17.7%，5 万—8 万元占比有 64.2%，8 万以上的占比有 20.2%。这说明大多数基层执法公务员的整体工资水平较低。从执法公务员对目前薪酬待遇的满意度整体评价来看，满意率为 57%，不满意率为 43%，其中很不满意率为 7.6%。虽然从四城市的整体水平来看，执法公务员的薪酬待遇满意率略高于不满意率，但是仅有 57% 的满意率也说明在执法公务员队伍中有相当多的执法公务员对当前的薪酬待遇水平持有不满意的态度。再从执法公务员列举的导致薪酬不满意的因素来看，排在前三位的因素有两项均与薪酬待遇低相关，即最高为薪酬待遇低、压力大、无工作幸福感，次高为薪酬与绩效不挂钩、多劳不多得、不公平，再次为工资增长慢、赶不上物价、生活压力大和工资僵化、基数低、未能体现激励机制。因此，随着经济社会的发展，特别是近些年在特大城市高房价、高生活物价的压力，公务员工资未能定期适时的增长，尤其是未能与物价指数挂钩，导致处于基层的大多数行政执法公务员生活压力加大，薪酬待遇满意度水平低。

2. 工资结构不合理，正常增长机制运行不良，激励作用差

要调整工资结构，提高基本工资比重，降低津贴、补贴的比重，这是当前公务员工资分配中最明显的问题。根据对北京市 47 个执法单位的人事部门的工资构成问卷调研项目中，有效答卷 35 个单位，其中基本工资

占工资构成比重在 20% 以下的有 27 个，单位平均率为 77.1%；比重的在 20%—40% 有 5 个，单位平均率为 14.3%；比重在 41% 以上的有 3 个，单位平均率为 8.6%。奖金占工资构成的比重有效答卷为 28 个单位，比重在 20% 以下的单位有 25 个，单位平均率为 89.35%；比重在 21%—40% 的单位有 2 个，单位平均率 7.1%；比重在 40% 以上的单位有 1 个，单位平均率为 3.6%。津贴占工资构成的比重，有效答卷为有效答卷 33 个单位，比重在 20% 以下单位的有 7 个，单位平均率 21.2%；比重在 20%—40% 的单位有 25 个，单位平均率为 75.8%；比重中 41% 以上的单位有 1 个，单位平均率为 3%。补贴占工资构成的比重有效单位有效答卷 33 个，比重在 20% 以下的单位有 5 个，单位平均率为 15.2%；比重在 1%—40% 的单位有 1 个，单位平均率为 3%；比重在 41% 以上的单位有 27 个，单位平均率为 81.8%。通过以上数据，我们发现在公务员的工资性收入中，主要收入来源是各种各样的补贴和津贴，其中补贴是最主要的收入来源，如有 81.8% 的单位补贴收入占工资总收入的比重超过了 41%，有 75.8% 的单位津贴收入占工资总收入的 21%—40%。反之，工资、奖金两项在工资收入中的构成比重都较低，如有 77.1% 的单位基本工资（职务工资和级别工资）占工资总收入比重在 20% 以下，有 89.35% 个单位奖金占工资收入比重在 20% 以下。我们进一步分析公务员基本工资的构成结构，该项目中职务工资和级别工资的有效填写是 39 个单位，绩效工资有效填写 11 个单位。职务工资在工资结构中的比重为 6%—20% 的有 24 个，单位平均率为 61.5%；20%—40% 的有 13 个，单位平均律为 33.3%；比重在 40%—70% 的单位有 2 个，单位平均率为 5.1%。级别工资在工资构成中的比重为 6%—20% 的有 24 个，单位平均率为 61.5%，比重在 21%—40% 的单位有 3 个，单位平均率 7.7%，比重 41%—70% 的单位有 12 个，单位平均率为 30.8%；值得注意的是，还有 11 单位工资构成中列有绩效工资项目，其在工资构成中的比重为 20% 以下的有 7 个，比重在 20%—40% 的单位有 2 个，比重在 40% 以上的单位有 2 个。可见绝大多数公务员的工资构成中职务工资和级别工资的比重过低，工资构成极不合理。另据有关方面统计，全国公务员职务工资、级别工资之和（俗称基本工资）只占公务员全部工资的近 30%，其余 70% 多为各种津贴补贴，根本违背工资分配的一般规律。① 实际上，补贴津贴占工资构成的比重不仅过大，而且名目繁多，如有工作性津贴、信访津贴与信访岗位津贴、（领导）职务津贴、工作年限津贴、区县保留津贴、生活性补贴、独生子女补贴、通讯补贴、住房补贴、节日补贴、防暑降温费、冬季取暖费，等等。因此，调整公务员工资结构，实际上就是清理和整顿公务员的工资、津贴、补贴，规范工资外收入，理清公务员收入分配秩序的过程，其目的就是要把各种名目繁多的补贴和津贴纳入到工资整顿和监管的范围。

3. 职级工资难以衡量工作绩效，工资对基层执法公务员失去激励效率

科学有效的公务员工资制度体系，是衡量不同职位、不同工作、不同劳动贡献价值的物质尺度。2006 年，国家人事部门颁布了现行的《公务员工资制度改革实施办法》，建立起了全国统一的职务与级别相结合的公务员工资制度，公务员工资级别从原来的 15 个增加到 27 个，加大了职务与对应级别的交叉，实行级别与工资等待遇水平适当挂钩。通过工资标准设计，不同职务、不同级别的工资差距被拉开，基本工资最高与最低的比例由原来 6.6∶1 扩大到 12∶1。② 规范工资的改革旨在建立工资收入的正常增长机制，强调在行政机关实行同岗同酬的分配政策。但这一改革客观上也产生了一些负面的问题。如北京市这样的特大城市，基层行政执法公务员的工资结构和标准在改革后都必须严格遵守规范工资的文件规定，即不同部门、不同职位、不同工作性质的公务员都必须根据其职务和行政职级统一调整和确定工资总额。规范工资和清理整顿工资外的收入以后，公务员的工资主要由其所担任的行政职务和其拥有的行政级别这两项工资决定，公务员工资构成中的其他部分被精简或缩减。公务员的工资收入不再体现公务员的岗位劳动量和劳动复杂程度，不再与公务员的岗位业绩和贡献挂钩。规范工资的改革，一方面为整顿公务员的工资秩序、规范公务员的工资收入起到了积极的作用，另一方面不分各行政部门和公务员岗位工

---

① 苏海南：《正确认识、稳妥推进公务员工资改革》，《中南党政干部论坛》2014 年第 8 期。

② 《公务员薪酬改革　补贴够高为何重点还是完善津贴制度》，和讯网，2013 年 6 月 19 日。

作性质的差异，无视公务员的岗位劳动付出和实际业绩贡献的差异，客观上挫伤了劳动量大、工作复杂程度高、需要付出更多努力和承担更大责任的公务员的积极性，导致了行政不作为和消极怠工现象的滋生和蔓延。此外，公务员的新工资制度客观上造成公务员的工资按行政层级进行区分，越是基层机关和基层公务员，因为其较低的行政职务和行政级别，其工资收入就越低，与上级领导的级差就越大。如果公务员不能够顺利晋升自己的职务和级别，其工资增长幅度将越小。从而造成公务员的工资对于基层执法公务员失去了激励作用。基层公务员由于职务和级别低，职务工资不高，绩效工资又不多，这种较低的待遇，缺乏对人才的吸引力。[①]

4. 津补贴制度未能建立，津补贴水平差异较大

目前我国公务员工资属于中央统一管理，工资政策由中央人事部门统一制定和集中决策。公务员的基本工资标准全国统一，由财政预算统一安排确定。公务员的津补贴则是各地方政府根据自己的经济社会发展及财政状况或行业部门根据自己的收入和经费情况自行拟定、设置、安排的。因此，公务员地区间或部门间收入差距过大的原因主要是由于各地各部门津贴补贴差距过大造成的。根据人社部劳动工资研究所的薪酬调查报告，各地发放的津贴、补贴已经远高于国家规定的基本工资部分，部分地区甚至达到总工资收入的80%以上。[②] 省与省之间最高和最低津补贴相差3—4倍，同一省内不同地区也存在很大差距，各地津补贴水平标准多样化，特别是县市标准不同、差距较大。有些省份公务员津贴补贴标准多达32个，一个市内就有6个标准，最低和最高相差1.5万元/年。[③] 因此，必须规范并重新设计行政执法类公务员的工作津补贴制度，将执法类公务员的工资水平定期增长机制与地区附加津贴和补贴制度结合起来，并设立进行执法公务员的定期调查制度，以为建立规范化的执法公务员地区津贴补贴制度提供科学依据。国家人事管理部门建立统一的公务员津补贴宏观调控线，征收调节基金或将部分津补贴纳入基本工资管理，以改变目前地方政

---

①　王少雄：《基层公务员流失之痛》，《人力资源》2008年第5期。

②　《公务员薪酬改革方案正酝酿　副处工资可能超处长》，《胶东在线财经频道》2013年6月19日，http://www.jiaodong.net/finance/system/2013/06/19/011939852.shtml。

③　百度词条：《公务员薪酬改革》，http://baike.baidu.com/link? url = vPm04X4jIyW2_8N3UTMriV4lFjLpfuUMcz2UIPS − VlPMd9a9SA7yajaj4zGZxgS2pQGmQl8VWeiVzn78wZcrKq。

府制定津补贴政策，导致地区之间或行业之间津补贴水平差距较大，进而导致公务员薪酬差距大的弊端。

三 完善激励机制的对策措施

影响执法公务员激励的因素很多，但总的来看可分为两个方面，即内在激励因素和外在激励因素。内在激励因素主要涉及执法公务员的自身驱动力即成就动机、竞争意识、职业定位、理想抱负和文化价值，外部激励因子主要涉及制度环境、工作氛围、职业机遇、薪酬待遇等。完善执法公务员激励机制也需要从内部激励因素和外部激励因素两个方面进行公务员管理机制的再设计和管理机制的创新。

（一）顶层设计职务激励的制度

职业发展路径及职业期望是公务员职业激励的最重要因子。公务员法已经在制度上原则上规定了公务员职业发展的双梯子路径，这为执法公务员进行顶层设计职务激励路径提供了法律依据。通过顶层设计落实执法公务员的双重晋升路径，避免基层执法公务员都去挤晋升领导职务这个独木桥，让基层执法公务员可以根据自己的专长与兴趣，选择适合自己职业发展的方向和路径，从而彻底解决基层执法公务员职业发展的天花板问题，让基层执法公务员的晋职或晋级成为常态。我们对北京、天津、广州和上海浦东四城市的问卷调查结果表明，有近半数的基层执法公务员近5年内晋职或晋级次数为零，有1/4的基层执法公务员最近一次升职或升级距今时间7年以上。这是说明执法公务员的职业发展通道不畅，显示了执法公务员长期职业期望得不到实现的很不正常的现象。因此，应通过对执法公务员制度的顶层设计和管理制度的创新，让基层执法公务员的晋职或晋级成为常态，使每年年度考核为"称职"的基层执法公务员能够每3—5年就能够实现一次晋职或晋级。

（二）完善现行的公务员职务晋升机制

职务晋升是公务员特别是基层行政执法公务员最为重要也是最为关心的职业激励，是基层执法公务员对自己职业生涯发展的一种预期和职业目标的心理设定。一个公务员的职务得到晋升不仅仅意味职权的扩大，往往也意味着其待遇的提升和社会地位、个人名誉和职业声望的提升。因此，公务员职务晋升的激励作用是内在的、长久的、巨大的，是其他物质和精神激励措施均难以比拟的。正视执法公务员职务晋升中的现实问题，完善公务员的职务晋升机制，是当前执法公务员管理机制建设的重要内容。

1. 执法公务员的职务晋升原则

公务员职务晋升的原则体现公务员管理的价值取向。科学良好有效的晋升原则对执法公务员的职业生涯起到积极的激励导向作用。在执法公务员的职务晋升上，需要重申并突出以下重要原则。首先，坚持德才兼备的用人标准。在广州市执法公务员的职务晋升预调研问卷中，调查结果表明认为"品德"是个人职务获得晋升主要因素的只有 2 人，占比为 1.1%；而认为人际关系是个人职务获得晋升主要因素的只有 21 人，占比为 11.4%。问卷调查结果与德才兼备的用人标准显然有较大反差。而现实社会生活中，某些品德一般或不好而所谓人际关系好的人，往往更容易得到晋职或晋级。因此，组织人事部门坚持德才兼备的用人标准显得特别重要，要让德才兼备、业绩显著的优秀执法公务员优先晋职或晋级。其次，坚持民主集中制的原则。在执法公务员的职务晋升问题上必须平衡好领导赏识和群众公认的关系。在上述职务晋升的预调研问卷中，调查结果表明，认为组织与领导赏识是个人职务获得晋升主要因素的有 14 人，占比为 7.6%。有的基层执法公务员被组织与领导赏识，但可能不被群众公认；有的基层执法公务员被群众公认，但可能不被组织与领导赏识。因此，组织人事部门需要处理好组织与领导赏识和群众公认的关系，应该把基层执法公务员被群众公认作为获得晋职或晋级的主要依据。基层执法公务员的素质与业绩只有既得到组织与领导赏识、又被群众公认，才能经得起历史检验。再次，坚持内部晋升为主、外部调任为辅的原则。坚持内部晋升为主的原则才能保证执法机关内部低阶公务员能够得到公平晋升的机会。根据广州市天河区人事部门对天河区公务员离职原因的调查，发现有 51% 的公务员离职的原因是因为没有晋升的机会，有 25% 的公务员离职的原因是因为缺乏认同感，只有 15% 的公务员离职原因是因为薪酬福利等经济因素。由此可见，对于基层执法公务员而言，当领导职务出现空缺时内部晋升有多重要。所谓内部晋升，就是指当出现领导职务空缺时，具备拟任职务任职资历的低阶公务员可以优先获取晋升的机会。内部晋升的好处是内部晋升的后任公务员可以更加熟悉情况，拥有更好的职务经验，能够更快地融入领导职务的角色中，工作平稳性和可持续性高。

再者就是内部晋升可以更好地满足系统内和机关下级公务员的职业发展期望，激发下级公务员在本职工作岗位上勤奋上进、踏实肯干、履职尽责。

2. 创新职务晋升的新机制，发挥民主在职务晋升机制中的作用，在内部晋升中积极使用竞争上岗的方式

首先，进一步扩大竞争上岗机制的用人范围。与传统的选拔任用制度相比，竞争上岗方式体现了更加宽广的选人视野，优化了执法公务员的队伍结构。竞争上岗的晋升方式通过公开选拔信息，让符合报名条件者都可以自愿报名，扩大了干部选拔的范围，打破了传统干部晋升问题上论资排辈的习俗，使年轻优秀的基层执法公务员有可能会跨越资历的界限脱颖而出。竞争上岗的方式通过竞争性的考试和竞争性的选举，让干部晋升更加民主、公正和公平。竞争上岗的方式因为其更加公开的选拔程序，整个竞争性选拔过程都需要公开透明，并置于群众的监督之下，从而能够有效避免传统干部选拔工作中的不正之风，提高被晋升公务员的群众公认度和群众满意度。

其次，增加公开遴选的机会，开辟基层执法公务员职业发展的新出口。公开遴选是指把基层优秀执法公务员选拔到上级执法机关工作的一种公务员职务选拔机制，基层公务员被选拔到上级机关任职的过程中，其职务和级别并没有改变。从这个意义上来讲，公开遴选实质是执法公务员通过考试的方式向上级机关进行的竞争性转任。虽然这种职务的转任属于公务员交流的一种，是基层机关和上级机关的一种职务纵向交流，但因为其转任的对象是上级机关甚至是中央和省市机关，因此对于基层公务员而言是一种职务上的巨大激励，具有等同于公务员职务晋升激励的效用。公开遴选也需要进行竞争性的公开考试，也需要进行层层选拔考核考察，因此公开遴选极具有竞争性人才选拔的激励作用。执法机关的公开遴选有助于打通执法公务员纵向交流的渠道，增加执法公务员的职业发展出口，使基层机关执法公务员的管理制度更显活力。

（三）工作本身的激励

现代人力资源管理理论认为工作本身就是一致重要的人力资源管理的激励因素。"公共人事管理的核心，已经从传统公务员制度下的职位管理，转变到以工作管理和员工管理为中心，并努力实现组织使命方向上去了。"① 从人力资源的激励因素来看，激励因素既有物质因素，也有非物质因素。相关人力资源激励的研究发现，与物质激励相比较，非物质激励效果更好，激励作用更持久。根据中国科学院心理研究所关于激励因素的调研，激励职工的最重要因素并不是高额的工资和奖金。工资奖金在激励重要性排列中列第6位，激励因素的排序分别为成就感、被赏识嘉许、工作本身、具有一定的责任、晋升的机会，最后才是工资奖金。② 显然非物质因素对于行政执法公务员而言也能起到重要的激励作用。

1. 职权扩大法

职权扩大法是通过使执法公务员的职务涵盖更多的工作内容，赋予其工作岗位的更大职权，增大其岗位更多的工作关系和工作联系，同时增大其岗位的更多责任和压力，以达到激发其工作的成就感、荣誉感和责任感。该方法通过扩大公务员职务的工作内涵，迫使执法公务员掌握更多的知识和技能，从而提高执法公务员的工作兴趣。提高执法公务员的工作满意感，改善其工作质量。实施职务扩大的途径主要有纵向工作装载和横向工作装载。装载的意思是指将某种任务和要求纳入工作职位的结构中，通过纵向工作装载扩大一个工作职位。增加更多责任、更多权利、更多裁量权或更多自主权的任务或职责。某些职能甚至要从领导职位转到非领导职务公务员身上。横向工作装载是指增加属于同阶层责任的工作内容以及增加目前工作职位中的权利。③

2. 工作丰富法

工作丰富法是指在执法机关内部重新设计工作岗位，重构执法公务员

① ［美］罗纳德·克林格勒、约翰·纳尔班迪：《公共部门人力资源管理：系统与战略》，中国人民大学出版社2001年版，第559页。

② 蒋雯沽：《公务员人力资源管理的思考》，《现代营销》2012年第6期。

③ 魏然：《企业员工职业生涯开发浅析》，《致富时代》2009年第11期。

的工作业务流程，增加工作任务的挑战性、创新性和变化性，授予执法公务员更大的自由裁量权和权力的责任，从而激发执法公务员的工作热情，增强其自觉工作的兴趣，减轻其职业疲惫感和厌倦感，实现对执法公务员的工作激励。根据赫兹伯格的激励理论，当一个人被赋予机会，从一项有趣和有需要的工作中进行自我提高、自我发展、自我成就和自我认可时他就会受到激励。① 此外，工作丰富化还可以满足执法公务员的事业心和职业成就感。公务员都受过良好的教育，对工作的期望值很高，事业心和职业成就感很强。而基层行政执法工作岗位事务烦琐，工作内容重复性强、枯燥感重，同时权力与责任又不对等。一线执法公务员很容易产生职业的疲惫感，增加心理的焦虑感和工作中的无力感。如让这些不良心理和情绪长久发展，不进行有效的员工援助和职业干预，对国家机关的行政执法工作和执法公务员的个人成长均极为不利。因此，工作丰富化这一方法可以有效地减轻上述问题的影响，增加执法公务员工作本身的激励性。

3. 参与式管理

参与式管理一方面是指在日常的机关行政管理活动中充分调动每一个执法公务员的积极性，发动和组织执法公务员参与机关的内部管理活动，是执法机关民主管理的重要表现。另一方面是指执法机关在履职过程中，在行政管理和行政执法的过程中，发扬民主，鼓励执法公务员创造性地开展执法工作。参与式管理有助于激发执法公务员的领导欲望，调动他们主动工作和创造性工作的积极性。在基层执法机关和执法单位，有很多优秀和有才干的执法公务员事业心强，希望能在行政执法工作中体现自己的价值，渴望参与执法机关内部公共事务的管理，同时也希望在履行行政执法职能的过程中发挥自己的主观能动性，拥有一定的自主权和自由裁量权来独立地解决问题，创造性地开展工作。因此，参与式管理本身也是一种工作的激励。

（四）完善薪酬激励

目前，基层执法公务员的工资收入不高，仅靠工资收入难以满足执法公务员本人及其家庭生活的需要已是不争的事实。从北京、天津、广州、

---

① 魏然：《企业员工职业生涯开发浅析》，《致富时代》2009 年第 11 期。

上海（浦东）四城市执法公务员对目前薪酬待遇的满意度整体评价来看，很满意的占比有 7%，满意的占比有 50%，不满意的占比有 35.4%，很不满意的占比有 7.6%。即执法公务员的薪酬待遇满意度占比 57%，略高于不满意度的占比 43%。说明在执法公务员队伍中有相当多的执法公务员对当前的薪酬待遇持有不满意的态度。工资是职业化公务员特别是基层行政执法公务员的主要收入来源，不仅有保障公务员生活的功能，而且具有较大的激励作用。尽管《公务员法》有"公务员的工资水平应当与国民经济发展相协调、与社会进步相适应"，"国家根据经济社会发展水平提高公务员的福利待遇"① 等原则性规定，但是在具体到公务员工资如何适应经济社会的发展水平，如何保障公务员的福利待遇水平不因物价的上涨而实际下降却缺乏具体的规定。在公务员管理的实践中，公务员工资的定期调整原则未能得到有效实行。因此，尽快完善执法公务员的工资构成机制，建立适应经济社会发展与公务员个人激励相结合的工资制度迫在眉睫。

1. 建立依据级别晋升的工资制度

现行的公务员工资制度是职级工资制度，即公务员工资主要由职务工资与级别工资构成。根据目前的公务员晋升的制度设计，公务员的级别晋升主要取决于其职务的晋升，因此，公务员个人的薪酬待遇改善实际上主要与职务挂钩。而行政执法类公务员主要设置在地市以下基层执法机关和部门，其职务层次大多数在科级职务以下，因此现行主要依靠提升公务员的职务来提高公务员的薪酬水平的制度体系，难以满足基层行政执法类公务员的薪酬需求，无法实现对基层行政执法类公务员的薪酬激励。从制度层面来看，要想彻底解决基层行政执法类公务员的薪酬天花板问题，必须将执法公务员的职务晋升与级别晋升脱钩，在公务员的职务晋升之外，设计出一条公务员依据级别进行晋升的通道，实行职务与级别并行双重晋升的制度，真正打通公务员的职务晋升与级别晋升的双重路径。为此，首先需将现行的公务员的职务与级别对应的关系分离，实现职务与级别的各自晋升。其次，建立以级别和任职年限等资格条件为主要依据的级别晋升制度，实行级别与待遇挂钩，增强级别在公务员工资、福利等方面的作用，

---

① 《中华人民共和国公务员法及相关文件汇编》，中国法制出版社 2005 年版。

进一步强化级别的激励作用。再次，公务员的级别与工资档实行宽幅交叉的原则，注重向基层和低职务公务员的倾斜，体现同一级别层次的公务员在工作年限、资历和能力方面的差别，使基层公务员不提升职务也能通过晋升级别提高待遇。最后，实现级别晋升工资制度需要对基层执法公务员工资与企业相当人员工资进行调查和分析比较。通过工资调查和分析比较，以便定期对执法类公务员的工资进行调整，从而有利于进一步实现行政执法类公务员工资增长的制度化和规范化。①

2. 改革现行的职级工资制度，探索建立执法公务员的绩效工资制度，适度拉大基于绩效水平的收入差距

目前，中国的一个现实情况是，各地区的经济发展水平各不相同，就是同一个省的不同市、县经济差距有时也会极大。在中央统一制定的工资政策下，很难保证每个地区以及每个市、县的工资水平均能与其各自的经济发展相协调、与社会进步相适应。② 因此，有必要探索合理、适当的基层执法公务员收入差距机制，以此实现对基层行政执法公务员的激励。从北京、天津、广州、上海（浦东）四城市执法公务员对目前公务员工资制度存在的主要问题的列举来看，反应最为强烈的问题前四位分别为薪酬待遇低、压力大、无工作幸福感；薪酬与绩效不挂钩、多劳不多得、不公平；工资增长慢、赶不上物价、生活压力大和工资僵化、基数低、未能体现激励机制。可见执法公务员除了对工资水平低、待遇低不满意外，另外一个很不满意的问题就是工资与公务员的个人绩效和劳动付出不挂钩，在工资报酬上感到不公平。因此，抓紧建立基于绩效表现的执法公务员的绩

---

① 从 2006 年 7 月 1 日开始，我国开始实行新的公务员工资制度。这次公务员的工资调整，是以加薪为契机，实践了改革公务员工资制度、规范公务员收入分配秩序的理念。为了改变基层公务员工资长期处于金字塔底层的状况，提出了双通道的公务员薪酬制度改革思路，建立了国家统一的职务与级别相结合的公务员工资制度。同时，将公务员的职务和级别的晋升分别独立进行，公务员的职务虽然还是 12 个层次，但是却将公务员的级别从 15 级扩大到 27 级，重点增加了县以下基层公务员所对应的级别层次。这样一来，基层公务员可以根据工作年限以及个人绩效获得级别的晋升。也就是说，即使基层公务员没有获得职务的升迁，但是他们仍然可以通过努力工作获得比过去更高的级别和相对更高的待遇。由此可见，这种新调整后的公务员薪酬制度，无疑为基层公务员的工资增长提供了更为广阔的空间。这一做法也在一定程度上给了广大低收入的基层公务员阶层以更多的希望。

② 丁云涛、王世彤：《公务员薪酬制度改革方向探讨》，《内蒙古大学学报》（社会科学版）2005 年第 4 期。

效工资制度，让公务员的工资报酬与绩效挂钩，体现多劳多得、少劳少得、按劳分配的社会主义工资价值极为迫切，也很重要。为此，"首先，调整工资结构。将目前结构中激励功能不强的部分进行归并，主要是将基础工资归并到职务工资中；其次，加大职务工资的比重。职务工资要占到全部工资收入的 60% 左右；再次，是拉开差距，将职务的劳动付出与所获取的报酬紧密联系起来。最后，是规范工资外收入，加大工资收入的透明度"①。此外，国家和地方政府在出台津贴补贴发放政策时应向基层倾斜。通过形式多样的津贴的发放可以进一步提高基层执法公务员工资水平，缩小基层执法公务员与较高级公务员的工资差距，从而增强基层执法公务员的工作积极性。

3. 改革公务员的工资增长机制，适当整体提高基层执法类公务员工资水平

定期加薪是公务员工资制度的一项基本原则。当前重要的是设计并建立基层行政执法公务员的工资正常增长机制，改变其待遇多年不变的状况，保障基层执法公务员不因物价上涨而降低实际生活水平。基层行政执法公务员虽然社会地位较高，但其工资收入与国企、外企以及一些科研事业单位相比，仍有一定差距，这让他们面对执法对象时有时候会心理失衡。行政执法类公务员直接在一线行使行政执法权，面临各种"灰色收入"的执法与处罚陷阱，而特大城市整体生活水平和物价指数较高，特别是近年来我国一线城市房价的畸高对基层执法类公务员，特别是新入职的年轻的执法类公务员造成极大的经济压力，其工资水平如果难以满足其个人及家庭生活的基本需要，极有可能使其滑入以权谋私的误区。就执法公务员的工资保障功能而言，不仅应该体现在保障其个人和家庭基本生活水平上，还应该体现在保障其维持一定的社会地位的功能上。因此，在我国特大城市，适当增加基层执法类公务员的整体工资水平，不仅是激励公务员的需要，也是在一定程度避免执法犯法、保护基层执法公务员，有助于执行类公务员的廉政建设的需要。公务员作为人力资源市场中一个群体，在人力资源市场上同样面临着人力资源的市场竞争，虽然公务员作为

① 王学力：《我国公务员工资的现状、问题与对策建议》，《经济研究参考》2006 年第 32 期。

政府的人力资源有其特别的社会地区和保障优势，但是公务员的工资水平在人力资源市场上还是有一定的导向作用。特别是基层一线执法类公务员在人力资源市场的竞争压力还是相当大，其工作任务重，压力大，工作环境较差、待遇较低，职务晋升慢、职业发展空间小等因素，决定其在人力资源市场上有一定的劣势。因此，适当增加基层执法类公务员的工资待遇，维持略高于社会的平均工资水平，有利于增加政府在人力资源市场招录基层执法公务员的竞争力。

4. 完善基层执法公务员的岗位津贴制度

公务员的津贴补贴是公务员工资的重要组成部分，其中津贴主要是针对公务员的职务行为进行的工资贴补，其特点是与公务员的任职岗位密切相关；补贴则是公务员所在地区或行业为保障公务员的生活质量进行的工资贴补，其特点是与公务员的所在地区或行业密切相关。在公务员工资收入水平较低且增长较慢的情况，各地区、各部门、各行业主要是通过增加公务员的津贴和补贴来提高公务员的工资收入。又因为公务员工资属于中央管理，各级公务员的工资标准基本上全国执行统一的工资表，因此各地区、各部门、各行业公务员的工资差异实际上主要是由公务员的津贴和补贴数额造成的。因为公务员所在的地区、部门或行业的财政状况和收入资源的不同，导致各地区、各部门、各行业的公务员津贴、补贴和工资总额出现了较大差距。因此，改善和提高基层执法类公务员的工资收入，必须根据基层执法公务员的情况，在进行定期的工资水平调查数据基础上，建立起适合行政执法类公务员特别是基层一线执法公务员的岗位津贴和补贴制度，在津贴和补贴的数额上适度向基层一线执法公务员倾斜。基层一线执法公务员直接履行公共管理和公共服务的职能，直接进行一线的执法和监管，其工资收入状态在一定程度也影响到服务意识、服务品质和服务态度，影响到是否能公平公正地进行行政执法和市场监管，影响到能否抵制住市场经济的诱惑和陷阱。因此，尽快完善执法公务员津贴补贴制度，确保执法公务员特别基层一线执法公务员的收入维持在社会平均工资水平之上具有重要的意义。

（五）改善奖励机制

执法公务员的奖励机制是指执法机关依照相关法律法规的规定，设计、制定并予以有效运行的一套针对工作表现突出、有显著工作业绩或者有其他突出事迹的执法公务员给予一定物质和精神荣誉奖励的制度。针对当前执法公务员奖励制度存在的问题，需要从以下几个方面予以改善。

1. 重新审视执法公务员的奖励原则

针对执法公务员的激励特别是基层一线执法公务员的奖励，在坚持一般公务员奖励的原则上尚需有特别的设计。首先是把握及时性。一线执法公务员的履职特点就是现场性强，需要在一线及时地做出反应。当一线工作中涌现出优秀事迹，即需要执法机关及时地做出奖励。根据人力资源激励的边际效应，距离奖励事迹时间近的奖励其激励效用越高，距离奖励事迹时间越远的奖励其激励效用就越低。也就是说，针对一线执法公务员的奖励越及时其激励作用就越大，反之就越弱。因此把握及时性原则对于执法公务员的激励极为重要。其次，注重物质奖励。公务员奖励应该物质奖励和精神奖励并举，并以精神奖励为主。但是对于基层一线执法公务员而言，因为其处于官僚层级的下层，其社会地位和薪酬待遇在行政系统均处于较低水平，同时其个人和家庭生活压力较上级公务员均大，因此相比较精神奖励而言，物质奖励的激励作用可能更为简单和有效。对于基层一线执法公务员的奖励应该是物质奖励与精神奖励并举，但须更加重视物质奖励，并以此创新物质奖励的方式和方法。再次，注重奖罚分明。基层一线执法公务员在其公共生活中工作感悟和行为表达会更加直接和直白。奖罚行为必须明确具体，奖罚标准必须简洁和直白。作为基层执法机关的管理者针对奖罚行为必须态度鲜明，执行坚决，奖罚措施需具体有力。这样才能使基层执法公务员真正感受到压力和危机，增强其行为的规范性和自律性，发挥公务员奖罚机制的激励作用。

2. 将基层一线执法公务员的奖励与一般公务员的奖励区分开来

我国公务员法中规定了公务员奖励的法定事由和情形。但公务员法及相关法规并没有针对受奖对象的职务不同、工作性质不同而进行个性化的奖励设置。显然这是不能适应现代公务员奖励制度发展需要的。不同类别和层次的国家公务员对奖励的需求是不同的。因此，不同职位类别、不同职务的公务员奖励的标准也应该有所不同。如果仅仅采用方式单一的奖励方式和奖励手段是无法起到对所有公务员激励的效果的。应该正视并承认不同类型的公务员在奖励需求和奖励形式奖励方法奖励手段上的差异，根据不同性质的奖励对象实行差别奖励。基层执法公务员是我国公务员队伍中的重要组成部分，他们与综合管理类公务员和其他类公务员显著不同，具有自己的独有特点，因此对基层执法类公务员的奖励应该实行差别奖励，这样才能有效调动基层一线执法公务员的工作积极性。要建立健全基层执法公务员奖励制度。没有奖励制度的基层执法单位，应尽快建立基层执法公务员奖励制度；奖励制度不健全的基层执法单位，应尽快健全基层执法公务员奖励制度。

3. 奖励名额向基层一线人员倾斜，扩大基层执法公务员的奖励面

课题调研表明，部分执法单位中存在"奖励领导多而奖励基层员工少"现象。这不公平，因为领导者凭着权力优势，过多奖励自己，奖励基层执法公务员的名额就少了。将奖励向基层一线执法公务员倾斜的前提条件：一是单位领导应高风亮节，不与基层一线的执法公务员争奖励名额；二是在奖励制度中应严格限制领导干部的奖励比例与获奖名额，把95%以上的获奖名额分配给基层一线的执法公务员。比如，《青岛市行政奖励表彰试行规定》第十七条规定"在一项行政奖励表彰中，对担任领导职务人员的奖励表彰，不得超过受奖励表彰总人数的15%"。[1] 此外，基层执法公务员的奖励要在不突破制度规定的前提下适当增加奖励名额和用足现有的奖励名额。据调查，有的单位在评奖时，存在求全责备现象，宁愿把有限的奖励名额放弃不用，也不用于奖励业绩突出的基层执法公务员。因此，应用足奖励名额，把奖励政策用足，把人的积极性调动起来，推动事业的发展。

4. 奖励评选过程要发扬民主，体现公开公平公正

奖励基层执法公务员，应做到公开公平公正，让人心服口服。让群众和同事有更多的机会参与基层执法公务员的评奖。虽然上级或单位领导有权决定基层执法公务员的获奖与否，但应让群众和同事有更多的机会参与基层执法公务员的评奖，使获奖者有更加广泛的群众或民意基础。把考核成绩作为奖励的依据。评奖不应是领导者的主观臆断，也不应是"轮流坐庄"。评奖的标准或依据应是基层执法公务员的业绩，业绩突出或有突

---

① 董丽君：《我国公务员奖励制度的困境及其对策分析》，《湖南社会科学》2008 年第 2 期。

出贡献的基层执法公务员应当得到奖励。公开奖励的评选，奖励的标准、评奖过程与评奖结果等事项应公开，让奖励中的"暗箱操作"与腐败现象无生存的土壤，这样，获得奖励的基层执法公务员安心，未获奖的人也服气。

5. 丰富执法公务员的奖励形式，增加物质性奖励

针对"无物质性奖励或物质奖励少"的基层执法公务员奖励现状，应适当增加基层执法公务员物质性奖励的内容与力度。在公务员奖励权限的范围内，设定一些物质奖励的形式和手段。在基层执法公务员的薪酬体系中恢复公务员的奖金设置，并对奖金的形式、种类、额度进行设计和制度性安排。例如针对基层一线执法公务员可以设置考核奖、合理化建议奖、节约奖、应急事件有功奖、一线执法奖、单位贡献奖等奖项，并对每一个奖项都制定可操作的评奖标准，以此发挥其行为导向和人事激励作用。此外，针对基层执法公务员的奖励种类少、手段单一、方式落后的局面，应该在现行的公务员奖励制度的规定基础上进行制度创新。丰富执法公务员的奖励形式和种类，以满足行政执法系统公务员的不同层次和类型的奖励需求。比如在公务员的物质奖励和精神奖励外，把外出进修和培训、向上级机关转任交流或挂职锻炼、外派带薪休假等也列为公务员奖励的制度形式。

第 九 章

管理与监督机制存在的问题及对策建议

一　管理与监督机制的内涵及其意义

（一）执法公务员管理与监督机制的含义

　　管理与监督机制关注的是行政效能问题，是指如何通过公务员管理与监督的制度设计和制度运行，在工作任务的执行中运用具体的管理和监督措施以改善行政效率，实现行政目标，提高公务员的服务品质、落实公务员行政责任的机制。执法公务员的管理与监督机制贯穿于行政执法类公务员的行政监管和行政执法工作任务系统的全过程，涵盖了目标管理、任务督查、绩效考核、廉政保障、行政问责、责任追究一系列具体的任务管理制度和人事监督制度。在执法公务员的管理机制中，管理与监督机制属于执法公务员的工作管理的范畴，是保障执法公务员依法履职、尽职尽责并在完成工作任务的链条中锻炼并持续提升自己公共行政能力的机制。

（二）建立和完善执法公务员管理与监督机制具有重要的现实意义

　　首先，管理与监督机制是保障行政执法类公务员执法权能否得到正确行使、行政监管与执法任务能否得到有效执行、依法行政的目标能否落到实处的行政保障措施。目前我国正处于全面建立社会主义市场经济的关键时期，市场监管和行政执法的任务极其繁重，特别是传统市场监管领域未曾出现的一些新领域、新现象、新问题是各级地方政府及其行政执法公务员面临的一项重大挑战，急需政府及其执法公务员提高其行政管理和依法行政的能力。建立和完善执法公务员的管理监督机制可以有效提升市场管理的科学水平和改善行政管理和行政执法的质量。

其次，管理与监督机制是行政系统内部保障和不断提高行政执法类公务员核心素质的重要措施。现代政府的自身发展和公民与社会对政府的期望都迫使政府及其公务员必须依法行政，有能力行政并能适时的提供社会需要的公共产品和公共服务，有能力高质量的维护好社会主义市场经济秩序，保障经济和社会的可持续发展。这种政府自身发展的压力和公民社会的期望也必然促使政府不断地加强自身的管理和监督，加强对公务员的约束和激励，从而促进政府和公务员均需不断地提升自己的素质和能力，以回应时代的形势和任务对政府以及公务员的期望，满足他们的需求。

再次，管理与监督机制是当前我国行政执法体制改革能否顺利进行的关键。当前我国正在大力推进行政执法体制的改革，而行政执法体制改革的核心是简政放权。当前基层行政执法公务员的素质参差不齐，依法行政的能力水平不一，简政放权后，如果没有及时地加强对权力的有效监管和约束，极有可能出现权力的滥用和寻租，导致陷入权力一收就死、一放就乱的改革怪圈。所以行政执法体制的改革特别是综合行政执法体制的改革对行政执法类公务员的管理与监督提出了新的需求。此外，长期以来，在市场监管和行政执法领域里存在着条块分割、各管一摊、分别执法的问题，导致出现各执法部门相互协作少、协调难、信息孤立、配合复杂的行政监管和行政执法的困难局面，甚至在很多公共领域出现各部门都监管执法、都有责任，其结果却是谁都监管不好、谁都没有责任的尴尬现象。行政执法体制的种种问题和顽疾需要通过深化行政执法体制的改革和行政执法类公务员的分类改革来化解和解决。因此，重构执法公务员的管理与监督机制既是深化行政执法体制改革的必然要求，也是确保行政执法体制改革顺利进行的关键因素。

最后，管理与监督机制是行政执法类公务员分类改革的必然要求。目前基层执法公务员队伍中还相当程度存在宗旨意识和大局意识淡薄，纪律约束和行政责任不足，工作效率与服务能力低下，法治观念不强、滥用职权，甚至违法犯罪等较为广泛的问题。这些问题有的还很严重，甚至影响也很广泛。存在这些问题的人思想上安于现状，工作中得过且过。他们认为轮得到的肯定少不了，轮不着的也争取不到；多干多差错，还不如不干。① 执法公务员思想理念上出现的误区必然导致其行政行为的偏差和失当。究其原因，可能与复杂的社会环境、现行行政管理的体制弊端、执法公务员的个人修养、职业认知和思想道德水平有一定的关系。但是，这与执法机关和人事管理部门对执法公务员队伍缺乏有效的管理、对执法公务员的行为缺乏有力的监督和约束有着必然的关系。因此，管理监督机制也是顺应行政执法类公务员分类改革的形势，加强执法类公务员队伍建设的必然要求。

二 管理与监督机制存在的问题

（一） 执法公务员任务管理机制的问题

目前执法公务员管理监督机制中的一个突出问题就是工作任务管理与资源配置存在不科学不合理的现象。

1. 基层执法工作任务量较大，部分执法公务员完成工作任务困难

随着经济和社会的发展，与市场经济相应的市场监管任务和难度大大增加，属地管理成为落实市场监管和行政执法责任的主要途径，街道办事处、乡镇政府也就成为属地责任的最终承担者。许多职能部门以目标责任书、岗位承诺书、签订责任状，甚至会议、指示、批示以及口头布置等形式，将本来属于本部门的工作也部署到街道办事处、镇政府，形成上面千条线、底下一根针的局面。客观上导致基层政府和行政执法单位疲于应付，被动进行行政监管和行政执法的局面。在对北京市行政执法系统的调研中，就单位全体公务员能否顺利完成所承担的工作任务评价中，能顺利完成的占比有23.4%，能够完成的占比有49.8%，说明大多数公务员还是能够完成自己所承担的工作任务的，但是也有21.6%的占比属于勉强完成，还有5.1%的占比属于难以完成。即共有26.7%的执法公务员完成日常工作任务困难甚至很困难，这充分说明基层行政执法公务员的工作任务量较大。在该调研项目中从执法公务员对单位人事管理存在的问题列举中，表现最为突出的也是工作任务与编制、保障，占比高达25%，这也说明了基层执法公务员普遍感觉工作任务繁重，基层行政执法队伍人手不

---

① 武海燕：《我国县级普通公务员激励机制研究》，北京邮电大学，2009年。

足问题突出。

2. 工作任务管理方面存在的最为突出的问题是工作任务量配置及其均衡性不好

工作任务量配置与均衡性是指根据单位任务量大小、任务的复杂程度如何科学地配置行政执法人员，以实现任务与人力配置的均衡性。从行政执法的人力资源系统来看，集中体现在行政执法的人力资源配置不合理。从横向看，各部门之间执法力量分散，缺少统一协调，不能形成合力。从纵向看，行政执法系统的执法力量分布成倒三角形，头重脚轻。市级行政机关和执法部门人员比重偏大，具体从事一线市场监管和行政执法的执法人员少。特别是属地的街道、乡镇以及垂直执法部门的所、队等。占用行政执法编制的大量人员沉淀在各级行政部门和执法机构，一线监管和执法队伍人手不足，人事不匹配的矛盾急需通过行政执法体制和机制的改革予以解决。

3. 任务管理与人员配置中的工作支持也是较为明显的一个问题

工作支持包括工作环境与工作条件、工作中人际关系、工作中业务支持如政策支持、法律支持、协作支持以及群众支持、领导支持等。在对北京市行政执法系统的调研中，在评价所在单位的工作环境与工作条件项目中，给予5分评价的占比为35.8%，给予4分评价的占比为29.6%，给予3分评价的占比为17.9%，给予2分和1分评价的占比为16.8%，也即是给予积极性评价的占65.3%，给予一般性评价是17.9%，给予差和很差消极性评价的是16.8%。在单位管理急需改进的三项措施调研中，改进基层的办公条件和装备也是执法公务员所列问题中的一个重要选项。这些均说明基层执法公务员的工作环境与工作条件尚有很大的改进空间。从工作中人际关系支持来看，在目前单位工作任务配置中存在的最主要问题中，工作环境与人际关系占比是5%，排在十大突出问题的第五位。在你认为你职业发展中最为困惑的地方调研项目中，工作氛围欠缺、人际关系差占比是6%，位于第六位。另外，在目前单位人事管理存在的突出问题中，职能设置与任务配置、部门协作占比是10%，排在调研认知的第四位，这些均表明基层执法工作中，与工作任务的配置不合理密切相关的单位机构的职能设置存在不足、任务设置和任务执行中的部门协作存在不好。如何更为科学地配置机构、职能，合理地安排人力资源，科学地计划配置任务是目前基层执法公务员管理中的突出问题。

4. 任务管理中的职责不清，命令链不清晰也是突出问题

在目前单位工作任务配置中存在的最主要问题中，排在第三位的是职责与命令链，有8%的公务员认为职责与命令链存在问题，说明在执法机关和部门当前确实存在有权责不清、命令路径不清晰、公务员无所适从的现象。很多基层行政执法部门岗位职责不清晰，在岗位设置过程中没有进行科学的职位分析，制定职位说明书，明确每个职位的职责、权限、工作规范、工作流程和工作标准，甚至存在人为设岗、按人定岗的现象。

（二）执法公务员考核机制的问题

公务员的考核制度是公务员管理监督机制的重要组成部分。公务员的考核本身具有评价、监督和激励的三重作用。

1. 执法公务员的考核与综合管理类公务员的考核未做有效区分

考核是调整公务员职务、级别、工资，开展公务员奖励、培训、辞退的依据，在公务员管理中处于枢纽地位。在对北京市、上海市的基层行政执法部门的访谈中发现，地方政府行政执法部门的领导普遍认为现行公务员考核问题较多。行政执法类的公务员考核缺乏明确、可行、有效的考核测评办法。绩效考核针对不同的政府部门、不同的岗位很难设计一套令所有人都信服的办法。在实践中，公务员绩效考核特别是基层行政执法公务员的绩效考核仍然普遍存在效度不高、信度不够的问题。所谓效度不高即有效性和准确性较差，这主要是针对公务员考核指标体系的设计而言的；所谓信度不够即公务员对绩效考核结果的客观性、可靠性有所质疑，这主要是针对绩效考核的过程和结果而言的。上述公务员考核问题的产生，有行政管理体制、政治生态文化等各方面的因素，但从制度层面来看，公务员分类管理制度的实践严重滞后是重要原因。目前，综合管理类、专业技术类、行政执法类三类公务员从录用到考核，都没有严格的区分。尤其是在考核体系的设计上，无论是考核主体、考核办法还是指标权重，都是一个样，不仅无法体现考核对象的工作特性，而且严重趋同的指挥棒使专业技术类公务员无法发挥特长，使行政执法类公务员普遍缺乏工作的内动力。

2. 在执法公务员的考核中，过于重视公务员年度考核的结果，忽视了对执法公务员的平时考核

年度考核作为公务员的法定考核形式，目的在于对公务员过去一年的工作表现和工作业绩进行总结、评估和鉴定，并依据年度考核的结果对公务员进行适度的奖励和惩戒。年度考核在公务员的所有考核形式中最为重要，理应受到重视。但是年度考核的结果必须建立在对公务员过去一年工作中行为、表现及其产生的业绩结果和效果的正确评定上。这就需要对公务员的平时工作和业绩进行及时的评定和记录，通过平时的工作考核和工作评定一方面为公务员的年度考核打好基础，另一方面也为引导和矫正公务员的行为朝着组织的目标努力指明了方向。但是，当前在基层行政执法机关和执法单位的公务员考核中，普遍存在只抓年度考核、忽视平时考核甚至没有进行平时考核的现象。在执法公务员的平时考核的方式和方法上，没有办法，缺少创新。在年底开展的集中年度考核中，由于缺少平时考核的记录和公务员的工作表现和业绩成果的资料，只好主观地依赖公务员个人的年度总结和行政主管领导的个人印象进行评定和做出结论。一方面导致了公务员考核结果可能缺乏客观性，甚至奖惩失据，起不到激励的作用；另一方面也致使公务员个人难以通过考核这一方式找到自己的差距，改进自己的工作，提升自己的能力，明确自己的前进方向。

3. 执法公务员的考核内容与指标缺乏指向性和有效性

公务员相关法规规定："对公务员的考核，以公务员的职位职责和所承担的工作任务为基本依据，全面考核德、能、勤、绩、廉，重点考核工作实绩。"[①] 公务员考核法规仅从宏观的角度对公务员考核内容划定了一个抽象的框架，适用于各级、各类、各个岗位的公务员，但与实际工作的相关度却不高。就行政执法类公务员的考核内容而言，未能按照执法公务员不同的工作岗位、工作性质、工作环境和工作条件，提出有差别的考核内容。首先，考核内容细化程度不够。如工商行政管理机关的市场秩序优化行动、放心消费维权行动往往制定一些大项指标，没有就开展该项工作过程中涉及的执法质量、服务群众等进行细化，不能促使干部在工作

---

① 《公务员考核规定》（试行），http：//www.gov.cn/zwgk/2007－01/16/content_ 497094.html。

"精、细"上下功夫。其次，考核指标的内容不够全面，对"德、勤、廉"的兼顾不够，对执法公务员更好地为民服务和树立良好执法部门形象等队伍建设方面的内容涉及不多，如群众举报投诉的回应性，行政执法的公众满意度等。再次，注重考核果不注重考核因，在制定考核指标和考核标准时注重考核行政执法的办案结果、办案数量等内容，不注重考核社会反映、学习培训等内容，导致行政执法工作不能形成一整套良性循环机制。最后，执法公务员的考核指标未能与组织目标有机统一。公务员的考核具有行为的导向性和激励性，公务员考核目标应该体现组织的战略意图和管理目标，应该能够对组织的战略发展起到支撑作用。同时，公务员的绩效考核指标缺少有效的绩效沟通路径和反馈程序，缺失适时的绩效分析与绩效改进策略，难以形成有效的绩效文化机制，从而难以形成全面的、规范的、有效的绩效激励系统。

4. 执法公务员的考核方式、考核程序等制度性问题突出，致使执法公务员的考核缺乏科学性、严谨性、可执行性

目前基层执法公务员的考核中还存在着考核制度执行不力，考核方式落后，考核形式化严重，考核存在人情干扰制度等现象。首先，虽然各执法机关和执法单位在对基层执法公务员的考核过程中，既有总的公务员的考核法规，也有各地区、各部门的一些具体的公务员考核规定，基层执法机关和执法单位也结合自己的实际情况，出台了一些具体的执法公务员的考核办法，制定了一些具体的制度，但是这些考核规定、制度和措施大多整齐划一，形而上之。一方面表现在真正形成适合各部门和各执法系统性质特征，具有自己部门或系统特色的管用的公务员考核办法并不多见；另一方面大多数基层执法部门在具体落实和执行公务员的考核法规和考核制度上也存在执行不严、落实不够、办法不多、效果有限的现象。其次，公务员的考核方式落后，形式化严重。公务员的年度考核一般集中在年底的有限时间里必须完成，考核呈现时间短、任务紧，考核人员年底事务杂的多重特征，客观上也导致各考核部门和单位领导无法认真有效地布置和组织考核。在公务员考核方式上大多数单位还停留在手工操作的阶段，主要依靠被考核公务员的个人自评和年度总结。整体来看，基层执法公务员的考核依然存在走过场、程式化、教条主义严重的僵化倾向。再次，公务员的考核还存在人情或领导干预等政治因素的影响。具体表现在考核委员会

或考核小组成员，他们作为公务员考核的考核主体很多时候对被考核的公务员具体工作情况并不了解和熟悉，这种信息的不对称决定了在具体的公务员考核工作中需要依赖被考核公务员的主管领导的意见，受主管领导特别是直接领导的倾向性意见的影响。而主管领导和直接领导因为工作的关系不可避免产生远近亲疏、感情厚薄的政治心理，这一政治心理就会对被考核公务员的等次结果产生一定的影响。此外，还存在某些主管领导或直接领导因为不愿承担责任、不敢或不愿客观的评价考核，存在不愿得罪人的心理，便将可能存在的考核矛盾下移，借助下级公务员集体评议和投票来决定考核等次，致使公务员考核工作的严肃性被庸俗化、政治化和复杂化，甚至变成个别领导操纵群众、拉拢结盟的工具。上述这些问题在我们对北京、天津、广州和上海（浦东）四城市的执法公务员考核的调研中均得到了验证。受调的执法公务员普遍反映在执法公务员的考核制度上，存在考核制度不完善、不科学，考核制度不落实，执行不到位；考核形式主义严重，考核项目简单，主观性强，随意性大；考核的制度标准不明确、不统一、不细化、不量化；考核没有科学区分被考核对象，考核制度缺少人性化和灵活性等突出的问题。在执法公务员的考核程序上，还存在考核程序不规范，考核过程群众监督不够，考核存在受到人情影响和领导干预的现象；在对执法公务员的量化考核操作程序上不是很严格，大多数是由领导决定，不能完全体现公平、公正；在执法公务员考核的过程中，则重考不重核，对公务员的奖分和扣分项缺少自评、互评、审核、复核等法定环节。可见，受传统观念和公务员考核的实际效果的影响，在很多基层执法部门，执法公务员的考核还只是例行性的、制度性的、程序性的规定动作，虽然不可缺少，但也不必受到足够重视。因此，必须加强执法公务员考核的科学研究和制度设计，努力使公务员的考核制度有针对性、规范性和可执行性，才能确保执法公务员的考核制度不会流于形式，真正发挥人力资源的评价和激励作用。

5. 执法公务员的考核结果及其应用缺乏有效性和激励性

首先，目前基层执法部门推行的绩效考核机制未能完全体现奖勤罚懒。从公务员考核结果的有效性来看，执法公务员的绩效考核最重要的作用在于对执法公务员在过去的一年中工作成果提供客观的评价并依据评价的结果予以适度的奖惩激励。但是目前基层执法公务员的考核，其结果的产生和结果的应用均存在一定的问题。在考核结果的产生方面，如果公务员的评优评先、立功受奖不是基于公务员过去一年中工作表现和业绩，而是通过各部门科室的公务员的商议、推荐或投票，就有可能出现基于人情关系和领导意志的考核结果，甚至出现被有关部门表彰为劳动模范、先进党员等荣誉称号的，乃至被提拔重用的，却不是基层执法公务员考核中优秀的。公务员的考核结果当然不可能有任何人力资源的激励作用。在公务员考核结果的效率方面，公务员的考核结果没有与公务员的工作量和业绩挂钩，没有反映公务员的工作表现，没有体现公务员的劳动付出。公务员的考核结果效率低下，不能起到引导公务员的行为、调动公务员的积极性、提高政府行政效率、改善政府服务质量的作用。在公务员考核结果的应用方面，即便公务员的考核结果有了被考核公务员的工作表现和业绩依据，如果这一考核结果未能与公务员的奖励和惩戒挂钩，特别是与公务员的切身利益挂钩，执法公务员的考核也难以发挥奖勤罚懒的激励作用。特别是当公务员的考核结果与对公务员个人的任职、使用和职务成长关系不大时，就会促使公务员逐渐产生浓厚的官僚习气和麻木不仁的机关作风，致使公务员的考核彻底失去激励作用。

其次，执法公务员的考核结果等次较少，出现绝大多数执法公务员都处于"称职"这一平台上的现象。根据公务员考核的相关法规规定，公务员考核的结果一般分四个等次，即优秀、称职、基本称职和不称职。也就是说任何一个行政单位，理论上来讲其公务员的考核结果应该按照这四个等次呈现正太曲线分布，即优秀的人数和基本称职的人数居少数，称职的人数居多数，不称职的人数居极少数，各考核等次区间都应该有人员分布。如果机关或单位人数越多，这种正太曲线越明显。但是在基层执法公务员的实际考核过程中，人事部门和考核机关对考核结果的优秀等次名额往往事先设定，并按部门进行分配，而对其他等次则没有等次名额的设定，导致在实际的考核工作中，各执法机关和单位除了限定数额的优秀等次外，其他执法公务员全都聚集在称职等次这一平台之上，从而使公务员考核的结果没有差异度、区分度和危机感，出现考核等次的大锅饭、平均主义或论资排辈的现象，考核结果失去了评价和激励作用。根据我们对北京、天津、广州、上海浦东四城市 2010 年、2011 年、2012 年三年的执法公务员考核情况的调研，发现优秀的比例分别为 23%、22.5%、23.7%；

称职的分别为 75.4%、75.9%、74.6%；基本称职的分别为 1.6%、
1.5%、1.6%；不称职未出现。可见，绝大多数执法公务员的年度考核等
次均在称职这一平台之上，证明了执法公务员考核的结果确实缺乏明显的
区分度。此外，在公务员考核的优秀等次上，还存在各单位或部门优秀等
次指标分配不合理，各执法机关和单位设法突破优秀等次指标，导致个别
被评为优秀等次公务员群众不满意认可度低；优秀等次指标没有向基层执
法单位和基层执法公务员，特别是一线执法公务员倾斜，在个别执法单位
和部门甚至出现优秀指标或被少数人专用或大家轮流坐庄等不良现象。

（三）执法公务员问责与惩戒机制的问题

1. 执法机关的效能建设尚待加强

执法机关效能建设是指以提高行政效能为基本目标，根据行政管理和
行政执法活动的流程将各种管理要素优化结合并予以重新配置的管理过
程，以更好实现行政执法机构的公共管理和公共服务目标。具体来说，规
范工作秩序、改进工作作风、提高办事效率就是执法机关效能建设的基本
要素。根据我们对北京市地税局系统的五型机关建设的课题调研发现，调
研对象对于地税机关办事效率评价不高的比例接近 40%；对于地税干部
工作热情评价不高的比例接近 50%；对于机关工作作风和效能的综合评
价不高的比例超过 30%。对于理顺部门职能关系的评价不高的比例超过
40%；对于机关内部的协作评价不高的比例有 50%；对于机关外部协调
能力评价不高的比例有接近 50%；认为工作中存在推诿扯皮现象的比例
超过了 50%。有超过 40% 的同志认为个别存在有令不行、有禁不止、政
令不畅的问题；认为存在行政越位、行政错位或行政缺位问题的比例达到
50%，其中认为存在行政缺位问题的比例达到 32%。[①] 显然，基层行政执
法机构效能不高，效能建设存在的问题还比较突出。

2. 执法公务员的行政问责机制未能全面建立

责任机制是公务员管理的核心。加强行政执法公务员的岗位责任制度
建设，确立行政问责和执法责任追究制度，是行政执法类公务员管理监督
机制的重要内容。基层行政执法公务员责任机制的缺失表现多面，如办事

---

① 《北京市地税局五型机关建设的问题与对策》，北京市地税局，2012 年。

公开性、回应性、诚信度以及规范性等方面均存在一定问题，特别是行政自由裁量过程中的随意性较大。具体而言表现在以下若干方面。其一，从服务系统来看，行政执法存在信息化建设还不完善，行政管理信息系统复杂，办事程序烦琐，审批周期长；执法单位基层办公环境不完善，不利于与服务对象交流等。其二，从制度建设来看，虽然在依法行政、规范服务方面建立了各项工作体系，成立了一系列的组织机构、制定了规章制度、出台了管理办法，但长效机制还不够完善。主要是有了制度、职责，还没有完全按照职责落实、制度执行，造成管理有漏洞，工作有失误。对工作人员存在工作错误或失误的，只是重说教或批评，没有完全按岗位职责追究责任，造成迁就而再犯的结果。其三，从依法行政来看，在具体的行政执法工作中缺乏统一的执行标准，对于自由裁量权缺乏合理控制。比如说，某些行政执法部门在局、所两级层面在行政处罚金额的确定上就存在很大弹性。因此，构建行政执法类公务员的问责机制和责任追究制度不仅重要，而且着急。但目前基层行政执法公务员的问责制建设显著落后，各行政执法机关近年被问责的执法公务员却几乎没有。在对北京市47个执法单位的近三年问责情况的调研中，按照处级、科级、科员三个层次统计填写，有效填写的答卷项目单位数为31个，在三年中三个级别层次的公务员被问责的人数均为0，也就是说，在近三年的问责实践中，实际没有一个公务员被行政问责。建立并落实问责制，落实首问负责制、限时办结制和执法责任追究制，改进行政执法公务员的权责体系，实现权责对等、权责统一是建立执法公务员行政问责机制的关键。

3. 执法公务员的实际惩处机制效率较低，受处分人数极低

首先，执法单位的公务员实际处分人数极低。在课题对北京市47个执法单位的近三年问责情况的调研中，按照处级、科级、科员三个层次统计填写，有效填写的答卷项目单位数为31个，在三年中三个级别层次的公务员被处分的人数分别是2013年合计8人，其中处级1人，科级4人，科员3人，单位年均处分人数0.26人；2012年合计5人，其中科级4人，科员1人，单位年均处分人数为0.16人；2011年，合计6人，其中处级1人，科级3人，科员2人，单位年均处分人数为0.19人。从连续三年的执法单位的公务员实际被处分人数来看，各单位平均年处分人数在2‰左右，可见公务员的实际处分人数极低。

其次，对执法公务员的惩处方式单一，缺乏灵活性和服从性。根据公务员相关法规的规定，公务员行政处分种类为，警告、记过、记大过、降级、撤职、开除。这六种处分可分为两个层次，即警告、记过和记大过属于荣誉性处分，降级、撤职和开除属于实质性处分。整体来看，在这两个层次之间缺少惩处的中间层次，一方面导致执法机关在面对违纪公务员的处分时可选择的手段有限，有时候难以做到处罚适当，致使被处罚公务员心中不服，感觉不公平；另一方面执法机关可能自己随意创制一些惩处手段，比如免职、停职反省或者调职、降职等形式。特别是很多基层执法机关为保护个别违纪公务员或处于维护机关声誉的考虑，采用以调代罚的措施，来避免或减轻对违纪、违法公务员的惩处。这客观上也导致公务员惩戒制度的失效。

最后，拥有惩戒权的主体过多形成相互制约现象。在我国目前的政治体制下，立法机关、同级人民政府、监察机关、政府机关人事部门、上级行政机关、行政领导、党的组织部门以及纪律检查部门等都具有一定的公务员行政惩戒权。行政惩戒权主体过多必然造成行政惩戒主体之间权限不明、权力相互制约甚至出现监督部门监督的惰性或监督不作为。[1] 对于一些阻力比较大、影响比较严重的案件，常常互相推诿，造成表面上监督主体的多元，实际上没有人监督的监督空域问题，损害政府形象。[2]

（四）执法公务员廉政机制存在的问题

1. 部分执法公务员存在权力寻租、吃拿卡要的现象

行政执法公务员无论是身处机关科室还是执法一线，手中或多或少都掌握一定的行政执法权和处罚权，这些行政权不仅具有强制属性，而且具有一定的自由裁量空间。在行政执法的过程中，特别是行政处罚的自由裁量过程中，很多时候行使执法权或处罚权的执法公务员个人的经验、性格、感觉、利益、人情、关系等非制度的因素对自由裁量的程度起到了决定性的作用。如果再失之严格的行政执法的程序设计与来自行政内部或行政外部的监督，部分政治思想、道德水准以及防腐警惕性不高的执法公务

---

[1]　刘琪：《中国基层公务员管理制度建设问题研究》，吉林大学，2009 年。

[2]　陆伟明：《中国公务员行政惩戒制度研究》，《西南政法大学学报》2004 年第 5 期。

员就有可能利用其掌握的行政权进行权力的寻租，特别是表现在利用街头官僚的优势吃拿卡要，为自己、家人、亲属或朋友谋取不当利益。此外，行政执法公务员如果长期工作在某个领域和地区，很容易与行政监管和行政执法的对象结成关系伙伴，逐渐地将相互工作关系演变为利益关系，甚至形成利益共同体。比如，通过日常的工作接触，接受执法对象的宴请和礼品；又如，执法单位与执法对象单位通过某种形式如结成所谓的共建单位，在经常互动的背景下，形成特殊的友谊和利益共同体，等等。因此，执法公务员的街头官僚属性决定了其天然存在一定程度的廉政风险，需要执法机关予以高度重视。

2. 执法公务员的廉政监督制度需要完善

"权力导致腐败，绝对的权力导致绝对的腐败。"① 凡是存在权力的地方，就有腐败的机会和可能。行政执法类公务员其职业性质决定了其职业存在腐败的风险。因此必须对执法公务员建立完善的廉政监督制度。目前在对公务员的监督问题上，存在"四多四少"现象，即表面监督多，实际监督少；事后监督多，事前、事中监督少；被动监督多，主动监督少；对一般公务人员监督多，对主要领导干部监督少。② 执法公务员的监督，特别是基层一线行政执法公务员的监督，同样存在类似的现象，执法公务员的廉政监督面临着较大的挑战。

首先，基层执法机关和一线执法单位廉政风险点较多。行政执法机关不仅拥有较为广泛的行政管理硬权力，如审批权、监管权、执法权、处罚权、强制权等，而且拥有内容丰富的行政管理的软权力如组织协调权、资源配置权、人事调配权、财政资金与财政补贴的配置权、税收、罚没收入的减免权等。执法机关权力的广泛性和复杂性决定了执法部门的廉政风险点较多，几乎覆盖执法机关职能和职责的所有领域，客观上造成了权力监督的困难。

其次，执法公务员的监督机制不够完善。执法公务员在具体行使和运用行政权的过程中，监督资源和监督机制存在空白、不到位或没效率的情况。执法机关和执法部门每个公务员都有自己独立的工作岗位和职责，每

---

① ［法］孟德斯鸠：《论法的精神》（上），张雁深译，商务印书馆1961年版，第154页。
② 杨欣：《国家公务员廉政建设浅析》，《大庆社会科学》2011年第4期。

个公务员注意力和精力基本上都放在自己的岗位上，对其他工作岗位的事务关注很少，很多时候执法公务员的岗位之间的工作信息很少共享，一个公务员如何处理自己的工作事务，如何行使自己的行政权，如何配置安排相关的行政资源，其他公务员很少了解，因此也就形成相互监督的空白。在执法机关的组织层面的监督安排上，除了定期例行性的执法监督检查外，如果没有执法对象的投诉和控告，没有明显的违法违纪现象，或者没有相关部门的明确要求，机关内部的监督部门基本上处于不作为的状态，很少有监督人员深入到公务员的行政执法链条中进行全过程的监督和监察。在执法机关廉政风险高的岗位基本上也就是权力比较大或资源比较多的岗位，这些特殊岗位一般也都由机关主要领导直接掌控，机关内部监督部门摄于领导的权威，一般也不愿意伸手或不敢放手监督。因此，在执法公务员的管理实践中，机制特别是执法机关的内部监督机制作用有限。

最后，能够有效发挥作用的监督手段比较缺乏。对公务员的行政执法监督属于行政机关的内部监督。目前执法机关对执法公务员的监督手段主要是执法监督和督察。一般分为两种类型，即日常性执法监督和专项的督察。日常性执法监督基本上源于行政执法对象的投诉或检举、控告，处理行政执法过程中的信访等。专项督察一般是由于上级的专项行动要求而开展的专项执法督察，或者是由于上级领导人批示、指示要求执法机关专门安排的专项督察。也就是说如果执法公务员没有被投诉、举报或检举、控告，监督机制基本不发挥作用。因此在执法公务员的监督机制上，监督手段的匮乏是一个明显的短板。

3. 执法公务员的人治习俗比较浓厚，法治精神和观念需强化

依法行政不仅是执法公务员的义务和责任，是公务员法和政府对执法公务员的一种法律要求，而且依法行政还应该是执法公务员基于内心信念的一种职业习惯和行为方式。但是因为我国政府的人治传统习俗的根深蒂固，公务员行为习惯的相互影响，大多数基层执法公务员依然未能养成依法行政的法治观念和依法办事的法治行为方式。官本位思想、官僚特权思想和人情世故的思想导致执法公务员不太习惯于按程序、按制度、按法治精神办事和处理问题，在行政管理和行政执法工作中更习惯、更擅长用人治的手段来解决问题。执法公务员的人治习俗实际上在不知不觉中为执法工作中的廉政风险埋下了伏笔。

4. 执法公务员的职业道德建设需要加强

所谓职业道德，就是人们在进行职业活动过程中，一切符合职业要求的心理意识、行为准则和行为规范的总和。它是一种内在的、非强制性的约束机制。是用来调整职业个人、职业主体和社会成员之间关系的行为准则和行为规范。① 职业道德对于执法公务员正确认知其掌握的权力理念、规范和约束自己的行为、防范权力腐败的风险具有特别重要的意义。

首先，社会不正之风和腐败习俗对执法公务员的冲击。市场经济带来的金钱至上、物质享乐、追权逐利、腐败是经济润滑剂等不良思想对执法公务员的传统思想观念造成了极大的冲击，导致心理的失衡。在缺少有力的思想政治工作和职业道德机制的支持下，少数执法公务员就会出现思想动摇、意志消沉、心理不平衡，逐渐陷入各种权力利益关系的网络中不可自拔，甚至对反腐防腐的宣传教育不以为然，嗤之以鼻，产生抵触和对抗心理。

其次，职业道德是执法公务员内心深处的一种强大的信念理论，是执法公务员判断是非的标准和尺度。如果执法机关廉政道德建设不力，就有可能造成执法公务员是非不清，做人做事的标准不明，甚至在行政执法的工作中失去底线思维的意识，失去廉洁自律的自控理念，失去防范职业风险、抵制各种利益诱惑的能力。在我们对北京市地方税务局系统五型机关建设的调研中，发现有一定比例的执法公务员在与腐败问题开展斗争方面还不够坚决，或者至少存在消极态度，对于遏制和消除腐败现象的信心也不够充分。比如说，在"如果了解掌握一些具体涉及腐败问题的线索，是否会去积极举报"的选项中，表示会的占比只有47%；在"对通过开展党风廉政建设和反腐败工作，是否会逐步遏制和克服腐败现象"，抱有信心的占比只有69%。这说明部分执法公务员不仅对反腐败斗争信心不足，而且对身边发生的腐败现象也存在一定程度的消极容忍现象。此外，值得注意的是还有相当一部分执法公务员认为腐败问题发生的可能性大小与干部的级别高低呈正相关关系，自己职务低，反腐防腐的意义不大。可见，加强执法公务员的职业道德建设，提高其对反腐防腐意义认识的高度不仅重要而且很急迫。

① 维基百科：《职业道德》，http://wiki.mbalib.com/wiki/职业道德。

（五）辅助执法人员的管理监督问题

1. 目前在地方政府执法部门或执法单位聘用辅助执法人员参与行政执法工作非常普遍

根据我们对北京、天津、广州、上海浦东四城市辅助执法人员在执法单位的全部职工的占比来看，职工占比在 10% 以下的有 52.9%，职工占比在 10%—30% 的有 19.9%，职工占比在 30% 以上的有 27.2%。说明有半数多一点的执法单位聘用的辅助执法人员其职工占比在 10% 以下，另有近三成的执法单位聘用的辅助执法人员其职工占比在 30% 以上。即执法单位聘用的辅助执法人员在各执法单位之间呈现出两头高、中间低的特征。据相关部门的另外统计数据显示，目前行政执法队伍中无编制人员占整体队伍结构比例 30% 以上的单位高达 40.2%。再如，根据北京市政协 2011 年的调研报告显示，北京城管除了正式编制 7000 多人外，还聘用协管员、保安等 6500 余名，主要由街乡招聘并支付薪酬，成分复杂，流动性大，管理困难。北京市公安系统目前有 5 万余名民警，文职辅警人数达 2.9 万余名。[①] 可见目前在地方政府执法部门或执法单位聘用辅助执法人员参与执法非常普遍。

2. 执法部门大量聘用辅助人员参与行政执法工作反映出基层执法公务员管理尚存在一系列的问题

一是编制管理落后。随着经济、社会的发展，一线执法部门工作任务明显加重，人手不足的矛盾日益突出。但因为我国编制设置多年没有调整，人与事不匹配。不少地方的在编执法人员年龄老化、结构失衡；上级机关干部又不愿下沉，人才逆向流动明显，从事一线执法人员较少，导致很多执法部门招聘临时工参与行政执法工作。编制的刚性管理与经济社会发展的现实需求已经不相适应。

二是执法公务员不作为。因为管理机制的问题，很多公务员对待工作不作为。不愿意做事，特别是不愿意做苦差事、不愿意到一线去做事。现在的铁饭碗制度又对他们没有办法，不干也没有多少惩处措施。有些领导本身不过硬，也就指挥不动下属。

---

① 《"临时工"与执法权红线》，《新京报》2013 年 6 月 17 日。

　　三是临时工使用方便。临时工相对于正式的公务员来说，比较听话，比较听安排，什么事儿都可以安排他们去干。而且还不受太多的编制束缚，用起来比较顺手。临时工成为一些地方政府违规甚至违法推进执法工作的助手。随着公务员权利意识的觉醒、社会舆论监督的加强、政府自身依法行政要求的提高，一些地方领导依靠临时工来推动难办的工作，如城管执法、治安执法、城市撤迁等。出了问题可以将责任推卸到临时工身上去。

　　四是临时工也成了一些领导们安排人员、照顾关系的自留地。公务员录用凡进必考，事业单位人员也开始需要规范化考试。但临时工就不必要了，对于一些领导们的子女、亲友来说，安排一些无一技之长、没有读什么书的人到临时工队伍里，又多了一条路子，说不定还是一个可以转正的机会。因此，临时工岗位成为少数领导干部安插亲友、照顾关系的一个方便领域。

　　3. 辅助执法人员参与行政执法工作带来一系列的问题

　　首先，辅助执法人员的素质堪忧。对无编制聘用人员的招聘中，只有6.7%的单位要求必须具有执法证及相应的工作经验，有文化水平要求的也只占6.7%。虽然各执法单位很看重应聘人员的工作素质和个人品德，但是应聘人员普遍欠缺行政执法的专业素养却是一个无法回避的现实问题。

　　其次，辅助执法人员的管理面临难题。各执法单位聘用的辅助执法人员基本上都没有法定编制。在聘用形式上采用的是合同工管理的办法，人员从市场上招聘，好点的由人力资源公司劳务派遣。大多数执法机关针对辅助执法人员的招聘缺少规范的程序和严格的准入法定条件。工资由各执法机关和用人单位自筹，基本上来源于行政事业的罚没收入的返还和截留，有些执法部门财政可能给予一定额度的补贴。整体来看，辅助执法人员在身份上属于编外人员，与执法公务员相比，地位低，风险大，职业发展机会不足，心理安全感差；在用工形式上属于合同聘用，主人翁意识和归属感不强，人员流失率较高；在工资福利上属于自筹自支，收入较低，福利较少，寻租动机强；在人员管理上，尚无明确的法律法规依据，主要依靠各机关或执法单位自己制定一些管理办法，制度漏洞较多，管理不规范或规范不足明显。跟端铁饭碗吃财政饭、进了保险箱的编内人员相比，比如城管协管员、交通协管员等，势必接触到一些公权力，管理不到位，违规是必然的。① 因此，辅助执法人员普通面临着管理难题。

最后，辅助执法人员参与行政执法工作的资格问题。如果按照国家法规，聘任的临时工没有执法资格，只能辅助执法，不能单独执法。如城管部门外聘的协管员、保安等人，只能对违法违规行为进行劝导，不能没收小商贩的物品。但在实际工作中，很多协管员都实打实地在执法。在一些区县，协管员整体素质不高，个别人员在辅助执法中容易出现粗暴执法行为，使城管形象受到很大影响。

三　完善管理与监督机制的对策措施

（一）科学配置岗位，合理划分事权，构建科学的任务管理机制

1. 调整和整合执法机关的行政与执法职能，优化单位的内部机构和岗位设置，提高执法组织的运行效率

根据当前行政执法的任务现状和形势要求，执法机关必须适时地审视、规划和调整执法部门的职能，特别是要适时地调整和整合机关内部职能部门和业务处室的职能与业务范围，

明确各执法部门和业务处室的上下级业务指导关系和横向的部门协作关系，改变各职能处室和业务部门相互信息封闭，各自下达命令，致使基层执法单位多头应付、无所适从地被动任务管理和任务执行的局面。要提高上级执法机关和业务部门在统筹指挥、业务指导和大要案查办方面的能力，建设领导有力、人员精干、指导精准、服务优质的行政执法机关。要将各业务部门和处室的职责、任务和目标科学、明确地分解落实到各个岗位及承办人员，建立主体明确、层级清晰、具体量化的岗位责任制，形成内部业务部门之间、岗位之间的无缝责任链接，明确工作责任和工作规程，使每项工作职责、每个工作环节的责任都落实到岗位、落实到人。科学设置工作岗位，制定科学具体的岗位说明书。岗位说明书应当明确每一岗位的岗位名称、任职条件、工作职责、工作依据、工作权限、工作流

---

① 周川翔：《"双轨"制干部管理体系的实践与研究》，《改革与开放》2014 年第 6 期。

程、工作标准、责任追究等内容，将每一岗位的工作任务和责任细化或量化。①

2. 重塑组织的业务流程，加强流程管理和控制，提高执法业务工作的统筹规划能力、业务协作能力，构建一线执法公务员的工作支持机制

市场监管和行政执法的一个重要特征就是需要各执法部门通力合作，协调一致，综合执法。单个部门的执法往往会顾此失彼，费时费力，收效甚微。就单个行政执法部门而言，同样经常需要统一步骤，部门合作，相互支持，协同作战。处在行政执法一线的执法公务员则更需要有效的工作支持网络，包括政策、资源、人力、设备、后勤保障以及领导支持、部门配合、利益相关方的协作等诸多因素，都会足以影响一线公务员的执法效率和执法质量。因此，执法机关和执法单位必须适时地检讨和重塑工作业务的流程，加强流程的管理和控制，提高执法业务工作的统筹规划能力、业务协作能力，构建业务合作的工作机制，搭建一线执法公务员的工作支持网络。为此，还必须以行政执行力为核心，探索建立起适合基层执法部门特点的兼顾定量与定性特征的执法业务绩效管理体系，通过有效的绩效管理手段，明确各业务流程环节及其执行单位的任务和责任，恰当地运用绩效奖惩的方式，促进工作协作与工作支持网络的形成。同时，还应该借助现代信息技术的手段，全面推行网格化的工作模式，科学划分网络，明确任务，落实责任。实现网络信息的动态共享，动态监管、动态提示调整，以信息化的手段来增进执法公务员的工作配合和工作协作，保障行政执法资源的适时到位和工作支持网络动态更新。

3. 合理划分上下级执法机构的事权，建立上级机关对下级执法单位的指导服务机制和任务下达机制，厘清行政命令的权限及路径，建立清晰和规范的组织命令链体系

目前行政执法系统内部各层级机构存在有职能上下层次不清，部分行政管理和执法权限纵向交叉，或者权责不对等，事权分离，执法责任边界不清晰，出现管理重叠、管理真空、管理漏洞的现象。基层执法机构没有足够的执法权限，却需要承担具体的行政执法责任；上级拥有行政执法权

---

① 参阅《国家工商行政管理总局关于进一步加强新形势下基层建设的意见》工商人字 [2010] 47 号，http://www.cnki.com.cn/Article/CJFDTotal - GSXZ201007004.html。

和处罚权的机关，将具体的行政监管和行政执法的责任下移，却将相应的权力和资源留置不放，对基层执法单位的业务指导不够或者不去指导和协调，不能给予直接、及时和有力的帮助，导致基层执法单位在行政执法的工作过程感到力不从心，一线执法公务员感到责任大、压力大、工作无助感强，产生焦虑和埋怨的不良心理。此外，上级执法机关和部门，还经常出现在同一件行政执法事务上，多头命令，多头布置和要求，导致基层执法单位重复工作，多头汇报，多次制作上报信息，加大基层执法单位的工作压力，以致出现疲于应付、胡乱上报信息的局面。因此，必须合理划分上下级执法机构的事权，适度对下级执法单位进行授权，确保基层行政执法单位拥有权责对等的相应权限，强化基层行政执法单位的监管执法职能，提升基层执行单位的执法主体责任地位。同时，还必须建立上级机关对下级执法单位的指导服务机制和任务下达机制，厘清各机关和各业务部门的行政命令的权限及路径，建立清晰和规范的组织命令链体系，减轻基层行政执法单位的压力和责任，提高一线执法公务员的行政效率和工作积极性。

4. 科学规划行政执法力量，优化人力资源的配置，调整人力资源的分布结构，下沉和充实一线执法力量，提高一线执法单位的日常监管能力、行政执行能力和应急反应与处置能力

基层行政执法单位承担了市场监管和行政执法的具体任务和责任，但是目前大量的行政执法编制被上级执法机关和部门占用，导致上级行政执法机关广设机构、内设职能和业务处室众多、集聚了大量的年轻高素质的优秀执法人才，造成急需精干才能的基层执法单位反而公务员队伍老化，执法力量结构不良，精英人才不足的局面。为此，必须科学规划行政执法力量，优化人力资源的配置，调整人力资源的分布结构。首先，上级行政机关需要进一步梳理职能，精简机构，下放机关人员并充实到基层执法单位和一线执法公务员队伍中去。在行政执法系统内部，基层执法单位特别是一线执法公务员的编制人数应该在系统总的执法编制占比到七成以上，以根本性地提高一线执法单位的日常监管能力、行政执行能力和应急反应与处置能力。其次，必须合理地规划调整现有的基层执法单位的布局。尽可能地按照市场监管和行政执法的任务量来配置基层执法机构，做到市场监管任务重，需要动用的行政执法力量大的地区设置力量强权限大的行政

执法机构。对于某些市场监管需求少，行政执法任务轻的地区进行适度的执法机构整合和归并，适当扩大其行政管辖的范围，调整其编制和人员结构比例。对于新兴的市场监管领域，或者监管难度大、复杂程度高、技术人才要求强的领域，适时地建立新的执法机构，配备专业的技术人才，以加强市场监管的能力，提升行政执法的质量。

（二）完善执法公务员的考核机制

1. 必须认真解决好领导干部关于执法公务员考核的错误观念问题

目前，执法机关、执法部门特别是一线执法单位的领导对执法公务员考核尚存在一定程度的错误观念。

首先，部分领导，特别是主要领导或主管领导存在不太重视执法公务员的考核的现象。认为公务员考核是机关人事部门的事情，是每年一次的例行性规定动作，不搞不行，搞也没必要投入较多精力和资源，有人事部门按惯例操作就行了。执法机关领导特别是主要领导的不重视必然会影响到人事部门的对待考核工作的态度和积极性。客观上造成了很多执法机关和执法单位的公务员考核工作例行公事走过场，执法公务员考核失去了基本的管理评价和人力资源激励作用。

其次，部分领导对执法公务员的考核存有畏难情绪，不愿意亲自抓公务员的考核工作。因为行政执法的管理体制等原因，造成基层执法公务员的绩效与责任很多时候难以认定和测量，公务员的考核工作技术难度较大。同时，公务员的考核结果必然要与公务员的奖惩挂钩，如果考核工作没做好，极有可能出现考核不公平的事情；加上公务员考核过程中的一些政治因素的干扰，使公务员考核成为一件费力不讨好，容易得罪人的事情。

再次，部分领导思维固化，墨守成规，人治习气浓厚，对公务员考核制度的重要性认识不足。这些领导长期习惯于个人指挥和命令，认为在基层执法单位和一线执法部门搞制度建设必要性不大，做好市场监管和行政执法工作关键是领导意识和领导能力，在于领导者个人的模范带头作用和严明的纪律奖惩。至于考核工作按照上级文件的要求搞搞形式主义就行了。甚至认为绩效考核工作程序烦琐、作用不大、耗费时间和精力，甚至影响到单位的业务工作。因此，在内心深处对执法公务员的考核工作是持有抵触情绪。

因此，完善执法公务员的考核制度其首要问题即在于转变执法机关领导者的态度，给他们灌输考核对于执法机关和执法公务员具有的重要意义，确立起用制度管人，用制度约束人，用制度评价人，用制度来激励人的执法公务员管理的法治理念。

2. 坚持正确的绩效考核原则，真正发挥绩效考核对执法公务员行为的导向作用

首先，坚持以绩效为导向的考核原则。公务员的考核具有重要的导向作用，执法机关需要公务员做什么，就应该对公务员考核什么。执法公务员的年度考核本质上是对过去一年中公务员的工作成绩和劳动付出做出公正的评价和恰当的鉴定。这一考核结果对于执法公务员而言，既是组织对其一年辛苦劳动和取得成绩的认可，也是执法机关对于公务员努力行为的一种激励。因此，坚持绩效导向考核原则，有利于引导公务员踏踏实实干事，尽职尽责地履行本职工作。

其次，坚持公开、公平、公正的考核原则。公务员的考核必须坚持公开、公平、公正三个核心原则。公开是指公务员考核的过程公开，考核的信息公开，考核的结果公开；公平是指对于全体公务员使用同一个尺度，坚持同一个考核标准。公正是指考核者在给被考核公务员做出评价和结论时，应该出以公心，依据其个人的工作表现和业绩公正地做出结论。考核的结果不因考核主体的不同而其结果有所差异。公务员考核的三公原则是保障公务员考核发挥激励作用的基石，如果公务员考核的三公不足，公务员的考核也就失去了激励价值。

再次，执法公务员考核的重点在于执行力。在对执法公务员进行考核时，必须围绕执法公务员在落实上级部署的决策力、完成上级任务的执行力，对公众诉求的回应力、对社会稳定的维护力和对事业发展的促进力。必须认真考核公务员在完成市场监管和行政执法任务过程中的执行力度和执行效率，把执行力作为基层执法公务员的主要素质指标，而不是将行政处罚甚至罚没收入作为公务员考核的注意指标。

最后，注意培育健康的机关绩效文化。坚持绩效考核的根本目的在于关注和促进组织绩效的提升，而不在于对公务员个人的奖惩；在绩效考核的过程中，发扬民主，注重沟通，鼓励被考核的执法公务员自主确定年度

考核的目标，在目标的实现过程中强化指导、反馈和及时修正。尽可能地减少绩效考核中人为政治因素的干扰和影响。防范和控制组织不良政治现象的产生和发展。考核的结果必须得到被考核公务员的认可和接受，避免领导个人的主观武断。在实施考核奖惩激励时，应该把绩效的改进作为重点，倡导标杆学习和团队创造；在改进绩效管理时，把绩效帮助、绩效沟通和绩效提升的方法设计作为重点。当公务员对考核结果存疑或不服时，应该鼓励执法公务员进行绩效考核的申诉，允许执法公务员个人通过制度性的渠道对自己进行权利的主张和救济。

3. 强化职位分析、完善和落实公务员的执法岗位责任制

要提高行政执法公务员绩效考核的效度和信度就必须对执法公务员的岗位进行职位分析。职位分析是指用现代人力资源管理的技术方式，对执法机关和执法单位的每个执法公务员的岗位进行的一种工作分析和工作描述，通过对该职位的调查和职位信息的研究，厘清该职位的岗位性质、工作任务、职位的权限和责任、该职位的所处横向工作联系和上下级的职权责任关系，明确该职位的工作环境以及完成该职位工作任务所需要的资格与能力条件，并在此基础上编写该职位的工作说明书，以最终实现明确公务员所在岗位任职的履职说明和行为指南，并以此作为该岗位公务员绩效考核的标准。因此，职位分析是职位说明书的基础，职位说明书是职位分析的科学结论。一个科学、简洁、准确、全面的职位说明不仅是执法公务员岗位任职的依据，也是科学进行执法公务员考核、落实执法公务员岗位责任的重要依据。一个良好的职位说明书必须对公务员任职的岗位的任职条件、岗位目的、指挥关系、沟通关系、职责范围、负责程度和考核评价内容给予定义说明。执法机关在编写职位说明书时，应该根据机关的"三定"方案，对单位的职能、职责进行明确和定义，在此基础上进行部分岗位的职位说明书编制试点，通过职位说明书的编制试点，总结经验并逐步推开，以期形成执法公务员的职位架构和职位规范体系，解决目前普遍存在的执法公务员岗位职能、职责模糊、混编混岗和工作任务分工不均等问题，使执法公务员的考核奖惩机制发挥真实效用，为逐步完善行政执法类公务员的分类管理制度奠定基础。

4. 执法公务员考核评价标准的细化与权衡

公务员考核标准不细化，缺少操作细则，不同部门、不同行业的执法单位使用同一个考核评价标准，是当前执法公务员普遍反映较强烈的一个问题。因此，在公务员考核的相关法律法规的框架下，制定出适合本部门、本单位实际情况的绩效考核的实施细则是完善执法机关公务员考核制度的重要环节。

首先，执法公务员年度考核的实施细则必须依据公务员考核的相关法律法规的规定。公务员考核的内容、考核的等次已经由公务员法和公务员考核规定（试行）作出了具体的规定，执法公务员的考核标准及其操作细则必须以此为基本依据来制定。比如在德、能、勤、绩、廉五个方面，结合执法机关或执法单位的实际情况，优秀、称职、基本称职和不称职的具体标准是什么，表现形式如何。

其次，在制定执法公务员年度考核的具体标准时可以参考借鉴目标管理的 SMART 原则。即执法公务员的考核标准应该是具体的，可以操作的；考核标准应该是可以度量的，凡是不能测量的绩效均不能作为公务员的考核标准；考核标准应该是可以实现的，经过一定的努力，大多数执法公务员应该都能达到这一标准中的称职等次，少数公务员可以达到优秀等次；考核标准应该是与执法机关的绩效目标具有很强的相关性，是机关绩效目标管理的指标化、具体化、标准化和层级化；考核标准应该具有明确的时间刻度和时间限度的，执法公务员的绩效任务应该在规定的考核时间内完成。此外，作为具有可操作性的考核标准，还应该是基于绩效目标设定方和完成方双方的合约与同意，是经过双方的协商一致，体现绩效考核的合理性、公平性与考核制度的正义性。

再次，要特别注意考核标准的适用性和动态性。适用性是指公务员的考核标准很难绝对统一，很难面面俱到。由于基层各执行单位所处地域环境的差异、面临的执法任务轻重的不同、所拥有执法权限的不同，导致各基层执法单位在其功能定位和作用发挥上存在较大的差异。在有些一线执法单位，人员编制少，很难将其执法公务员的岗位职责严格区分，比如某些地区基层工商所，人员编制不足，在具体的执法工作中，他们可能既要监管执法，也要服务发展，还要消费维权和办理注册登记等，干部考核标准较难制定，真正落实难度也较大，处理不好可能导致的结果是有利益的事务大家都去争和抢，无利益的事情各岗位干部不管彼此岗位的事，相互推诿。因此，"一刀切"的考核标准对干部较少的执法机构来讲是不现实的。针对上述情形，在评分标准特别是业务（能、绩）部分评分标准的制定上，要给予直属机构、基层执法单位相对较大的标准制定权和自主裁量权。直属分局、基层分局所制定业务考核分值要围绕工商中心工作，坚持宜粗不宜细的原则，兼顾具体工作完成的难易程度，兼顾完成过程中的客观因素，尽可能地体现公平性；要注意保持评分标准设置的动态性，具体指标数的设置要尽量以近一两年的指标情况为参照，能够较好地考虑到辖区市场主体的发展状况、市场环境的优劣等客观因素。

5. 完善执法公务员的考核方法

公务员考核的方式方法直接关系到公务员考核的信度和效度。《公务员法》关于公务员的考核方法规定为平时与定期相结合，定性与定量相结合。因此，需要善于运用多样化的考核方式，对基层执法公务员进行全方位的考核，尽可能使考核结果更加真实可信。对一些经过实践检验证明是不够科学的基层执法公务员考核方法，及时进行方法修正和渐进式的改革。结合当前执法公务员考核的实践，完善执法公务员考核的方式方法，主要应从如下两个方面努力。

首先，在定性与定量的结合方面，应该以定性考核为基础，在能够量化的工作领域采用量化考核的方法。基层执法公务员的岗位工作性质以及基层执法公务员岗位的编制限制，决定了基层执法公务员的岗位任务和岗位责任比较繁重、杂乱甚至是琐碎的。同时，执法机关往往又会下达很多临时的专项执法任务，有些任务还很紧急和集中。其中很多工作任务需要执法公务员集体去努力才能完成，因此很难准确区分每个公务员具体承担的工作任务量，甚至公务员的工作任务范围有时候也难以划分，每个执法公务员往往都需要成为多面手，哪里工作需要就要去哪里工作，哪里任务紧急就要去哪里集中。基层行政执法公务员的上述工作特点决定了其工作性质和工作内容与机关公务员有着显著的不同，特别是当其工作内容处于临时性、不确定性强和综合性复杂程度高时，对执法公务员的定量考核往往就很难实现，而定性考核，特别是执法公务员的行政意识、服务态度、行为的主动性和积极性恰恰能够体现执法公务员的绩效表现。因此，对于基层行政执法公务员而言，定性考核依然是重要的绩效评价基础，定量考核可能仅是一种补充形式。如果强行地将定量考核作为基层执法公务员考核的主要形式，反而会带来一些意想不到的消极性后果。

其次，在平时考核与定期考核的结合方面，必须高度重视执法公务员的平时考核，并将平时考核的结果和记录作为执法公务员定期考核的重要依据。目前很多地区已经开始加强对基层公务员的平时考核，并在制度法规上予以保障落实。比如2012年3月9日，北京市委组织部、北京市人力资源和社会保障局联合发布《关于进一步加强北京市公务员考核工作的意见》，首次提出建立健全公务员平时考核制度，首次提出北京市公务员年度考核的基本称职、不称职等次标准的具体内涵。并要求各机关开展分类分级考核工作，根据不同职位工作特点，通过开展单位内部民主测评，组织问卷调查，邀请行风监督员、新闻媒体等方式参与评价。北京市西城区根据北京市的考核意见，决定每年进行四次考核工作，前三季度进行平时考核，最后一季度进行年终考核，年终考核结果与平时考核结果按各占50%的比例合成"年度考核总分"。考核结果将作为调整公务员职务、级别、工资以及公务员奖励、培训、辞退的重要依据，从而达到激励公务员的工作热情、增强工作的主动性和创造性，强化服务意识的目的。上述这些做法对于改进执法公务员的考核方法、完善执法公务员的考核制度具有重要的示范意义。

6. 执法公务员的考核结果必须在奖惩激励机制上有所体现

执法公务员的考核结果体现了执法机关对公务员过去一年在德、廉、能、勤方面的行为表现和所取得的工作业绩的评价和鉴定，这一反映公务员一年绩效的结论应该在公务员的奖励激励机制上有所体现。其年度考核的等次结果必须与公务员的经济利益、福利待遇乃至其职业发展等方面挂钩，以真正触动基层执法公务员的利益，促使他们更加努力地做好工作。但是，当前很多基层执法单位在解决执法公务员考核结果的应用问题存在一系列的困难。比如在经济激励方面，基层执法单位经费往往是由上级执法机关和部门统筹安排，自己几乎没有可用于绩效考核奖励的专门资金，而奖金又是由上级机关部门统一制定管理和发放，基层执法单位没有可以操作的空间。有些基层执法单位为了实现奖惩的目的，在公务员的法定福利上截留以用于对执法公务员的奖励和扣罚，反映了某些基层执法单位在没有可以使用的奖惩激励手段时的胡乱作为，导致群众意见很大。在对公务员的考核惩戒方面，各基层执法单位又往往缺乏惩戒的决心和魄力，执行力度和有效地执行办法不够，导致应该及时惩戒的没有予以惩戒，能拖就拖，不能动真格，使基层执法公务员普遍产生考核不过是走过场，形式主义而已。因此，首先，必须要创新对执法公务员的考核结果的奖惩激励新形式和新手段。要结合基层执法单位的实际情况制定各有特色的执法公务员的绩效考核的奖惩激励机制，在奖惩激励形式上充分体现四个挂钩：与经济利益挂钩，与政治待遇挂钩，与评先评优挂钩，与单位集体荣誉挂钩。[①] 其次，要从制度上解决如何来迫使执法机关加大对执法公务员的奖惩激励的力度和决心。必须建立公务员考核的责任制和责任追究制度。所有参与的考核人员都必须在考核材料上签字，对其真实性、准确性负责，如在考核过程中被查出有舞弊或过失，视情节轻重予以惩处。为保障考核结果的公平公正，必须建立考核沟通制度。考核之前，使考核者与被考核者之间能就目标和任务以及具体指标的设定展开交流、达成共识；考核之后，使被考核者有申诉的机会，并可对评估过程中出现的一些有出入或不符合事实的情况进行及时的纠正和制度的救济。必须建立公务员考核的监督制约机制。绩效考核工作能否在基层执法单位得到真正推行，推行效果能否达到预想目的，都需有效的监督制约机制。通过与基层执法单位建立定期的工作联系和考核领导小组不定期地下到基层执法单位进行检查监督，确保基层执法单位的所有各项考核工作措施能够落实到位。

再次，建立执法公务员考核激励的经费保障机制。绩效考核结果的运用必然涉及奖励基金问题。奖励基金从何处来，怎样取得，怎样发放，需要建立一套完整可行的制度。通过改变过往的公务员事实奖金的发放模式，恢复公务员奖金的设置，并将奖金的发放权下放给基层执法单位，由基层执法单位来决定奖金的发放，或者通过提取一定比例的奖金建立执法机关的绩效考核基金，再由基层执法单位根据考核结果进行奖惩，实现考核权与奖惩权的统一。

---

① 《关于基层工商所绩效考核的思考》，http://sc.zmdaic.gov.cn/Article/ShowArticle.asp? ArticleID=203。

（三）建立和完善执法公务员的问责制度，强化执法机关内部的行政监督

1. 加强对基层行政执法单位的行政监督

目前，特大城市的行政执法工作面临的困惑具有普遍性的特点。尤其是一线执法部门和某些公共关注度很高的执法部门如城管执法其面临的困局，不是任免几位领导，搞搞纪律责任意识的教育，甚至调整轮换一些执法队员就能够解决问题的。要破解行政执法困局，必须从体制机制层面重新梳理、审视，只有架构全新的、更具有实践操作意义的行政执法的监督管理体系，才能找到根本之策。

首先，在市政府执法部门、区县政府建立行政执法监督平台。开展对基层街道、乡镇和区县执法部门的行政执法行为实施监督，并通过监督平台将执法依据、职权范围、执法程序、执法人员情况及执法检查情况等信息公开，开通投诉、举报渠道，接受社会监督。此外，要求街镇和区县执法部门做好行政执法检查记录，作为对其日常行政执法工作实施监督检查的抓手。

其次，要建立市、区县、街道乡镇三级的行政执法监督机构体系。明确区县政府必须负责建立健全行政执法工作的监督制度，并将其纳入依法行政考核和绩效考评体系。具体承办单位可明确为区县政府的法制办来负责行政执法的监督工作。街道办事处和乡镇政府也需要明确法制机构负责本街镇执法监督、行政复议应诉以及推进依法行政工作。

再次，对基层一线行政执法机构的行政执法工作既要提供执法保障也要开展责任追究。要鼓励基层一线执法机构将60%的精力用在服务，30%的精力用在管理，10%的精力用于行政执法。寓行政执法工作于管理和服务之中，尽可能减少执法工作中的矛盾，酿造良好的行政执法氛围，建构和谐的市场监管和行政执法的秩序。

2. 建立执法公务员行政告诫制度

行政告诫是指监察、人事部门及行政机关以书面形式对犯有一定错误，但情节轻微，尚不够行政处分的行政执法类公务员进行批评教育的一种方式。目前行政告诫制度在特大城市的执法机关基本上已经建立起来，但尚需根据形势进一步地予以完善。整体来看，完善执法公务员的行政告诫制度，其关键在于明确行政告诫的事由与行为性质。至少需要涵盖以下三方面内容。

首先，依法行政意识淡薄，不守规矩，群众意见大。如行政执法中滥用权力的；行政执法工作中存在突出问题，群众反应强烈，长期得不到改进和治理的；办事过程不讲原则，不守规矩，不按规定程序依法办事的；态度生硬，对群众提出的正当要求和意见置之不理的；作风粗暴，严重影响干群关系的；损害公务员形象，有群众不满意的其他行为的。

其次，公务员的执行力不够，作风散漫，责任感差。如行政不作为的；工作平庸、效率低下、懒散推脱、经常贻误工作的；贯彻执行政府重大工作部署中措施不力，未能完成规定目标和任务的；发生责任事故或因失职造成损失的。

最后，年度考核被评为基本称职的；或有其他违反行政管理与行政执法有关制度的事由和行为。

在执法公务员存在上述需行政告诫的事由和行为后，行政机关应该及时进行调查核实，并决定实施对有关人员给予行政告诫，告诫期可以依据其事由、行为性质及后果限定为3—6个月。行政告诫期满，行政机关应予及时解除行政告诫。如被告诫人不认真改正错误，工作无明显改进的，可延长告诫期3—6个月。被延长告诫期的执法公务员，必须参加离岗培训，培训合格后才能重新上岗。

3. 建立行政问责制度

行政问责制度是针对执法公务员的行政不作为或行政乱作为而实行的更为严厉的一种责任追究制度。行政问责制度与行政告诫制度相比较，其共同之处在于行政问责的事由与行为和行政告诫的事由与行为在范围上高度重叠，基本上都是集中在行政不作为和行政乱作为两大方面。除了少数在公共事件、突发事件和应急事故中作为不当的，需要给予直接问责处理外，大多数需要行政问责的事由基本上都可以提前进行行政告诫处理，在某种意义上，行政告诫可视为行政问责的前置程序。执法公务员被行政告诫没有悔改的，应该进入行政问责的程序。其不同之处则在于，问责事由和告诫事由的行为性质有所差异，需行政问责的事由，其行为性质和后果要更为严重，其危害与损失也更为明显。目前，特大城市的公务员行政问责制度基本上已经建立起来。但从完善执法公务员的行政问责制度来看，尚需做好以下几个方面的工作。

　　首先，进行行政问责的地方立法。如从 2011 年 10 月 1 日开始施行的《北京市行政问责办法》就是专门针对公务员行政不作为和行政乱作为制定的一部地方性的行政问责法规。通过行政立法强化行政问责制度的严肃性和权威性，加大执法公务员对不当行政行为和行政低效的警醒。通过将行政问责制度进行地方立法，有利于理清和规范目前在政府问责、干部问责和行政问责等监督手段上混乱局面，而且有利于增加行政问责制度的严肃性、权威性和约束力。

　　其次，我们认为行政问责制度重点应放在执法公务员的乱作为上。执法公务员的行政不作为应该由行政告诫制度进行规范和约束，其重点在于管理和监督执法公务员的行政效率低下、行政质量差，行为懒散、意志衰退、怕担责任的行为。行政乱作为则应该由行政问责制度进行规范和约束。如北京市行政问责办法第二条的规定："本市各级行政机关的工作人员和法律、法规授权的具有公共事务管理职能的组织及国家行政机关依法委托从事公共事务管理活动的组织中从事公务的人员（以下统称行政人员）不履行、违法履行、不当履行行政职责，导致国家利益、公共利益或者公民、法人和其他组织的合法权益受到损害，或者造成不良影响，依照本办法规定追究责任。"显然，行为问责的重点在于执法公务员不履行、违法履行和不当履行行政职责，并造成损害和不良影响。因此，行政问责事由应该聚焦于执法公务员的行政乱作为上。

　　最后，行政问责的方式上应该由法规作出明确的规定，不得随意使用人事管理的其他方式。目前很多执法部门将行政问责作为推进部门工作，督促任务进程的一种任务管理的手段来使用，当执法公务员在完成任务的过程中出现一些问题时，主管部门便制定出行政问责的措施予以督促、警示和惩戒。在具体采取的问责措施上非常随意和宽泛，比如采取取消当年评优评先资格、诫勉谈话、通报批评、书面检查、公开道歉、劝其引咎辞职等方式，对部门或单位领导予以问责，以达到惩戒的目的，提高执行力。① 显然，这不仅将行政问责制度庸俗化和泛滥化，而且将行政问责与行政告诫乃至行政处分的界限统统混淆了。因此，规范行政问责制度，强

———————

　　① 张航江、谭国臣：《基于事理的装备采购权力监督》，《辽宁工程技术大学学报》（自然科学版）2011 年第 S1 期。

化问责制度的严肃性和权威性在问责的处理方式上必须将其与行政告诫和行政处分的方式做出清晰的区分。

（四） 明确执法公务员的纪律底线，完善公务员的行政惩戒制度

行政惩戒是政府人事部门针对违反公务员纪律，需要给予行政处分的公务员进行的一种惩戒行为。根据公务员法的规定，公务员行政惩戒的具体形式为行政处分，即警告、记过、记大过、撤职、降级、开除六种。其中前三种形式为荣誉性惩戒，后三种为职务性惩戒。行政惩戒制度对于加强执法公务员的作风建设，保障行政执法类公务员的职业素质极为重要。完善执法公务员的行政惩戒制度，需要从以下几个方面着手。

首先，建立行政执法类公务员的惩戒制度。行政机关公务员处分条例是目前我国公务员行政惩戒的基本法规。但是该法规主要是针对行政机关公务员的违纪行为，行政机关的公务员主要是综合管理类公务员。虽然该条例也针对公务员的执法违纪行为进行了一定的惩戒规定，但是毕竟不是专门针对行政执法公务员的。行政执法公务员的惩戒事由、惩戒程序、处分形式及处分期限与权利救济应该有单独的规定或专门的解释。

其次，必须将执法公务员的行政惩戒与公务员的行政问责制度适当区分。行政惩戒的前提是执法公务员的行为违纪，即有具体的违反公务员纪律的行为，尚不足与进行法律制裁。行政问责则是执法公务员的行为过错或者有轻微的违纪尚不足予以行政处分的事由。

再次，丰富执法公务员的惩戒形式，建立和设置层级清晰、轻重区分的执法公务员的惩戒种类，以改变目前执法公务员惩戒形式单一、惩戒手段匮乏的局面。针对行政执法类公务员的特点，在现有的荣誉性惩戒和职务性惩戒两种形式外，可以考虑设计经济性惩戒如罚款、扣减奖金、取消工资年限、降低工资、取消某些津贴或补贴、减少领取退休金等。

最后，赋予基层行政执法机构的领导特别是一线工作的领导一定限度的惩戒权限。公务员法规定了公务员惩戒权仅限于执法机关和行政领导可以行使。就行政首长享有惩戒权的完整性而言，公务员惩戒权的设定模式可以分为完全惩戒权模式和限制惩戒权模式两种。[①] 因此，可以赋予基层

---

① 刘俊生：《公务员惩戒权设定：五国经验及其解释》，《南京社会科学》2007 年第 5 期。

执法单位领导或具体负责一线执法工作的领导一定范围的限制惩戒权，以改变一线工作的领导权责不对等，指挥乏力的局面。

此外，还必须丰富和完善执法公务员的权利救济制度。目前公务员的权利救济只能在行政系统内部进行复核和申诉，尚不能在行政系统外进行人事争议的仲裁或开展行政诉讼。应该给予行政执法类公务员更多的权利救济渠道和机会，比如仿照德国公务员的行政裁判制度，进行准司法救济，以保护公务员的权利。

（五）完善执法公务员的廉政机制

1. 建立惩防腐败的体系，加强对执法公务员的廉政监督

不受监督的权力必然是腐败的权力。行政执法公务员因为掌握了一定程度的行政执法和行政处罚的权力，同时还掌握了相当程度的自由裁量权，因此必须加强对行政执法公务员的廉政监督，完善廉政监督制度。

首先，推进惩防腐败的体系建设。防范执法公务员的腐败风险，必须坚持惩防结合。必须研究和设计惩防腐败的体系，探索基本框架的构建，完善构成要素的评估和评价标准。紧紧围绕权力结构、权力运行和权力监督，正确把握腐败行为基本规律和主要特点，确定科学的工作思路和方式方法，探索建立健全权力制约的结构和权力规范运行的机制，不断提高惩防体系建设的科学化水平。

其次，加强对行政执法工作的监督。必须定期或不定期地对行政执法工作的全流程进行监督，特别是对重要的行政执法环节和行政执法和处罚的关键流程进行监督和检查，针对过往群众反映强烈的或违反廉政规定的执法不廉洁、不公正、不文明和违反国家和机关财务制度和财经纪律的突出问题要进行重点的检查和监督，以排除廉政隐患。

再次，推行政务及行政信息公开制度，接受群众的监督。阳光透明是最好的防腐剂。腐败问题容易产生的地方往往就是暗箱操作，政务信息不透明的地方。将行政执法工作的制度和流程公开公示，以实现制度正义和程序的正义。要将行政执法工作置于群众的视野范围内。重视群众的举报、控告和信访工作，主动接受群众监督、社会监督和舆论监督。

2. 加强制度建设，强化程序理念，构建廉政勤政导向的政风行风机制

执法公务员廉政建设最根本的途径在于制度建设，通过制度的建立和完善防范执法公务员腐败的风险，堵塞可能的漏洞，起到规范执法公务员的行为，保护执法公务员的成长。

首先，对执法公务员的监督必须制度化，要用制度去管理人和监督人。为此，需要对行政执法机关现有的各项规章制度进行清理和检查，对于已经不合时宜的制度予以清除，对于需要改进的制度进行完善，对于尚存空白的具有腐败风险的领域要尽快构建新的制度，从而形成适合行政执法机关特点的，既能方便管理，又能有效监督约束的廉政制度体系。

其次，梳理行政执法的流程，强化行政执法的程序，构建层级设置的廉政责任合约。行政执法的程序是否规范，流程是否简洁方便，直接影响到公务员的执法行为是否公正和廉洁。为此，需要简化行政执法的流程、规范行政执法程序，层层搭建行政执法公务员的执法责任制度，力求将全体执法公务员纳入执法责任制的信用契约里。如在区县行政执法大队中，执法队员与分队长、分队长与大队长之间均签订廉政承诺责任书。执法机关要求公务员依据廉政承诺责任书的履行情况进行自查自纠，并定期对廉政责任的履行情况进行考核和记录。其记录要作为执法公务员的年度廉政考核的主要依据。

再次，加强执法机关的政风行风机制建设。畅通群众反映问题、表达合理诉求的渠道，发挥机关开放日、特约监督检查员等渠道的作用，让更多群众了解执法机关，支持行政执法工作。完善市、区县或分局、街道乡镇或基层站、所、队三级信访办理责任机制，提高信访办理的效率和效果，将矛盾化解在基层、解决在萌芽状态。充分利用效能监察、行风监察、政风纠风热线以及其他途径反馈的信息进行逐条深入分析，重点查找执法工作中的不足，积极抓好检查、整改、落实和结项等重要环节，以彻底转变作风，规范行政执法公务员的行为。

最后，考虑建立廉政风险金制度。廉政风险金的形式可为期权设置的廉政公积金，其目的在于通过经济利益的手段来促进执法公务员的廉政建设。如果执法公务员在任职至退休前廉政记录良好，退休后就可以在养老金外另领取一笔丰厚的廉政养老金。廉政养老金的期权性质有利于遏制执

法公务员任职期间的寻租腐败行为，增强执法公务员的廉洁自律意识。廉政期权公积金由公务员的绩效工资中出一部分，可将公务员绩效工资的50%缴纳廉勤期权公积金，另外由单位按公务员绩效工资金额配套。①

3. 全面推行基层执法人员述职述廉制度，自觉接受群众监督

所谓述职述廉，原针对党员领导干部廉政建设与反腐败斗争所进行的一项个人工作报告制度。体现的是党对领导干部提出的自律要求，是推进反腐倡廉工作的客观需要，是对领导干部进行民主监督的一项重要措施。执行述职述廉制度，有利于坚持民主集中原则，维护领导班子的团结，不断增强创造力、凝聚力和战斗力；有利于坚持党的优良传统，牢记"两个务必"，切实改进作风；有利于坚持立党为公、执政为民，保持清正廉洁，进一步密切与人民群众的血肉联系。根据《中国共产党党内监督条例（试行）》精神，述职述廉的主体为领导干部，述职述廉的内容主要领导干部的岗位履职情况和党风廉政责任制度的执行情况以及领导干部个人廉洁自律的情况，并以此作为领导干部业绩评定、奖励惩处、选拔任用的重要依据。

述职述廉作为一项非常有效的廉政制度完全可在执法类公务员的廉政机制中借鉴应用。执法类公务员可以结合本年度工作和德、能、勤、绩的工作情况每年进行一次述职述廉报告，总结叙述和报告其个人一年来开展党风廉政建设和反腐败斗争的工作情况以及执行党风廉政建设责任制和廉洁自律各项规定的情况，以接受上级的监督检查和干部群众的民主评议或民主测评。具体可做如下要求：述职述廉对象必须按要求撰写述职述廉书面报告材料，必须由本人亲自撰写，要敢于解剖自己，敢于正视问题，不能只讲成绩，不谈问题，防止说空话、套话、大话。召开机关或部门述职述廉大会，执法公务员需要在会上的发言报告，并在大会时或在大会报告后及时将材料报上级党组织备案。上级机关要派人参加述职述廉会议，对报告工作和述职述廉的个人进行民主评议或民主测评。民主评议、民主测评结果以及在民主评议和民主测评中反映的意见和建议及时反馈给述职述廉对象，并要求其对存在的问题进行整改。对于述职述廉评议和测评结果

---

① 蒋硕亮：《建立国家公务员廉政勤政期权制度研究》，《华中科技大学学报》（社会科学版）2005 年第 5 期。

不合格的公务员，应视情况对其进行诫勉谈话或做出组织处理，其中，对反映有严重问题的，要进行调查核实。经调查核实确有严重问题的，视情况给予纪律处分直至依法追究刑事责任。述职述廉的民主评议和民主测评结果应当载入个人的档案，作为对执法公务员个人业绩评定、奖励惩处、选拔任用的重要依据。

4. 加强廉政风险点防范管理，探索建立监管执法风险防范机制

廉政风险点防范机制是执法公务员廉政风险防控的一种措施，是风险管理理论应用于预防腐败工作的一种实践。通过对执法公务员在履行岗位职责、行使执法权力中面临的以及潜在的廉政风险点进行查找、识别、评估，制定风险防范措施，做到潜在问题早防范，有了问题早发现，一般问题早纠正，严重问题早查处；提高自我查找风险、自我防范风险的积极性和主动性，增强风险意识和廉政意识，最终使执法公务员不犯或少犯错误。

深化廉政风险防范管理。查找和建立职务腐败的风险点，如把执法和考核岗位定位为风险点等级的 A 类，从风险点责任主体、潜在风险、预防措施等方面加以管理，预防腐败问题的发生。围绕规范权力运行、风险预警、监督检查、考核评估等关键环节，构建廉政和监管风险防范管理长效机制。深化对重点部门、重点岗位、重点环节的风险防范，重点针对登记注册、执法办案、日常巡查、年检验照以及人、财、物管理，梳理完善防控机制。建立廉政风险预警机制，研究实施动态化预警。探索研发与业务系统相适应的信息化系统，将风险监测和防范廉政风险的技术手段与各业务流程相结合，切实提高科学分析和防控的能力，同时，加强对行政执法行为的网上监察，规范和推广电子行政监察平台建设，推进行政监察现代化。

构建内控体系，增强内控制度的执行力。严格按法律规定来规范检查管理行为，对违法违纪的人和事要严肃查处，重点查处公务员在执法环节中权钱交易、权情交易、徇私舞弊导致的贪污受贿、失职渎职案件，查办严重以权谋私和严重侵犯群众权益的案件，查处玩忽职守造成重大损失和虚报、谎报，弄虚作假的案件。加强案卷制作、专项考核等业务技能培训，特别是加强行政处罚法等法律知识的培训，使执法队员检查执法及检查考核时，能依法办事，避免违法行政。实行定期轮岗制度，以消除长期

固定辖区执法检查及考核形成的关系网络，实现更优的人力资源配置。

5. 加强职业道德教育

强化执法公务员职业道德教育，是抓好公务员队伍勤政廉政的一项重要任务。面对发展社会主义市场经济的新形势和人们价值观念以及思想道德观念日益多元化的新趋势，加强执法公务员的职业道德教育，塑造良好的职业道德氛围，提高执法公务员的职业道德水准是当前面临的紧迫的任务。也是提高执法公务员为公共利益服务的意识，自觉抵制金钱、物质等诱惑，树立良好的公务员队伍形象的重要措施。

执法公务员作为掌握行政执法权力，特别是拥有执法自由裁量权的公职人员，应该遵循高于社会公共道德标准的职业准则。正确的世界观、人生观、价值观和权力观、地位观、利益观需要教育和灌输。必须改变重政绩轻职业道德教育的现象，基层执法单位定期召开廉政和职业道德教育会，要做会议记录和总结。必须改变职业道德教育无用论的观念，改变思想道德教育是负担，教育与不教育都一样的无所谓态度。必须改变下发文件、读读报纸、播放一下反腐警示光碟等传统陈旧的教育方式，增加职业道德教育的吸引力、亲和力和影响力。必须在财力、人力、物力上对廉政和思想道德教育工作中予以物质保障。

第 十 章

人才开发机制存在的问题及对策建议

一 人才开发机制的内涵及意义

（一）执法公务员人才开发机制的含义

人才开发机制是执法公务员管理机制中的重要内容，是职业化执法公务员队伍建设的根本路径。现代人力资源管理的一个重要发展方向就是从传统的人力资源管理走向积极主动的人力资源开发，通过建构有效的人力资源开发机制，运用先进的人力资源开发理念和技术方法，进行有效的组织设计和制度设计，寓组织的人力资源管理于现代人力资源开发的过程中，借助积极和有预见性的人力资源开发程序，最终实现现代人力资源管理的效率和价值双重目标。值得注意的是，传统的人力资源管理主要关注的是人力资源管理的效率目标，旨在通过全面、精确和严格的人事管理或人力资源管理来提升组织的绩效。但是以绩效管理或绩效考核为重要标志的现代人力资源管理不可避免地将人力资源视作工具理性，忽视了人的生命的多重价值需求，在实现组织绩效目标的同时对创造组织绩效的人力资源造成伤害、苦痛和烦恼。而现代人力资源开发机制的价值不仅仅在于通过培训来提升组织的人力资源的素质和通过开发来提升人力资源的职业能力，以达成组织管理的效率目标，而且在于通过重新思考现代人力资源管理的价值，利用现代人力资源开发的手段和途径，提升组织的人力资源的生命价值和生命感受，改善组织人力资源的工作生活质量，从而实现组织发展与人力资源发展的有机融合与统一。因此，兼具工具理性和价值理性的现代人力资源开发机制更适合公共组织和公共部门人力资源的管理。执法公务员的人才开发机制即是公共部门人力资源开发机制的主要构成部分。执法公务员的人才开发机制大致可由执法公务员的交流机制、培训机制、职业生涯设计机制等组成。

（二）建立和完善执法公务员人才开发机制的重要意义

研究和创设科学、可行、高效的执法公务员的人才开发机制，对于执法公务员的队伍建设、提升执法公务员职业素养、提高执法公务员的执法水平和执法能力、增强执法公务员的职业成就感、维护社会主义市场秩序、改善我国地方政府的公共管理质量均能起到积极的作用。

首先，有利于建立一支具有较高职业水准的执法公务员队伍。为政之道，唯在得人，基层行政执法公务员作为行政执法工作的一线队伍，是国家法律和政府各项政策工作的直接执行者、实施者和落实者，其素质和能力的高低直接关系到政府管理和服务工作的顺利开展。如何把好执法公务员的进口关，如何安排执法公务员队伍结构，如何搭建一个优秀的基层服务平台，如何建立一支优秀的执法公务员干部队伍，如何保持执法干部队伍的可持续发展，一直是公务员管理部门和执法机关在实际工作中面临的一项挑战性工作。当前，我国社会主义市场经济的发展和构建社会主义和谐社会对国家行政机关和执法机关提高行政效能、实现政府职能转变提出了更高的要求，而实现这一目标的关键之一就是加强执法公务员队伍建设。

其次，有利于改进政府公共管理的质量和效率。执法公务员作为政府行政执法工作运行的主要承担者，其整体素质状况和依法行政的水平直接关系到政府公共管理的质量和效率。通过人才开发的机制，可以提升执法公务员的素质，提高执法公务员的业务能力，更好地开展行政执法工作，提升行政执法工作的效率和质量。通过加强对执法公务员的思想教育，可以转变执法公务员的工作理念和工作作风，促进其增强服务意识，提升专业水准，从而推动政府服务效率的改善和公共管理质量的提升。通过加强对执法公务员的职业培训，强化对执法公务员纪律约束和问责，明确执法公务员的服务规则，降低群众的行政投诉率，改善政府的公共管理质量。

再次，有利于增进执法公务员的职业成就感。执法公务员的职业成就感是其个人生命价值的体现，是公务员基于对职业的认知和投入，经过个人艰苦的努力，最终达到个人的职业预期，展现执法公务员的个人价值。

职业成就感可以通过公务员的人才资源开发机制获得。比如通过让执法公务员承担更重要的工作，委托其更大的职权和责任，乃至设计新的执法公务员成长机制，帮助执法公务员获得职业成就感。

二 人才开发机制存在的问题

（一）执法公务员的职业素养尚需提高

1. 执法公务员队伍急需加强职业信仰和价值观教育

随着法制建设的深入，公民的法律意识明显增强，社会对行政执法公务员的职业素养提出了更高的要求。根据我们对上海浦东执法公务员的预调查数据，执法公务员队伍中仅有3.7%的受调查者认为目前执法公务员队伍管理缺乏信仰和价值观教育，但是在对执法公务员职业的困惑调研数据中，却有15.9%的受调查者反映工作没有目标、缺乏成就感，更有30.8%的公务员认为工作环境压力巨大，人际关系复杂，工作性质得不到社会理解。两组数据的巨大反差说明，大多数的执法公务员还没有发现造成职业方向迷茫、工作缺乏目标和成就感、工作环境压力巨大的根源在于自身坚定信仰及价值观的缺乏。执法类公务员工作的特殊性决定了他们必须具有坚定的信仰和价值观，只有这样才能够尽可能规避执法风险，减少工作压力。但是，仅靠管理制度的约束而缺乏与之相应的信仰及价值观教育，极易造成执法类公务员的道德认知与一般社会公众的道德认知混淆，忽略了行政执法类公务员与一般公民在道德水准特别是职业道德认知上的差异，以致许多行政执法类公务员不能以国家公务员的道德规范来约束自己，在行政执法的工作中任性随意甚至违法违纪。这样一来，一方面，公务员不仅会大大增加执法的风险，更会导致整个社会对公务员的执法过程及结果的不信任，最终造成执法公务员逐渐陷入工作环境压力巨大，个人缺乏目标和成就感，最终走向职业发展迷茫的窘境。另一方面，由于基层执法公务员的收入长期维持在较低水平，且存在区域不均衡，工作待遇与其在工作中的付出形成较大反差。现实状况的不理想或多或少会影响到公务员的积极健康的工作心态，并在一定程度上动摇个人的理想信念。具体表现在加强业务学习、增强服务意识、改善服务态度、提高工作效能以及自觉反腐倡廉等方面，很多执法公务员缺乏积极性和主动性。因此，对基层执法公务员队伍加强职业信仰和价值观教育不仅重要而且十分紧迫。

2. 政治意识、服务意识和责任感尚需进一步加强

随着公务员队伍新陈代谢的加快，近年来通过招考补充的初任公务员大多数年轻、学历高和社会工作经验少，这些公务员很多还是独生子女，在个人成长过程中经历的挫折少、自尊意识强、群众观念差、为别人服务意识淡薄。他们对待公务员职业的态度与年长的公务员差异较大，集体生活和工作合作的意识与能力都较差，其中很多公务员不能从政治的高度，从为民服务的角度看待公务员职业的特殊性。根据我们对北京市地税系统服务型机关建设的调研，发现执法公务员在服务意识、服务方式、服务效率以及服务质量等方面均存在一定的问题，问题占比分别为38%、31%、27%和15%。显然，执法公务员在服务意识方面存在的问题更为突出。在服务主体方面，受调的执法公务员有超过40%的比例对系统内公务员的业务能力和政策水平评价不高，有超过20%的比例对地税干部的文明形象和服务态度评价不高。从服务方式来看，受调公务员对办事公开性、回应性、诚信度以及规范性等方面评价不高的比例也均超过了20%。其中，认为在机关服务过程中存在一定程度违规现象的比例竟然接近40%。可见，执法公务员的政治意识和服务意识均需要进一步加强。此外，目前基层执法公务员工作责任感的匮乏也比较堪忧。工作责任感是一个人对自己所从事的工作应负责任的感知和体认。执法公务员只有拥有强烈的责任感才能全力以赴、满腔热情地投入到行政执法工作中，才能勇于担当更多的责任，才能出色地完成工作任务。如果缺乏责任感，在工作中就会表现出较低的自觉性和积极性，怕担责任、消极怠工、得过且过，就会产生出较低的工作效率。然而，当前确有部分基层执法公务员责任意识淡薄，有些表现还较为严重，如工作中缺乏事业心、对现实不满、抱着应付的态度敷衍了事等。公务员作为为民服务的"公仆"，他们履职态度和能力的好坏，不仅仅是个人事业心的问题，而是直接关系人民的切身利益。行政执法类公务员由于身处一线，与群众接触最直接最普遍，他们的履职言行尽在群众的视野和评价之中。如果缺乏责任感，轻则影响执法为民的效率、降低行政管理的质量，重则会给政府的形象和公信力带来损害。因此，强化执法公务员的职业责任心、加强行政问责制度建设也是当前执法公务员人才开发机制中必须注意的一个重大问题。

3. 工作激情或勇于创新的意识尚需强化

目前执法公务员特别是基层行政执法公务员的工作激情需要进一步激发。工作激情是工作中的一种精神状态，是在工作中竭尽全力、积极进取、有所追求的工作热情。行政机关和行政执法工作本身就具有较强的官僚组织化的特征，如工作的严格程序化、规范化、公文繁复、上传下达、层级命令与服从、工作中自主性差、工作内容单一重复、变化性小等。这样的特征决定了执法机关公务员每天面对的行政事务几乎是重复不变的，这种工作性质一方面给公务员带来职业的稳定性、连续性和一定程度的安全感，但同时也会带来严重的心理僵化、枯燥甚至疲惫感。这种工作的疲倦感甚至厌倦感在基层执法公务员的身上表现得可能更为明显。对于基层执法类公务员而言，他们所从事的执法工作，不仅工作任务重、强度大，工作内容重复性强、执法程序要求高，而且面临的执法风险大、被群众投诉概率高、被媒体和公众舆论关注多等一些特别问题，所以很容易产生心理焦虑、职业倦怠、身心疲劳的感觉。加上基层执法公务员的职业成长机会少、工资待遇较低、生活压力较大，长此以往，会造成一些执法公务员安于现状，怠于追求，不思进取，逐渐养成"庸""懒""散"的习惯。此外，基层行政执法公务员的创新意识缺乏、创新动力不足也是目前执法公务员人才开发机制面临的一个课题。随着工作年限的增长，执法公务员的工作热情逐渐消磨殆尽，很难再以饱满的热情和精神状态投入到工作中去，于是工作的创造力也慢慢减退。当前行政执法工作面临很多新领域和新问题，行政执法工作的任务量和任务复杂程度乃至执法工作的环境与过去相比较均发生了较大的变化，特别是基层一线行政执法工作面对的突发情况更多，变化性、综合性和复杂性高，执法公务员面临来自上级领导、基层群众和社会舆论等的环境压力更大，因此更需要执法公务员在执法工作中通过独立思考、恰当判断、灵活处置，在执法手段和工作方法上不断创新，在精神上拿出更大的热情，创造性地开展行政执法工作，回应群众的诉求，高质量、高效率地完成上级布置的工作任务。

4. 行政执法公务员的个人素质和执法能力需要进一步的提高

首先，随着社会对执法公务员素质要求的提高、市场经济对行政执法工作提出的新问题、现代政府自身发展的压力等因素，都要求今天的行政执法公务员要比过去拥有更高的素质、掌握更高的本领，通过学习和训练不断提升自己的行政执法的能力才能适应形势的需要，满足群众的需求。从对北京、广州、天津、上海浦东四城市执法公务员对胜任执法公务员岗位工作的素质因素来看，除了业务精通、沟通与协调能力强、依法办事、公开公平公正，良好的品行、道德与良心三项核心素质外，执法公务员如要胜任今天的行政执法工作，还需要在个人政治素养、大局观、政策水平、爱岗敬业、责任感、廉洁、服务意识、抗压能力、心理与身体素质、纪律意识、作风硬、文明执法、态度和蔼、应变能力、现场处置能力等多个方面具备良好的素质和较高的职业能力。

其次，虽然执法公务员的整体素质评价较高，但是与当前政府及社会对执法公务员的能力要求尚有一定的距离。从对四城市执法公务员素质的整体评价调研数据来看，尽管给予优秀评价的占比有 26.8%，给予良好评价的占比有 46.8%，但是给予一般或较差评价的占比也高达 26.4%。可见，虽然大多数执法公务员对于单位执法公务员队伍的素质状态评价较高，但是也有相当一部分执法公务员认为执法机关的公务员素质尚不能满足今天的行政执法工作的需要。

再次，当前执法单位聘用了大量的辅助执法人员，这些辅助执法人员的素质，特别是其法治意识和依法办事的能力急需提高和规范。从执法单位辅助执法人员在单位全部职工的占比来看，职工占比在 10% 以下的有 52.9%，职工占比在 10%—30% 的有 19.9%，职工占比在 30% 以上的有 27.2%。在四城市中有近三成的执法单位聘用的辅助执法人员在单位职工总数的占比在 30% 以上，可见基层执法机关特别是一线执法单位聘用辅助执法人员现象比较普遍，而且相当一部分单位数量较大。再从四城市执法公务员对单位聘用的辅助执法人员的素质评价来看，给予优秀评价的占比有 28%，给予良好评价的占比有 39.5%，给予一般和差的评价占比有 32.5%。说明有相当一部分受调公务员对单位聘用的辅助执法人员的素质评价不高。从近年来的行政执法实践来看，大量协管参与执法导致的执法问题和负面新闻还是屡见不鲜，给政府和执法公务员队伍的形象和社会影响都带来了一定程度的损害。因此，尽快把辅助执法人员纳入执法公务员的人力资源管理和开发体系之中也是当务之急。

(二) 执法公务员交流机制中的问题

公务员交流是执法公务员人才开发机制的重要内容。执法公务员的交流制度从公务员的个人成长来看，有利于公务员增加岗位工作经验，开阔视野，增长才干，培养和提升领导工作能力；有利于减少公务员长期在一个单位一个岗位任职所产生的热情下降、职业倦怠和意志消退；有利于破解执法公务员长期陷入权力利益关系网络带来的腐败风险；从执法公务员队伍的建设来看，有利于优化执法公务员队伍的结构，激发公务员队伍的活力，实现人岗匹配人事相宜的管理效果。目前，基层执法公务员队伍已经普遍开展了交流轮岗工作，取得了一定的效果。但从执法公务员人才开发的层面看，交流工作还存在一定的局限性，执法公务员的交流工作还没有达到制度化、规范化和经常化水平。

1. 执法公务员的交流频次少、交流范围小、交流形式单一，尚不能真正发挥交流制度在执法公务员人才资源开发机制中的作用

首先，交流人数比较少。从我们对四城市执法公务员近 5 年来的工作交流次数整体来看，没有交流过的有 55.5%，交流过一次的有 29.3%，2 次及以上的有 15.1%。显然，多数执法公务员在 5 年的任职周期中没有交流过，有过交流经历的公务员中，5 年任职周期中，交流 1 次的比例要高于 2 次及以上的比例。说明执法公务员的交流频次不高。从我们对四城市执法公务员的本单位工作年限的调研来看，3 年以下的有 18.7%，4—10 年的有 32.7%，10 年以上的有 48.6%。有近半数公务员本单位工作年限在 10 年以上，可见执法公务员存在本单位任职年限过长、队伍流动性较差的特点。另外，从我们对北京市西城区基层公务员的科级干部任职情况的调研来看，全区在同一单位工作 15 年以上的科长就有 153 人，占科长队伍总数的 42.6%；在同一单位连续任正、副科长 10 年以上的有 84 人，占科长队伍总数的 23.4%。这一数据证明了目前基层科级公务员任现职时间过长，也一定程度上体现了基层公务员交流频次少，交流在基层公务员管理中的作用不明显。

其次，交流范围比较小。执法公务员的交流主要是本系统相同业务部门的相同岗位的交流和相同业务部门的不同岗位的交流。基层执法公务员跨行业间调动与跨地区间调动还比较少。执法公务员的交流范围主要是本

系统的业务部门，跨行业与跨地区的交流仅是辅助形式和补充形式。从对四城市执法公务员的最后一次的调动情况调研来看，本系统内的相同业务部门间调动为40.6%，本系统不同业务部门间调动为43.4%，跨行业调动为13.8%，跨地区调动为2.2%。显然，从整体来看，执法公务员的交流主要是在本业务系统内进行的，其中，相同业务部门与不同业务部门间的调动有效百分比例相当。跨行业调动为辅助形式，跨地区调动仅是补充形式。值得注意的是，执法公务员交流的范围局限，即使在行政执法改革的试点地区依然存在。作为全国公务员改革的唯一试点城市，深圳市在执法公务员的交流上也对执法公务员的跨职类"流动"进行严格的限制，即确保公务员在选定的职类中"专心"发展。根据《深圳市行政机关公务员分类管理改革实施方案》的规定，原则上不鼓励公务员跨类流动；但如果行政执法类公务员确需转任本市综合管理类非领导职务的，则确定为科员，任职时间重新计算。由此可见，虽然目前对执法类公务员跨类交流尚未完全禁止，但却设置了严格的制度障碍和交流代价。一名执法类公务员由于种种原因不愿在此职类中继续发展，想"流回"综合管理职类中，就得重新起步，任职时间重新计算，此前的年功和待遇"归零"。显然，这样的交流意味着公务员重大的职级和利益损失。事实上。这种不同职类仅"底部打通"和"级不随人走"的管理模式，用"一刀切"的简单方式打碎和否定了执法类公务员的交流愿望和多年的工作业绩，在实践中显得有失公允。

最后，交流形式比较单一。在公务员交流的三种形式中，目前执法公务员的交流是以转任和调任形式为主，挂职锻炼仅为补充形式，其他形式的创新几乎没有。从四城市三种法定交流形式的有效百分比例来看，转任含轮换为50.5%，调任为35.7%，挂职锻炼为13.8%，其中交流次数为1次的三种形式均显著高于交流2次及以上，过去5年中有过1次交流的有效百分比分别是转任含轮换30.4%，调任22.5%，挂职锻炼8.8%，有过2次及以上流动的有效百分比分别为转任轮换7.9%，调任4.6%，挂职锻炼1.7%。说明无论是交流频次为1次还是2次及以上，执法公务员的交流形式都主要是转任含轮换，其次是调任，挂职锻炼仅是辅助形式。

2. 执法公务员的交流尚没有具体的管理规范，使交流作为公务员人才开发机制的作用效率大打折扣

首先，领导重视不够，人才开发的观念不到位。执法公务员的交流不同于领导干部的交流。领导干部的交流是党委和政府有计划地培养干部和使用干部的一种干部管理的手段。而执法公务员的交流主要是面向普通岗位的公务员，在交流的纵向维度上，开展的执法机关与基层一线的人员交流，目的在于打通机关与基层的人员分割与信息不对称，增加机关与基层单位相互了解，保障政策制定与执行的一致性。在横向维度上，开展的跨岗位、跨部门、跨地区的人员交流，目的在于培养专业能力和领导能力、增加工作经验和阅历、减少工作的疲惫感、防范腐败风险。无论是纵向维度的交流还是横向维度的交流，显然都属于公务员人力资源管理和开发的一种手段，属于政府人才管理的范畴。目前，各级领导高度重视领导干部的交流，但是对人才管理领域的普通公务员的交流显然认识不到位、观念陈旧、重视不够。比如有些领导不愿意开展公务员交流工作，在公务员的使用上存在严重的部门领地意识，不愿意把本部门的优秀人才交流出去，也不愿意接受交流的干部，认为他们具有短期镀金心理，会干扰本部门的工作和队伍建设。

其次，执法公务员交流的具体管理规范欠缺。《公务员法》第六十三条规定了公务员的交流制度，"国家实行公务员交流制度。公务员可以在公务员队伍内部交流，也可以与国有企业事业单位、人民团体和群众团体中从事公务的人员交流。交流的方式包括调任、转任和挂职锻炼"[1]。但是这一规定是面向全体公务员的原则性规定。中共中央组织部于 2008 年 2 月 29 日颁布的《公务员调任规定（试行）》，是关于公务员交流形式中调任的具体制度，该规定共计五章二十二条，分别从总则、调任资格条件、调任程序、纪律与监督、附则五个部分对公务员调任加以规定。[2] 但是调任这种交流形式主要是适用于领导职务公务员，并非适用于普通公务员。显然，针对基层公务员特别是行政执法公务员

---

[1] 《中华人民共和国公务员法及相关文件汇编》，中国法制出版社 2005 年版。

[2] 《公务员调任规定》（试行），http://www.chinanews.com/gn/news/2008/12-08/1478138.shtml。

并无具体的制度性规定。执法公务员交流制度规范的缺失，导致交流作为执法公务员人才开发手段收效甚微。同时，执法公务员的交流在具体的人事管理实践中也出现一系列的问题，比如交流的目的不明确，交流计划缺乏规划，交流对象缺乏选拔与考察机制，交流形式和方式单一，交流时间不固定，交流程序缺乏规范性和公开性，交流范围存在局限性，交流管理缺少监督与跟踪，交流纪律不严肃，交流保障与激励措施不力，等等。

（三）执法公务员的培训机制的问题

培训是执法公务员人才开发机制的主要内容，是提高执法公务员队伍素质的主要途径，是建设职业化执法公务员队伍的主要手段。当前，执法公务员的培训工作虽然取得了很大的成绩，但也存在一定的不足。

1. 基层执法公务员培训方式和方法僵化，培训手段难以适应执法公务员的工作需求

公务员的培训方式和方法在很大程度上决定了培训的成效和培训的质量。目前执法公务员的培训方式落后、培训手段简单，特别是培训理论研究欠缺，培训理念创新不足。

首先，培训方式落后。执法公务员的培训在方式上基本上停留在传统的授课听课的模式上。尽管有些培训课程也使用一些比如案例教学、现场教学、情景模拟等方式，但是这些课程在培训项目中比例很小，因为教师的水平差异，个别采用这些现代教学方式的课堂效果差异也大，更为重要的是这些课堂与执法公务员的现实工作需求结合不好，或者没有结合，导致其效果有限。

其次，培训手段简单。目前执法公务员培训可选择的培训手段十分有限，培训工具明显创新不够。培训目的决定培训手段，但培训手段也会影响培训目的的实现。在基层公务员的培训工作，培训目的很多时候不够明确，管理机关对培训手段的思考就更不清晰，导致培训目的与培训手段的选择双向茫然。此外，在执法公务员的培训手段中，培训工具的开发和创新也很不足。培训管理部门除了培训班的集中授课、个别研讨会或者送出去培训外，几乎没有可以选择的其他培训手段和工具。特别是对现代培训

手段的开发如微电影①工具等不熟悉、不擅长、不会用。如使用微电影作为培训工具等。

最后，培训理念创新不足。现代人力资源的培训发展很快，新理论、新观念、新方式、新手段不断涌现。但是执法公务员的培训在理念上依然陈旧，对现代人力资源的培训新理念应用和创新不够。比如相比较于课堂的学习，企业教练的方式、学习型组织的方式以及行为学习的方式可能更为适用基层一线执法公务员的培训。因此，转变执法公务员的培训理念，创新执法公务员的培训方式，应用现代人力资源开发的技术改善公务员的培训工作，也是当前执法公务员培训需要着力解决的现实问题。

2. 基层执法公务员培训需求分析不足，培训内容流于形式、缺乏针对性

由于历史的、社会的原因，执法公务员队伍来源广泛，知识背景不同，学历参差不齐，整体工作能力差异较大。而作为提高执法公务员业务能力、提高思想政治水平、增强团队凝聚力重要手段的教育培训却往往脱离实际，流于形式，沦为完成硬性培训计划不得不做的例行性工作任务。在培训内容方面，过于综合，政策法规、执法业务和岗位技能方面的系统培训不够；在培训方式上，基本上都采用集中课堂授课的方式开展培训，真正有实用价值的执法单位内部的日常业务学习却没有纳入公务员的培训类别，不能算作公务员个人完成的培训课时量。在培训内容上，重视一般性理论学习和法律法规的培训，不重视一线执法公务员的经验交流和相互学习。在培训对象上，也基本上不做具体的区分，往往是机关全体公务员混在一起学习，或者按科层进行学习，而不是按照业务的需求和岗位胜任的需要进行培训安排。可见，几乎在执法公务员培训的各个环节，都缺乏认真的调研和科学的需求分析，导致培训方案过于笼统，针对性不强，实用性不够，培训在人才资源开发机制中的作用不明显。比如，在对北京市城管执法系统一线执法科队长的培训调研中，问题反映突出的既表现在知

---

① 作为培训工具的微电影主要是利用手机的拍摄功能，就一线工作的情景进行拍摄录制，并上传到培训单位的网上学习单元进行讨论和分享。相比较其他的培训工具，微电影更能全息地展现各个地区的培训效果，更能反映课程的实用与否。如果课程中的内容有效，学员一定会在微电影中使用起来，如果学员有更好的方法，他们也一定会在微电影中表演出来。参见徐芬《微电影互联网时代的培训工具——"去中心化"的培训实践》，《中国人力资源开发》2014年第4期。

识培训层面，也表现能力培训层面。在知识培训方面，比如：一线执法及科队长对城管的认识不清，对工作的价值不能明确，有挫折感；专业知识的培训应该放在第一位，但培训形式要有所变化，应该与城管的工作实际紧密结合；城管系统内部部门之间的协调与协作，城管系统与公安系统或其他系统，如工商、税务等系统的协作应该采取什么方式，队员甚至是科队长并不十分清楚，需要进行经验总结和培训。在能力培训方面，比如：科队长一级的管理能力要提高，特别是总体的指挥协调能力和如何激励下属能力尚缺，领导的艺术性有待加强；对于国家政策的了解，特别是针对弱势群体的政策的了解将有助于城管执法工作的开展，目前培训尚未涉及这一点；不同类别的人员具有不同的培训需求，应该将其分开，除了进行通用培训外，还应组织专门的培训。① 显然上述城管系统一线科队长反映的培训问题主要是由于培训部门调研不够、培训需求分析不到位造成的，其结果就是管理机关花了很大力气，投入很多资源，精心设计安排的培训项目实施效果却不理想，导致管理部门和受训公务员双方不满意。因此，加强执法公务员的培训需求调研和分析，提高培训项目的针对性和内容的应用性是当前执法公务员培训工作中急需解决的一个课题。

3. 执法公务员培训机制落后，计划机制有余，市场机制不足

目前公务员的培训体制基本上延续过去的计划培训体制。在公务员的培训模式采用党校、行政学院为主体渠道的轮训方式。但是各级党校和行政学院实际上主要是承担领导干部的培训，并没有普通公务员的培训职能。从执法机关的公务员培训来看，培训管理与组织的职能主要由各执法机关人事教育部门承担，在培训方式主要采用机关人事教育部门负责培训的规划和计划实施以及组织学员参训。培训的教学机构以各执法机关的培训中心为主，兼有部分高校培训中心或社会培训机构参与承办。在培训方式基本上以传统的上课授课为主要手段，兼有少量的政治理论学习和拓展训练。在培训类别上，以业务培训和政治理论培训为主体，以知识性培训和任职培训为辅助形式。从我们对北京、广州、天津和上海（浦东）四城市执法公务员对目前公务员培训存在问题的认知来看，认知共同度最高

---

① 参见《北京市城管执法系统公务员素质模型研究报告》，北京市城市管理行政执法局，2007 年。

的为培训专业内容少、实用性差、缺乏针对性，其次为培训积极性不高、形式化严重，再次为培训时间短、系统性差。此外，培训次数少，培训时间保证不了，培训层次不清晰，上课方式不好、不生动，也是受调公务员对培训问题认知比较集中的地方。上述培训的突出问题显然大多数与目前执法公务员培训的计划主导体制与机制密切相关。所以，整体来看，执法公务员的培训在理念上依然以传统培训方式为主体，在机制上基本上采用的还是计划培训的机制，在手段上运用现代培训手段与方式较少。

4. 基层执法公务员的培训缺乏科学、有效、实用的质量评估体系

目前，我国还没有一整套公认的公务员培训质量评估体系，并且在这方面的研究还基本处于空白状态。[①] 在基层执法公务员的培训评估同样缺乏规范化的培训绩效评估和培训考核。对执法公务员培训的目的、培训内容、培训要求以及可能达到的培训目标均无具体的质量标准和评估指标。对执法公务员的培训考核或者没有进行，或者徒有形式，或者采用简单的课堂考试答卷方式，基本上也不能达到评估的效果。对公务员培训的财务投入与产出效率，培训资源的配置效率，接受培训与公务员的成长效率，培训工具与培训教材的使用效率等几乎没有开展过任何评估。可以说在基层执法公务员的培训管理上，呈现出如下特点：即重视培训数量，忽视培训质量；重视培训投入，忽视培训产出；重视培训形式，忽视培训效果；重视培训应景效应，忽视培训的成才效应。这些现象说明目前基层执法公务员的培训管理还停留在粗放化、形式化、任务化的阶段。因此需要利用科学、有效、实用的培训质量评估体系来促进执法公务员培训工作向精细化、实用化、人才化方向转变。

（四）执法公务员的职业生涯管理问题

1. 职业生涯发展中的职业困惑较多

根据我们对北京市执法系统公务员的职业困惑的调查发现，在执法公务员所列举的职业发展的困惑中，排在第一位的是编制少、晋升困难、交流难，占比为24%；第二位的是个人努力目标不明确、前途迷茫，占比为16%；第三位的是成就感很差，占比为12%。说明在执法类公务员的

---

① 吴湘玲、谢标：《我国公务员培训现状、问题与对策》，《行政与法》2006 年第 1 期。

职业困惑中，公务员职业发展结构性的矛盾占主因。因为行政组织本身的金字塔结构，决定了越是处于行政基层的公务员其职务晋升越困难。而行政执法类公务员大多数都是在基层一线工作，缺少职务晋升的空间和途径，现行公务员制度并无其他职业晋升的路径设计，客观上造成了无论你多么优秀都难以晋升和有职业发展。除此之外，造成职业发展困惑的因素还有，工作压力大、待遇低占比为11%，单位发展无方向、无归属感占比为6%，执法环境差、不被社会理解与认可占比为5%，潜规则多、人才不能善用占比为3%，激励机制很差占比为4%，工作氛围欠缺、人际关系差占比为2%，部队到地方的角色转换困难占比为2%，工作重复性太强、职业倦怠占比为1%等。值得注意到是，还有高达14%的答卷人选择了其他。说明还有相当一部分执法公务员对于自己的职业困惑原因思考得不清晰，或者没有去认真思考和深入思考。

2. 执法公务员的个人努力目标不明确、前途迷茫

目前基层执法公务员普遍存在个人努力目标不明确，职业前途迷茫的现象。通过我们对北京市城管执法系统的科级执法公务员的调查与访谈得知，虽然大部分（74.24%）的科级执法公务员能够安心本职工作，并努力去做好，但也存在相当一部分公务员在寻找合适的机会调离（21.97%）和存在过一天算一天（3.79%）的思想。在对城管执法公务员的访谈中，发现许多城管队员甚至科级干部，对于城管工作的认识并不清楚，对城管未来的发展方向也没有准确把握，工作没有方向感，而且认为工作没有意义。应该说基层执法公务员的这种职业认知和工作感悟具有相当的普遍性。在我们对北京、天津、广州和上海（浦东）四城市执法公务员的职业困惑调研中，发现同样存在比如个人努力目标不明确、感觉前途迷茫，单位发展无方向、缺乏工作单位的归属感等涉及公务员个人职业发展迷茫和困境的问题。出现此类问题的原因，从执法机关的角度来看，可能与执法机关的定位和组织使命，单位未来的发展方向和发展战略，单位的组织愿景、组织目标、组织文化以及组织对公务员的关怀等因素有关，但显然也与执法公务员的个人因素有着密切的联系，比如公务员个人年龄偏大和学历偏低等因素造成的职务晋升瓶颈与天花板效应，个人综合素质与能力难以适应当前的工作任务量和任务强度与复杂性，乃至个人的身体、精神或家庭因素等等。执法公务员的个人职业目标模糊、前途

迷茫的状态对执法机关而言会带来执行效率下降、行政管理与执法的质量瑕疵增多、寻租与权力腐败的风险加大，还会导致执法机关官僚主义、形式主义和不正之风的流行；对执法公务员个人而言会带来宗旨服务意识淡薄、个人意志消退、精神懈怠、作风慵懒、工作责任感下降和工作差错率增多等不良后果。因此，需要公务员管理机关引起足够的注意，并需要在执法公务员的职业生涯管理过程中予以密切关注和努力解决。需要行政执法机关加强思想政治教育工作，并针对执法公务员个人主观上存在的问题开展一定强度的职业发展方面的培训，建立和实施执法公务员的员工援助计划①，引导其建立起献身于行政执法事业的价值观念，塑造良好的执法文化。

3. 执法公务员的个人职业生涯缺少规划，职业成就感差

首先，职业生涯规划缺乏。当前执法机关对执法公务员职业生涯管理薄弱，普遍存在职业生涯规划意识差、职业生涯管理的手段和机制缺乏，在一定程度上加剧了执法公务员的职业前途迷茫和职业困惑。通过我们对北京市执法系统公务员的职业生涯规划的调研，受调查的执法公务员对于机关职业生涯规划管理的评价，肯定性的评价占比仅有10.6%，给予否定性评价的占比有68.7%，说明绝大多数基层执法类公务员对执法机关的公务员职业生涯管理持有不满意的看法，执法公务员个人或者根本没有职业生涯规划，或不能做出清晰的规划。

此外，在缺乏明确和清晰的公务员个人职业生涯规划的背景下，公务员个人努力没有方向，职业发展缺乏目标，直接导致执法公务员的个人职业成就感差，心理挫败感和挫折感明显。

其次，职业成就感差。在北京市执法公务员对其个人职业成就感的评价调研中，给予肯定性评价的有24.4%，给予否定性评价的有45.6%，说明缺乏职业成就感或职业成就感很差的执法公务员远多于有职业成就感的公务员。职业成就感是执法公务员激励机制的重要内容，接近半数的执

① 《员工帮助计划》（Employee Assistance Program，EAP）又称员工心理援助项目、全员心理管理技术（以下简称EAP）。它是由企业为员工设置的一套系统的、长期的福利与支持项目。通过专业人员对组织的诊断、建议和对员工及其直系亲属提供专业指导、培训和咨询，旨在帮助解决员工及其家庭成员的各种心理和行为问题，提高员工在企业中的工作绩效。

法公务员缺乏职业成就感也充分说明现行的基层执法类公务员人才开发机制缺乏激励性。在对北京市城管执法系统科级公务员的调研中，在问卷"你的家人、朋友对你从事的工作是否理解和支持"的选项上，有高达47.6%的受调公务员认为家人和朋友的理解与支持不足。可以看出，城管执法公务员的职业认可度比较低，家庭与社会的不理解和支持不足更加重了执法公务员特别是基层执法公务员的职业挫败感和挫折感。

因此，加强对职业公务员职业生涯的规划和管理是执法公务员人才开发机制在当前面临的一个重要课题。做好执法公务员的个人职业生涯规划是执法机关和人事部门义不容辞的责任，是执法机关对公务员人才机制开发的重要手段。一个良好的职业生涯管理机制不仅对于执法机关的公务员队伍建设，调动执法公务员的工作热情和工作积极性与主动性，降低人力资源的流失率和离职率起到至关重要的保障作用，而且对于满足执法公务员的个人职业发展的期望，促进执法公务员个人的全面成长能够起到重大的激励作用。

三 完善人才开发机制的对策措施

（一）加强职业价值观教育，构建执法公务员的职业资格体系

1. 必须强化执法公务员的职业价值观教育，建构职业信仰和职业道德的底线

职业化和专业化将是行政执法类公务员队伍建设的前途和方向。加快执法公务员职业化建设的关键在于建构职业价值观。在传统的体制下，公务员作为一种职业的观念一直没有得到确立，人们总是以国家机关干部、国家政权的代言人的形象来看待公务员[①]。本来是众多社会职业类别中的一种职业的公务员因为其掌握一定的公共权力就被官员化和官僚化了。在社会和一般公众的思想观念里，公务员就是各级政府机关的大大小小的官员。这种社会心理一方面助长了公务员的特权思想和官僚意识，另一方面也无形中增加了公务员的傲慢、任性、慵懒和惰性，致使公务员队伍失去

① 李健：《论科学发展观下的公务员管理体制改革》，《辽宁高等税务专科学校学报》2006年第6期。

应有的活力和竞争力。因此，建立职业化的执法公务员队伍，就必须开展职业价值观的教育和训练。

首先，确立执法公务员的职业信仰，建立职业价值观体系。执法类公务员作为拥有一定行政执法权和处罚权的公务员群体，虽然享有特殊的自由裁量权，却也承担着很大的执法风险和社会责任。执法类公务员的业务能力、执法质量、思想作风、服务态度等因素都可能影响到党和政府在人民群众中的声誉，关系到行政执法工作的社会形象。这就要求执法公务员必须秉承公平、公正观念，端正执法态度，强化相应的服务社会、服务群众的理念，形成执法公务员所特有的与执法权威相协调的价值观体系。正确的价值观建设是以引导执法公务员树立正确、积极、健康的职业信仰并要求其始终坚守为出发点和落脚点的。职业信仰是职业价值观的核心，必须以宣传教育为基础，思想引导为手段，通过个人的工作感悟和组织的关怀，才能逐渐确立起个人职业信仰，并通过信仰的力量，使公务员建构起关于职业、工作、组织、集体、事业等一整套的积极、健康的职业价值体系，从而形成职业价值观。因此，必须将执法公务员的职业教育与思想价值观教育结合起来，引导执法公务员队伍树立牢固的为人民服务的信仰，进而构建起行政执法类公务员的价值观体系。在此基础上，强化执法公务员的职业道德建设，构建执法公务员的道德风险的底线。

其次，必须强化执法公务员的政治意识、服务意识、责任意识和创新意识。

从政治意识来看，执法公务员代表国家行使行政执法权和行政处罚权，并还拥有相当程度的自由裁量权。执法公务员职位虽然不高，但在很多时候权力却并不小。而且执法公务员因其身处行政执法工作的一线，与人民群众的关系密切，其一举一动都为人民群众和社会舆论关注，其地位不高、权力不小、影响力大的职业特征决定了其必须拥有较高的政治素养和宗旨意识。从服务意识来看，执法公务员所从事的工作大多数具有服务性特征，无论是市场监管还是各领域的行政执法，或者维护市场经济秩序，或者维护社会生活秩序等，其本质都是为市场经济的发展服务，为人民群众的生产和生活服务。因此，执法公务员必须转变行政观念、确立服务意识，做一名服务型政府的执法公务员。从责任意识来看，执法公务员的行政管理和行政执法工作事关群众的切身利益，其行政管理的效率高低，行政执法工作的质量好坏，直接会对市场经济、社会秩序和群众利益产生影响。执法公务员必须确立起自己的责任意识，改善行政执法工作的效率和质量。从创新意识来看，随着社会的发展和改革开放的深化，行政执法领域面临的新问题、新现象和新困难不断涌现，急需广大的行政执法公务员创造性地开展工作，在行政执法的理念、行政执法方式方法、行政执法的工具、行政执法的程序和流程等众多方面展开创新试验。执法机关必须从多个方面、运用多种手段和方式来切实提高执法公务员的上述四大意识。

2. 建立和完善执法公务员的职业资格体系

职业资格主要反映劳动者为完成特定的工作所必须具备的特定的知识和能力，建立完善的职业资格制度有利于劳动就业的公平性、提高劳动效率。[①] 行政执法类公务员作为一种职业，也必须建立自己的职业资格制度，实行职业资格的准入、职业资格的认证考试和管理。

首先，职业资格的准入。行政执法公务员的考试和录用必须设置一定的执法资格准入门槛，不能不经过准入考试就录用进入。行政执法人员的资格考试是执法公务员的准入门槛，完善这一考试制度对于保障执法公务员的素质，提升执法公务员队伍的专业化和职业化水准均有着重大的意义。

其次，实行职业资格持证上岗。行政执法公务员的公权属性决定了其不仅要通过执法公务员的入门考试，而且还应该持证上岗。所持执法证件不仅能够表明其公务员的身份，行使行政执法权的合法性，而且能够证明执法公务员的专业背景和职业训练，体现政府的法治和责任的精神。

再次，进行职业培训和职业资格管理。随着知识更新的速度加快，执法公务员也必须适时更新自己的知识，通过不断的职业训练，提升自己的职业能力和专业素养。同样，执法机关必须对执法公务员进行职业资格的管理，为每一位执法公务员建立职业资格的档案。

最后，完善执法公务员的职业资格体系，必须处理好现有的辅助执法人员的去留问题。

---

① 但泱泱：《近代以来我国职业资格制度的发展、演变及启示》，《经营管理者》2015 年 3 月中期。

大量辅助执法人员参与行政执法工作已是不争的事实。辅助执法人员游离于执法公务员的职业资格管理之外，既没有职业资格的准入，也没有职业资格的认证和培训。虽然整体素质还可以，但因其不规范的管理导致素质变化的差异性很大。因此，必须尽快处理好辅助执法人员的管理或去留问题。

（二）完善执法公务员的交流机制

完善执法公务员的交流制度首先必须将公务员的交流定位于执法公务员人才资源管理与开发的范畴，在此基础之上来思考与顶层设计执法公务员交流的具体制度和管理办法。

1. 高度重视执法公务员的交流工作

"流水不腐，户枢不蠹"，公务员的交流轮岗是我国公务员队伍建设和管理的一项基本制度，《公务员法》中已经对公务员交流、公务员调任的对象、范围、管理权限、纪律等都作出了明确规定。但交流又不是一个单项制度，它广泛涉及录用、考核、奖惩、升降、回避和培训等各方面。行政执法公务员作为基层政府公务员队伍的主体，在维护社会主义市场经济秩序和社会的繁荣稳定，落实国家的依法治国方略，保障人民群众的安全与利益方面发挥着关键性作用。因此，公务员管理部门结合行政执法机关的实际情况，进一步解放思想，建立执法公务员的日常交流轮岗制度，明确区分培养性交流、回避性交流、任期性交流、调整性交流这四种方式，将交流工作纳入制度化、规范化轨道，促进执法公务员合理流动，使执法公务员队伍充满生机与活力。

2. 完善现行的执法公务员的交流机制

第一，让基层执法公务员有更多的交流任职的机会。公务员管理部门应坚持执行交流任职制度，创造更多的有利于执法公务员交流任职的条件，增加执法公务员交流的频次，让基层执法公务员有更多的交流任职的机会，通过交流任职提升自己的综合素质。

第二，优化执法公务员的交流任职途径。交流任职途径主要有调任、转任或岗位轮换、挂职锻炼等。根据调研结果，公务员交流的形式以调任和转任形式为主，挂职锻炼形式为辅。因此，在继续做好公务员的调任和转任交流的同时，应该加大挂职锻炼的力度。特别是近年来新任职公务员，应该尽可能多派出挂职锻炼，以加速他们的成长。

第三，在纵向维度和横向维度上加大公务员交流的力度。在纵向维度上，推动机关处室公务员和基层一线公务员的双向交流任职，增加交流任职的频次和人员比例。促进机关公务员放下身段，走向基层，了解基层，理解基层，熟悉基层，服务基层。例如，北京市目前就统一要求，对于以往招录的未有两年以上基层工作经历的公务员，要分期分批选派到基层和执法一线单位进行锻炼，补充基层工作经历。通过基层锻炼增强机关公务员的意志品质，改善工作作风，了解民情民意，熟悉文件政策，以便更好地指导基层、服务基层。在横向维度上，推行跨越式交流任职，改变目前基层执法公务员的交流任职主要是在系统内进行。通过组织协调，加大执法公务员到系统外、行业外或地区外的交流任职比例。

第四，做好执法公务员的交流规划，对执法公务员的交流进行分类管理。应该把执法公务员的交流纳入对执法公务员人力资源管理和人才资源开发的整体框架中，做好执法公务员的交流规划工作。在公务员交流的具体计划上，可按照培养性交流、回避性交流、任期性交流、调整性交流四类交流方式具体设计和规划安排。

第五，把工作轮换重新定位为执法公务员交流的一种形式。《公务员法》有关交流形式的规定将轮换作为公务员转任的一种具体方式涵盖，我们认为不合适。对于执法公务员的交流而言，工作轮换或轮岗作为一种独立的交流形式更为有利。具体而言，可以在以下方面发挥人力资源管理和人才资源开发的特别意义。其一，行政执法一线岗位的公务员定期轮换可以有效避免公务员陷入权力利益的网络，起到保护公务员的作用。其二，通过工作轮换，让公务员在不同部门或同一部门的不同岗位间体验不同的工作经历，对于公务员是激发工作新鲜感、焕发工作热情的有效之道。其三，通过工作轮换，还可以强化不同部门甚至同一部门中人与人之间的互动和联系，利于执法工作中的协调与配合。其四，通过工作轮换进行有意识有目的的职业训练，起到开发公务员多种能力，为培养、储备、提拔更高层次管理者做好准备。

3. 制定执法公务员交流的地方性法规，使执法公务员的交流有法可依。执法公务员交流的具体制度形式可以是地方性政策、地方性法规或地方性的具体管理规定。通过制度化的规定，明确执法公务员交流的原则，如职位对应原则、总量平衡原则、科学配置原则等①。把执法公务员的交流定位于人才管理的范畴，以明确区分于领导干部的交流。规范执法公务员交流的范围、对象、方式、途径、程序以及相关的管理办法和监督与保障措施，严肃执法公务员的交流纪律和惩罚措施、统一公务员交流后的使用安排政策。通过地方性立法，使执法公务员交流具有制度的严肃性和规范性。

（三）完善执法公务员的培训机制

1. 加强执法公务员培训的需求研究，做好执法公务员培训规划

首先，加强对执法公务员培训的需求调研，使执法公务员的培训内容更有针对性。当前执法公务员培训面临的一个问题就是培训需求分析不足，培训内容缺乏针对性和实用性。因此必须加强对执法公务员培训需求研究和分析，把执法公务员的培训规划建立在科学的需求研究基础之上。在研究分析执法公务员的培训需求时，必须围绕国家公务员管理部门制定的公务员九大能力要素进行，需要特别重视执法公务员的职业道德的培训②和依法行政能力的培训，同时应该探索建立执法公务员的能力等级标准，形成与执法公务员的任职资格和能力等级标准相配套的阶梯式的执法公务员培训规划体系。在执法公务员的培训内容上应注重理论与实践相结合，增强基层执法公务员培训内容的可操作性与针对性，解决好"理论与实践脱节或针对性不强"的问题，使培训内容能为提高基层执法公务员的业务素质服务。培训要注重时效性，使培训与时俱进，跟上时代的步伐，而不要落后于形势发展的需求与时代的需要。

其次，必须建立执法公务员的培训规划。培训规划要紧密贴合执法公务员队伍的现状，在现有的公务员培训类别的基础上，分类别、分时期、

---

① 倪国娟：《完善干部交流制度的几点思考——以铜陵干部交流实践为例》，《安徽行政学院学报》2013 年第 3 期。

② 2011 年 10 月，国家公务员局制定了《公务员职业道德培训大纲》，指出加强公务员职业道德建设，是贯彻落实"德才兼备，以德为先"用人标准，不断提升公务员队伍职业道德水平的重要举措，对于增强政府和公务员队伍的公信力、巩固党的执政基础具有重要的意义。大纲提出了公务员职业道德培训的指导思想和目标、培训对象、培训要求及培训内容。其中，培训内容细化为基础知识、专题培训及典型案例。

分步骤地进行培训规划，提高培训规划的深度和精度。一是继续强化中短期培训。行政执法公务员中心工作多、重点任务重，工学矛盾不可避免。在制订培训计划时，可以采取缩短集中脱产培训时间、相对灵活地错开学时供受训人员自主选择的方法，避免执法公务员由于工作原因错失培训机会。二是围绕中心工作加强理论、业务、心理培训。目前基层行政执法的各项工作任务十分繁重，特别是要围绕"十二五"时期的重点任务和中心工作，需要切实加强对基层执法公务员的理论培训、业务指导和心理疏导，提高基层执法类公务员的工作能力和创新能力。三是以全面覆盖和自主选学为目的开展专题自选班培训。制订不同选题的自选培训班次计划，请全体参训公务员自主选学。可以邀请在本岗位业绩突出的处级干部或表现优秀的科级公务员担任讲师，结合基层执法工作的实际，进行更有特色的讲授。四是结合实际，做好能力培训工作。在培训规划中的具体能力培训模块中，要从总体计划、培训内容、时间安排、师资配备、培训方式等方面精心谋划，形成执法公务员能力培训的清单。

2. 创新执法公务员培训的机制，充分利用市场来配置培训资源。为了满足执法公务员培训的需要，必须创新执法公务员培训的体制与机制。

首先，从执法公务员的培训体制来看，公务员培训的组织管理权必须下放到具体的业务部门和一线执法单位。目前市级执法机关人事教育部门把控全机关全系统的执法公务员培训权力，包括培训的规划与计划权、培训的组织管理权、培训经费与资源的调配权、培训后的人员使用安排权等，真正急需培训资源的业务部门和一线执法单位并无培训的权力和培训的资源。其结果常常出现人事教育部门组织的培训与业务部门和一线用人单位需求不一致，导致培训针对性不强、培训对象与层次没有区分、培训内容与业务需求脱节、培训存在形式主义和数字绩效的倾向，造成国家有限宝贵的培训资源浪费和培训效率低下的局面。因此，改革目前的培训计划体制与机制，首先要解决的就是将培训的组织管理权、培训资源的配置权下放到真正需要、理解和懂得如何开展培训的业务部门和一线执法单位。市级执法机关的人事教育部门主要是做好培训的需求分析、培训的规划与计划、培训考核与评估及结果应有等培训宏观管理工作。具体到如何开展培训，如何安排培训的期次、时间、培训的方式方法和手段，如何实现培训效果的最大化等培训管理问题交，由业务部门和一线用人部门具体操作。

其次，充分发挥市场机制在执法公务员培训工作的作用。在培训资源的配置上，市场机制具有独特的作用和效果。市场机制讲究公开、公平与公正，在公务员培训资源的调配与使用上，通过市场机制可以有效防止培训资源的寻租和腐败。市场机制讲究成本与效率。在培训经费使用效率上，通过市场机制可以有效控制培训成本，增加培训产出，实现培训经费效用的最大化。市场机制讲究竞争与择优，在培训项目的具体实施上，通过市场机制可以促进培训承办机构的良性竞争，实现培训项目承办机构的最优化。市场机制讲究创新，在培训方式与手段的开发上，通过市场机制可以实现培训理念、培训工具、培训模式、培训手段的现代化创新。总之，只有充分利用市场机制的作用，才能对现行执法公务员培训的体制与机制弊端进行有效变革和突破。

3. 充分利用信息化技术，提高执法公务员培训管理效率

如何运用现代信息技术，改变传统公务员培训管理的计划方式，提高执法公务员培训的效率，是执法公务员培训工作的一项新课题。广州市对此进行了积极的探索，创建了培训积分制管理新制度①，以及为了适应积分制管理的需要，建立了"广州市公务员培训信息管理系统"。这一做法显示了现代信息技术对提高执法公务员的培训效率的巨大价值，具有典型示范意义。

首先，实行培训积分制管理，对公务员的培训任务要求由过去单个的项目管理改变为现在的综合学分完成情况考核，在制度上实现了公务员培训任务（积分）完成情况与公务员的年度考核、转正定级、工资晋升的有效挂钩。由于积分制管理学分计算简单，要求公务员只要累计完成规定的学分即可，至于学什么、什么时候学，单位和公务员个人都

---

① 所谓积分制管理，是指对公务员当年参加由组织安排或个人自主选择的各类在职学习（包括参加学历学位教育）时间按照一定方法折算为学分，并根据《干部教育培训工作条例（试行）》规定的学习时间要求，规定公务员每年需完成的积分值。按照《广州市公务员培训积分制管理实施细则》的规定，公务员每年需完成不少于72学分（折合12天）的培训任务，其中完成由组织人事部门组织的类学分不少于30分（折合5天），完成由单位安排的专门业务学习、公务员更新知识自选学习或学历教育等各类学分不少于42分（折合7天）；其中，处级以上公务员五年内需累计完成不少于380学分的培训任务；同时明确了培训办班计划申报管理、培训学分申报及登记、培训积分的激励约束等制度。

有很大的自主性和选择性，同时，学分的设置给了单位和个人较大的权重，有利于调动单位组织公务员参加专门业务学习和个人自主选择学习的积极性。因此，积分制的培训管理相较于过去按培训项目进行计划和实施的培训管理具有更高的效率、更大的灵活性和适应性，深受基层公务员的欢迎。

其次，开发和利用公务员培训信息管理系统，以实现对公务员培训状态的实时动态统计查询，从而有助于管理机关掌握全市公务员培训教育信息，提高了培训管理的效率。培训管理系统设置学分登记、查询、统计与分析、审批与管理以及反馈等各项人性化的功能。通过该系统，各用户群可以根据各自的权限，不受时间和空间限制地完成管理、查询、统计和分析等操作。培训管理系统将全市公务员的培训教育情况纳入统一管理，把培训主管部门综合管理、各机关（部门）各负其责、公务员自我管理以及培训施教机构教学组织实施整合在统一平台，对全市公务员参加培训的情况既可进行实时动态的过程管理，又可实现完成培训学分结果考核的目标管理；既保证了对机关人事部门所开设的培训班的全面考核管理，又加强了对全市各单位、各部门举办的各类业务培训班的计划立项和办班过程监督管理，实现了全市公务员培训的系统化、网络化管理。[①]

4. 创新执法公务员的培训方式，充分利用现代互联网技术进行终身学习

首先，传统集中上课的培训方式难以适应执法公务员培训的需求。随着市场经济的快速发展，基层一线执法公务员面临的执法工作任务量相较于过去增大很多，基层特别是执法一线人手不够，工学矛盾的现象越来越突出。很难找到一段相对集中的时间来对全体执法公务员进行集中培训。同时，有限的集训因为培训内容的针对性、实用性或采用课堂上课的方式效果还不明显。因此，必须改革和创新执法公务员的培训方式。

其次，利用现代互联网技术对传统公务员的培训方式进行改革和嫁接。利用互联网技术开展执法公务员的培训具有很多优势。其一，可以满足大规模全方位的培训需求。传统集中进行的课堂培训，受培训时

---

① 参见《广州市公务员培训网络大学堂》，http：//www.hrssgz.gov.cn/wldxt/index.html。

间、场地、师资和培训资源的限制，培训规模往往十分有限，培训内容往往需要相对集中，而网络培训则可以很好地解决这一矛盾。其二，可以充分调动和利用各类培训资源，满足公务员个性化培训需要。传统的公务员培训方式，可以调动的培训资源有限，在具体培训的项目实施上，难以根据公务员的实际需求做出个性化的培训安排，满足一线执法单位和执法公务员的个性化的需要；而网络培训可以充分调动各方培训资源，根据一线执法单位和公务员的个性化要求进行选择和安排。其三，可以全天候地开展培训，有效缓解工学矛盾。传统的公务员培训因为受到执法单位及其公务员的工作任务量和工作时间的影响，培训时间、规模和人员对象常常需要变动和调整，需要随着执法部门工作安排的变化而变化，培训工作被动，协调与安排均很困难；而网络培训具有全天候的特征，不受执法机关任务量、任务的密集程度和任务的具体安排而变化。

再次，实现现代网络培训与传统培训方式的有机结合。现代网络培训也有一定的局限性，比如缺少现场课堂的气氛和感染力，缺少有效和生动的互动，缺少教师个性化的指导和评价，等等。因此，必须将现代网络培训与传统培训方式进行有机嫁接，优势互补，实现培训效果的最大化。一方面，通过网络培训体现以人为本、分类培训、自主选学的要求，通过自主选课、快乐学习、互动交流、随机作业使得公务员充分享受学习的自主性、便利性、有效性和趣味性；另一方面，通过传统培训，增加对公务员学习过程、学习内容、视频学习时长、作业情况的考核，根据学员兴趣，安排学员选择参加相关的课堂讨论、交流。同时，强调培训内容与执法岗位要求和职业发展密切结合，进一步优化和提高执法公务员的知识结构和能力。

5. 强化公务员培训后的使用管理

执法公务员在一个年度接受培训的表现、内容、成绩以及效果必须进行科学和专门的培训绩效评估，通过培训的绩效评估发现公务员培训中的不足和成就，为下一个年度的执法公务员培训提供依据。同时，培训评估的考核结果和成绩记录要纳入执法公务员的培训档案，并与公务员的年度考核、职务交流和晋升、下一年度的工作安排进行挂钩，通过有效应用公务员的培训成绩和培训表现，增加执法公务员培训的积极性和激励性。

（四）加强对执法公务员的职业生涯管理

1. 建立公务员职业生涯管理的制度

为了充分调动执法公务员的积极性，有效开发执法机关的人才资源，促进执法公务员与执法机关共同发展，必须建立执法公务员的职业生涯管理的制度。

首先，必须明确公务员的职业生涯管理主体是执法机关。执法机关作为执法公务员的组织载体，不仅仅是执法公务员工作生活的地方，也是执法公务员追求职业理想、实现职业期望、获得职业成就感、体验个人职业价值的场所。执法机关必须采取以人为本的人力资源发展战略，通过有效的人事制度设计和人才战略管理，通过建立职业保障与职业激励机制，帮助执法公务员在工作的过程中实现组织目标与个人成长的有机融合和统一。为此，执法机关应该建立专门的公务员职业生涯管理领导机构，针对执法公务员的职业生涯重大问题展开研讨，并适时地做出职业生涯管理事项的决策。执法机关的组织人事部门需要就公务员的职业生涯管理的具体制度进行设计和安排，并负责就职业生涯管理中的具体事项进行管理、沟通、协调和监督落实。同时，需要对每一位执法公务员进行适度的职业生涯辅导，就其职业成长过程中的重要问题定期进行交流与建议。总之，执法机关必须通过有效的职业生涯管理和积极的组织干预，帮助执法公务员尽快适应其任职的角色，引导其将个人的理想与组织的发展融为一体，实现在组织的发展过程中展示个人的价值和实现个人的理想。

其次，督促执法公务员个人确立职业生涯的管理目标和职业生涯的发展路径。执法公务员是职业生涯管理的主体，执法公务员个人对职业生涯管理的态度和认识高度将决定执法公务员的职业生涯管理的成败。必须帮助执法公务员增强对公务员职业特性的认知和理解，帮助他们对自己进行合理定位，确立每个阶段的职业锚和职业发展路径，建立公务员个人的职业生涯策略，即实现职业目标应采取的各种行动和措施。如轮岗、参加各类人力资源开发与培训，构建人际关系网，参加业余课程学习，掌握相关知识技能等①。同时，与执法公务员一起就职业生涯发展中的重要问题定期进行研讨、交流和职业价值激励。

2. 开辟基层执法公务员的职业成长的多重路径

公务员的职业生涯通道目前表现为一种单向职务晋升的路径，即只能在行政机关内部由低向高一个台阶一个台阶地逐级晋升。这种单一的职业通道，决定了执法公务员的职业生涯也是路径单一，在很多时候基本上只能依靠时间和资历的积淀才能获取职业的发展。这种脱离公务员个人职业能力发展的职业生涯通道，一方面严重挫伤了执法公务员的职业发展动力和工作积极性，另一方面扼杀了执法机关人才开发的机制，使执法机关庸才充斥、良才难存。因此，必须开发基层执法公务员职业成长的新路径，实现执法公务员的多重成长可能。

首先，实行多类型的晋升方式，为执法公务员提供多重可供选择的职务晋升路径。可在现有晋升方式的基础上，设计和试行一些新的职务晋升手段，比如功绩晋升、考试晋升、聘任晋升、察举晋升等。

其次，打开不同职业通道的壁垒。当前重点是打通行政执法类公务员与综合管理类公务员的职业壁垒，鼓励综合管理类公务员与基层行政执法类公务员的双向流动，并在政策和制度上提供一定的保障。通过打开不同通道的壁垒，使执法公务员可以根据个人状况和兴趣爱好自行选择其职业发展方向和路径。同时鼓励执法公务员在依据不同路径对个人成长期望的满足程度作出比较后，进行理性的职业选择。

再次，建立执法公务员的级别晋升制度。公务员法原本为基层公务员设计了两条职业发展的路径，即职务晋升与级别晋升的双通道。但是，在公务员职务管理制度的具体设计上，却将级别晋升的通道挂靠在职务晋升的通道之上。通过将公务员的职务与级别建立相应的对应关系，使公务员的级别晋升仅能局限在有限的范围内，并受到职务晋升的约束和限制。开辟执法公务员职业发展通道，完善执法公务员的职业生涯管理，当务之急即在于切断职务晋升与级别晋升的联系，真正实现基层执法公务员可在职务和级别两条通道上选择个人职业生涯发展的愿望。

---

① 严长亮：《浅谈科研院所职业生涯管理制度的实施》，《中国管理信息化》2014 年第 1 期。

　　最后，鼓励执法公务员进行横向的职业交流。拓展执法公务员的职业生涯也是执法公务员职业生涯管理的重要内容。其中，充分利用现有的公务员的横向流动机制，增加执法公务员的横向流动比率，即可以做到在现有的制度框架下有效拓展执法公务员的职业空间。对于公职系统来说，这种横向的职业通道有四个层次：一是本单位内部工作岗位的轮换；二是本系统内部跨地区、跨部门、跨单位、跨职位的流动；三是公职系统内部的流动；四是公职系统与系统外组织的交流。[①] 横向的职业通道，可以帮助执法公务员在不同职位的变动和轮换过程中进一步准确定位职业锚，使其很快在公共组织内部寻找到自己的职业角色，顺利地确定自己的职业发展方向；可以有效遏制因为不胜任或人岗不匹配造成的职业倦怠、心理焦虑等问题的出现；可以大大增加执法公务员的阅历，丰富其职业经验，增长其职业能力和领导能力，从而获得更大的职业成就感和个人价值的实现。

　　3. 加强对执法公务员的职业成长的保障与激励

　　目前制约执法公务员职业成长的要素既有客观因素，如行政组织的金字塔结构导致的职务晋升困难，公务员职务晋升中的非组织行为干扰等；也有执法公务员的个人主观因素，如个人价值观和职业观的迷茫，公务员"铁饭碗"身份产生的职业惰性等。因此，破解执法公务员职业生涯发展的困境，增加执法公务员成长的激励，需要注意以下两点。

　　首先，指导公务员正确地认识自我，建立合理的职业期望。正确认识自我是进行合理职业规划的前提。[②] 必须防止和截断执法公务员不合理的、不切实际的、过于理想化的职业期待和发展欲望，避免其因为理想与现实的巨大落差出现心理失衡、信仰失落和职业困扰；引导其端正职业态度，正确地看待公务员这一职业的特点、环境、职业的优劣态势、发展潜力与可能的前途。在执法公务员对自己、对单位、对所从事的职业有了一定的认知前提下，合理地制定个人的职业生涯规划，确立个人职业发展的近期目标和长远目标，并尽可能地将其与组织的发展结合起来，实现组织

---

　　① 张宏菊：《新公共管理视角下的西方公务员培训》，《贵阳市委党校学报》2008 年第 6 期。

　　② 崔欢欢、陈静：《我国公务员职业生涯管理模式研究》，《经营管理者》2014 年 12 月上期。

与个人的共同成长。

其次，优化组织氛围，构建以人为本的工作环境。组织氛围和组织气候构成了执法公务员个人成长和职业发展的软环境。"组织气候"一般是指一个单位或部门所形成的群体气氛，包括人际关系、领导方式、作风，以及人员间心理相融程度等，是组织内部的小环境、软环境。[①] 根据赫兹博格的理论，组织氛围和组织气候在人力资源的激励机制中起到的是保健作用，即通过组织气候等保健因素的改进，建立起融洽的人际关系与和谐的工作氛围，可以增加执法公务员的职业满意度，增强执法公务员的工作动机。同时，辅之以工作丰富化、挑战性，就可以大大增加执法公务员的职业激励性，起到人才资源开发的作用。

---

① 百度百科：《组织气候》，http：//baike. baidu. com/link？ url = Prm19IFwTgRHtgzHXv_ rR9jdtDcRA1cCIjVu1oXjc7M9hSDjWjvMwxuQ3y4xktBRlqrhCuF4v1hdMgLd5QloRa。

第十一章

管理文化机制存在的问题及对策建议

一 管理文化机制的内涵及意义

（一）执法公务员管理文化机制的含义

执法公务员管理文化是指行政管理机关或行政执法机关内部沉淀下来并逐渐形塑的一系列关于公务员管理的价值观、管理规范和行为范式，并随时间的变化而渐进变革和传承。执法公务员的管理文化机制则是在行政管理的实践中，经由领导层倡导，机关多数公务员能够共同遵循的一套文化传统、行为经验以及组织规则。彼得·德鲁克在《管理》一书中把管理与文化明确地联系起来，他认为管理不只是一门学科，还是一种文化，有它自己的价值观、信仰、工具和语言。[①] 管理文化机制揭示了文化对管理的影响，它渗透于组织的决策、组织、激励、领导等管理全过程中，提供了组织文化与组织管理匹配的最佳模式。

（二）建立和完善执法公务员管理文化机制的重要意义

管理文化机制对于行政执法机关和行政执法类公务员的管理极为重要，它是行政执法公务员廉政和勤政机制的基础和保障，是机关组织文化建设和执法公务员队伍建设的重点。

首先，管理文化机制能够直接影响机关行政管理与行政执法的宗旨意识，事关服务型政府的建设。行政管理与行政执法的指导思想、执法机关

---

① 文崇坚、帅锦平：《传媒转型时期管理文化软实力构建》，《上海管理科学》2012 年第 1 期。

的管理理念、领导层的行为示范效应会直接影响行政执法公务员的行为习惯和机关作风，影响并左右执法机关宗旨服务意识和公共服务质量。

其次，管理文化机制能够影响机关公务员人事管理的效率和公平。效率与公平是公共人事管理的两大核心价值。公务员管理中应该效率与公平兼顾，不能以效率否认公平，也不能以公平否认效率。而什么样的公平与效率取舍本身就是一种管理文化的取舍和抉择。

最后，管理文化机制能够影响到基层行政管理和行政执法机关的形象。机关管理文化本身是政府机关的一种形象符号，是机关文化的规范化概括和形象化表达，是行政执法公务员的工作作风和行政执法机关为民服务的展示橱窗。良好的机关管理文化机制是形成高质量高效率的服务型政府的根本保障。

二 管理文化机制存在的问题

目前，总体来看，我国特大城市行政执法系统公务员管理文化建设基本上还停留在理念层面，缺乏整体性设计，特别是缺乏系统化、制度化的保障、激励、约束机制。导致许多规范性的要求在执行中流于形式，缺乏实效性和可持续性。

（一）执法公务员的依法行政理念与习惯
1. 依法行政的意识尚需加强
依法行政是行政执法类公务员的基本义务和核心素质，依法行政意识和习惯直接关系到行政执法机关的职能实现和政府形象，是依法治国战略的基础。根据国务院《关于印发全面推进依法行政实施纲要的通知》，行政执法机关应当做到合法行政、合理行政、程序正当、高效便民、诚实守信、权责统一。针对执法公务员依法行政的情况，我们在对北京市地税系统执法公务员的调研中曾有如下发现，在合法行政与合理行政方面，多数接受调研的公务员有着较高的评价。具体表现在有接近80%的受调公务员认为"地税机关在规范执法、履职尽责方面做得较好或很好"，有70%的受调公务员认为"地税机关在规范行政许可、清理行政审批事项、规范审批行为、简化审批程序、缩短审批时限方面做得较好或很好"。但就行政执法中存在的问题而言，接受调研的公务员中认为缺乏行政执法监督制约机制的比例为34%，认为基层少数执法人员素质偏低的比例为30%，认为存在执法程序随意、执法不公现象的比例为18%，认为行政执法"利益化"，有执法创收、吃拿卡要现象的比例为8%。在程序正当方面，接受调研的公务员中，有44%的受调公务员认为"机关在办理行政管理事项时，不能够将所依据法律、法规和规章的相关的规定在办公场所公示"，有34%的受调公务员认为"在办理行政执法事项时，尚不能够对执法或处罚内容予以说明、解释，尚存在不完全履行执法手续的情况"。[①]以上调研结果说明，目前基层行政机关在行政管理事项的依法行政和合理行政方面做得还可以，能够得到公务员的较高评价；但在行政执法的具体行政事项和行政行为方面，尚存在不能依法行政和依法行政不够好的现象。究其原因，执法机关特别是行政执法类公务员未能完全养成依法行政的思想意识是根本原因。思想意识方面的特权意识和官僚意识必然导致其行为的特权行为和官僚作风，其结果表现为存在寻租腐败、吃拿卡要、权力创收、执法随意等知法犯法、执法违法的歪风恶习。

2. 街头官僚的习惯急需转变

基层行政执法类公务员具有典型的街头官僚特性。

首先，街头官僚是行政管理和行政执法链条中最底层的具体执行者，是法律、法规和公共政策在一线实践中的实现者，具有极强的法律、法规和政策执行的自由裁量权，同时还拥有法律、法规和政策的实际解释权。按照李普斯基的说法，街头官僚虽然处于公共政策链条最末端，但他们实际上具有非常大的政策制定能力。"和大多数其他组织中的低层员工不同的是，街头官僚在决定（对公民）奖惩的性质、数量和质量上拥有相当大的自由裁量权。"[②]具有街头官僚属性的基层一线执法公务员可以依据自己对法律、法规和政策的理解和解释，巧妙地运用行政自由裁量的规则，决定和实现对公民利益的奖赏和制裁，从而实现街头官僚效用的最大化和最优化。因此，相较于综合管理类公务员，他们既可以充当有良心有责任的公务员为公民利益服务，也可以充当任性的甚或不道德的执法者损

---

① 参见《北京市地税局五型机关建设的问题与对策》，北京市地方税务局，2012年。
② 颜昌武、刘亚平：《夹缝中的街头官僚》，《南风窗》2007年第9期。

害公民利益，凭借其自由裁量的权力而恣意妄为。也就是说，再好的法律、法规和政策，如果街头官僚即一线执法公务员不去认真履行和落实，它也只是一纸空文；反之，如果执法公务员真心地去贯彻落实，依法履行，就能解决政策和法规执行链条中的最后一公里问题，政策和法规的良好与善意才能变现为人民实实在在的利益。

其次，作为行政管理和行政执法链条的末端的执法公务员，其受命执行的角色，决定了其缺乏独立的政府管理者的地位，也难以实现其个人抱负和生命价值。基层执法公务员工作内容重复、繁重和枯燥，同时其居于行政末端的科层地位决定了其职业发展和职务升迁机会有限，因此难免出现士气低落、职业荣誉感和责任心下降，进而影响到他们自我激励机能的发挥，导致公共利益的受损，甚至带来行政执法权力的寻租和滥用。街头官僚的这一职业发展的科层局限客观上会严重遏制基层执法公务员对职务升迁的渴望，挫伤其职业发展的积极性，长此下去必然会彻底埋没执法公务员的职业理想和成长抱负。"街头工作的本质也会妨碍他们想达成工作理想的意愿。层层的工作负荷、匮乏的资源、工作方法的不确定性、加上服务对象的不可预知性，将打灭他们的雄心理想而沦为劳务工作者。"①

再次，充当街头官僚角色的基层行政执法类公务员在行为上极易呈现出不合作与"对付策略"特征。当街头官僚与上级机关和行政领导在政策目标和政策利益上存在差异时，具有街头官僚属性的基层执法者就会采取不合作的机制和对付策略来应付、抵抗或削弱来自上级的命令和指示，从而拒绝履行法律、法规和政策的义务，影响公共政策目标的实现。街头官僚的专长及其所掌握的关于工作场景的知识、街头工作的独特性质与特征、监督街头官僚行为的内在困难等，都使街头官僚易于运用各种各样掌握的资源来抵制管理者的控制与约束。② 这就是街头官僚常常持有的"对付策略"。对付策略有助于缓解基层执法者的心理压力和工作焦虑。同时，这套对付策略还表现在与公民的利益互动中。当公民向基层执法者寻

---

① 辛昌茂：《卫生监督执法机构能力建设探析——街头官僚理论为视角》，《华东经济管理》2009 年第 6 期。

② 叶娟丽、马骏：《公共行政中的街头官僚理论》，《武汉大学学报》（社会科学版）2003年第 5 期。

求帮助，执法公务员鉴于自己可资利用的行政资源和政策框架，倾向于将公民的诉求解决方案局限于自己可控范畴，对那些超乎自己能力的问题采取漠视或踢皮球的方式加以处理，或者找一些借口来加以搪塞，甚至会遭到基层行政执法公务员的操纵和调戏，如提供残缺不全的信息、故意让公民等待、让公民很难找到具体承办人、加重公民心理负担等。又因为执法公务员的服务对象往往是随机的或无法选择的，所以执法公务员的工作过程很难被这些非自愿的服务对象进行监督和约束，从而更加容易导致执法公务员滥用职权、选择性服务或对公民服务诉求回应不足的现象。

因此，为了遏制执法公务员的对付策略，保障其既忠于法律、法规和政策，又能服务基层群众，遵守基本的行政职业道德准则，一方面需要制定约束执法公务员的行政自由裁量权的法规和制度，对其权力边界进行严格的法律约束和控制；另一方面应该加强基层行政执法机构的管理文化建设，建立公共行政的伦理准则。街头官僚并不是没有灵魂、没有任何意志自由的政治工具，而是有一定意志自由并需要运用价值理性进行独立价值判断和价值决策的公共管理主体。行政自由裁量权意味着街头官僚具有进行价值判断和价值决策的意志自由，因而也意味着相应的道德责任。[①] 执法公务员在行政执法过程中的自由裁量必然会受到其个人固有的思想价值观念和利益关系网络的影响，无论是其对价值观的认识还是在利益关系网络中的行为选择，本质上看都具有伦理道德的意义，反映出行政组织所持有的管理文化的倾向性和流行性。因此，需要通过构建行政组织内部的公共伦理内涵和行为价值取向，建立公共行政的伦理约束机制，从思想上和职业准则上对执法公务员进行教育、引导、规制和约束，从而构建公共行政的基本精神，确立街头官僚为人民服务的职业倾向和职业习惯。

（二）组织沟通机制存在的问题

组织沟通是管理文化机制的重要构成，既表现为行政组织内部管理过程中的信息流动的制度形态，也表现为行政组织内部成员之间的人际互动的路径状态。组织沟通可分为行政组织内部的纵向沟通和横向沟通。

---

① 李旭琴：《街头官僚自由裁量权规范化行使的伦理路径解读》，《内蒙古农业大学学报》（社会科学版）2009 年第 1 期。

　　首先，从行政组织的纵向沟通来看，行政执法系统内部尚没有形成顺畅的沟通机制。特大城市的行政执法机构在管理层级上一般分为三个层级，即市级行政管理机关（委、局）及其直属的行政执法总队，区级的行政管理机关（局、分局）或行政执法大队，街道层面的相关科室或执法分队。在管理体制上，又分为两种即属地管理的层级设置和垂直管理的层级设置，其中大多数行政执法机关均为垂直管理的体制。在行政执法系统内部无论是垂直管理的还是属地管理的体制，其信息沟通主要的手段是文件和会议。而文件和会议沟通的特点是单向沟通，也就是说行政管理的信息总是单向从上级机关向下级机关流动，下级机关特别是基层部门的行政信息很难反向流动到上级机关和部门。导致上级机关和部门与基层执法机关和一线执法队伍很难有直接沟通的机会与渠道。下情难以上达，既可能会造成政策与实际执行的效率有差距，出现政策误差、政策变形和政策表面化的后果；同时，因为信息沟通的不对称，基层行政执法部门遇到的困难和问题，上级机关和领导难以及时了解，客观上会增加基层的抱怨和闹骚，影响行政效率。由于上行沟通的渠道不畅，也使上级机关和领导难以发现基层的一些违纪违规行为，助长了某些基层行政执法机构的不作为和乱作为的现象。另外，一方面，上级行政机关各业务处室在下达相关文件时往往各自为政，业务处室之间未能进行有效沟通、协调并整合有交叉的业务，造成基层行政执法部门和执法公务员有时候会重复劳动、顾此失彼、莫衷一是，特别是当有些上级机关处室缺乏一线工作经验的情况下，政策制定往往不切实际，可行性差；另一方面，基层行政执法部门在向上级请示行政执法或监管业务问题时，上级机关业务部门却相互推诿，使基层执法部门和执法公务员无所适从。

　　其次，从行政执法机关和部门的横向沟通来看，各业务部门和机构之间没有形成顺畅的协作关系。部门之间、岗位之间的配合还不够默契，存在整体协调不力、相互支持不力、合作不力的现象。从我们对北京、天津、广州、上海（浦东）四城市执法公务员对执法单位内部部门协作与合作情况的整体评价来看，给予非常好评价的占比有 31.6%，给予好的评价占比有 43.3%，给予一般和差的评价占比有 25.1%。可见在基层行政执法部门还相当程度存在部门协作困难、相互配合不力的问题。执法机关内部的部门协作与配合不力，主要原因显然不是利益冲突而是机关各部门之间沟通机制存在问题，导致组织沟通不足、协调不力、步骤不一致。其结果体现在行政执法的过程中，只要涉及多部门的事情，特别是跨部门执法，行政协调和配合的时间往往比较长，甚至遇到跨部门执法的问题有时往往难以得到解决。特别是遇到棘手难办的问题和急需办理的事情时，少数行政执法人员常常感到力不从心、找理由推诿，或依赖领导或他人来办理，总认为有领导牵头、有人员负责，与己无关，造成有时工作出现差错。

再次，从执法公务员的工作支持和工作沟通来看，目前也存在一定的问题和改进空间。从我们对四城市执法公务员的个人工作协作与帮助情况的调研来看，当执法公务员在工作中遇到困难时，能够得到帮助的有效百分比为93.2%。这说明四城市大多数执法公务员在工作中遇到困难需要协作时都可以得到帮助和协作。但是，从执法公务员在工作中获取协作与帮助的来源来看，最高的为同事，占比为61.1%；其次为领导，占比为54.5%；再次为家人，占比为53.3%；然后为朋友，占比为41.7%；最后为其他，占比为7.8%。显然，四城市绝大多数执法公务员在工作中都能够获得一定的工作协作与帮助，其工作支持的来源主要是其工作的关系网络，其中同事和领导是帮助与协作的主要来源，但是其比率最高也仅有61.1%。这说明，尽管多数执法公务员都认为可以获得工作支持，但是在具体获得工作支持的频率上来看，来源工作网络的工作支持频率其实并不高。可见，执法公务员的工作支持尚存在一定的问题，有进一步的改进空间。此外，在我们曾经对北京市地税系统公务员的调研中，在地税机关内部的工作沟通方面，受调查者认为与各级干部（正处级领导、副处级领导、正科级领导、一般干部）打交道均存在问题，有效占比分别为25%、22%、27%和26%。这说明在执法系统内部一定程度存在沟通困难、互不协调的地方，机关内部公务员之间一定程度上互有芥蒂。① 值得注意的是，上述调研还反映出工作沟通的困难的倾向性特征，即同时存在有与领导职务的沟通比非领导职务的沟通更为困难和与领导职务正职的沟通比与领导职务副职的沟通更为困难的有趣现象。

---

① 参见《北京市地税局五型机关建设的问题与对策》，北京市地方税务局，2012年。

（三）执法机关组织文化建设的问题

执法机关的组织文化对实现依法行政、提高执法公务员凝聚力和行政效率起着巨大的作用。组织文化是行政执法机关团队建设的精神家园，是行政执法公务员队伍的情感纽带。执法机关组织文化的不足，会使执法公务员缺乏对政府的认同感和主人翁的责任感，将自己视同为公共部门的打工者，工作没有动力，缺乏主动性和自觉性。执法机关组织文化的欠缺，还将使政府部门内部各部门之间缺乏协作意识和协作能力，部门之间互相推诿扯皮，造成集体主义的意识淡化、组织纪律的松懈和团队工作能力下降。执法机关组织文化的欠缺，还会造成执法公务员个人的职业荣誉感的下降、职业责任感的下降，宗旨服务意识模糊和淡薄，甚或导致部分执法公务员助长官僚习气或不正之风。调研发现，目前行政执法机关特别是基层行政执法单位，在机关的组织文化建设方面尚存在相当多的不足之处，表现在以下几个方面。

1. 执法公务员的职业困惑较多，个人成就感差

从我们对四城市执法公务员对职业发展中最为困惑的地方的认知度调研来看，执法公务员的职业困惑较多，范围广泛。其中最为集中的职业困惑问题一是编制少、职务晋升困难、交流难；二是个人努力目标不明确、前途迷茫；三是个人职业成就感很差。上述三大问题有其客观原因，如编制少导致职务晋升困难，公务员个人职业发展机会少；但也反映了执法机关管理文化建设薄弱，组织交流欠缺，组织发展不足。组织不能在公务员的职业意识培养、职业生涯规划、公务员个人的职业成长过程乃至职业心理健康方面发挥积极作用，给予公务员适时恰当的帮助；不能将组织的发展与公务员的个人发展融为一体，共同成长；不能培养公务员的职业自豪感、组织荣誉感和个人成就感。此外，调研中还发现其他一些困惑执法公务员的重要问题，如单位发展无方向、无归属感，工作压力大、待遇低，潜规则多、人才不能善用，执法环境差、不被社会理解与认可，激励机制很差，工作氛围欠缺、人际关系差等。上述这些问题中特别是组织发展目标与方向问题、组织归属感问题、组织潜规则问题、组织氛围问题、人际关系问题、人才善用问题、激励机制问题都直接与执法机关的组织文化建设相关，或直接就是机关的组织文化建设问题。这说明加强执法机关的组

织文化文化建设已经是执法公务员管理机制建设当前面临的一个重大问题。

2. 组织经验共享不足，组织文化建设较弱

首先，组织经验共享不足。在行政执法机关的组织文化因素中，共同价值与目标、团队合作与集体学习、组织经验与创新以及个人成就感是行政执法机关应当具备的核心要素。在围绕这四个要素针对北京市地方税务局系统公务员的调研中，我们发现，针对执法机关的共同价值与目标大家有着高度的认同。"本部门全体成员有共同的奋斗目标"的认同率为80%，特别是对于建设学习型机关，有90%的公务员表示出了积极性。在团队合作与集体学习方面，"本部门有协调共事的合作氛围"认同率为81%，"本部门领导善于聆听不同意见"认同率为79%，"本部门领导能够和大家一起反思工作得失"认同率为78%的。在组织经验与创新方面，则呈现出一定分化。"在本部门创新的工作思路和实践能受到鼓励"的认同率为76%；"在本部门老同志的工作经验占主导地位"的认同率接近67%。而且受调查者在这一方面的认识依年龄或工龄呈现出分化。老资历的公务员基本上都同意或非常同意"在本部门老同志的工作经验占主导地位"；而其他大部分公务员则对此看法持有保留态度。[①] 这说明年轻公务员在向老同志们学习方面存在一定隔阂；同时老同志们在接受工作创新方面也表现出了一定的惰性。

其次，人际关系状态整体上评价尚可，但从地区来看差异较大。机关内部的人际关系状态和质量在一定程度上体现了机关组织文化建设的水平和质量。一般意义上，机关的组织文化建设搞得好，组织内部人际关系就融洽，组织氛围就会和谐，组织沟通就会顺畅，组织协作和配合就会相对有力，组织内部的矛盾和冲突就会较少，组织政治现象[②]就能被有效控制。反之则反。从北京、天津、广州、上海（浦东）四城市执法公务员对单位人际关系状况的整体评价来看，给予非常好的评价的占比有

[①] 参阅《北京市地税局五型机关建设的问题与对策》，北京市地方税务局，2012 年。

[②] 组织政治现象是指组织成员正式角色中并不要求的行为与活动，如溜须拍马、制造冲突、拉帮结派、泄露机密、早有预谋、套近乎、责备他人等。组织政治现象的活跃反映出组织正式规则的薄弱和组织领导力的效率低下，并因此最终会影响或可能影响组织的权力运行和利益分配。

30.4%，给予好的评价的占比有 45.7%，给予一般和差的评价的占比有 23.9%。说明四城市执法机关内部人际关系状态整体上尚可。但是，需要注意的是也有近 1/4 的单位人际关系表现一般或差，说明执法机关和执法单位的组织文化的建设不足。特别是从四城市的比较来看，地区差异还是比较明显。其中执法机关内部的人际关系正面评价率最高的为北京，占比为 80.1%；其次为广州，占比为 75.2%；再次上海浦东，占比为 70.9%；最低为天津，占比为 69.9%。相比较北京、广州和上海浦东，天津执法机关组织文化中的人际关系建设相对较差。

再次，执法公务员的职业公平感感知度一般，在一定程度上也反映了组织文化管理的不足。职业公平感是执法公务员从组织中间所获得的关于组织管理质量的一种个人体验，是执法公务员对组织的制度价值认可程度、领导管理的接纳程度、组织氛围的容忍程度和融入程度的直接经验。在行政执法组织内部，如果公务员个人的职业公平感差，在一定程度上说明组织的制度认可度、领导管理的接纳度、组织气氛的容忍度、组织环境的融入度差，公务员的工作积极性和主动精神、责任意识就会下降，并会表现为消极怠工、心理反抗、工作糊弄和对付、组织不合作、行为不规范，同时组织的人力资源离职率和流失率都会显著增高。从我们对四城市的执法公务员的职业公平感的感知评价调研来看，非常公平的占比为 13.6%，比较公平的占比为 71.9%，不公平和很不公平的占比为 14.5%。非常公平可以理解为积极肯定性的评价，比较公平可以理解为一般性的评价，不公平和很不公平可以理解为消极否定性的评价。在执法公务员的职业公平感方面获得的积极肯定性的评价率仅为 13.6%，这要低于消极否定性的评价率 14.5%，而绝大多数执法公务员对职业公平感的感知度评价一般。这在一定程度上也反映了当前特大城市执法部门特别是基层行政执法机关或执法单位组织文化建设的不足。

3. 执法机关管理制度的发展重心未能与执法公务员的职业期望相契合

执法机关的管理制度的发展是否能够与执法公务员的个人职业期望契合，体现了机关的管理文化建设的水平和质量。执法机关的管理制度与公务员个人职业期望的切合度可从以下两个方面予以判断。

首先，执法公务员的管理制度能否帮助执法公务员的职业成长。法制社会及服务型政府建设的不断深化，使整个社会的法制意识大大增强，执法公务员所面临的压力也逐渐增强。这就既要求执法类公务员不断调整工作思路，提升执法意识，转变工作方法和手段等，同时也对机关的执法公务员的管理制度提出新的要求。根据我们对上海浦东执法公务员的预调查数据反映，受调查者对执法类公务员管理制度存在的困惑中，认为执法公务员缺少职业规划和上升发展空间的最多，占 29.1%。制度受众所最期待的是如何不断地提升自身能力，适应社会环境、执法环境的变化，完善自己的职业规划并与自己的工作理想相契合，实现自身在整个公务员体制中的发展和提升。但是这些数据同时也反映出，目前执法机关的公务员管理制度并未能实现对制度受众的职业理想的契合和导向，没有富有成效的激励机制。管理制度始终偏重于组织、考核、晋升等硬性指标的设置上，而忽视了以人为本的核心要求，使管理制度的发展重心不能满足制度受众的发展期望，最终只能导致制度的僵化。

其次，执法公务员的管理制度能否适应形势的发展，满足执法公务员的职业需要。从调研的情况来看，当前基层执法公务员的管理制度运转僵化，未能结合公务员管理的实际情况灵活调整，适应执法公务员的职业需要。执法类公务员管理制度的僵化不仅反映在制度未来的发展上，也已经开始表现在现有制度的运作过程中。在上述浦东执法公务员的调研数据中，以培训制度为例，有 18.5% 的执法公务员认为缺乏针对性的培训，内容太多；有 7.4% 的执法公务员认为培训次数与现实需要脱节，过多或者过少；多达 48.1% 的执法公务员认为最主要的问题是培训内容脱离实际，和具体工作没有联系，没有达到培训的目的。可见，培训制度运转的僵化使整个制度缺乏对执法公务员培训的实际工作及社会环境的敏锐性，培训次数不能按照实际需要进行调整，不需要培训的时候不得不参加各种培训，当出现新情况新问题需要解决时，却缺乏对一线执法者的培训，最终也会造成执法理念的闭塞和执法手段的单一，难以应对工作环境中新的挑战。

（四）执法机关廉政文化建设的问题

廉政文化是行政执法机关管理文化机制建设的重要内容，是建设廉洁型机关的根本路径。所谓廉洁型文化机制，就是要通过建立健全廉政责任制度、严明廉政责任纪律、完善廉政监管措施，强化对执法公务员的廉政教育，引导和教育执法公务员坚持正确的世界观、人生观、价值观和权力观、地位观、利益观，增强公务员廉洁从政的执法理念、廉洁高效的工作理念、廉洁奉公的为民理念、廉洁守法的法制理念和廉洁自律的自控理念，培育并努力形成廉洁、勤政、务实、为民的机关作风。

廉政文化建设对执法公务员廉政机制建设具有思想引导和公共人格塑造的双重作用。一个人的思想观念、核心价值观和工作生活理念决定了其行为处世的态度和做人做事的标准。执法机关的廉政文化建设，有利于执法公务员正确认识公务员职业的公共性特征，端正执法公务员的服务态度，树立权为民所有、权为民所用的正确权力意识，增强为人民服务的思想观念。

廉政文化建设对执法公务员廉政机制建设具有营造良好组织环境的重要作用。行政组织不仅是执法公务员的工作场所也是公务员的生活场所，作为公务员的个人其职业生命中的主要时间都是在工作场所和组织环境中度过，行政组织的氛围、气候和环境会对公务员个人的职业心理、工作理念和生活情感产生强烈的影响。因此，执法机关的组织环境、组织气候和组织氛围对执法公务员的价值观念、是非意识、善恶标准和组织共同情感、行为和习惯的倾向性都具有重要的影响力和塑造力。执法机关的廉政文化建设有利于组织形成风清气正、勤政为民的良好政治生态。

因此，廉政文化建设是执法公务员惩治和预防腐败体系中的首要环节，也是健全和完善执法公务员的廉政教育监督机制的一项重要举措。

1. 执法机关廉政文化建设形势紧迫，实践滞后

长期以来，由于没有建立一线行政执法类公务员的基本素质标准，录用进口不规范，从队伍的存量来看，相当一些执法公务员是从原来的事业部门过渡考试转变身份进来，导致某些一线执法公务员素质偏低，甚至在早些时候养成的吃拿卡要习惯并未根本改变，存在街头官僚作风和小官贪腐的惯性。同时，因为职务层次低，职业发展路径不畅，特别是职务晋升路径狭窄，导致某些意志薄弱或年岁较大的公务员惰性严重、缺乏进取心和事业心，在实际工作中讲实惠、比待遇、图安稳，自我激励和自我约束意识较差，能力下降，严重损害和影响机关廉政文化的建设。

从执法机关廉政文化建设的实践来看，近些年虽然各执法机关均努力

进行了廉政文化的建设，取得了一定的成果，但是整体来看尚不能令人满意。整体来看，长期以来尚没有形成针对基层一线行政执法类公务员的廉政管理办法，造成了基层执法公务员的执法不规范，上级机关和基层群众两头不满意的行政执法的管理难题。在针对北京市地税系统的执法公务员的调研发现，就当前地税系统党风廉政建设的总体评价而言，受调者中有74%的比例表示较满意或满意，有69%的比例认为当前预防腐败问题的措施有一定效果，认为廉政文化建设现状很好或较好的比例为63%，认为系统内多数领导干部廉洁的比例只有53%。从廉政建设的主体角度出发，在与腐败问题开展斗争方面，有一定比例的受调者还不够坚决，或者至少存在消极态度，并且对于遏制和消除腐败现象的信心也不够充分。可能正是由于缺乏信心，才造成在与腐败问题开展斗争上显得较为消极或不够坚决。比如说，只有47%的受调者表示"如果了解掌握一些具体涉及腐败问题的线索，会去积极举报"，仅有69%的受调者"对通过开展党风廉政建设和反腐败工作，逐步遏制和克服腐败现象"抱有信心。在对廉政建设具体内容重要性的认识上，受调者中认为监督制约权力最重要的比例是51%，认为廉政文化建设最重要的比例是24%，认为廉政制度建设最重要的比例是22%，认为惩治腐败分子最重要的比例是17%。从廉政建设的客体角度出发，受调者认为腐败问题发生的可能性大小与干部的级别高低呈正相关。可见，执法机关的廉政文化建设呈现形势紧迫，任务复杂，关系重大的特点。

2. 执法公务员的廉政制度执行力弱化，运行效率下降

从制度与文化的关系来看，廉政文化机制的弱化还表现在廉政制度执行力的弱化和运行效率的下降。廉政制度与廉政文化互为表里、二为一体，廉政制度是廉政文化的外在形式，廉政文化则是廉政制度的精神内核。在行政机关内部，廉政制度的变迁能够促进廉政文化的进步，廉政文化的发展也能促进廉政制度的发展。从当前执法机关廉政文化建设的实践来看，执法公务员的廉政制度执行力弱化，运行效率低下。

首先，表现在廉政管理制度框架比较完善，制度实施细节规范缺乏。执法类公务员廉政管理制度是廉政文化的制度表现，是保障执法公务员廉洁自律、实现执法目标的有力措施和手段，是进行正常执法活动所必需的行为规范。优秀的廉政管理制度必然是科学、完整、实用的管理框架的体

现。通过对部分基层执法单位的公务员廉政管理制度架构的考察调研，可以发现目前基层执法公务员廉政管理的人事管理制度的框架比较完善，但是对制度受众的具体可操作性的廉政考核、培训、激励、监督等一系列日常工作及职业发展缺乏系统的规范和保障。廉政管理制度模式在系统中各个方面的细节上有较多欠缺之处。缺乏实施细节的规范等，造成制度实施过程的无序、混乱、标准不明等现象。大量的制度细节上的漏洞为非制度性因素的生存留下了极大的空间。

其次，表现在非制度性因素影响较大，廉政管理制度运行效度不高。从我们对上海浦东执法公务员的预调查中发现，执法公务员队伍中有40%的受调查者认为职务晋升与工作能力之外的非能力要素密切相关，这些非能力要素中，领导意志、人脉关系、资历经验等非制度规定的人为因素占有绝大多数的比例。考核制度中，有29.8%的受调者认为制度运行不公平，有33.3%的受调者认为奖励机制缺乏民主参与，不能公平、公正、公开的进行评选，有20%的受调者认为惩戒机制缺乏监督等。由此可见，在执法公务员队伍中，领导意志、背景关系、资历经验等非制度性因素严重干扰了公务员管理制度的有效运行，最终导致了制度运行过程的不公平，滋生了贪污、腐败等问题。在对人事管理制度存在主要问题的调查中，有高达44.5%的受调查者认为制度运行效度不高。虽然目前执法公务员管理的制度框架比较完善，但在对考核、培训等制度的调查中可以发现，认为这些制度运行过于形式化，沦为"走过场"的形式主义架子的均占有较大比例。有37%的受调查者认为考核机制形同虚设，有6.7%的受调者认为奖励机制流于形式，而有33.3%的受调者认为惩戒制度形式主义严重，有14.8%的受调查者认为培训机制根本不注重内容只是走过场。可见，执法公务员管理制度的形式化不仅严重影响了制度的运行效度，更是损害着管理制度在执法公务员受众队伍中的权威。

三　完善管理文化机制的对策措施

（一）强化理想信念教育，树立正确的工作价值观

1. 强化理想信念教育

思想是行动的先导。认识不到位，执法机关的组织文化建设就无从谈

起。基层行政执法公务员队伍建设中的各种问题的发生，首先是理想信念方面出了问题。习近平总书记指出理想信念是共产党人的精神之"钙"，必须加强思想政治建设，解决好世界观、人生观、价值观这个"总开关"问题。① 因此必须把加强执法公务员的理想信念教育摆到突出位置，通过加强理想信念教育，使行政执法系统的每个公务员把个人发展与行政组织的发展紧密联系在一起，树立正确的人生观、世界观、价值观、道德观、宗旨观、政绩观、发展观，增强职业责任感和职业使命感。

2. 树立正确的工作价值观和职业道德标准

价值观是一种处理事情、判断对错、做选择时取舍的标准。价值观也可以说是一种深藏于内心的准绳，在面临抉择时的一项行动依据。价值观会指引一个人去从事某些行为或规避某些行为。不同的价值观会产生不同的行为模式，进而产生不同的社会文化。对于兼有行政执法自由裁量权和街头官僚习俗的基层执法公务员而言，工作价值观的正确与否不仅决定了其对权力的正确态度、是否依法行政的行为习惯和国家法律、法规和政策的执行效果，而且能够直接影响到政府公共行政的质量和社会主义市场经济的秩序。因此，必须通过多种方式不断丰富和深化统一的工作价值观体系建设，加强建立工作价值观建设的监督检查机制。通过对执法公务员的工作价值观教育和职业道德的训练，建立起执法公务员的职业道德标准、行为规范以及基本的职业操守。通过工作价值观和职业道德的训练，建立起执法公务员的行政思维的底线，确立其为人民执法的宗旨观念。通过工作价值观和职业道德的训练，充分发挥统一职业价值观的感召、引领、约束、驱动、凝聚和激励作用，不断增强执法公务员的职业归属感、职业成就感、职业荣誉感和职业幸福感。

3. 塑造榜样的示范力量

对执法公务员的理想信念和价值观的教育必须借助实践体验的方式，没有工作生活中真实体验，没有榜样的示范作用，仅靠理论的灌输和空洞的说教往往收效甚微，有时甚至会适得其反。执法机关必须从工作和生活的实践中发现、找到具有典型示范意义的优秀公务员的事迹，并对其进行一定程度的塑造和理论包装，发掘其具有的公共行政的典范价值。并通过

———————————

① 习近平：《理想信念是共产党人的精神之"钙"》，新华网，2014 年 1 月 20 日。

机关内部的广告栏、报纸和刊物、门户网站以及会议、文件、公告、报告等多种形式进行思想政治的宣传和教育。榜样的示范力量是无穷的，榜样不仅是执法公务员的一面镜子，也是执法公务员行为的一面旗帜，通过榜样的示范，将有助于执法公务员队伍形成优良的作风。

4. 加强对官僚作风的监督和约束

官僚主义是指脱离实际、脱离群众、做官当老爷的领导作风。如不深入基层和群众，不了解实际情况，不关心群众疾苦，饱食终日，无所作为，遇事不负责任；独断专行，不按客观规律办事，主观主义地瞎指挥等。有命令主义、文牍主义、事务主义等表现形式。官僚主义反映了执法机关的不良工作习俗与作风，如果不加以有效控制，极易发展为公务员的腐败行为。执法公务员的街头官僚属性使之天生具有官僚主义的基因，如果执法公务员的素质低下，对群众缺乏感情，工作作风不踏实，必然会导致其特权思想作祟，故意给群众办事设置障碍，甚至出现故意为难刁难群众、吃拿卡要、寻租舞弊等执法犯法的现象。因此，除了加强对执法公务员的理想信念和价值观、职业规范的教育外，还必须加强对执法公务员的官僚作风的监督和约束，以保障执法公务员的人民权力属性。

5. 确立执法公务员的服务意识

建设服务型执法机关，是全面落实依法治国战略，转变政府职能、构建服务型政府和社会主义和谐社会的重要举措。对于执法机关而言，就是要为行政对象提供优质高效、方便快捷的服务。首先，在服务意识、服务方式、服务效率以及服务质量等方面均要改善和提高。其次，在服务主体方面，要不断提高执法公务员的服务能力和政策水平，提升执法公务员的文明形象。再次，在服务过程方面，要切实提高执法机关的办事公开性、回应性、诚信度以及规范性，尽可能减轻在机关服务过程中的违规形象。

（二）加强内部沟通机制建设

1. 改革行政执法体制，创新执法机关之间的沟通机制

目前行政执法系统内部沟通存在的一个突出问题就是存在信息不对称的现象。具体表现为平行的行政执法部门之间、纵向的行政执法层级之间信息不对称，政务信息与执法信息相互割裂、互通不够，在行政执法机关

之间、行政执法部门之间、行政执法层级之间形成一个个信息孤岛。这些信息孤岛的出现破坏了行政执法系统的集成属性，形成行政执法部门各自为战、多头执法的局面，造成了行政执法领域某些问题难以解决。因此需要有效的行动策略进行干预。

首先，建立市级行政执法机关之间的信息互通平台。市级执法机关之间信息孤岛的产生原因在于组织因素，即市级执法机关之间缺少有效的信息组织机制，缺少信息互联互通的平台以及市级执法信息的有效统筹。因此急需要在市级行政执法机关之间搭建一个信息互通的平台，各行政执法机关的重要政务信息、重大的行政执法行动必须在市级信息平台能够预先报告和互相通报。如果相关执法机关存有异议，必须进行相互沟通协调，并取得相当程度的共识后力求采取一致的行动。市级机关的执法信息互通平台应该由市政府综合协调部门统一管理，同时，应该有一位市政府的主要领导负责信息平台的统筹和在负责分管执法工作的各位市级领导之间进行协调。只有市级领导有了共识，并达成一致，市级执法机关的信息互通平台才能发挥组织沟通的应有作用。

其次，上级执法机关必须转变职能，进行放权改革。上下级行政执法机关的信息孤岛产生的一个重要原因在于利益之争。在存有重大利益的行政监管领域和行政执法领域，上级行政机关不愿放手，习惯于直接进行审批、监管、执法或处罚。重要监管信息和执法信息不及时向下级执法部门和机关通报。下级执法部门特别是一线执法单位因为种种原因也不愿意将市场监管的真实信息和执法状况向上级机关进行报告和汇报。上下级机关相互割裂信息，其结果导致上级机关的政策常常不符合基层的实践情况，上级机关部署的工作基层执法单位缺乏执行的积极性和执行落实的力度。因此，如果市级执法机关职能不突破、不放权，还在搞具体监管，摆机关架子与基层争职权，行政执法领域的属地监管就是一句空话，基层就无法全方位大胆履行职责；如果不突破行政层级之间的小团体利益，只想维持本部门的职权和利益，那么行政层级之间的信息孤岛就不可能得到彻底破解。

2. 在行政执法机关内部纵向沟通上，需要改变机关业务部门各自为政，政出多门的局面

从纵向沟通来看，当前行政执法系统内部存在着较为突出的推诿扯皮

现象，基层执法单位和执法公务员对此意见比较大。一方面表现在市级执法机关各处室在下达相关文件时各自为政，没能进行沟通协调并整合有交叉的业务，造成基层执法单位和工作人员重复劳动、顾此失彼、莫衷一是。特别是在市级机关业务处室政策制定人员缺乏一线工作经验的情况下，其制定的政策往往不切实际，可行性差。另一方面，基层执法单位在向上级请示执法相关业务问题时，上级机关业务部门之间又常常相互推诿，使基层执法单位常常无所适从。因此，在执法机关内部的纵向沟通上，首先需要解决的就是改变市级机关内部业务部门各自为政，政出多门的局面。各业务部门在进行业务指导和工作部署时应该加强组织沟通，信息共享，同时作为综合协调部门的市级机关的办公室必须加强文件与会议的统筹协调，避免同一事务各部门分头下达，各自部署的本位主义和山头主义的现象。

3. 执法机关在横向沟通上，需要创新沟通协作方式

首先，利用好现有的横向沟通机制，加强机关内部信息共享和横向沟通。充分利用各执法机关内部网络管理平台进行业务部门的信息通报和互享。各业务处室的分管领导在机关内部应该建立定期的执法信息协调沟通工作会议机制，通过定期的会议制度互通信息和协调工作步骤。其次，充分利用现有的信息技术和执法机关信息平台，创新机关内部的横向沟通方式，开辟横向沟通的新渠道。比如调研发现，执法公务员中有接近70%的比例愿意在机关局域网上与同事进行互动交流，这表明在执法机关内部公务员的非正式沟通意愿较为强烈。执法机关可以利用好这一非正式组织资源，借助即时网络沟通工具，增加和改善机关内部的横向沟通的效能。

（三）以五型机关的目标统领执法机关组织文化建设

目前，很多基层执法机关内部建设的主要手段就是五型机关建设。所谓五型机关建设是指按照法治型、效能型、服务型、学习型、廉洁型机关的目标和要求，有重点、有具体任务、有步骤阶段、有监督考核措施的机关管理和建设过程。"五型机关"建设中五个方面的内容互有交叉，其中存在严密的逻辑关系。建设五型机关必须理顺其中的逻辑关系，对之进行有机整合，以避免造成思想上的混乱。整体

来说，应当以建设服务型机关为统领，以建设学习型机关为基础，以建设法治型、效能型、廉洁型机关为保障，统筹推进"五型机关"建设。通过开展切实有效的五型机关建设从而来实现执法机关组织文化的建设。

1. 通过开展五型机关的建设活动，构建执法机关的共同愿景

所谓愿景，由组织内部的成员所制定，借由团队讨论，获得组织一致的共识，形成大家愿意全力以赴的未来方向。所谓愿景管理，就是结合个人价值观与组织目的，透过开发愿景、瞄准愿景、落实愿景的三部曲，建立团队，迈向组织成功，促使组织力量极大化发挥。[①] 对于一级政府而言，应该有自己的战略发展目标和愿景，对于行政机关和执法机关乃至基层执法单位而言，也应该塑造自己的愿景，利用愿景的力量凝聚人心和积蓄正能量，通过有效的政治动员和思想工作激发执法公务员的士气。具体而言，执法机关应该开展五型机关的建设活动，结合基层行政执法工作未来一段时期内的中心任务和工作大局，进一步明确行政执法机关的总体目标和战略愿景，并将其落实为组织的具体目标和行动方案，从而构建起执法机关全体公务员的共同理想和奋斗方向，为执法机关的组织文化建设奠定基础。

2. 通过开展五型机关的建设活动，营造机关内部和谐的组织氛围

在执法机关内部创建和谐的组织氛围是机关组织文化建设的重要手段。为此，需要在多个方面加强建设工作。其一，加强单位内部的和谐科室建设。部分单位基层执法公务员的人际关系状况还不太如意，有待改善。建设和谐处室，既是建设和谐执法机关的重要内容，也是和谐社会建设的重要内容与着力点。因为单位内部的科室不和谐，必然影响到执法机关的和谐，进而影响到行政执法工作的效率和质量，甚至会影响到社会的和谐。建设和谐科室，要求科室中的成员之间要多沟通、多商量、多干活、多理解、多合作、多支持、多谦让、多表扬他人，少争功、不拆台、不搞内耗。其二，加强执法机关内部部门间的合作。部分执法单位的部门间的合作状况还不太如意，有待改善。单位内部部门间由于分工不同，职责与任务不同，但这并不是部门间不能合作的理由。单位内部部门间多联

---

① 智库百科：《企业愿景》，http://wiki.mbalib.com/wiki/%E6%84%BF%E6%99%AF。

系、多沟通、多些相互支持，就既能把各自的工作做得更好，又能够把需要各部门通力合作的工作完成好。其三，通过整合资源来攻克执法工作中的难题。基层执法公务员在工作中遇到极大困难或困惑时，应善于寻找来自同事、家人、领导、朋友等方面的帮助，把这些方面的资源整合起来，攻克工作中的难题，使自己的事业更上一层楼。领导、同事、家人、朋友都应尽力帮助在工作中遇到极大困难或困惑的基层执法公务员，让其尽快走出困境，振奋精神，完成好单位的工作任务。其四是要完善机关的行政与执行工作的运行机制，理顺各种纵向、横向的职责关系，优化工作流程，统一业务口径，真正做到权责一致、分工合理、执行顺畅、合作有力。通过梳理、调整、清晰机关内部行政工作的流程，避免行政工作中的不必要重复和忙乱，减少因为运行机制的不畅导致的内部矛盾和推诿扯皮。其五是在政策允许的范围内为执法公务员创造公平、良好的工作、学习和生活条件，丰富其业余文化生活，为加强学习、提高效能、热情服务、依法行政和廉洁提供保障机制和激励机制。

3. 通过五型机关建设，增强执法机关的文化软实力

软实力是哈佛大学教授约瑟夫·奈率先提出的相对于国家硬实力的一个概念，主要是指在国际政治的角逐中一个国家所具有的"文化吸引力、政治价值观吸引力及塑造国际规则和决定政治议题的能力"①。与硬实力相比，软实力有三大特点：一是成本较低，不像军事干预和金元外交那么昂贵；二是效果更好，威权和收买只能起到暂时效果，而做到让别人心服口服，则是长久之策；三是较难操作，因为软实力并非单靠政府一己之力所能完成，需要社会和民间长期积累，它是一个潜移默化的过程。② 对于行政执法机关而言，同样存在硬实力和软实力的现象。执法机关的硬实力可以理解为执法机关所拥有的行政管理权、依法行政权、行政执法权和行政处罚权等行政权力，软实力可以理解为执法机关和执法公务员的社会形象和社会对行政执法活动的心理容忍、主动配合及自愿接纳程度。通过五型机关的建设，可以在以下方面增强执法机关的软实力。

① ［美］约瑟夫·奈：《软实力》，中信出版社 2013 年版。
② 黄滢：《软实力之父约瑟夫·奈接受本刊专访》，《环球人物》2013 年第 34 期。

首先，塑造执法机关的良好社会形象，提升执法文化的吸引力和感染力。行政执法机关的良好社会形象不仅关系到一级政府的形象发展战略，也直接影响到行政执法机构的职能发挥效果。少数行政执法机关的不良社会形象长期以来曾经严重影响执法部门开展的行政执法活动，干扰了执法部门职能的有效发挥，严重挫伤了行政执法公务员的工作积极性和职业荣誉感、职业自豪感。因此，加强执法机关的文化建设，塑造执法机关的良好社会形象，能够有效提升执法文化的吸引力和执法品牌的感染力，从而能够帮助执法机关职能的顺利实现。如在北京市工商局机关开展的打造工商文化品牌、助推工商业务发展活动中，局机关通过积极培育首都工商文化体系，着力打造富有辖区特色的工商文化品牌，努力实现一局一品牌、一所一特色，通过核心文化品牌建设，推动建立快捷高效的准入品牌、秉公办事的执法品牌、执政为民的维权品牌，从而大大增强了工商机关的文化吸引力和品牌感染力。

其次，增加执法机关管理政策的正义性，行政执法程序的合理性，提高行政执法和处罚在行政管理相对人心目中接纳程度。通过五型机关的建设，特别是法治性机关的建设，提升执法机关政策的制定能力，增强行政执法工作相关政策的合法性和正当性。通过改进行政执法程序的合理性，规范执法工作从布置到执行到最后完成的工作流程，使行政执法的每个执法环节都能职责分明，工作有序，责任到人。通过提高执法机关开展行政执法活动的正义性，在社会道义层面营造良好的社会舆论氛围和融洽的执法工作环境，进而有力提升行政执法和行政处罚工作在行政管理相对人心目中的接纳程度和自愿服从程度，维护好良好的社会主义市场经济秩序。

再次，增强执法公务员的亲和力和执法对象的合作性。通过服务型机关建设，转变执法公务员的职业态度，提升执法工作的质量，增强执法公务员的服务理念。通过学习型机关建设，对执法公务员进行权力观、地位观、利益观、群众观的教育。通过执法机关的民主生活会、工作评议会、专门座谈会等多种形式，帮助执法公务员立足本职岗位，做好本职工作，不断强化执法公务员的服务意识。通过效能型机关的创建活动，促进机关工作作风的明显改变，促进执法公务员为群众服务的意识、本领、水平的提升，促进公务员行政执法行为的规范、工作程序的简化、执法成本的降低、群众满意度的提高。总之，通过五型机关的创建活动，促进执法公务员改进工作作风，增强执法工作的亲和力，提高执法活动群众配合程度。

最后，增加社会舆论对执法机关的赞赏率和认可度，增强执法机关的公共话语权。执法机关因其具有的行政监管和行政执法的机关属性，很容易引起社会和舆论的关注，特别是涉及民生和社会弱势群众的行政管理和行政执法活动，更容易受到社会和群众的监督，容易成为公共舆论的热点话题。如果执法机关的公务员在行政执法活动中处置不当，甚至违法行政很可能就会造成群众、媒体和网络舆论的围观、批评和指责，给执法机关和执法公务员造成很大的压力，甚至会干扰和阻碍正常的行政执法工作进行。因此，如何提高社会舆论对执法机关的赞赏率，增强执法机关的美誉度，增加社会和群众对执法机关的认可度一直是执法机关面临的一项艰难的课题。通过五型机关的建设，可以改变执法机关的官僚形象，提高执法机关的服务质量，可以在较大程度上赢得社会和公众舆论对执法机关的赞赏率和认可度，提高在传统媒体和网络等新媒体上的正面曝光率，从而提高政府、执法机关和执法公务员的社会美誉度。

（四）加强执法机关的廉政文化建设

1. 把廉政文化建设纳入执法机关的内部建设体系之中

积极构建以政治思想和职业道德为基础，以清正廉洁为基本内涵，以正确行使权力、远离违法犯罪为重点，以创建学习型、法制型、廉政型、效能型和服务型机关为管理文化机制核心内容的廉政文化建设新格局。将廉政文化融入执法机关的管理文化建设体系之中，使执法公务员在整个机关的组织文化熏陶中增强廉洁自律意识。必须大力宣传、表彰勤廉兼优的先进公务员典型，开展示范教育、警示教育和岗位廉政教育，教育执法公务员廉洁从政。在执法机关内部积极推行廉政承诺和廉政宣誓制度。行政执法系统基层行政执法人员要向行政监管服务对象代表述职述廉，通过规范化和制度化的述职述廉对照检查廉政责任制度的落实情况，鼓励群众的监督。要认真组织执法公务员认真学习有关廉政建设的政策和文件，通过强有力的政治思想工作，真正从思想上解除顾虑、打消疑虑，明确开展这项工作的必要性和重要性，努力创造一个良好和谐的"述""评"氛围环境，使执法公务员能够自觉参加这项活动。① 同时，健全社会监督机制，加强社会监督特别是监管服务对象对一线行政执法公务员的执法监督，通过有效的社会监督和舆论监督使执法机关和执法公务员营造一种不想腐、不能腐、不敢腐的舆论氛围和组织环境。

2. 创新廉政文化建设的载体和形式

必须运用广大执法公务员喜闻乐见、易于接受的载体和形式，增强廉政教育的吸引力、说服力和感染力，提高执法公务员接受廉政教育的自觉性和参与度。创新执法机关廉政教育的方式方法，利用现场教育的方式，采用案例说法的手段，提升廉政教育的效果。通过利用机关的各种展示报栏、宣传栏，机关内刊和网络平台，进行廉政宣传和案例展示教育，使执法机关的廉政宣传展示教育随处可见，警钟长鸣，使执法公务员保持高度的政治清醒和道德警醒，在思想认识上确立思维的底线与红线。通过定期不定期地组织各项廉政建设的文化活动，比如廉政书法、绘画、摄影比赛，廉政报告会、廉政演讲比赛、廉政文化会演，运用多种文艺形式和文化手段，营造廉政文化的氛围。

3. 公务员廉政文化建设必须强化领导

要把执法公务员廉政文化建设纳入执法公务员的宣传教育培训工作的总体框架之中。执法机关的主要领导亲自抓，分管领导和主管部门具体抓。在执法机关和执法公务员的廉政文化建设上，机关领导干部必须以身作则，率先垂范。执法机关领导干部特别是主要领导的政治素养和道德品行在机关的廉政文化建设中有着不可替代的影响力和示范力。习近平指出："做好各方面工作，必须有一个良好政治生态。政治生态污浊，从政环境就恶劣；政治生态清明，从政环境就优良。""要突出领导干部这个关键，教育引导各级领导干部立正身、讲原则、守纪律、拒腐蚀，形成一级带一级、一级抓一级的示范效应，积极营造风清气正的从政环境。"② 因此，执法机关的主要领导干部必须高度重视机关的廉政文化建设，将其

---

① 参见国家工商总局《工商行政管理系统基层行政执法人员接受监督，向监管服务对象代表述职述廉实施意见（试行）》（工商办字［2007］141 号），http：//www.51wf.com/law/171400.html。

② 《突出领导干部这个关键　营造风清气正从政环境》，新浪网，2015 年 3 月 10 日，http：//new.sina.com.cn/0/2015 - 03 - 10/143431590187.shtml。

纳入执法机关内部的主要内容，置于领导干部的视野范围之内。同时，领导干部要加强自身的道德修养，培养积极健康的情趣爱好，引导和示范执法机关构建风清气正的廉政氛围。

4. 执法机关的廉政文化建设全体公务员必须都要参加进来

执法机关的廉政文化建设不是个别职能部门和少数领导干部的事情，搞好执法公务员的廉政文化建设必须全员参与。只有全体公务员的参与才能避免机关的廉政文化建设走形式走过场。只有全体公务员亲身参与、亲自体验才能起到潜移默化润物无声的廉政效果。只有全体公务员的参与执法机关的廉政文化建设才有可能可持续发展，建立其廉政长效机制。执法机关的廉政文化建设必须发挥执法公务员的个人创造力和想象力，使用机关干部群众喜闻乐见的形式，发挥廉政文化建设生动活泼的效果，才能使机关的廉政文化建设起到事半功倍的效果。

第十二章

课题研究的重要结论及相关政策建议

一　基本结论

经过多年规范化的公务员制度建设，从管理机制来看，执法类公务员系统基本上形成了一套较为完整和成熟的管理机制。执法机关公务员管理的整体满意度较高，现行执法公务员管理的主要制度和运行效果能够得到广大基层执法公务员的认可。在当前基层执法公务员相对不良的舆论场中，执法机关和执法单位的人性管理、人文关怀、工作氛围建设、加强培训、沟通和团队建设、加强后勤保障、领导以身作则起带头作用等管理要素得到了基层执法公务员的高度认可，说明各执法机关的基层公务员管理者在现有的制度框架中为执法公务员创造更好的工作环境和制度环境做出了较大的努力，取得了较好的管理效果，同时也赢得了广大基层执法公务员的认可。

在执法公务员的管理实践中，目前也还存在一些令人不太满意度的因素。在导致执法公务员不满意的因素中，体制性因素是第一位的，管理性因素是第二位的，组织环境因素是第三位的。其中，体制性因素有工作繁重、压力大、工作付出与待遇不对称；工资太低，跟不上物价上涨；不公平、待遇不公、没落实按劳分配原则；缺乏晋升途径、年轻人没有机会等；管理机制性因素有休息没有保障、没有休假、倒休；没有激励机制；得不到认可和肯定，工作不自信，没有动力；领导私心太重、职责不分、用人不当；有限权利承担无限责任；上级单位抓权力，却由基层单位承担责任等；组织环境因素有人际关系冷漠；社会地位低，无职业成就感、自豪感等。因此，如果不进行体制性的改革，无论具体工作部门如何改进管理措施，也不可能根本性地改变目前公务员制度效率低下的局面。如排在第一位的公务员的休息日得不到保障，排在第二位的工作繁重、压力大、收入低、工作付出与待遇不对称因素，表面看是管理因素，其实质则是体制性因素。随着政府职能的转变，政府不仅要承担直接的市场监管的职能，还广泛承担了公共服务的职能，又由于政府机构及人员编制限额因素，决定了基层一线公务员工作任务繁重，国家法定节假日和公务员法规定的休假很难在实践中得到保障。又如排在第三位的工资太低、跟不上物价上涨，排在第四位的不公平、待遇不公、没有落实按劳分配、晋升不畅、责权利不相符等因素，其实也反映了整个公务员管理体制的因素。作为基层公务员管理部门，无论是管理的主体还是管理的客体于此都是无能为力，体现了公务员体制性的传统弊端。此外，从公务员管理机制来看，当前急需改进的管理措施则是人事管理机制，特别是基层执法公务员的激励与评价机制。这需要通过加强执法公务员的制度建设、人事政策的调整、具体管理措施的改善、管理文化的建设予以进一步的改进。

总之，尽管存在体制性的制约因素，但是特大城市执法公务员管理机制的运行整体上依然平稳有效，行政执法类公务员的队伍建设取得了明显的成就。

二 当前基层执法类公务员管理有以下几个重要问题

（一）基层执法类公务员队伍的精神状态急需关注

当前，基层执法类公务员的职业倦怠与职业困惑现象越来越严重。具体表现在三个方面：一是职业公平感差，怨气与牢骚增多；二是职业幸福感差，职业倦怠严重；三是职业成就感差，职业困惑多。上述三个方面还集中体现在执法机关对公务员的职业生涯管理薄弱上，如普遍存在职业生涯规划意识差、职业生涯管理的手段和机制匮乏等。在缺乏明确和清晰的公务员个人职业生涯规划的背景下，公务员个人努力没有方向，职业发展缺乏目标，直接导致公务员的个人职业成就感差，心理挫败感和挫折感明显。

究其原因有三个：一是体制性原因，即由于公务员职业发展存在结构性的矛盾，越是处于行政基层的公务员其职务晋升越困难。而现行公务员制度并无其他职务晋升的路径设计，客观上造成了基层公务员无论多么优秀，晋升和职业发展的空间都有限。二是组织原因，即因为组织发展战略不清晰，缺乏明确的方向和目标。组织内部沟通不足，组织发展未能与公务员的职业期望相契合。组织不能在公务员的职业意识培养、职业生涯规划、公务员个人的职业成长过程乃至职业心理健康方面发挥积极作用，给予公务员适时恰当的帮助；不能将组织的发展与公务员的个人发展融为一体，共同成长；不能给予公务员安全感、归属感和凝聚力；不能培养公务员的职业自豪感、组织荣誉感和个人成就感，进而导致公务员个人努力目标不明确、前途迷茫，在实际工作中个人成就感很差。三是管理技术原因，即管理中潜规则多、激励效率低、人才不能善用、管理不公平等。

（二）执法公务员的职务激励机制欠缺

在执法公务员的激励机制中，职务晋升是所有执法公务员特别是基层执法公务员最为重要的职业期望。这一期望如果能得到响应和实现，则会对执法公务员能起到极大的激励作用。相比较于其他激励措施，职务激励在时间上更加具有持续性和长久性。又因为公务员职务的晋升不仅包含了对其工作绩效的认可、成就动机的满足和职业发展的预期，同时职务晋升往往也包含了公务员待遇、福利和社会地位、社会名望的提升，因此在激励强度上更加具有复合性和绩效性。

但是，当前执法公务员的职务晋升机制存在较为严重的制度缺陷，一方面，基层执法公务员的职务晋升难，职业发展空间有限，职业发展双梯子机制未能建立起来；另一方面，公务员能上不能下的局面未能根本改观，面对职数有限的少数领导职务岗位，一旦升了上去就很难能正常地降下来，下级公务员也就很难获得内部晋升的机会，这对于执法部门公务员职业晋升的期望有十分严重的影响。公务员晋升通道制度设计上存在的问题实际上也是全体基层公务员普遍面临的共同问题。究其原因，一是制度性的职务晋升通道狭窄，任职年龄普遍较大，职务天花板和地板现象突出。二是基层行政执法单位的行政级别规格限制，导致基层行政执法类公务员领导与非领导职数较少。三是没有把干部人事管理与执法类公务员职业化管理区分，行政执法类公务员的职业化发展受到限制。

此外，在执法公务员的职务激励问题上还存在的比较重要的问题有：

1. 公开竞争性的职务晋升问题。一是竞争性选拔考试的方法容易出现学历高、考试能力强但是其领导工作经验或实际工作经验欠缺的年轻公务员走上执法机关的领导岗位，造成实际领导工作能力与考试成绩不一致的高分低能现象。二是竞争性选举的方式容易出现善于演说、长于人际关系交往、人缘好的公务员胜选局面，而那些敢想敢干、具有开拓进取精神、勇于担责的公务员因为竞选得票不高反而难以晋升其职务。鉴于行政执法机关的性质和基层行政执法工作岗位专业性和现场性强的特点，基层行政执法机关或执法单位的竞争上岗的职务晋升方式需要认真地总结经验、深入进行制度的研究、加以完善。

2. 功绩晋升的原则未能确立。在影响执法公务员的职务晋升的要素中，绩效与群众公认因素在职务晋升中的作用不明显，而领导赏识、个人背景与人际关系等非组织因素作用明显。有的基层执法公务员被组织与领导赏识，但可能不被群众公认；有的基层执法公务员被群众公认，但可能不被组织与领导赏识。因此，组织人事部门需要处理好组织与领导赏识和群众公认的关系，应该把基层执法公务员被群众公认作为获得晋职或晋级的主要依据。基层执法公务员的素质与业绩只有既得到组织与领导赏识，又被群众公认，才能经得起历史检验。

3. 降职机制的负激励作用发挥不好，绝大多数基层执法单位没有使用过降职这一人事管理的手段。在有过降职的单位里，降职的原因中，包括不作为、到年龄了退居二线、渎职、工作出错、没有做好本职工作、年龄过大、脱岗、刑拘等，这其中渎职、脱岗、刑拘都是明显的违纪违法行为，说明非违纪违法原因做出的降职更少，降职作为公务员的纵向流动的负激励机制发挥作用不好，或者说根本没有发挥作用。

（三）执法公务员的工资失去激励效率

公务员的工资不仅具有保障功能，同时也具有较大的激励和人力资源的导向功能。现行的执法公务员的工资制度基本上失去了人力资源的激励作用。这表现在：

首先，工资满意度低，基层执法公务员的工资失去激励的效率。在工资满意度的调查中，薪酬待遇低、压力大、无工作幸福感，薪酬与绩效不挂钩、多劳不多得、不公平，工资增长慢、赶不上物价、生活压力大；工资僵化、基数低、未能体现激励机制等是导致执法公务员对工资制度不满的主要因素。其次，规范工资和清理整顿工资外的收入以后，公务员的工资主要由其所担任的行政职务和其拥有的行政级别这两项工资决定，公务员工资构成中的其他部分被精简或缩减。公务员的工资收入不再体现公务员的岗位劳动量和劳动复杂程度，不再与公务员的岗位业绩和贡献挂钩。规范工资的改革一方面为整顿公务员的工资秩序、规范公务员的工资收入起到了积极的作用；另一方面不分各行政部门和公务员的岗位工作性质的差异，无视公务员的岗位劳动付出和实际业绩贡献的差异，客观上挫伤了劳动量大，工作复杂程度高，需要付出更多努力和更大责任的公务员的积极性，导致了行政不作为和消极怠工现象的滋生和蔓延。再次，公务员的新工资制度客观上造成公务员的工资按行政层级进行区分，越是基层机关和基层公务员，因为其较低的行政职务和行政级别，其工资收入就越低，与上级领导的级差就越大。如果公务员不能够晋升职务和级别，其工资增长幅度将越小。从而造成公务员的工资对于基层执法公务员失去了激励作用。基层公务员由于职务和级别低，职务工资不高，绩效工资又不多，这种较低的待遇，缺乏对人才的吸引力。

（四）基层执法公务员的奖惩手段有限，激励效率一般

1. 物质激励手段少。随着公务员规范工资的改革，很多工资外的收入均纳入财政监管范围，基层执法机关和执法单位的罚没收入也都实行收支两条线管理，导致多数执法机关和执法单位既不敢也没有自有资金进行物质奖励。公务员的物质奖励，甚至包括奖金的逐渐减少或取消，使行政执法机关，特别是基层执法单位可选择的物质奖励手段越来越少，物质奖励基本失去了力度和激励效用。

2. 精神激励缺乏长效机制。执法机关在公务员的精神奖励方面缺乏长效机制，重视眼前的评选，忽视长效的宣传和示范，往往是奖励表彰时轰轰烈烈、表彰过后冷冷清清，受奖公务员的榜样示范作用无论是影响力度还是模范价值均缺乏长期性和意义性。此外，个别执法机关和基层单位评选出的获奖人物得不到群众认可，甚至是群众反感的当选，客观上导致有些公务员精神奖励不仅起不到激励作用，反而造成了负激励的逆反效果。

3. 奖励名额少，奖励未能向基层一线倾斜。在对执法单位公务员奖励制度存在问题的调研中，奖励制度存在问题排在第一位的就是公务员奖励力度小、奖励名额少，奖励机制不完善、缺乏长期性、稳定性，公务员奖励名额没有向基层一线倾斜。这深刻反映了目前公务员奖励实践中一个不良的现象，就是奖励名额过多地被上级机关和各单位领导占用，广大的基层一线普通执法公务员在有限的奖励名额中获奖机会很少，导致基层一线执法公务员对公务员奖励制度失去信心，感受不到公务员奖励制度的激励效率。

4. 奖罚不清的现象较严重，奖励不与业绩挂钩，平均主义严重，论资排辈现象突出。在奖励实践上，奖励缺少可操作性的细则，奖励的评选形式化，存在"大家好"现象，奖励名额对基层无侧重，等等。在惩戒的实践上，惩戒制度作用有限，效率很低，执法机关在运用惩戒措施上十分谨慎和被动，存在不愿惩戒和怕惩戒的现象。基层执法公务员对公务员惩戒制度的作用看法消极。

（五）执法公务员的考核评价机制存在的问题

在执法公务员的考核中，过于重视公务员年度考核的结果，忽视了对执法公务员的平时考核。年度考核的结果必须建立在对公务员过去一年工作中的行为表现及其产生的业绩结果和效果的正确评定上。但是，当前在基层行政执法机关和执法单位的公务员考核中，普遍存在只抓年度考核，忽视平时考核，甚至没有进行平时考核的现象。在执法公务员的平时考核的方式和方法上，没有办法，缺少创新。在年底开展的集中年度考核中，由于缺少平时考核记录和公务员工作表现和业绩成果的资料，只好主观地依赖公务员个人的年度总结和行政主管领导的个人印象进行评定和做出结论。一方面导致了公务员考核结果可能缺乏客观性，甚至奖惩失据，起不到激励的作用；另一方面也致使公务员个人难以通过考核这一方式找到自己的差距，改进自己的工作，提升自己的能力，明确自己的前进方向。

注重考核果不注重考核因。在制定考核指标和考核标准时过于注重考核公务员的工作结果如办案数量等内容，不注重分析和评价导致工作结果的原因等机制因素。尤其是执法公务员的考核指标未能与组织目标有机统一。公务员的考核具有行为的导向性和激励性，公务员考核目标应该体现组织的战略意图和管理目标，应该能够对组织的战略发展起到支撑作用。公务员的考核指标与组织战略目标相关性不强，客观上将会导致执法机关和执法公务员的行为短视效应，重视眼前工作和应景绩效，忽视组织长期目标和战略价值。此外，公务员的绩效考核指标缺少有效的绩效沟通路径和反馈程序，缺失适时的绩效分析与绩效改进策略，难以形成有效的绩效文化机制，从而难以形成全面的、规范的、有效的绩效激励系统。

　　考核存在走过场形式主义的现象。受传统观念和公务员考核的实际效果影响，在很多基层执法部门，执法公务员的考核还只是例行性的、制度性的、程序性的规定动作，虽然不可缺少，但也不必受到足够重视。绝大多数执法机关或执法单位对执法公务员的考核结果等次基本上集中在优秀和称职这两档上。在实际考核结果中基本称职的等次比例极低，基本上都不到1%。而不称职的考核等次则在受调单位中未能出现。公务员法设定的四个考核等次在实际考核结果中并未得到真正的落实。考核的制度评价作用基本上集中在一般与优秀的区分上，虽有一定的评价作用，但评价结果的平台现象尚未根本改变。可见，执法公务员的考核评价机制与激励机制作用均不明显。

　　执法公务员的考核结果及其应用缺乏有效性和激励性。目前基层执法部门推行的绩效考核机制未能完全体现奖勤罚懒，在考核结果的产生、效率和结果的应用方面均存在一定的问题。首先，在考核结果的产生方面，如果公务员的评优评先、立功受奖不是基于公务员过去一年中工作表现和业绩，而是通过各部门科室的公务员的商议、推荐或投票，就有可能出现基于人情关系和领导意志的考核结果，甚至出现被有关部门表彰为劳动模范、先进党员等荣誉称号的，乃至被提拔重用的，却不是基层执法公务员考核中优秀的。其次，在公务员考核结果的效率方面，公务员的考核结果没有与公务员的工作量和业绩挂钩，没有反映公务员的工作表现，没有体现公务员的劳动付出。公务员的考核结果效率低下，不能起到引导公务员的行为、调动公务员的积极性、提高政府行政效率、改善政府服务质量的作用。再次，在公务员考核结果的应用方面，即便公务员的考核结果有了被考核公务员的工作表现和业绩依据，如果这一考核结果未能与公务员的奖励和惩戒挂钩，特别是与公务员的切身利益挂钩，执法公务员的考核也难以发挥奖勤罚懒的激励作用。特别是当公务员的考核结果与对公务员个人的任职、使用和职务成长关系不大时，就会促使公务员逐渐产生浓厚的官僚习气和麻木不仁的机关作风，致使公务员的考核彻底失去激励作用。

（六）执法公务员的监督与问责机制需要完善

1. 执法公务员个人的监督机制不够完善。执法公务员在具体行使和运用行政权的过程中，监督资源和监督机制存在空白、不到位或没效率的情况。执法机关和执法部门每个公务员都有其自己独立的工作岗位和职责，每个公务员的注意力和精力基本上都放在自己的岗位上，对其他工作岗位的事务关注很少，很多时候执法公务员的岗位之间的工作信息很少共享，一个公务员如何处理自己的工作事务，如何行使自己的行政权，如何配置安排相关的行政资源，其他公务员很少了解，因此也就形成相互监督的空白。

2. 执法机关的组织层面的监督机制需要设计。在执法机关的组织监督上，除了定期例行性的执法监督检查外，如果没有执法对象的投诉和控告，没有明显的违法违纪现象，或者没有相关部门的明确要求，机关内部的监督部门基本上处于不作为的状态，很少有监督人员深入公务员的行政执法链条中进行全过程的监督和监察。在执法机关廉政风险高的岗位基本上也就是权力比较大或资源比较多的岗位，这些特殊岗位一般也都由机关主要领导直接掌控，机关内部监督部门摄于领导的权威，一般也不愿意伸手或不敢放手监督。因此，在执法机关的监督实践中，监督机制特别是执法机关的内部监督机制作用有限。

3. 能够有效发挥作用的监督手段比较缺乏。对公务员的行政监督属于行政机关的内部监督。目前执法机关对执法公务员的监督手段主要是执法监督和督察。一般分为两种类型，即日常性执法监督和专项的督察。日常性执法监督基本上源于行政执法对象的投诉或检举、控告，处理行政执法过程中的信访等。专项督察一般是由于上级的专项行动要求而开展的专项执法督察，或者是由于上级领导人批示、指示要求执法机关专门安排的专项督察。也就是说如果执法公务员没有被投诉、举报或检举、控告监督机制基本不发挥作用。因此在执法公务员的监督机制上，监督手段的匮乏是一个明显的短板。

4. 构建行政执法类公务员的问责机制和责任追究制度不仅重要，而且着急。但目前基层行政执法公务员的问责制建设显著落后，各行政执法机关近年被问责的执法公务员却几乎没有。执法公务员的行政问责与行政惩戒、行政告诫未能适当区分。行政惩戒的前提是执法公务员的行为违纪，即有具体的违反公务员纪律的行为，尚不足以进行法律制裁。行政问责则是执法公务员的行为过错或者有轻微的违纪尚不足以行政处分的事由。行政告诫则是公务员的行为不当或过失情节轻微，或造成的损失和影响较小，尚未达到行政问责的程度。执法机关应该将行政告诫、行政问责、行政惩戒构成一个既有边界又有层次的执法公务员的行为规范底线网络。

（七）执法系统的任务管理与人力资源配置存在问题

1. 基层执法工作中的任务管理质量不高。基层执法工作任务量较大，部分执法公务员完成工作任务困难。执法工作任务管理方面存在的最为突出的问题是工作任务量配置及其均衡性不好。工作任务量配置与均衡性是指根据单位任务量大小、任务的复杂程度如何科学地配置行政执法人员，以实现任务与人力配置的均衡性。导致工作任务配置不合理不科学的一个重要原因即在于很多基层行政执法部门岗位职责不清晰。在岗位设置的过程中，没有进行科学的职位分析，制定职位说明书，明确每个职位的职责、权限、工作规范、工作流程和工作标准。甚至存在人为设岗、按人定岗的现象。因此，如何更为科学地配置机构、职能，合理地安排人力资源，科学地计划配置任务是目前基层执法公务员管理中的突出问题。此外，基层执法工作中，任务管理中的命令链路径不清晰也是导致任务管理出现问题的一个突出因素。

2. 执法系统的人力资源配置存在问题。行政执法系统的人力资源存在资源配置不合理的现象。首先，从横向看，各部门之间执法力量分散，缺少统一协调，不能形成合力。行政执法人力资源基本是按照行业和专业部门进行条条配置的，呈现出典型的条条分割的特点。各条各线只是按照自己的条线职能划定进行行业或专业的条线执法。行政执法力量条线分割、各管一摊，不是自己领域的事情基本不管，使跨行业和跨专业执法协调困难，有些民生突出的违法现象难以得到惩罚和遏制。在条线执法力量的配置上也存在不均衡的现象，传统行业和部门执法编制较多，人员力量较强，如工商、税务、公安等，新行业和新设置的部门或随着经济社会发展出现较多新问题的行业和部门往往执法编制较少，行政执法力量薄弱。其次，从纵向看，行政执法系统的执法力量分布成倒三角形，头重脚轻。市级行政机关和执法部门人员比重偏大，具体从事一线市场监管和行政执法的执法人员少。特别是属地的街道、乡镇以及垂直执法部门的所、队等。占用行政执法编制的大量人员沉淀在各级行政部门和执法机构，一线监管和执法队伍人手不足，人事不匹配的矛盾急需通过行政执法体制和机制的改革予以解决。

（八）执法系统的内部沟通问题

首先，在行政执法系统的纵向沟通方面，重点表现为上行沟通的不顺畅。在行政执法系统内部无论是垂直管理的还是属地管理的体制其信息沟通的主要手段是文件和会议。而文件和会议沟通的特点是单向的下行沟通，也就是说行政管理的信息总是单向从上级机关向下级机关流动，下级机关特别是基层部门的行政信息很难反向流动到上级机关和部门。导致上级机关和部门与基层机关和一线执法队伍很难有直接沟通的机会与渠道，下情难以上达，既可能会造成政策与实际执行的效率有差距，出现政策误差、政策变形和政策表面化的后果；同时，因为信息沟通的不对称，基层行政执法部门遇到的困难和问题，上级机关和领导难以了解，客观上会增加基层的抱怨和牢骚，影响行政效率。由于上行沟通的渠道不畅也使上级机关和领导难以发现基层的一些违纪违规行为，助长了某些基层行政执法机构的不作为和乱作为的现象。另外，上级行政机关各业务处室在下达相关文件时往往各自为政，业务处室之间未能进行沟通协调并整合有交叉的业务，造成基层行政执法部门和执法公务员重复劳动、顾此失彼、莫衷一是，特别是有些上级机关处室缺乏一线工作经验的情况下，政策制定往往不切实际，可行性差；基层行政执法部门在向上级请示行政执法或监管业务问题时，上级机关业务部门却相互推诿，使基层执法部门和执法公务员无所适从。

其次，在行政执法机关之间和机关内部部门之间的横向沟通方面。各行政执法的机关之间和机关内部的业务部门之间尚没有形成顺畅的协作关系。特别是执法机关的内部部门之间、岗位之间的配合还不够默契，存在整体协调不力、相互支持不力、合作不力的现象。执法机关内部的部门协作与配合不力其主要原因不在于利益冲突，而在于机关内部各部门之间沟通机制存在问题，导致组织沟通不足、协调不力、步骤不一致。其结果体现在行政执法的过程中，只要涉及多部门的事情，特别是跨部门执法，行政协调和配合的时间往往比较长，甚至遇到跨部门执法的问题有时往往难以得到解决。特别是遇到棘手难办的问题和急需办理的事情时，少数行政执法人员常常感到力不从心、找理由推诿，或依赖领导或他人来办理，总认为有领导牵头、有人员负责，与己无关，造成有时工作出现差错。

最后，在执法公务员的个人工作支持和个人工作沟通方面，目前也存在一定的问题和改进空间。尽管多数执法公务员都认为可以获得工作支持，但是在具体获得工作支持的频率上来看，来源工作网络的支持频率其实并不高。这说明在行政执法系统内部存在着一定程度的个人沟通困难、互不协调的地方，甚至表现为机关内部公务员之间在一定程度上存在互有芥蒂的现象。值得注意的是调研还发现工作沟通的困难，表现出执法公务员存在与领导职务的沟通比与非领导职务的沟通更为困难的有趣现象。

（九）执法公务员的培训问题

尽管目前执法类公务员的整体培训参训率较高。但是从作为人力资源开发最主要手段的培训定位来看，当前执法公务员的培训机制中尚存在一定的问题。最为突出的问题是培训的专业内容少、实用性差、缺乏针对性；究其原因在于目前基层执法公务员的培训大多数并未进行系统的规划和严格的需求调研，培训内容是领导意志和人事部门少数专业人士的意见的体现，所以针对性较差。其次，表现在培训积极性不高，形式化严重；这一问题实际与第一个问题密切相关，因为培训实用性和针对性较差，加上公务员培训的手段单一，所以客观上导致公务员培训的积极性不高，形式化严重。再次，表现为单次培训时间短，系统性差；基层执法公务员培训目前主要采用专题化讲座培训的方式，课程内容是专题性碎片化的，所以系统性较差。此外，目前执法公务员的培训理论研究欠缺，培训理念创新不足。具体表现在培训方式落后、培训手段简单，特别是对基层执法公务员培训需求分析不足，培训内容流于形式、缺乏针对性。在公务员的培训机制方面，计划机制有余，市场机制不足。此外，基层执法公务员的培训尚缺乏科学、有效、实用的质量评估体系。

（十）人才交流机制的开发效果不好

目前行政执法公务员的交流机制效果不好。表现在执法公务员的交流频次少、交流范围小、交流形式单一，有限的公务员职务流动也是在其任职的行政执法系统内部进行的，执法公务员的跨部门特别是跨系统职务交流不畅。因此，尚不能真正发挥交流制度在执法公务员的人才资源开发机制的作用。执法公务员的交流尚没有具体的管理规范，使交流作为公务员人才开发机制的作用效率大打折扣。同时，执法公务员的交流在具体的人事管理实践中也出现一系列的问题，比如交流的目的不明确，交流计划缺乏规划，交流对象缺乏选拔与考察机制，交流形式和方式单一，交流时间不固定，交流程序缺乏规范性和公开性，交流范围存在局限性，交流管理缺少监督与跟踪，交流纪律不严肃，交流保障与激励措施不力，等等。

究其原因，首先，领导重视不够，人才开发的观念不到位。执法公务员的交流不同于领导干部的交流。领导干部的交流是党委和政府有计划地培养干部和使用干部的一种干部管理的手段。而执法公务员的交流主要是面向普通岗位的公务员，在交流的纵向维度上开展的执法机关与基层一线人员的交流，目的在于打通机关与基层的人员分割与信息不对称，增加机关与基层单位相互了解，保障政策制定与执行的一致性。在横向维度上，开展的跨岗位、跨部门、跨地区的人员交流，目的在于培养专业能力和领导能力、增加工作经验和阅历、减少工作的疲惫感、防范腐败风险。无论是纵向维度的交流还是横向维度的交流，显然都属于公务员人力资源管理和开发的一种手段，属于政府人才管理的范畴。目前，各级领导高度重视领导干部的交流，但是对人才管理领域的普通公务员的交流显然认识不到位、观念陈旧、重视不够。比如有些领导不愿意开展公务员交流工作，在公务员的使用上存在严重的部门领地意识，不愿意把本部门的优秀人才交流出去，也不愿意接受交流的干部，认为他们具有短期镀金心理，会干扰本部门的工作和队伍建设。其次，针对基层公务员特别是行政执法公务员并无具体的制度性规定。执法公务员交流制度规范的缺失导致交流作为执法公务员人才开发手段收效甚微。

（十一）辅助执法人员的问题

目前执法系统聘用了大量的辅助执法人员，这些人无正式执法编制，无公务员身份，无执法资质，但是在行政执法领域承担了大量执法检查甚至行政处罚的工作。对这一部分人如何管理，目前并无明确的法律法规依据，可以说这是一些游离于公务员管理法规之外，但又是具体承担公务员工作任务、类似于准公务员的人。执法部门大量聘用辅助人员参与行政执法工作反映出基层执法公务员管理尚存在一系列的问题。

首先，辅助执法人员的素质堪忧。大多数辅助执法人员文化程度不高，既没有执法证书，也没有相应的工作经验。其次，辅助执法人员流动率高，人员管理面临难题。各执法单位聘用的辅助执法人员基本上没有法定编制。在聘用形式上采用的是市场招聘、合同管理的办法，人员流动大，管理不规范。再次，辅助执法人员参与行政执法工作的资格问题。如果按照国家法规，聘任的临时工没有执法资格，只能辅助执法，不能单独执法。如城管部门外聘的协管员、保安等人，只能对违法违规行为进行劝导，不能没收小商贩的物品。但在实际工作中，很多协管员都实打实地在执法。在一些区县，协管员整体素质不高，个别人员在辅助执法中容易出现粗暴执法行为，使城管形象受到很大影响。

究其原因，一是编制管理落后。随着经济、社会的发展，一线执法部门工作任务明显加重、人手不足的矛盾日益突出。但因为我国编制设置多年没有调整，人与事不匹配。不少地方的在编执法人员年龄老化、结构失衡；上级机关干部又不愿下沉，人才逆向流动明显，从事一线执法人员较少，导致很多执法部门招聘临时工参与行政执法工作。编制的刚性管理与经济社会发展的现实需求已经不相适应。二是执法公务员不作为。因为管理机制的问题，很多公务员对待工作不作为。不愿意做事，特别是不愿意做苦差事，不愿意到一线去做事。现在的铁饭碗制度又对他们没有办法，不干也没有多少惩处措施。有些领导本身不过硬，也就指挥不动下属。三是临时工使用方便。临时工相对于正式在编的公务员来说，比较听话，比较听安排，什么事儿都可以安排他们去干。而且还不受太多的编制束缚，用起来比较顺手。临时工成为一些地方政府违规甚至违法推进执法工作的助手。随着公务员权利意识的觉醒、社会舆论监督的加强、政府自身依法行政要求的提高，一些地方领导依靠临时工来推动难办的工作，如城管执法、治安执法、城市撤迁等。出了问题可以将责任推卸到临时工身上去。四是临时工也成了一些领导们安排人员、照顾关系的自留地。公务员录用凡进必考，事业单位人员也开始需要规范化考试。但临时工就不必要了，对于一些领导们的子女、亲友来说，安排一些无一技之长、没有读什么书的人到临时工队伍里，又多了一条路子，说不定还是一个可以转正的机会，这也不是没有可能的。

（十二）廉政建设问题

首先，公务员的廉政管理制度框架比较完善，制度实施细节规范缺乏。执法类公务员廉政管理制度是廉政文化的制度表现，是保障执法公务员的廉洁自律，实现执法目的的有力措施和手段，是进行正常执法活动所必需的行为规范。优秀的廉政管理制度必然是科学、完整、实用的管理框架的体现。在执法公务员队伍中，领导意志、背景关系、资历经验等非制度性因素严重干扰了公务员管理制度的有效运行，最终导致了制度运行过程的不公平，滋生了贪污、腐败等问题。执法公务员管理制度的形式化不仅严重影响了制度的运行效度，更是损害着管理制度在执法公务员受众队伍中的权威。从执法机关廉政文化建设的实践来看，近些年虽然各执法机关均努力进行了廉政文化的建设，取得了一定的成果，但是总的来看尚不能令人满意。整体上，长期以来尚没有形成针对基层一线行政执法类公务员的廉政管理办法，造成了基层执法公务员的执法不规范、上级机关和基层群众均不满意的行政执法的管理难题。

其次，执法机关廉政文化建设的形势紧迫，实践滞后。长期以来，由于没有建立一线行政执法类公务员的基本素质标准，录用进口不规范。从队伍的存量来看，相当一些执法公务员是从原来的事业部门过渡考试转变身份进来，导致某些一线执法公务员的素质偏低，甚至在早些时候养成的吃拿卡要习惯并未根本改变，存在街头官僚作风和小官贪腐的惯性。加上对群众缺乏感情，工作作风不踏实，必然会导致其特权思想作祟，甚至出现故意给群众办事设置障碍、故意为难刁难群众、寻租舞弊等执法犯法的现象。同时，因为职务层次低，职业发展路径不畅，特别是职务晋升路径狭窄，导致某些意志薄弱或年岁较大的公务员惰性严重、缺乏进取心和事业心，在实际工作中讲实惠、比待遇、图安稳。自我激励和自我约束意识较差，能力下降，严重损害和影响机关廉政文化的建设。在与腐败问题开展斗争方面，有一定比例的受调者还不够坚决，或者至少存在消极态度，并且对于遏制和消除腐败现象的信心也不够充分。可能正是由于缺乏信心，才造成在与腐败问题开展斗争上显得较为消极或不够坚决。

三 我们的政策建议

（一）必须把执法类公务员管理与干部管理区分开来，实行人才资源的管理与开发

1. 按照职业化和专业化的方向，运用人才资源管理的方式方法，加强执法公务员的队伍建设。行政执法公务员应该具有较高的职业精神，遵守职业准则和职业道德，熟练掌握行政监管和行政执法所需要的专业技能，通过职业资格考试并定期接受一定期限的职业训练和职业培训。显然，行政执法类公务员的管理应该属于人才管理的范畴，按照人才资源的成长规律和原则进行人才资源的开发和管理。干部人事管理则不同，干部最初是指政党从党员中选拔和有意识培养训练出来，负责领导和管理党内或受政党委派负责领导和管理国家和社会公共事务的人才。干部显然具有明显的政治属性和统治属性。干部管理应该更多地侧重于组织人事管理、思想意识管理、党纪法规管理，也就是说干部人事管理的政治属性与人才资源管理的专业属性是不同的。干部管理所广泛使用的民主推荐、组织考察、管理考核、选拔晋升等人事管理措施和职业化公务员队伍的人力资源管理与开发的方法有很大的不同。但是长期以来，我们对公务员的管理实际上是将这两种属性混同起来，简单地以一种统一的方式来进行管理。用党管干部的方法来管理社会人才资源，同样用党管干部的方法来管理专业性行政执法类公务员。这实际上不利于专业性职业化公务员队伍建设，不利于激发行政执法类公务员的积极性。

2. 必须尽快建立执法公务员的职业生涯管理制度，明确公务员职业生涯管理的主体是执法机关。为了充分调动执法公务员的积极性，有效开发执法机关的人才资源，促进执法公务员与执法机关共同发展，必须尽快建立执法公务员的职业生涯管理的制度，同时必须明确执法机关是执法公

务员职业生涯管理的主体。

执法机关必须采取以人为本的人力资源发展战略，通过有效的人事制度设计和人才战略管理，通过建立职业保障与职业激励机制，帮助执法公务员在工作的过程中实现组织目标与个人成长的有机融合和统一。为此，执法机关应该建立专门的公务员职业生涯管理领导机构，针对执法公务员职业生涯的重大问题展开研讨，并适时地做出职业生涯管理事项的决策。执法机关的组织人事部门需要就公务员职业生涯管理的具体制度进行设计和安排，并负责就职业生涯管理中的具体事项进行管理、沟通、协调和监督落实。同时，需要对每一位执法公务员进行适度的职业生涯辅导，就其职业成长过程中的重要问题定期进行交流与建议。必须帮助执法公务员增强对公务员职业特性的认知和理解，帮助他们对自己进行合理的定位，确立每个阶段的职业锚和职业发展路径，建立公务员个人的职业生涯策略，即实现职业目标应采取的各种行动和措施。

因此，加强对职业公务员职业生涯的规划和管理是执法公务员人才开发机制在当前面临的一个重要课题。做好执法公务员的个人职业生涯规划是执法机关和人事部门义不容辞的责任，是执法机关对公务员人才机制开发的重要手段。一个良好的职业生涯管理机制不仅对于执法机关的公务员队伍建设，调动执法公务员的工作热情和工作积极性与主动性，降低人力资源的流失率和离职率起到至关重要的保障作用，而且对于满足执法公务员的个人职业发展的期望，促进执法公务员个人的全面成长能够起到重大的激励作用。

3. 加强职业价值观教育，构建执法公务员的职业资格体系

首先，必须强化执法公务员的职业价值观教育，建构职业信仰和职业道德的底线。职业化和专业化将是行政执法类公务员队伍建设的前途和方向。加快执法公务员职业化建设的关键在于建构职业价值观。在传统的体制下，公务员作为一种职业的观念一直没有得到确立，人们总是以国家干部和政府官员的形象来看待公务员。本来是众多社会职业类别中的一种职业的公务员，因为其掌握一定的公共权力就被官员化和官僚化了。在社会和一般公众的思想观念里，公务员就是各级政府机关的大大小小的官员。这种社会心理一方面助长了公务员的特权思想和官僚意识，另一方面也无形中增加了公务员的傲慢、任性、慵懒和惰性，致使公务员队伍失去应有

的活力和竞争力。因此，建立职业化的执法公务员队伍，就必须开展职业价值观的教育和训练。为此，必须确立执法公务员的职业信仰，建立职业价值观体系。执法类公务员作为拥有一定行政执法权和处罚权的公务员群体，虽然享有特殊的自由裁量权，却也承担着很大的执法风险和社会责任。执法类公务员的业务能力、执法质量、思想作风、服务态度等因素都可能影响到党和政府在人民群众中的声誉，关系到行政执法工作的社会形象。这就要求执法公务员必须秉承公平、公正观念，端正执法态度，强化相应的服务社会、服务群众的理念，形成执法公务员所特有的与执法权威相协调的价值观体系。正确的价值观建设是以引导执法公务员树立正确、积极、健康的职业信仰并要求其始终坚守为出发点和落脚点的。职业信仰是职业价值观的核心，必须以宣传教育为基础，思想引导为手段，通过个人的工作感悟和组织的关怀，才能逐渐确立起个人职业信仰，并通过信仰的力量，使公务员建构起关于职业、工作、组织、集体、事业等一整套的积极、健康的职业价值体系，从而形成职业价值观。因此，必须将执法公务员的职业教育与思想价值观教育结合起来，引导执法公务员队伍树立牢固的为人民服务的信仰，进而构建起行政执法类公务员的价值观体系。在此基础上，强化执法公务员的职业道德建设，构建执法公务员的道德风险的底线。

其次，建立和完善执法公务员的职业资格体系。行政执法类公务员作为一种职业，必须建立自己的职业资格制度，实行职业资格的准入、职业资格的认证考试和管理。第一，职业资格的准入。行政执法公务员的考试和录用必须设置一定的执法资格准入门槛，不能不经过准入考试就录用进入。行政执法人员的资格考试是执法公务员的准入门槛，完善这一考试制度对于保障执法公务员的素质，提升执法公务员队伍的专业化和职业化水准均有着重大的意义。第二，实行职业资格持证上岗。行政执法公务员的公权属性决定了其不仅要通过执法公务员的入门考试，而且应该持证上岗。所持执法证件不仅能够表明其公务员的身份，行使行政执法权的合法性，而且能够证明执法公务员的专业背景和职业训练，体现政府的法治、专业和责任的精神。第三，进行职业培训和职业资格管理。随着知识更新的速度加快，执法公务员也必须适时更新自己的知识，通过不断的职业训练，提升自己的职业能力和专业素养。同样，执法机关必须对执法公务员进行职业资格的管理，为每一位执法公务员建立职业资格的档案。第四，完善执法公务员的职业资格体系，必须处理好现有的辅助执法人员的去留问题。大量辅助执法人员参与行政执法工作已是不争的事实。辅助执法人员游离于执法公务员的职业资格管理之外，既没有职业资格的准入，也没有职业资格的认证和培训。虽然整体素质还可以，但因其不规范的管理导致素质变化的差异性很大。因此，必须尽快处理好辅助执法人员的管理或去留问题。

（二）通过制度创新，构建能上能下的机制

1. 科级干部任期制。行政执法类的公务员职务具有特殊性，特别是街头一线行政执法类公务员具有街头官僚的特性，如果行政执法类公务员的领导职务的任职周期过长，长期在同一个岗位任职一方面会导致行政执法类公务员的职业疲怠感和职业厌倦感增强，另一方面会增加职务腐败和职务犯罪的道德风险和法律风险。因此，建立执法公务员的职务任期制十分必要。执法公务员任期制的重点是科级职务。因为科级领导职务在行政执法类公务员的队伍中不仅数量多，而且处在职务层级的中间层次，其岗位重要，其中绝对多数科级职务处又在行政执法的一线领导地位，行政自由裁量权很大，潜在的腐败陷阱和道德风险均高，因此科级职务群在行政执法类公务员的职务群中地位特殊、责任重大、岗位关键。所以建立并实行科级领导职务的任期制度不仅对于提升这一关键层次的职位群的效率从而激发整个行政执法公务员队伍的活力至为重要，而且对于保障整个行政执法类公务员队伍的廉政建设也殊为重要。目前，行政执法类公务员因为其分类管理工作的滞后，科级职务的任期尚无制度性设计和规定，需要随着行政执法类公务员的分类管理的推进予以及时制定并实施。

2. 创新内部退养制度。内部退养制度实际上是一种暂时退休制度。行政执法类公务员主要设置在地市以下基层行政机关，行政管理与行政执法任务相对繁重，强度较大，对执法公务员的身体和心理素质要求较高，一方面应该执行国家公务员法关于提前退休的制度规定，另一方面也可以在行政执法体制和机构的改革过程中，进行人事体制和退休机制的创新，设计并安排内部退养制度。内部退养制度是针对尚不够法定退休和提前退休的条件，因为本人的身体和心理状态已不能适应行政执法工作的形势和

需要，根据执法公务员的本人意愿和基层机关的实际情况，予以内部退养的制度安排。内部退养的本质是对身心素质不佳，缺乏工作激情，已经不胜任本职工作的执法公务员，出台相应政策使其提前退养，让出职数，以补充更多优秀的年轻人，保证行政管理和行政执法工作的质量。内部退养期限应在提前退休制度以下设置，不能与提前退休制度重合。其认定条件可以主要依据距法定退休的年限进行设置，比如设置在提前退休年限下3—5年为好，即距法定退休年5—8年的执法公务员。内部退养的实施范围必须严格界定在基层一线从事具体行政监管或行政执法工作的公务员。内部退养与现职执法公务员的待遇区别应主要体现在工资层面上，即职务与级别工资、保险、福利保留原待遇，绩效与奖励工资部分应不予保留。也可以参考提前退休的相关待遇规定予以安排。申请内部退养的执法公务员到达提前退休年限后，应按照提前退休的制度规定办理提前退休手续。

3. 内部离岗培训制度。离岗培训可以适用于两种人事管理的情形。一是针对不能胜任行政执法工作的岗位需要，或一年内被两次行政告诫的，或年度考核为基本称职或排名末位的，或受到除开除以外行政处分，且在处分期内的执法公务员，调离原执法岗位，安排进行一定时期的专门培训，根据培训的情况重新上岗的制度。二是针对竞争上岗中落岗的执法公务员，在不能安排提前退休和内部退养的条件下，予以安排一定期限的专门离岗培训，通过离岗培训重新获得岗位竞聘的资格。竞争上岗原本主要是针对领导职务公务员进行的一种内部岗位选拔制度。为增进行政执法公务员的竞争压力，可以在基层执法机关进行执法公务员的全员竞争上岗。未能竞得执法公务员岗位的就可以进入离职培训的制度渠道，培训合格后重新竞岗。离岗培训考核不合格，或重新上岗后在一定时期内依然不能胜任执法岗位工作的或试岗考核不合格，应该及时予以辞退。离岗培训制度作为一种人事淘汰机制一方面可以对不胜任的公务员进行警示，另一方面也可以通过专门的培训，提升其胜任能力。离岗培训制度可以在行政执法机关内部建立一定的竞争激励机制，同时又避免了针对不胜任现职的公务员予以直接辞退所带来的人事震动。行政执法类公务员的离岗培训期限一般应在3个月至半年期间为宜。

（三） 改革行政执法体制，创新执法机关之间的沟通机制

目前行政执法系统内部沟通存在的一个突出问题就是存在信息不对称的现象。具体表现为平行的行政执法部门之间、纵向的行政执法层级之间信息不对称，政务信息与执法信息相互割裂、互通不够，在行政执法机关之间、行政执法部门之间、行政执法层级之间形成一个个信息孤岛。这些信息孤岛的出现破坏了行政执法系统的集成属性，形成行政执法部门各自为战，多头执法的局面，造成了行政执法领域某些问题难以解决。因此需要有效的行动策略进行干预。

首先，建立市级行政执法机关之间的信息互通平台。市级执法机关之间的信息孤岛的产生原因在于组织因素。即市级执法机关之间缺少有效的信息组织机制，缺少信息互联互通的平台以及市级执法信息的有效统筹。因此急需要在市级行政执法机关之间搭建一个信息互通的平台，各行政执法机关的重要政务信息、重大的行政执法行动必须在市级信息平台能够预先报告和互相通报。

其次，上级执法机关必须转变职能，进行放权改革。上下级行政执法机关的信息孤岛产生的一个重要原因在于利益之争。在存有重大利益的行政监管领域和行政执法领域，上级行政机关不愿放手，习惯于直接进行审批、监管、执法或处罚。重要监管信息和执法信息不及时向下级执法部门和机关通报。下级执法部门特别是一线执法单位因为种种原因也不愿意将市场监管的真实信息和执法状况向上级机关进行报告和汇报。上下级机关相互割裂信息，其结果导致上级机关的政策常常不符合基层的实践情况，上级机关部署的工作基层执法单位缺乏执行的积极性和执行落实的力度。

再次，在行政执法机关内部纵向沟通上，需要改变机关业务部门各自为政，政出多门的局面。从纵向沟通来看，当前行政执法系统内部存在着较为突出的推诿扯皮现象，基层执法单位和执法公务员对此意见比较大。一方面表现在市级执法机关各处室在下达相关文件时各自为政，没能进行沟通协调并整合有交叉的业务，造成基层执法单位和工作人员重复劳动、顾此失彼、莫衷一是。特别是在市级机关业务处室政策制定人员缺乏一线工作经验的情况下，其制定的政策往往不切实际，可行性差；另一方面，基层执法单位在向上级请示执法相关业务问题时，上级机关业务部门之间

又常常相互推诿，使基层执法单位常常无所适从。因此，在执法机关内部的纵向沟通上，首先需要解决的就是改变市级机关内部业务部门各自为政，政出多门的局面。各业务部门在进行业务指导和工作部署时应该加强组织沟通，信息共享，同时作为市级机关的办公室必须加强文件与会议的统筹协调，避免同一事务各部门分头下达，各自部署的本位主义和山头主义的现象。

最后，增加社会舆论对执法机关的赞赏率和认可度，增强执法机关的公共话语权。执法机关因其具有的行政监管和行政执法的机关属性，很容易引起社会和舆论的关注，特别是涉及民生和社会弱势群众的行政管理和行政执法活动，更容易受到社会和群众的监督，容易成为公共舆论的热点话题。如果执法机关的公务员在行政执法活动中处置不当甚至违法行政很可能就会造成群众、媒体和网络舆论的围观、批评和指责，给执法机关和执法公务员造成很大的压力，甚至会干扰和阻碍正常的行政执法工作进行。因此，如何提高社会舆论对执法机关的赞赏率，增强执法机关的美誉度，增加社会和群众对执法机关的认可度一直是执法机关面临的一项艰难的课题。通过诸如五型机关的目标建设，可以改善执法机关的官僚形象，提高执法机关的服务质量，可以在较大程度上赢得社会和公众舆论对执法机关的赞赏率和认可度，提高在传统媒体和网络等新媒体上的正面曝光率，从而提高政府、执法机关和执法公务员的社会美誉度。

（四）加强行政执法系统的职能调适，优化执法人力资源的配置

1. 调整和整合执法机关的行政与执法职能，优化单位的内部机构和岗位设置，提高执法组织的运行效率。首先，合理划分上下级执法机构的事权，建立上级机关对下级执法单位的指导服务机制和任务下达机制，厘清行政命令的权限及路径，建立清晰和规范的组织命令链体系。借此解决行政执法系统内部各层级机构存在的职能上下层次不清，部分行政管理和执法权限纵向交叉，或者权责不对等，事权分离，执法责任边界不清晰，导致出现管理重叠、多头指挥，管理真空、无人负责，工作漏洞、基层乱作为的现象。其次，重塑组织的业务流程，加强流程管理和控制，提高执法业务工作的统筹规划能力、业务协作能力，构建一线执法公务员的工作支持机制。再次，适度下放行政执法权限，解决基层执法机构没有足够的

执法权限，却需要承担具体的行政执法责任；拥有行政执法权和处罚权的上级机关，对基层执法单位又常常不能给予及时、直接和有力的指导和协调的矛盾。确保基层行政执法单位拥有权责对等的相应权限，强化基层行政执法单位的监管执法职能，提升基层执行单位的执法主体责任地位。

2. 调整人力资源配置，加强一线执法队伍力量。科学规划行政执法力量，优化人力资源的配置，调整人力资源的分布结构，下沉和充实一线执法力量，提高首先是要根据特大城市经济社会发展的现状、城市管理的职能与任务，结合行政执法领域的各部门的现状及新情况，围绕当前特大城市行政执法中的突出问题，重新评估和界定行政执法的职能、任务和机构编制。在行政执法机构的纵向配置上实现人力资源的中心下移，将主要的行政执法力量配置到基层和一线执法部门或机构中，改变目前人力资源漂浮在各类机关部门中的状态。在行政执法机构的横向配置中，调整和重构行政执法机构的条线人力资源配比，特别是围绕近年出现的突出行政执法问题和新的执法领域进行行政执法机构的条线整合，建立和重构综合执法的领域和部门，以解决行政执法力量的分散和分布不均衡的现状，破解跨部门或跨行业执法的难题。增加一线执法单位的日常监管能力、行政执行能力和应急反应与处置能力。

（五）恢复工资的激励功能，加大物质激励的力度

1. 要调整工资结构，提高基本工资比重，降低津贴补贴的比重，这是当前公务员工资分配中最重要的问题。首先，调整公务员工资结构，实际上就是清理和整顿公务员的工资、津贴、补贴，规范工资外收入，理清公务员收入分配秩序的过程，其目的就是要把各种名目繁多的补贴和津贴纳入工资整顿和监管的范围。其次，改善和提高基层执法类公务员的工资收入，必须要根据基层执法公务员的情况，在进行定期的工资水平调查数据基础上，建立起适合行政执法类公务员特别是基层一线执法公务员的岗位津贴和补贴制度，在津贴和补贴的数额上适度向基层一线执法公务员倾斜。再次，建立以级别和任职年限等资格条件为主要依据的级别晋升制度，实行级别与待遇挂钩，增强级别在公务员工资、福利等方面的作用，进一步强化级别的激励作用。最后，公务员的级别与工资档实行宽幅交叉的原则，注重向基层和低职务公务员的倾斜，体现同一级别层次的公务员

在工作年限、资历和能力方面的差别，使基层公务员不提升职务也能通过晋升级别提高待遇。

2. 区分奖励的需求，加大物质奖励的力度。首先，不同类别和层次的国家公务员对奖励的需求是不同的。因此，不同职位类别、不同职务的公务员奖励的标准也应该有所不同。如果仅仅采用方式单一的奖励方式和奖励手段是无法起到对所有公务员激励的效果。应该正视并承认不同类型的公务员在奖励需求和奖励形式、奖励方法、奖励手段上的差异，根据不同性质的奖励对象实行差别奖励。基层执法公务员是我国公务员队伍中的重要组成部分，他们与综合管理类公务员和其他类公务员显著不同，具有自己的独有特点，因此对基层执法类公务员的奖励应该实行差别奖励，这样才能有效调动基层一线执法公务员的工作积极性。其次，要建立健全基层执法公务员奖励制度，丰富执法公务员的奖励形式，增加物质性奖励。没有奖励制度的基层执法单位，应尽快建立基层执法公务员奖励制度；奖励制度不健全的基层执法单位，应尽快健全基层执法公务员奖励制度。在奖励名额的分配方面要向基层一线执法人员倾斜，扩大基层执法公务员的奖励面。在奖励的形式方面，针对"无物质性奖励或物质奖励少"的基层执法公务员奖励现状，应适当增加基层执法公务员物质性奖励的内容与力度。在公务员奖励权限的范围内，设定一些物质奖励的形式和手段。在基层执法公务员的薪酬体系中恢复公务员的奖金设置，并对奖金的形式、种类、额度进行顶层设计和制度性安排。

（六）完善执法公务员的考核制度

完善执法公务员的考核制度，首要问题即在于转变执法机关领导者的态度，给他们灌输考核对于执法机关和执法公务员具有的重要意义，确立用制度管人、用制度约束人、用制度评价人、用制度来激励人的公务员管理的法治理念。

首先，坚持以绩效为导向的考核原则。公务员的考核具有重要的导向作用，执法机关需要公务员做什么，就应该对公务员考核什么。执法公务员的年度考核本质上是对过去一年中公务员的工作成绩和劳动付出做出公正的评价和恰当的鉴定。这一考核结果对于执法公务员而言，既是组织对其一年辛苦劳动和取得成绩的认可，也是执法机关对于公务员努力行为的一种激励。因此，坚持绩效导向考核原则，有利于引导公务员踏踏实实干事，尽职尽责地履行本职工作。其次，执法公务员考核的重点在于执行力。在对执法公务员进行考核时，必须围绕执法公务员在落实上级部署的决策力、完成上级任务的执行力，对公众诉求的回应力、对社会稳定的维护力和对事业发展的促进力。必须认真考核公务员在完成市场监管和行政执法任务过程中的执行力度和执行效率，把执行力作为基层执法公务员的主要评价指标，而不是将行政处罚甚至罚没收入作为公务员考核的主要指标。再次，在执法公务员的考核方式上，对于基层行政执法公务员而言，定性考核依然是重要的绩效评价基础，定量考核可能仅是一种补充形式。在平时考核与定期考核的结合上，必须高度重视执法公务员的平时考核，并将平时考核的结果和记录作为执法公务员定期考核的重要依据。在考核结果的应用上，年度考核的等次结果必须与公务员的经济利益、福利待遇乃至其职业发展等方面挂钩，以真正触动基层执法公务员的利益，促使他们更加努力地做好工作。

（七）强化行政问责和行政惩戒

首先，行政问责制度是针对执法公务员的行政不作为或行政乱作为而实行的更为严厉的一种责任追究制度。行政问责制度与行政告诫制度相比较，其共同之处在于行政问责的事由与行为和行政告诫的事由与行为在范围上高度重叠，基本上都是集中在行政不作为和行政乱作为两大方面。除了少数在公共事件、突发事件和应急事故中作为不当的，需要给予直接问责处理外，大多数需要行政问责的事由都可以提前进行行政告诫处理，在某种意义上，行政告诫可视为行政问责的前置程序。执法公务员被行政告诫没有悔改的，应该进入行政问责的程序。其不同之处则在于，问责事由和告诫事由的行为性质有所差异，需行政问责的事由，其行为性质和后果要更为严重，其危害与损失也更为明显。因此，行政问责制度重点应放在执法公务员的乱作为上。执法公务员的行政不作为应该由行政告诫制度进行规范和约束，其重点在于管理和监督执法公务员的行政效率低下、行政质量差，行为懒散、意志衰退、怕担责任的行为。行政乱作为则应该由行政问责制度进行规范和约束。

其次，丰富执法公务员的惩戒形式，建立和设置层级清晰、轻重区分的执法公务员的惩戒种类，以改变目前执法公务员惩戒形式单一，惩戒手段匮乏的局面。针对行政执法公务员的特点，在现有的荣誉性惩戒和职务性惩戒两种形式外，可以考虑设计经济性惩戒如罚款、扣减奖金、取消工资年限、降低工资、取消某些津贴或补贴、减少领取退休金等。赋予基层行政执法机构的领导特别是一线工作的领导一定限度的惩戒权限。《公务员法》规定了公务员惩戒权仅限于执法机关和行政领导可以行使。就行政首长享有惩戒权的完整性而言，公务员惩戒权的设定模式可以分为完全惩戒权模式和限制惩戒权模式两种。因此，可以赋予基层执法单位领导或具体负责一线执法工作的领导一定范围的限制性惩戒权，以改变一线工作的领导权责不对等、指挥乏力的局面。

（八）加强执法公务员人力资源的开发

1. 充分发挥培训作为人力资源开发机制主要手段的作用。首先，加强对执法公务员培训的需求调研，使执法公务员的培训内容更有针对性。当前执法公务员培训面临的一个问题就是培训需求分析不足，培训内容缺乏针对性和实用性。因此必须加强对执法公务员培训需求的研究和分析，把执法公务员的培训规划建立在科学的需求研究基础之上。其次，必须建立执法公务员的培训规划。培训规划要紧密贴合执法公务员队伍的现状，在现有的公务员培训类别的基础上，分类别、分时期、分步骤地进行培训规划。提高培训规划的深度和精度。再次，创新执法公务员培训的机制，充分利用市场来配置培训资源。为了满足执法公务员培训的需要，必须改革和创新执法公务员培训的体制与机制。改革目前培训的计划体制与机制，首先要解决的就是将培训的组织管理权、培训资源的配置权下放到真正需要、理解和懂得如何开展培训的业务部门和一线执法单位。充分发挥市场机制在执法公务员培训工作的作用。在培训资源的配置上，市场机制具有独特的作用和效果。市场机制讲究公开、公平与公正，在公务员培训资源的调配与使用上，通过市场机制可以有效防止培训资源的寻租和腐败。

2. 积极利用交流轮岗机制加强对执法公务员的人才资源开发。必须在思想认识和管理理念上将公务员的交流当作执法机关人才开发机制的重要内容和重要手段。为此，需要做到以下几点：

　　第一，让基层执法公务员有更多的交流任职的机会。公务员管理部门应坚持执行交流任职制度，创造更多的有利于执法公务员交流任职的条件，增加执法公务员交流的频次，让基层执法公务员有更多的交流任职的机会，通过交流任职提升自己的综合素质。第二，优化执法公务员的交流任职途径。交流任职途径主要有调任、转任或岗位轮换、挂职锻炼等。根据调研结果，公务员交流以调任和转任形式为主，挂职锻炼形式为辅。因此，在继续做好公务员的调任和转任交流形式的同时，应该加大挂职锻炼的力度。特别是近年来新任职公务员，应该尽可能多派出挂职锻炼，以加速他们的成长。第三，在纵向维度和横向维度上加大公务员交流的力度。在纵向维度上，推动机关处室公务员和基层一线公务员的双向交流任职，增加交流任职的频次和人员比例。促进机关公务员放下身段，走向基层，了解基层，理解基层，熟悉基层，服务基层。在横向维度上，推动跨越式交流任职。改变目前基层执法公务员的交流任职主要是在系统内进行。通过组织协调，加大执法公务员到系统外、行业外或地区外的交流任职比例。第四，做好执法公务员的交流规划，对执法公务员的交流进行分类管理。应该把执法公务员的交流纳入对执法公务员人力资源管理和人才资源开发的整体框架中，做好执法公务员的交流规划工作。在公务员交流的具体计划上，可按照培养性交流、回避性交流、任期性交流、调整性交流四类交流方式具体设计和规划安排。第五，把工作轮换重新定位为执法公务员交流的一种形式。公务员法在交流形式的规定中将轮换作为公务员转任的一种具体方式涵盖，我们认为不合适。对于执法公务员的交流而言，工作轮换或轮岗作为一种独立的交流形式更为有利。

　　3. 开辟基层执法公务员的职业成长的多重路径。首先，指导公务员正确地认识自我，建立合理的职业期望。正确认识自我是进行合理职业规划的前提。优化组织氛围，构建以人为本的工作环境。组织氛围和组织气候构成了执法公务员个人成长和职业发展的软环境。其次，实行多类型的晋升方式，为执法公务员提供多重可供选择的职务晋升路径。可在现有晋升方式的基础上，设计和试行一些新的职务晋升手段，比如功绩晋升、考试晋升、聘任晋升、察举晋升等。再次，打开不同职业通道的壁垒。当前重点是打通行政执法类公务员与综合管理类公务员的职业壁垒，鼓励综合管理类公务员与基层行政执法类公务员的双向流动，并在政策和制度上提供一定的保障。通过打开不同通道的壁垒，使执法公务员可以根据个人状况和兴趣爱好自行选择其职业发展方向和路径。同时鼓励执法公务员在依据不同路径对个人成长期望的满足程度作出比较后，进行理性的职业选择。最后，建立执法公务员的级别晋升制度。公务员法原本为基层公务员设计了两条职业发展的路径，即职务晋升与级别晋升的双通道。但是，在公务员职务管理制度的具体设计上，却将级别晋升的通道挂靠在职务晋升的通道之上。通过将公务员的职务与级别建立相应的对应关系，使公务员的级别晋升仅能局限在有限的范围内，并受到职务晋升的约束和限制。开辟执法公务员职业发展通道，完善执法公务员的职业生涯管理，当务之急即在于切断职务晋升与级别晋升的联系，真正实现基层执法公务员可在职务和级别两条通道上选择个人职业生涯发展的愿望。

（九）　加强职业精神与职业道德建设，防范职业风险

1. 执法公务员队伍急需加强职业信仰和价值观教育。目前大多数的执法公务员还没有发现造成职业方向迷茫、工作缺乏目标和成就感、工作环境压力巨大的根源在于自身坚定信仰及价值观的缺乏。执法类公务员工作的特殊性决定了他们必须具有坚定的信仰和价值观，只有这样才能够尽可能规避执法风险，减少工作压力。但是，仅靠管理制度的约束而缺乏与之相应的信仰及价值观教育，极易造成执法类公务员的道德认知与一般社会公众的道德认知混淆，忽略了行政执法类公务员与一般公民在道德水准特别是职业道德认知上的差异。降低道德认知的标准，不仅会大大增加公务员执法的风险，更会导致社会对公务员的执法过程及结果的不信任，最终造成执法公务员逐渐陷入工作环境压力巨大，个人缺乏职业目标和成就感，结果走向职业发展迷茫的窘境。另外，由于基层执法公务员的收入长期维持在较低水平，且存在区域不均衡，工作待遇与其在工作中的付出形成较大反差。现实状况的不理想或多或少会影响到公务员的积极健康的工作心态，并在一定程度上可能会动摇其个人的理想信念。因此，对基层执法公务员队伍加强职业信仰和价值观教育不仅重要而且十分紧迫。

2. 必须建立执法公务员的职业道德的底线思维意识。职业道德是执法公务员内心深处的一种强大的信念理论，是执法公务员判断是非的标准和尺度。如果执法机关廉政道德建设不力，就有可能造成执法公务员是非不清，做人做事的标准不明，甚至在行政执法的工作中失去底线思维的意识，失去廉洁自律的自控理念，失去防范职业风险、抵制各种利益诱惑的能力。因此，必须通过对执法公务员的工作价值观教育和职业道德的训练，建立起执法公务员的职业道德标准、行为规范以及基本的职业操守。通过工作价值观和职业道德的训练，建立起执法公务员的行政思维的底线，确立其为人民执法的宗旨观念。通过工作价值观和职业道德的训练，充分发挥统一职业价值观的感召、引领、约束、驱动、凝聚和激励作用，不断增强执法公务员的职业归属感、职业成就感、职业荣誉感和职业幸福感。

3. 加强廉政风险点防范管理，全面建立述职述廉制度。基层执法机关和一线执法单位廉政风险点较多。廉政风险点防范机制是执法公务员廉政风险防控的一种措施，是风险管理理论应用于预防腐败工作的一种实践。通过对执法公务员在履行岗位职责、行使执法权力中面临的以及潜在的廉政风险点进行查找、识别、评估，制定风险防范措施，做到潜在问题早防范，有了问题早发现，一般问题早纠正，严重问题早查处；提高自我查找风险、自我防范风险的积极性和主动性，增强风险意识和廉政意识，最终使执法公务员不犯或少犯错误。所谓述职述廉，原是针对党员领导干部廉政建设与反腐败斗争所进行的一项个人工作报告制度。述职述廉作为一项非常有效的廉政制度完全可在执法类公务员的廉政机制中借鉴应用。执法类公务员可以结合本年度工作和德、能、勤、绩的工作情况每年进行一次述职述廉报告，总结叙述和报告其个人一年来开展党风廉政建设和反腐败斗争的工作情况以及执行党风廉政建设责任制和廉洁自律各项规定的情况，以接受上级的监督检查和干部群众的民主评议或民主测评。通过廉政风险点的防范管理和定期的述职述廉保障执法公务员的廉洁性，防范职务风险。

（十）利用聘任制的制度设计来解决辅助执法人员的问题

与传统的委任制不同，聘任制是契约化管理，可以有效避免委任制方式活力不足的弊端，同时，还可以增加委任制公务员的竞争压力。聘任制度设计的初衷，正在于打破僵化的公务员进入与退出机制，改变人才无法吐故纳新、政府部门工作作风改进难等问题。聘任制使公务员选拔得以多样化,更能激励工作积极性,同时,聘任制公开招聘的方式,也使公务员任用过程更透明,更有利于社会监督。

我国《公务员法》第95条明确规定:"机关根据工作需要,经省级以上公务员主管部门批准,可以对专业性较强的职位和辅助性职位实行聘任制。"因此,根据行政执法类公务员的专业性强的职位特征,我们可以对行政执法类公务员采用聘任制的任职方式。同时,根据辅助执法人员的辅助性职位特征,我们也可以对辅助执法人员采用聘任制的任用方式,将大量的执法辅助人员纳入执法机关的人事管理框架之中。

此外,还需要对地方政府在聘任制实践中暴露出的一些突出问题进行预防性制度设计。比如:在聘任制公务员的待遇安排上,聘任制公务员工资待遇要比委任制公务员低的问题;在职业发展路径设计上,聘任制公务员的晋升路径尚不清晰,缺少制度性的安排问题;目前试点地区出现了聘任制公务员解聘难问题;因为缺少有力的配置政策,聘任制也逐步滋长了委任制的人事制度僵化的弊端,聘任制的人事管理活力机制逐渐消减问题;聘任制公务员与综合管理类公务员、专业技术类公务员的交流难问题;聘任制执法类公务员的任用范围问题;同一个机关和部门聘任制公务员与其他类公务员的管理衔接和协调问题;等等。

行政执法类公务员管理规定(试行)

第一章 总则

第一条 为了完善公务员职位分类,建立符合行政执法类公务员特点的管理制度,提高管理效能和科学化水平,建设高素质公务员队伍,根据公务员法及有关法律、法规,制定本规定。

第二条 本规定所称行政执法类公务员,是指依照法律、法规对行政相对人直接履行行政许可、行政处罚、行政强制、行政征收、行政收费、行政检查等执法职责的公务员,其职责具有执行性、强制性。

第三条 行政执法类公务员的管理,坚持党管干部原则,坚持德才兼备、以德为先,坚持注重实绩、群众公认,坚持监督约束与激励保障并重,注重提高执法效能。

行政执法类公务员的管理,坚持公开、平等、竞争、择优的原则,依照法定的权限、条件、标准和程序进行。

第四条 行政执法类公务员应当模范遵守宪法和法律,按照规定的权限和程序认真履行职责,坚持依法行政,做到严格规范公正文明执法。

第五条 中央公务员主管部门负责全国行政执法类公务员的综合管理工作。县级以上地方各级公务员主管部门负责本辖区内行政执法类公务员的综合管理工作。上级公务员主管部门指导下级公务员主管部门的行政执法类公务员管理工作。各级公务员主管部门指导同级机关的行政执法类公务员管理工作。

第二章 职位设置

第六条 行政执法类公务员职位根据工作性质、执法职能和管理需要，在以行政执法工作为主要职责的机关或者内设机构设置。

行政执法类公务员职位设置范围由中央公务员主管部门确定。

第七条 机关依照职能、国家行政编制和中央公务员主管部门确定的职位设置范围等，制定本机关行政执法类公务员职位设置方案，并确定职位的具体工作职责和任职资格条件。

第八条 中央和国家机关直属机构行政执法类公务员职位设置方案，报中央公务员主管部门审批；省级以下机关及其直属机构行政执法类公务员职位设置方案，由省级公务员主管部门审批后报中央公务员主管部门备案。

第三章 职务与级别

第九条 行政执法类公务员按照行政执法类公务员职务序列进行管理。

行政执法类公务员职务，分为十一个层次。通用职务名称由高至低依次为：督办、一级高级主办、二级高级主办、三级高级主办、四级高级主办、一级主办、二级主办、三级主办、四级主办、一级行政执法员、二级行政执法员。

具体职务名称由中央公务员主管部门以通用职务名称为基础确定。

第十条 行政执法类公务员职务与级别的对应关系是：

（一）督办：十五级至十级；

（二）一级高级主办：十七级至十一级；

（三）二级高级主办：十八级至十二级；

（四）三级高级主办：十九级至十三级；

（五）四级高级主办：二十级至十四级；

（六）一级主办：二十一级至十五级；

（七）二级主办：二十二级至十六级；

（八）三级主办：二十三级至十七级；

（九）四级主办：二十四级至十八级；

（十）一级行政执法员：二十六级至十八级；

（十一）二级行政执法员：二十七级至十九级。

第十一条 行政执法类公务员职务职数一般应当按照行政执法类公务员职位数量的一定比例核定，具体办法由中央公务员主管部门另行规定。

第四章 职务任免与升降

第十二条 行政执法类公务员职务任免与升降工作，由各级党委（党组）及其组织（人事）部门按照干部管理权限，依照法定的条件和程序进行。

第十三条 行政执法类公务员任职，应当按照行政执法类公务员职务序列，在规定的职位设置范围和职数内进行。

第十四条 行政执法类公务员晋升职务，应当具备拟任职务所要求的思想政治素质、工作能力、文化程度、任职年限和任职经历等方面的基本条件，并在规定任职年限内的年度考核结果均为称职以上等次。

晋升行政执法类公务员职务的任职年限，由中央公务员主管部门另行规定。

第十五条 行政执法类公务员在年度考核中被确定为不称职的，按照有关规定降低一个职务层次任职。

第十六条 行政执法类公务员转任其他职位类别职务的，应当予以免职。

第十七条 试用期满考核合格的新录用行政执法类公务员，应当按照规定在一级主办以下职务层次范围内任职定级。

第五章 管理与监督

第十八条 一级主办以下职务层次行政执法类公务员的录用，应当采取公开考试、严格考察、平等竞争、择优录取的办法。

考试内容根据行政执法类公务员应当具备的思想政治素质、法律知识、工作能力和不同职位要求分类分级设置。

第十九条　行政执法类公务员的考核,以职位职责和所承担的行政执法工作为基本依据,全面考核德、能、勤、绩、廉,重点考核履行行政执法职责、完成行政执法工作的情况,必要时可听取行政相对人的意见。

第二十条　行政执法类公务员应当接受初任培训、专门业务培训、在职培训,培训内容侧重职业道德、工作所必需的法律知识、执法技能和应对突发事件能力等。

第二十一条　行政执法类公务员交流的方式包括调任、转任、挂职锻炼。

行政执法类公务员在同一职位工作时间较长的,应当交流。

第二十二条　国有企业事业单位、人民团体和群众团体的工作人员,可以按照公务员调任有关规定调入机关,担任四级高级主办以上职务。

第二十三条　行政执法类公务员转任,一般在行政执法类公务员职位范围内进行。因工作需要,也可以在不同职位类别之间进行。

行政执法类公务员转任其他职位类别职务的,一般应当在行政执法类公务员职位工作满五年,并按照干部管理权限,综合考虑其任职经历、工作经历等条件,比照确定职务层次。

其他职位类别公务员转任行政执法类公务员职务的,应当具备拟转任职务所要求的条件。

第二十四条　行政执法类公务员执行国家规定的工资和津贴补贴政策。

第二十五条　机关应当加强对行政执法类公务员的监督,全面落实行政执法责任制。

行政执法类公务员在履行职责中有违纪违法行为以及违反机关的决定和命令的,依照有关规定给予批评教育、组织处理或者纪律处分;构成犯罪的,依法追究刑事责任。

第二十六条　行政执法类公务员在执行公务中有应当回避情形的,本人应当申请回避,行政相对人可以提出回避申请,主管领导可以提出回避要求,由所在机关作出回避决定。

第二十七条　对有下列情形的,由县级以上领导机关或者公务员主管部门按照管理权限,区别不同情况,分别予以责令纠正或者宣布无效;对负有责任的领导人员和直接责任人员，根据情节轻重，给予批评教育、组织处理或者纪律处分；构成犯罪的，依法追究刑事责任：

（一）擅自扩大行政执法类公务员职位设置范围的；

（二）超职数设置行政执法类公务员职务的；

（三）随意放宽任职资格条件的；

（四）违反规定的条件和程序进行录用、调任、转任的；

（五）违反国家规定，更改行政执法类公务员工资、福利、保险待遇标准的；

（六）违反本规定的其他行为。

第六章　附则

第二十八条　担任领导职务的行政执法类公务员，法律、法规对其选拔任用、管理监督等另有规定的，按照有关规定执行。

第二十九条　行政执法类公务员的管理，本规定未作规定的，按照公务员法及其配套法规执行。

第三十条　参照公务员法管理的事业单位中从事行政执法工作的工作人员，经省级以上公务员主管部门批准，参照本规定进行管理。

第三十一条　本规定由中共中央组织部、人力资源社会保障部和国家公务员局负责解释。

第三十二条　本规定自 2016 年 7 月 8 日起施行。

税务系统行政执法类公务员管理试点方案

为保证税务系统行政执法类公务员试点工作的顺利进行，根据《中华人民共和国公务员法》及有关规定制订本实施方案。

一 指导思想

以邓小平理论、"三个代表"重要思想为指导，深入贯彻落实科学发展观，按照党的十七大和十七届四中、五中全会精神，适应公务员制度建设和税务系统行政管理改革发展需要，坚持以人为本，立足当前，着眼长远，积极稳妥地探索行政执法类公务员管理办法，努力建设一支素质优良、结构合理、人民满意的税务公务员队伍。

二 目的

按照公务员法的要求，针对行政执法类公务员的特点，探索制定行政执法类公务员管理办法，拓展其职业发展空间，调动和发挥税务系统行政执法类公务员的积极性，实行高水平管理，提供高质量服务。

三 范围

地市级税务机关内设机构、直属机构和派出机构中除办公室、人事、教育、财务、纪检监察、党务等部门外，其他部门中除副科级以上领导职务外的职位。

县（市、区）级税务机关内设机构、直属机构和派出机构中除副科级以上领导职务外的所有职位。

四　职位名称与序列

行政执法类公务员的职务称谓由高至低为一级税务官、二级税务官、三级税务官、四级税务官、一级税务员、二级税务员、三级税务员。

五　职务与级别对应关系

行政执法类公务员职务与级别的对应关系为：

（一）一级税务官：十八级至十二级；

（二）二级税务官：二十级至十四级；

（三）三级税务官：二十二级至十六级；

（四）四级税务官：二十三级至十七级；

（五）一级税务员：二十四级至十八级；

（六）二级税务员：二十六级至十八级；

（七）三级税务员：二十七级至十九级。

六　职务设置

行政执法类公务员的职务根据规定的机构规格、编制限额、职位等设置。

地市级税务机关内设机构、直属机构和派出机构中直接从事行政执法的职位可以设置一级税务官、二级税务官、三级税务官、四级税务官、一级税务员、二级税务员、三级税务员。

县（区、市）级税务机关内设机构、直属机构和派出机构中直接从事行政执法的职位可以设置三级税务官、四级税务官、一级税务员、二级税务员、三级税务员。

七 职务晋升

行政执法类公务员在规定的职务序列和职数限额内晋升。行政执法类公务员符合下列规定的任职年限且年度考核结果均为称职以上等次的,可按有关规定晋升一个职务层次:

(一) 一级税务官:任二级税务官四年以上;

(二) 二级税务官:任三级税务官四年以上;

(三) 三级税务官:任四级税务官一年以上;

(四) 四级税务官:任一级税务员两年以上;

(五) 一级税务员:任二级税务员三年以上;

(六) 二级税务员:任三级税务员三年以上。

各试点单位要根据税务机关行政执法特点和实际情况,综合考虑工作业绩和贡献,研究制定行政执法类公务员具体的晋升条件。

八 职务套改

各试点单位要按照确定的试点范围和职务套改条件,统一组织现在行政执法类职位工作的公务员职务套改工作。

(一) 套改条件

1. 调研员套改为一级税务官;

2. 副调研员套改为二级税务官;

3. 主任科员套改为三级税务官;

4. 副主任科员符合下列条件,且近三年年度考核均为称职以上等次的,可分别套改为三级税务官、四级税务官、一级税务员:

(1) 工作年限满 25 年且担任现职满 3 年的副主任科员,可套改为三级税务官;

(2) 工作年限满 10 年且担任现职满 3 年的副主任科员,可套改为四级税务官;

(3) 不具备上述条件的副主任科员,套改为一级税务员。

5. 科员符合下列条件,且近三年年度考核均为称职以上等次的,可分别套改为一级税务员、二级税务员：

（1）工作年限满 20 年且担任现职满 3 年的科员，可套改为一级税务员；

（2）不具备上述条件的科员，套改为二级税务员。

6. 办事员符合下列条件，且近三年年度考核均为称职以上等次的，可分别套改为二级税务员、三级税务员：

（1）工作年限满 15 年的办事员，可套改为二级税务员；

（2）不具备上述条件的办事员，套改为三级税务员。

上述人员套改任职时间和工作时间的计算均截至 2010 年 12 月 31 日。

（二）工作步骤

1. 制定实施方案。各试点省（区、市）领导小组根据本方案并结合实际制订具体的实施方案，报全国税务系统行政执法类公务员管理试点工作领导小组备案后实施。

2. 实施职务套改。严格按照试点范围和职务套改条件，开展行政执法类公务员职务套改工作。套改后人员情况报上一级领导小组备案。

九　有关事项

（一）本方案规定的套改条件，仅适用于本次试点职务套改。

（二）在行政执法类公务员有关管理规定出台前，行政执法类公务员的管理按照公务员法及其有关配套法规的规定进行。

（三）各试点单位要精心组织，认真做好行政执法类公务员管理的试点工作；要加强指导和监督，及时解决工作中遇到的问题；要严明政策和纪律，确保各项工作顺利进行。

（四）试点工作结束后，写出总结报告并报全国税务系统行政执法类公务员管理试点工作领导小组。

附 件 三

特大城市执法类公务员管理机制
课题访谈提纲

访谈对象：_____

访谈时间：_____

地　　点：_____

访 谈 人：_____

记 录 人：_____

一、执法类公务员的设置

1. 编制设置

2. 职务设置与职数管理

3. 级别设置

4. 工资管理

5. 职位说明书编制

二、执法类公务员统计信息

1. 总数、性别、年龄、学历、政治面貌构成

2. 编制占用

3. 职务分布构成

4. 进出及调任情况

三、执法类公务员的法规、政策、制度建设

四、执法类公务员管理存在的问题及改善的建议

五、执法公务员改革试点

六、聘任制实践

七、辅助执法人员情况

八、其他情况

特大城市执法类公务员管理状况

调查问卷 I

填写说明：

1 本调查问卷涉及公务员管理的许多领域，篇幅较长，问卷填写将占用您一定的宝贵时间，我们诚恳地请您能够认真、详细地填写完毕。

2 调查所涉及的问题没有对错或好坏之分，请各参加调查的单位实事求是地回答。您答案的真实性和完整性对本项研究以及可能给中国执法公务员管理现状的精确描述作出贡献。

3 本调查问卷应该由熟悉执法公务员管理状况的人事部门负责人或相关人员填写。

4 回答方式：有些题目是选择题，请在符合您单位情况的选择项目上画圈 "○"；有些题目是问答题，需要填写实际数字或内容，请您写在题目下的空白处。

5 本调查问卷系国家社科基金一般项目《我国特大城市行政执法类公务员管理机制研究》的一部分。

6 本调查问卷仅用于学术研究目的，所涉及敏感数据或单位情况均不会直接公开或发表。

真诚地感谢您在百忙中对我们的调查给予支持。

《我国特大城市行政执法类公务员管理机制研究》课题组

2012 年 12 月

- 您的最高学历：
  A. 大专及以下　　　　　B. 本科　　　　　　C. 研究生以上
- 您所学专业：
  A. 经济类　　　　　　B. 政治法律类　　　　C. 管理类
  D. 人文社科类　　　　E. 理工科类　　　　　F. 其他类
- 是否接受过系统的人力资源管理培训：　A.　是　　　B. 否
- 您的具体职务是＿＿＿＿＿＿＿＿＿＿＿＿＿＿＿＿＿＿＿＿＿

调查问卷正文

1. 人事处长（负责人）是否能够参与单位重大事项的决策过程？
   A. 总是参与　　　B. 经常参与　　　C. 偶尔参与　　　D. 从不参与
2. 根据您过去一年的工作时间安排和工作内容，请用百分比率来评价下列各项工作的状况。
   如：培训与开发占您全部工作时间的 20%，等等；没有的可以填 0，但单项比率和（如时间占用）不能超过 100。

		时间占用	重要性
1	贯彻或制定政策和制度		
2	工资和福利管理		
3	单位工作岗位分析、设计		
4	新公务员的招聘录用		
5	进行人力资源规划与调研		
6	设计和实施绩效考核工作		
7	公务员培训工作		
8	公务员职业生涯设计与管理		
9	处理各种人际关系和纠纷		
10	改善公务员工作环境		
11	其他（具体说明）		

3. 近 5 年单位是否做过工作分析（也叫岗位分析或职位分析）？
   A. 做过　　　　　　B. 没做过　　　　　　C. 不清楚

4. 实施工作分析的目的是什么？

    A. 为绩效考核做准备　　　　　B. 规范岗位职责

    C. 确定岗位工资　　　　　　　D. 确定培训计划

    E. 其他（请说明）_____

5. 是否有正式的工作（职位）说明书？

    A. 有　　　　　　B. 没有　　　　　C. 有的岗位有，有的岗位没有

6. 单位公务员的一般情况

编制	目前总额	空编数	2012 年新增编制	2011 年新增编制	2010 年新增编制
职数	处级领导		科级领导	非领导人员	无编制聘用人员
年龄	35 岁以下		36—50 岁	51—60 岁	近三年退休总人数
学历	大专以下		本科	研究生以上	成人学历总人数
性别 政治面貌	男		女	中共党员	非中共党员

    注：1. 非领导人员指主任科员、副主任科员、科员。

        2. 处级领导包含调研员和副调研员。

        3. 科级领导指科长、副科长。

7. 除公务员法规定的基本任职条件外，贵单位是否有特别的执法公务员的任职条件？

    A. 有　　　　如有，前三项是：

    1._____

    2._____

    3._____

    B. 没有

8. 人员流动情况

军转干部	2012 年入职	2011 年入职	2010 年入职	单位军转总人数
大学生	2012 年入职	2011 年入职	2010 年入职	录用大学生总人数

人事调配流动	2012 年		2011 年		2010 年		2009 年	
	进:	出:	进:	出:	进:	出:	进:	出:

内部岗位轮换	2011 年轮岗数	2010 年轮岗数	2009 年轮岗数	2009 年轮岗数
挂职锻炼	2011 年外出挂职	2010 年外出挂职	2009 年外出挂职	2009 年外出挂职

9. 近三年（2010—2012 年）的职务晋升情况

领导职务晋升	副处长升处长	正科长升副处长	副科长升正科长	科员升副科长	越级晋升
人数					
非领导职务晋升	副调研员升调研员	主任科员升副调研员	副主任科员升主任科员	科员升副主任科员	越级晋升
人数					

10. 近三年（2010—2012 年）降职情况

降职降级	处级	副处级	科级
人数			
原因	1:		
	2:		

11. 近三年（2010—2012 年）辞职、辞退情况

辞职	处级	科级	科员
人数			
原因	1：		
	2：		

辞退	处级	科级	科员
人数			
原因	1：		
	2：		

12. 目前贵单位工资有哪些部分构成？

工资构成	职务工资	级别工资	绩效工资	其他 1：	其他 2：	其他 3：
比重（%）						

注：1. 其他 1、2、3 请注明具体名称。

　　2. 比重为各项目占全年工资总额的比重。

13. 目前贵单位奖金有哪些部分构成？

奖金名称	1：	2：	3：	4：	5：	6：
比重（%）						

注：1. 请在奖金构成栏注明具体奖金项目名称。

　　2. 比重为各项目占全年奖金总额的比重。

14. 目前贵单位津贴与补贴有哪些部分构成？

	津贴 1	津贴 2	津贴 3	补贴 1	补贴 2	补贴 3
名称						
比重（%）						

注：1. 请注明具体津贴和补贴项目名称。

2. 如津贴和补贴项目多出 3 项，请列出数额较大的前三项。

3. 比重为各项目占全年津贴和补贴总额的比重。

15. 目前贵单位薪酬构成及比重？

薪酬构成	工资	奖金	津贴	补贴	其他 1	其他 2
比重（%）						

注：1. 请在其他栏注明具体项目名称。

2. 比重为各项目占全年薪酬总额的比重。

16. 近五年来（2008—2012 年），贵单位公务员多久才能普长一次工资？

    A. 半年   B. 1 年   C. 2 年   D. 3 年   E. 4 年以上

17. 目前下列人员的工资（不含奖金或津贴、补贴）平均水平分别为多少？

    ⅰ. 正处级＿＿＿＿＿＿＿＿＿＿＿＿＿＿＿＿＿＿＿＿元/月

    ⅱ. 副处级＿＿＿＿＿＿＿＿＿＿＿＿＿＿＿＿＿＿＿＿元/月

    ⅲ. 正科级＿＿＿＿＿＿＿＿＿＿＿＿＿＿＿＿＿＿＿＿元/月

    ⅳ. 副科级＿＿＿＿＿＿＿＿＿＿＿＿＿＿＿＿＿＿＿＿元/月

    ⅴ. 科员级＿＿＿＿＿＿＿＿＿＿＿＿＿＿＿＿＿＿＿＿元/月

18. 在实际年度考核中，考核的最主要内容前三项为：

    A. ＿＿＿＿＿＿＿＿＿＿＿＿＿＿＿＿＿＿＿＿＿＿＿＿＿＿

    D. ＿＿＿＿＿＿＿＿＿＿＿＿＿＿＿＿＿＿＿＿＿＿＿＿＿＿

    C. ＿＿＿＿＿＿＿＿＿＿＿＿＿＿＿＿＿＿＿＿＿＿＿＿＿＿

19. 近三年考核为基本称职与不称职情况

处级	2012 年		2011 年		2010 年	
	基本称职	不称职	基本称职	不称职	基本称职	不称职
人数						
原因	1： 2：					

科级	2012 年		2011 年		2010 年	
	基本称职	不称职	基本称职	不称职	基本称职	不称职
人数						
原因	1： 2：					

科员	2012 年		2011 年		2010 年	
	基本称职	不称职	基本称职	不称职	基本称职	不称职
人数						
原因	1： 2：					

注：如没有基本称职或不称职情况，人数栏请填写 0。

20. 在实际操作中，贵单位考核结果主要用来做什么？

　　A. 发放奖金　　　　　　　B. 晋升或晋级

　　C. 改进绩效　　　　　　　D. 培训需求分析

　　E. 其他（请注明）：_____

21. 目前的单位考核制度存在的最大问题是什么？

　　A. 考核方法的选择　　　　B. 考核指标的设计

　　C. 考核者的态度　　　　　D. 被考核者的态度

　　E. 考核结果拉不开档次　　F. 考核结果的运用

　　G. 其他_____

22. 近三年单位奖励与惩戒情况

处级	2012 年			2011 年			2010 年		
	奖励	处分	问责	奖励	处分	问责	奖励	处分	问责
人数									

科级	2012 年			2011 年			2010 年		
	奖励	处分	问责	奖励	处分	问责	奖励	处分	问责
人数									

科员	2012 年			2011 年			2010 年		
	奖励	处分	问责	奖励	处分	问责	奖励	处分	问责
人数									

注：1. 处分是指：警告、记过、记大过、降级、撤职、开除六种。

2. 奖励是指：嘉奖、记三等功、二等功、一等功、授予荣誉称号。

3. 问责是指受到问责暂行规定或地方问责办法规定的措施。

23. 有没有正式的培训制度或规定？

A. 有　　　B. 没有　　　C. 准备建立

24. 有没有正式的培训规划？如有是几年规划：

A. 有　　B. 没有　　C. 3 年规划　　D. 5 年规划

25. 在 2012 年用于人员培训费用占人事部门预算总额的比例是多少？

A. 10% 及以下　　　B. 11%—20%　　　C. 21%—30%

D. 31%—40%　　　E. 41% 以上

26. 2012 年自己举办的培训有多少期？培训人数占全体人员比例为多少？

A. _____

B. _____

27. 2012 年举办的全部培训班中，最重要的三项培训主题为：

A. _____

B. _____

C. _____

28. 单位是否有值得公开宣传的管理创新举措？如有，最有价值的三
项为：

A. _____

B. _____

C. _____

（注：此项如写不下，请写在背面）

29. 单位实施的廉政举措中，最重要的三条是：

A. _____

B. _____

C. _____

30. 单位是否有明确的价值理念或愿景？

A. 有，　是：_____

_____

B. 没有

（问卷结束）

　　再次感谢您的支持与配合。我们会给您寄一份总的分析报告。如果您
还有什么特殊要求，请直接与我们联系。

特大城市执法类公务员管理状况

调查问卷 II

填写说明：

1 本调查问卷系国家社科基金一般项目《我国特大城市行政执法类公务员管理机制研究》的一部分。

2 调查所涉及的问题没有对错或好坏之分，请您实事求是地回答。您答案的真实性和完整性对本项研究以及可能给中国执法公务员管理现状的精确描述作出贡献。

3 回答方式：有些题目是选择题，请在符合您情况的选择项目上画圈"〇"；有些题目是问答题，需要填写实际数字或内容，请您写在题目下的空白处。

4 问卷填写将占用您一定的宝贵时间，真诚地感谢您在百忙中对我们的调查给予支持。

《我国特大城市行政执法类公务员管理机制研究》课题组

2012 年 12 月

● 您的个人信息：

性别：□男　　　　　　□女

年龄：□35 岁以下　　　□36—50 岁　　　□51 岁以上

本单位工作年限：□3 年以下　　□4—10 年　　□10 年以上

您任现职工作的时间是：□2 年以下　　□2—5 年　　□5 年以上

政治面貌：□中共党员　　　　□民主党派　　　　□其他

是否是军转干部：□是　　　　　□否

- 您的工作部门＿＿＿＿＿＿＿＿；具体职务是＿＿＿＿＿＿＿

- 现在您具体的工作性质属于：

  A. 党务　　　　B. 行政管理　　　C. 执法与监督　　　D. 后勤

  其他（请注明）：＿＿＿＿＿＿＿＿＿＿＿＿＿＿

- 您最后一次调动的具体情况是：＿＿＿＿＿＿＿＿＿＿

  A. 本系统内相同业务部门间调动

  B. 本系统内不同业务部门间调动

  C. 跨行业间调动

  D. 跨地区间调动

调查问卷正文

1. 如果满分为 5 分，请您评价您所在单位的公务员管理状况

   A. 5 分　　　　B. 4 分　　　　C. 3 分　　　　D. 2 分　　　　E. 1 分

2. 您认为，目前单位人事管理中存在的最主要问题是什么？

   A. ＿＿＿＿＿＿＿＿＿＿＿＿＿＿＿＿＿＿＿＿＿＿＿＿＿＿

   B. ＿＿＿＿＿＿＿＿＿＿＿＿＿＿＿＿＿＿＿＿＿＿＿＿＿＿

   C. ＿＿＿＿＿＿＿＿＿＿＿＿＿＿＿＿＿＿＿＿＿＿＿＿＿＿

3. 您认为，在您的单位个人职务晋升中起最主要作用的要素是什么？

   A. ＿＿＿＿＿＿＿＿＿＿＿＿＿＿＿＿＿＿＿＿＿＿＿＿＿＿

   B. ＿＿＿＿＿＿＿＿＿＿＿＿＿＿＿＿＿＿＿＿＿＿＿＿＿＿

   C. ＿＿＿＿＿＿＿＿＿＿＿＿＿＿＿＿＿＿＿＿＿＿＿＿＿＿

4. 您最近的一次升职或升级距今时间为：

   A. 2 年以下　　　　　B. 3—6 年　　　　　C. 7 年以上

5. 如您在本单位工作时间超过 5 年，近 5 年内您晋职或晋级次数为：

   A. 0 次　　　　B. 1 次　　　　C. 2 次　　　　D. 2 次以上

   （注：如没有此项，可不填。）

6. 过去三年中您的工作交流次数为＿＿＿，其中调任＿＿＿次，转任或岗位轮换＿＿＿次，挂职锻炼＿＿＿次。

7. 过去三年中，您有无降职、降级的情况？

　　A. 有　　　B. 没有

　　如有，原因为：

　　A. _____

　　B. _____

　　C. _____

8. 过去三年中，您单位公务员有无降职情况？

　　A. 有　　　如有，降职的人数_____人。

　　降职的原因是：_____。

　　B. 没有

9. 过去三年中您年度考核的等次为：

　　2010 年：A. 优秀　　　B. 称职　　　C. 基本称职　　　D. 不称职

　　2011 年：A. 优秀　　　B. 称职　　　C. 基本称职　　　D. 不称职

　　2012 年：A. 优秀　　　B. 称职　　　C. 基本称职　　　D. 不称职

10. 您认为单位目前的考核制度中存在的主要问题为：

　　A. _____

　　B. _____

　　C. _____

11. 您觉得目前的待遇如何？

　　A. 很满意　　　B. 满意　　　C. 不满意　　　D. 很不满意

12. 过去一年中您的薪酬总额大约为_____，其中工资为：_____

　　奖金为：_____津贴和补贴为：_____，其他为：_____

　　_____。

13. 您认为单位目前薪酬管理中存在的主要问题是：

　　A. _____

　　B. _____

　　C. _____

14. 过去三年中您获得的奖励次数为：_____。奖励种类为：

　　2010 年：A. 嘉奖　　　　B. 记三等功　　　　C. 记二等功

　　　　　　　D. 记一等功　　E. 授予荣誉称号

　　2011 年：A. 嘉奖　　　　B. 记三等功　　　　C. 记二等功

D. 记一等功　　　　E. 授予荣誉称号

2012 年：A. 嘉奖　　　　　B. 记三等功　　　　C. 记二等功

D. 记一等功　　　　E. 授予荣誉称号

或其他奖励，名称为：_____您获奖的依据是：

A. _____

B. _____

（注：没有此项情况的，可不填。）

15. 您认为单位目前的奖励制度中存在的主要问题为：

A. _____

B. _____

C. _____

16. 如果满分为 5 分，请您评价您所在单位的人员激励机制状况

A. 5 分　　　　B. 4 分　　　　C. 3 分　　　　D. 2 分　　　　E. 1 分

17. 过去三年中您获得的惩戒次数为：_____。惩戒种类为：

2010 年：A. 警告　　B. 记过　　C. 记大过　　D. 降级　　E. 撤职

2011 年：A. 警告　　B. 记过　　C. 记大过　　D. 降级　　E. 撤职

2012 年：A. 警告　　B. 记过　　C. 记大过　　D. 降级　　E. 撤职

或其他惩戒，名称为：_____

您受到惩戒的原因是：

A. _____

B. _____

（注：没有此项情况的，可不填。）

18. 您认为单位目前的惩戒制度中存在的主要问题为：

A. _____

B. _____

C. _____

19. 您所了解到的，公务员被惩戒后的申诉渠道都有哪些？

A. _____

B. _____

C. _____

20. 您认为执法公务员的最重要的三项素质应该是什么?

    A. _____

    B. _____

    C. _____

21. 如果满分为5分,请您评价您所在单位的执法公务员队伍的整体素质状况

    A. 5 分　　　B. 4 分　　　C. 3 分　　　D. 2 分　　　E. 1 分

22. 您的单位无编制聘用人员约占单位职工总数的比例为:

    A. 10% 以下　　　　B. 10—30%　　　　C. 30 以上

23. 您单位的无编制聘用人员的必备聘用条件是:

    A _____

    B _____

    C _____

24. 如满分为5分,请您评价您单位的无编制聘用人员状况

    A. 5 分　　　B. 4 分　　　C. 3 分　　　D. 2 分　　　E. 1 分

25. 如满分为5分,请您评价您单位的公务员培训状况

    A. 5 分　　　B. 4 分　　　C. 3 分　　　D. 2 分　　　E. 1 分

26. 过去的一年中,您参加过几次组织安排的培训和进修:

    政治理论培训: A. 0 次　　B. 1 次　　C. 2 次　　D. 3 次及以上

    任职培训:　　 A. 0 次　　B. 1 次　　C. 2 次　　D. 3 次及以上

    业务培训:　　 A. 0 次　　B. 1 次　　C. 2 次　　D. 3 次及以上

    知识性培训:　 A. 0 次　　B. 1 次　　C. 2 次　　D. 3 次及以上

27. 您认为,目前您单位公务员培训中存在的最主要问题是?

    A. _____

    B. _____

    C. _____

28. 如满分为5分,请您评价您所在单位的人际关系状况

    A. 5 分　　B. 4 分　　C. 3 分　　D. 2 分　　E. 1 分

29. 如满分为5分,请您评价您所在单位的部门合作状况

    A. 5 分　　B. 4 分　　C. 3 分　　D. 2 分　　E. 1 分

30. 当您在工作中遇到极大困难或困惑时，您能够得到帮助的来源是：

    A. 领导   B. 同事   C. 家人   D. 朋友   E. 其他   F. 无

31. 您认为您职业发展中最困惑的地方是什么？

    A. _____

    B. _____

    C. _____

32. 从管理机制来看，您认为您单位做得最好的三项举措是：

    A. _____

    B. _____

    C. _____

33. 从管理机制来看，您认为您单位最需要改进的三项举措是：

    A. _____

    B. _____

    C. _____

34. 请您评价你在单位所能感受到的公平感为：

    A. 很不公平   B. 不公平   C. 比较公平   D. 非常公平

35. 您对您所在的工作单位满意吗？

    A. 很满意   B. 满意   C. 不满意   D. 很不满意

    如不满意，主要原因是：

    A. _____

    B. _____

    C. _____

（问卷结束）

再次感谢您的支持与配合。

参考文献

一　期刊论文

1. 但泱泱：《近代以来我国职业资格制度的发展、演变及启示》，《经营管理者》2015 年 3 月中期。

2. 王红茹：《深圳公务员分类改革：退休人员大比例享受"副处"待遇》，《中国经济周刊》2014 年第 11 期。

3. 徐芬：《微电影：互联网时代的培训工具——"去中心化"的培训实践》，《中国人力资源开发》2014 年第 4 期。

4. 周川翔：《"双轨"制干部管理体系的实践与研究》，《改革与开放》2014 年第 6 期。

5. 崔欢欢、陈静：《我国公务员职业生涯管理模式研究》，《经营管理者》2014 年 12 月上期。

6. 苏海南：《正确认识、稳妥推进公务员工资改革》，《中南党政干部论坛》2014 年第 8 期。

7. 严长亮：《浅谈科研院所职业生涯管理制度的实施》，《中国管理信息化》2014 年第 1 期。

8. 黄滢：《软实力之父约瑟夫·奈接受本刊专访》，《环球人物》2013 年第 34 期。

9. 倪国娟：《完善干部交流制度的几点思考——以铜陵干部交流实践为例》，《安徽行政学院学报》2013 年第 3 期。

10. 蒋雯沽：《公务员人力资源管理的思考》，《现代营销》2012 年第 6 期。

11. 张航江：《基于事理的装备采购权力监督》，《辽宁工程技术大学学报》（自然科学版）2011 年第 z1 期。

12. 杨欣：《国家公务员廉政建设浅析》，《大庆社会科学》2011 年第 4 期。

13. 魏然：《企业员工职业生涯开发浅析》，《致富时代》2009 年第 11 期。

14. 黄建方：《税务系统公务员行政执法职务与能级管理衔接问题研究》，《扬州大学税务学院学报》2009 年第 3 期。

15. 漆染、欧阳坚：《深圳公务员制度创新迈出新步伐》，《中国人才》2009 年第 9 期。

16. 李旭琴：《街头官僚自由裁量权规范化行使的伦理路径解读》，《内蒙古农业大学学报》（社会科学版）2009 年第 1 期。

17. 辛昌茂：《卫生监督执法机构能力建设探析——街头官僚理论为视角》，《华东经济管理》2009 年第 6 期。

18. 张文风：《试论建立公务员正常退出机制的契机及路径》，《中共四川省委机关党校学报》2008 年第 3 期。

19. 张宏菊：《新公共管理视角下的西方公务员培训》，《贵阳市委党校学报》2008 年第 6 期。

20. 上海市工商局企业注册处：《稳步推进企业注册官制度试点工作打造专业化的企业注册队伍》，《工商行政管理》2008 年第 20 期。

21. 董丽君：《我国公务员奖励制度的困境及其对策分析》，《湖南社会科学》2008 年第 2 期。

22. 王少雄：《基层公务员流失之痛》，《人力资源》2008 年第 5 期。

23. 颜昌武、刘亚平：《夹缝中的街头官僚》，《南风窗》2007 年第 9 期。

24. 刘俊生：《公务员惩戒权设定：五国经验及其解释》，《南京社会科学》2007 年第 5 期。

25. 曲遥：《浅谈税务公务员管理体制改革》，《辽宁税务高等专科学校学报》2007 年第 6 期。

26. 任文硕、梁玉萍：《我国公务员奖励制度存在的问题与对策》，《国家行政学院学报》2007 年第 5 期。

27. 李和中、裘铮：《公务员能力素质建设的制度选择——以武汉市公务员能力素质建设为例》，《武汉大学学报》（哲学社会科学版）2007 年第 2 期。

28. 王瑞华：《国外公务员工资制度改革的经验与启示》，《党政论坛》2007 年 1 月。

29. 刘昕：《公务员工资改革——并非单纯涨工资》，《党政干部文摘》2006 年第 8 期。

30. 李健：《论科学发展观下的公务员管理体制改革》，《辽宁高等税务专科学校学报》2006 年第 6 期。

31. 王学力：《我国公务员工资的现状、问题与对策建议》，《经济研究参考》2006 年第 32 期。

32. 吴湘玲、谢标：《我国公务员培训现状、问题与对策》，《行政与法》2006 年第 1 期。

33. 方惠萍：《上海市工商行政管理局企业注册官制度试点工作文件汇编》，《内部资料》2005 年 10 月。

34. 蒋硕亮：《建立国家公务员廉政勤政期权制度研究》，《华中科技大学学报》（社会科学版）2005 年第 5 期。

35. 孙琳：《对公务员薪酬制度改革的思考》，《学习与探索》2005 年第 6 期。

36. 丁云涛、王世彤：《公务员薪酬制度改革方向探讨》，《内蒙古大学学报》（社会科学版）2005 年第 4 期。

37. 宋世明、许丹：《关于中国公务员职位分类的研究报告》，《北京电子科技学院学报》2004 年第 1 期。

38. 陆伟明：《中国公务员行政惩戒制度研究》，《西南政法大学学报》2004 年第 5 期。

39. 刘安伟：《上海市工商局企业注册官制度试点记事》，《工商行政管理》2004 年第 24 期。

40. 叶娟丽、马骏：《公共行政中的街头官僚理论》，《武汉大学学报》（社会科学版）2003 年第 5 期。

二　专著

1. 吴志华：《我国公共部门人力资源管理改革》，上海交通大学出版社2009 年版。

2. 徐增辉：《新公共管理视域下的中国行政改革研究》，中山大学出版社

2009 年版。

3. 《中华人民共和国公务员法及相关文件汇编》，中国法制出版社 2005 年版。

4. 应松年等：《公务员法释义》，国家行政学院出版社 2005 年版。

5. 李德志：《当代中国公共部门人力资源管理与开发》，科学出版社 2004 年版。

6. ［美］约瑟夫·奈：《软实力》，中信出版社 2013 年版。

7. 伯曼：《公共部门人力资源管理》，中国人民大学出版社 2008 年版。

8. 唐斯：《官僚制内幕》，中国人民大学出版社 2006 年版。

9. 帕特里夏·基利：《公共部门标杆管理》，中国人民大学出版社 2002 年版。

10. 罗纳德·克林格勒、约翰·纳尔班迪：《公共部门人力资源管理：系统与战略》，中国人民大学出版社 2001 年版。

11. 孟德斯鸠：《论法的精神》（上），张雁深译，商务印书馆 1961 年版。

三　学位论文

1. 曹媚：《上海工商行政管理部门公务员职位分类研究》，硕士学位论文，华东师范大学，2009 年。

2. 朱宏挺：《行政执法类公务员选拔晋升机制研究——以苏州工商行政管理局为例》，硕士学位论文，同济大学，2007 年。

3. 武海燕：《我国县级普通公务员激励机制研究》，硕士学位论文，北京邮电大学，2009 年。

4. 刘琪：《中国基层公务员管理制度建设问题研究》，硕士学位论文，吉林大学，2009 年。

四　研究报告

1. 《北京市地税局五型机关建设的问题与对策》，北京市地方税务局，2012 年。

2. 《北京市西城区科级公务员队伍的调查与思考》，北京市西城区人力社保局，2009 年。

3. 《北京市城管执法系统公务员素质模型研究报告》，北京市城市管理行政执法局，2007 年。

五　报纸文章

1. 陈荞：《两成市级部门公开工资福利》，《京华时报》2014 年 3 月 18 日。

2. 《"临时工"与执法权红线》，《新京报》2013 年 6 月 17 日。

3. 周元春：《聘任制公务员实施范围扩大，"铁饭碗"变"瓷饭碗"》，《深圳特区报》2012 年 4 月 2 日。

4. 孙妍、陈巧玲、龚婷：《七成公务员饭碗由"铁"变"瓷"》，《晶报》2010 年 2 月 4 日。

5. 叶明华、龚婷：《深圳近七成公务员不再争官位》，《南方日报》2010 年 2 月 4 日。

6. 张苹：《敬业爱岗方能捧稳"瓷饭碗"》，《深圳特区报》2010 年 3 月 26 日。

7. 《上海公务员调薪透视载》，《招商周刊》2008 年 5 月 12 日，总第 291 期。

8. 《上海将向全国推广企业注册官制度》，《东方早报》2007 年 1 月 24 日。

9. 《公务员缘何成为中国大学毕业生最热衷的职业》，《北京周报》2006 年 4 月 6 日。

10. 《江苏等五省试点行政执法类公务员改革》，《金陵晚报》2005 年 9 月 23 日。

六　电子文献

1. 习近平：《理想信念是共产党人的精神之"钙"》，新华网，2014 年 1 月 20 日。

2. 《公务员薪酬改革方案正酝酿　副处工资可能超处长》，胶东在线·财经频道，2013 年 6 月 19 日。

3. 《公务员薪酬改革　补贴够高为何重点还是完善津贴制度》，和讯网，2013 年 6 月 19 日。

4. 刘昊：《深圳公务员分类管理改革继续探路》，南方网，2012 年 6 月

28 日。

5. 雷辉：《深圳公务员不再挤官道：改革让 2 类人独立升职》，人民网，2010 年 3 月 29 日。

6. 王敏：《深圳市行政机关公务员分类管理改革新闻发布会发布材料》，深圳市人力资源和社会保障局网，2010 年 8 月 31 日。

7. 张小玲：《深圳启动改革，基层公务员不升官也有望拿高薪》，南方网，2010 年 2 月 4 日。

8. 王敏：《深圳市行政机关公务员分类管理改革新闻发布会发布材料》，深圳市人力资源和社会保障局网，2010 年 8 月 31 日。

9. 《国家工商行政管理总局关于进一步加强新形势下基层建设的意见》，工商人字〔2010〕47 号，http：//www. cnki. com. cn/Article/CJFD Total – GSXZ201007004. html。

10. 周伯华：《深入学习实践科学发展观 推动科学发展 促进社会和谐 充分发挥工商行政管理职能作用》，2008 年 12 月 24 日

11. 国家工商总局：《工商行政管理系统基层行政执法人员接受监督，向监管服务对象代表述职述廉实施意见（试行）》（工商办字〔2007〕141 号），http：//www. 51wf. com/law/171400. html。

12. 《关于印发黑龙江省质量技术监督系统行政执法类公务员管理试点工作实施方案的通知》（黑人发〔2005〕77 号），2008 年 5 月 8 日。

13. 李树彬：《公务员幸福感差源于"围城效应"》，中国劳动保障网，http：//www. clssn. com/html/home/report/78790 – 1. html。

14. 《金饭碗、铁饭碗、粗瓷大碗 公务员的新焦虑症》，南方周末，http：//www. infzm. com/content/100842。

15. 《公务员职务任免与职务升降规定》（试行），中国政府网，2008 年 12 月 8 日。

16. 《关于基层工商所绩效考核的思考》，http：//sc. zmdaic. gov. cn/Article/ShowArticle. asp？ArticleID = 203。

17. 《公务员调任规定》（试行），2008 年 12 月 8 日。

18. 《广州市公务员培训网络大学堂》，http：//www. hrssgz. gov. cn/wldxt/index. html。